경쟁 우위 전략

경쟁 우위 전략(개정판)

초판 1쇄 발행 2016년 9월 2일
2판 5쇄 발행 2022년 1월 3일
3판 1쇄 인쇄 2023년 1월 10일
3판 1쇄 발행 2022년 1월 25일

지은이　　　브루스 그린왈드, 주드 칸
옮긴이　　　홍유숙
발행인　　　안유석
책임편집　　고병찬
편　집　　　하나래
디자인　　　이정빈
펴낸곳　　　처음북스

출판등록 2011년 1월 12일 제 2011-000009호
전화 070-7018-8812 팩스 02-6280-3032
이메일 cheombooks@cheom.net

홈페이지 cheombooks.net 인스타그램 @cheombooks
ISBN 979-11-7022-254-5 03320

경쟁 우위 전략
COMPETITION DEMYSTIFIED

브루스 그린왈드·주드 칸 지음 | 홍유숙 옮김

처음북스

상상도 할 수 없었던 일을 가능하게 해준

아바 그리고 앤을 위하여

사업을 운영해 본 사람은 경쟁이 가진 힘을 알고 있으며, 전략이 얼마나 중요한지 이해한다. 사업가는 대부분 이들 두 가지 핵심 요소 간에 밀접한 관계가 있음을 알고 있지만 전략과 경쟁의 중요한 특성이나 직접적인 상호 관계를 제대로 이해하는 사람은 많지 않다.

이 책은 경쟁과 전략에 대한 논란을 뿌옇게 둘러싼 안개를 과감하게 걷어낸다. 독자들이 전략을 분명하게 이해하도록 도와주면서 전략에 대한 접근 방법을 새로 정립하도록 돕는 일이 이 책의 목표다. 회사의 경영진이라면 자신이 속한 시장이 어떻게 움직이는지 이해하고, 경쟁에서 이길 만한 기회를 어디에서 찾을 수 있는지 파악해야 하며, 그런 기회를 만들어 내고, 온전히 자신만의 것으로 만들어서 지키는 요령을 알아냈으면 한다. 이를 염두에 두고 일반적인 원칙에 대해 폭넓게 토론하고 실제 경쟁으로 인한 상호작용 사례도 상세하게 다뤘다. 복합적으로 봤을 때 이러한 사례들이 전략적 의사 결정을 내리는 이에게 유용한 가이드가 되리라 믿는다.

경영자들은 종종 전략과 계획을 헷갈린다. 고객을 유인하거나 마진을 높이는 계획을 전략이라고 생각한다. 상당한 양의 자원이나 오랜 시간이 걸리는 규모가 큰 계획은 전략적이라고 여긴다. 사실 '어떻게 돈을 벌까?'라는 질문에 대한 계획은 모두 사업 전략으로 취급된다. 그 결과, 수많은 리더가 끝내 이길 수 없는 전쟁을 치르며, 성공의 진정한 기초인 이점을 보호하고 이용하지 못한다.

전략적 사고란 성공을 쟁취하고 유지하는 계획이다. 하지만 상품이나 서비스를 만들어 내는 아이디어를 모두 전략이라고 할 수는 없다. 고객에게 물건을 팔아 충분한 수익을 얻는 단순한 요령 역시 전략이 아니다. 정확히 말하자면 경쟁자의 행동이나 대응에 집중하는 계획이 전략이다.

경쟁우위를 점하고 유지하며 최대한 이용하는 것이 전략적 사고의 핵심이다. 모든 시장 참여자에게 공평하게 열려 있는 자유 경쟁 시장은 참여자의 수익을 최소화한다. 그 이상의 수익을 창출하려면 그 시장 참여자는 다른 경쟁자가 해낼 수 없는 그 무엇인가를 해내야 한다. 즉, 경쟁우위의 혜택을 봐야 한다. 전략을 분석할 때는 기업이 시장에서 어떤 경제적 우위를 차지하고 있는지 먼저 파악해야 한다. 이런 경제적 우위는 경쟁자가 아예 따라올 수 없거나 적어도 재현할 수 있는 경쟁자가 적어야 한다.

전략의 관점에서 보자면 경쟁우위의 존재 여부가 엄청난 차이를 가져온다. 시장에서 경쟁우위로 더 많은 이익을 창출할 수 없는 전략은 핵심적인 변수가 될 수 없다. 다수의 경쟁자가 고객, 기술, 비용우위 등에서 큰 차이를 보이지 못한다. 각 기업은 비슷한 위치에 있다. 어느 한 기업이 시장에서 지위를 바꾸려고 하면 곧바로 다른 기업들이 모방한다. 눈에 띄게 경쟁우위를 차지하는 기업이 없다면 혁신과 모방이 끊임없이 반복된다. 이런 시장에서 경쟁자의 허를 찌르려고 해도 소용없다. 차라리 최대한 효율적으로 기업을 운영하며 비용을 최소화하는 편이 현명하다.

경쟁우위가 존재하지 않는 시장에서는 끊임없이 운영 효율화를 추구해야 한다. 하지만 운영 효율화는 전략이라기보다는 전술에 가깝다. 효율화는 내부적으로 기업의 시스템, 구조, 사람 그리고 운영에 집중한다. 전략은, 외부 시장과 경쟁자의 움직임을 바라보는 것이다.

반면에 전략이 아주 중요한 시장이 있다. 그런 시장에서 참여자는 어떤 경쟁우위를 가졌는지, 시장 참여자 간에 발생하는 경쟁을 얼마나 잘 다루는지 그리고 잠재적인 시장 참여자를 얼마나 잘 막아내는지에 따라 수익 판도가 달라진다. 외부 요소에 집중하는 것이 비즈니스 전략의 핵심이다. 이 책은 중요한 외부 요소를 파악하고 이해하고 예측하고 다루는 방법을 말해 주는 지침서다.

이 책이 빛을 보기까지 많은 이들이 도움을 주었다. 폴 존슨, 낸시 카드웰, 배리 네일버프, 존 라이트, 스테파니 랜드, 에이드리안 잭하임, 아티 윌리엄스, 폴 손킨, 에린 벨리시모, 컬럼비아 비즈니스 스쿨의 동료들 그리고 허밍버드 밸류 펀드가 큰 도움이 되었다. 가족의 지원과 도움, 특히 아바 시브, 앤 로긴, 가브리엘 칸의 도움은 더할 나위 없이 소중했다. 처음 이 주제를 다룬 강의에 적극적으로 참여해 주고, 이 주제를 구체화하는 데에 애써 준 아주 똑똑하고 활기찬 학생들의 도움도 컸다. 이 책은 컬럼비아 대학교에서 강의를 한 지 2년 차가 되던 해의 MBA 수업에서 시작했다. '전략적 행동의 경제학' 강의는 1995년에 처음 소개되었고 당시 약 60여 명의 학생이 수강했다. 10여 년 후 이 강의는 매년 MBA 클래스의 80퍼센트가 신청하는 선택 과목이 되었다. 회사에서 지원을 받는, 조금 더 직장 경험이 풍부한 학생들이 있는 경영자 MBA의 정원 300명 중 200명이 넘는 인원이 이 강의를 신청했다. 초반 이 강의의 목적은 비즈니스 전략이라는 복잡한 분야에 대한 안목을 분명히 심어 주는 것이었다. 학생들의 호응도를 보면 이러한 목적은 꽤 달성했다. 이 책을 통해 비즈니스 전략이 중요한 분야에서 일하는 사람들이 확실한 안목을 가질 수 있기를 기대한다.

제1장

전략,
시장
그리고 경쟁

전략이란 무엇인가?

적어도 반세기가 넘도록 전략은 경영에서 중요한 축을 담당했다.
제2차 세계대전에서 연합군이 승리하면서 전쟁에서 이기려면 전략이
얼마나 중요한지 확실히 알게 되었고 기업 경영자들은 그 아이디어를
경영 전쟁터에 도입했다. 이제, 전략은 경영에서 중요한 원칙이 되었
다. 대다수의 기업은 전략을 수립하는 조직을 두고 있으며, 이러한 조
직이 없는 회사는 내부 프로세스를 구축하기 위해 외부 컨설턴트를
영입하기도 한다.

수십 년에 걸쳐 전략의 정의는 변화했고, 전략 생성 과정도 끊임
없이 달라지고 새롭게 정립되었다. 심지어 몇몇 기업은 형식적인 전략
수립 과정을 완전히 포기하기도 했다. 하지만 이러한 흐름에서도 여

타 경영 원칙과는 다른, 전략의 특징이 한 가지 있다.

전략이란 거대한 개념이다. 전술적 선택과 달리 전략적 결정은 조직이 장기간 헌신해야 한다. 전략에는 많은 자원이 투입되며, 최고 경영진이 전략적 의사결정을 내린다. 그리고 세부 전략을 수립할 때는 고된 연구와 지속적인 회의를 해야 한다. 전략을 바꾸는 것은 비행기의 머리를 돌리는 것과 같이, 쉽게 바꿀 수 없다.

제2차 세계대전 당시 미국이 내린 가장 중요한 전략적 결정은 유럽과 태평양 중 어디에서 대규모 전투를 시작할지 선택하는 것이었다. 그 다음으로 중요한 결정은 제2전선을 형성하는 데 자원을 집중하는 것과 유럽 탈환을 위해 노르망디 해안을 선택하는 것이었다. 기업으로 치면, AT&T가 정보통신 사업에 진출하고, 지역 전화 서비스 사업을 분리 독립시키는 것이 전략적 결정이었다. 불행하게도 두 가지 다 성공하지 못한다.* 잭 웰치가 CEO가 되기 전부터 결정된 GE의 정책—시장점유율을 높이지 못하는 사업은 접는다—은 전략적 원칙이 되었다.

때로는, 당시에 전략적이라고 여기지 않았던 의사결정이 엄청난 결과를 가져오기도 한다. IBM이 PC 사업에 뛰어들었을 때 표준 공개 방식을 채택했고 두 가지 '자가 구축 구매' 결정을 내렸다. 이 결정을 내린 당시에는 그 영향도 크지 않아 보였고 전술적 결정으로 여겨졌다. 운영체제를 직접 개발하는 대신 IBM은 알려진 바 없는 작은 회사에게 개발 허가를 내주었다. IBM은 마이크로프로세서에 대

---

* 법무부는 AT&T에게 구조조정을 권고했지만 당시 AT&T는 지방의 벨 오퍼레이션(전화 사업부)를 분사시키는 전략을 만들어내는 데에 지나치게 몰두해 있었다.

표1.1

전략적 결정과 전술적 결정의 구분

구분	전략적 결정	전술적 (운용/기능적) 결정
회사 내 직위	최고 경영자, 이사진	중간급, 기능적, 하부 레벨
보유 자원	회사의 보유 자원	본부, 부서의 보유 자원
기간	장기	연간, 월간, 일간
위험	성공 혹은 생존	위협적이지 않은 수준
주요 질문	•우리는 어떤 사업을 하고 싶은가? •우리가 확보해야 할 중요한 경쟁력은 무엇인가? •우리가 경쟁자를 어떻게 다루어야 할까?	•배송 시간을 단축시키려면 어떻게 해야 할까? •우리가 제공할 수 있는 최대 할인율은 얼마일까? •우리의 영업 사원들을 위한 최고의 커리어 패스는 무엇일까?

해서도 비슷한 결정을 내리고 제작 사업을 다른 공급사에 넘겼다. 이 결정으로 마이크로소프트와 인텔이라는 전례없이 성공적인 두 개의 프랜차이즈 사업이 탄생했다. 그 결과 IBM이 아니라 이들 회사가 PC 산업 성장의 수혜자가 되었다. 돌이켜보면 IBM의 결정은 엄청난 결과를 가져온 전략적 결정이다. 우리 삶에 크게 영향을 미친 일의 역사를 면밀히 살펴보면 대부분은 전략적 계획을 통해 얻은 결과가 아니라, 다른 결정으로 인해 의도치 않은 부산물이거나 예상보다 더 큰 규모의 결과물이었다는 것을 알 수 있다.

하지만 재무 계획이나 계획 수립 시간 혹은 결괏값의 규모가 크다고 해도, 전략적인 결정이라고 할 수는 없다. 이러한 결정에서 발생한 영향력의 크기와 중요도가 전략적 결정에서 큰 부분을 차지하기는 하지만 이는 전략을 결정짓는 최종 기준은 아니다. 전략과 전술을 가르는 경계선은 다른 곳에 있다.

전략적 결정은 다른 경제 주체의 행동과 반응에 영향을 받는 것처럼 보인다. 전술적 결정은 다른 주체와 상관없이 얼마나 효율적으로 이행하느냐에 따라 성공이 결정된다. 효과적인 전략을 구상하려면 이 차이를 반드시 이해해야 한다.

효과적인 전략을 수립하는 것은 사업 성공의 핵심이다. 또한 이는 쉽지 않은 일이기도 하다. 모든 사업에서 가장 중요한 자원은 관심, 특히 고위 경영진의 관심이다. 이러한 관심은 주목받지 못하거나, 회사의 방향성을 논의하는 결론 없는 토론을 하거나 적합하지 않은 목표를 설정하느라 허비되어서는 안 된다. 이 책을 쓰는 목적은 단계별로 명료하게 전략적 분석 과정을 보여 줌으로써, 첫째 치열한 경쟁 환경 속에서 기업에게 적합한 위치를 찾아 주고, 둘째 전략적 결정을 제대로 하도록 도와주는 것이다.

전략적 이슈 VS 전술적 이슈

한 가지 사례를 들어 보자. 1980년대 중반 지프Jeep의 성공을 보고 많은 자동차 회사가 SUV에 손을 대기로 결정한다. 이들 기업에게 SUV 시장 진입은 전략적 결정이었다. 하지만 그 이후 나머지 결정은 모두 전술에 해당된다. 사업의 성공 여부는 공장과 설비에 대한 적절한 투자, 마케팅 캠페인, 디자인과 설계 시간 같은 능률적인 성과 문제에 달려 있고, 경영진의 관심은 지속적인 조직 개선에 집중되어 있었다. 경쟁 시장의 특성과 진입장벽의 부재로 인해 굳이 경쟁업체의 행동을 신경 쓸 필요가 없다. 아니, 신경 쓰고 싶어도 그 외에 걱정해야 할 일들이 너무 많다. 시장에서의 성공 여부는 얼마나 능숙하게 계획을 이행하느냐에 달려 있다.

전략적인 결정은 외부를 바라봐야 한다. 이는 전술적인 것과는 달리, 겉으로 드러나는 부분에 집중해야 한다. 전략적인 결정에는 모든 회사가 직면하는 두 개의 이슈가 있다.

첫 번째 이슈는 어느 시장에 뛰어들지 경쟁 분야를 선택하는 일이다. 위에서 들었던 사례들—제2차 세계대전에서 주요 접전지를 정한 미국의 선택, 진입할 시장과 버릴 시장을 구분한 AT&T의 선택, 남아 있을 분야를 선택한 GE의 기준—이 경쟁 분야를 선택하는 결정이다. IBM이 운영체제와 마이크로프로세서를 아웃소싱하기로 한 결정도 마찬가지다. IBM은 이 두 시장에서는 경쟁하지 않겠다고 결정한 것이다. 앞서 경쟁 분야 선택은 전략적 결정이라고 정의했다. 그 결정에 따라 회사의 미래에 영향을 끼치는 외부 요인의 범주가 정해지기 때문이다.

두 번째 전략적 이슈는 이런 외부 요인을 다루는 요령이다. 효과적인 전략을 구상하고 이행하려면 기업은 이러한 외부 요인의 반응을 예상하고 가능한 한 통제할 수 있어야 한다. 이론상으로나 경험적으로나 쉬운 일은 아니다. 이론과 경험의 상호작용은 복잡하며 불확실하다. 전략적 결정을 내려야 하는 경영자나 이 방법이 다른 방법보다 왜 뛰어난지 증명하는 경영학자에게도 뚜렷한 대책이 있을 리 없다. 학계에서 통용되는 원칙을 적용한다고 해도 의욕이 넘치는 CEO가 어떻게 치고 나올지는 100퍼센트 확신할 수 없다. 하지만 그렇다고 해서 외부 요인의 반응을 고려하지 않고 전략을 짤 경우, 돌이킬 수 없는 실수를 저지르게 된다.

단 한 개의 요소

마이클 포터의 획기적인 저서, 『마이클 포터의 경쟁전략Competitive Strategy, 1980』 덕택에 전략적 사고를 할 때 경제 주체 간의 상호작용이 얼마나 중요한지 널리 알려졌다. 외부 요인과 그 행동 유형에 집중하면서 마이클 포터는 전략적 계획에 대한 생각을 올바른 방향으로 이끌었다. 하지만 마이클 포터의 복잡한 모델을 통해 다양한 요소를 파악하고 어떻게 상호작용을 해야 할지 이해하기란 쉬운 일이 아니다. 그래서 비약적으로 단순화된 접근 방법을 제안하고자 한다.

마이클 포터의 다섯 가지 경쟁 요소Five Forces 이론은 틀리지 않았다. 대체재, 공급자, 신규 진입자, 구매자 그리고 동일 산업 내 기존 경쟁자 때문에 경쟁 환경이 변한다. 그러나 포터와 그의 추종자의 주장과 달리 이들 경쟁 요소는 중요성에 있어 비중이 같지는 않다. 이들 요소 중 무엇보다 중요한 것이 있다. 이기는 전략을 짜고 싶다면 다른 요소는 제쳐놓고 그 한 가지에만 집중해야 한다. 이 요소는 바로 진입장벽이다. 다섯 가지 경쟁 요소 중에서 신규 진입자와 관련된 특성이다.

진입장벽이 있으면 새로운 경쟁자가 시장에 진출하기도, 기존 사업을 확장하기도 어렵다. 이는 모두 기업에게는 동일한 의미를 가진다. 진입장벽으로 인해 발생할 수 있는 상황은, 사업의 확장이나 시장 진입의 어려움으로 인해 기존 기업이 보호받거나 보호받지 못하는 것 두 개뿐이다. 경쟁에서는 기업의 진입장벽이 어느 정도 수준인지에 따라 기업의 흥망이 결정된다. 이보다 강력한 요소는 없다.

진입장벽이 없다면 전략을 고민하는 자체가 무의미해진다. 경쟁자를 파악하고 상호작용을 걱정하고, 경쟁자의 행동을 예측하고 자신에게 유리한 방향으로 경쟁사의 움직임을 유도하려는 시도는 모두 헛수고가 된다. 진입장벽이 없으면 경쟁자가 너무 많아서 그들의 행동을 파악하거나 예측할 수 없다.

자유 경쟁 시장에서는 수많은 회사가 수익성이 높은 기회를 찾으려고 하이에나처럼 도사리고 있다. 그래서 보호장벽이 없는 산업의 수익률은 '경제적 이익'이 없는 수준까지 떨어진다. 즉, 투입한 자본 이상의 수익률을 거둘 수 없다. 수요가 변하면서 단 한 개의 기업이라도 그 이상을 벌면 다른 기업이 재빨리 이를 알아채고 너도나도 치고 들어온다. 과거 역사는 물론 이론까지도 이런 명제를 튼튼하게 뒷받침해 준다. 더 많은 기업이 시장에 진입하고 다수의 기업이 시장 수요를 조각조각 나눠 갖는다. 기업당 매출 규모는 줄어들고 상품 1개당 투입되는 평균 고정비용이 증가한다. 엎친 데 덮친 격으로 경쟁이 심화되면서 가격이 하락한다. 수요가 늘면서 거둬들인 추가 이익은 순식간에 사라진다.

보호받지 못하는 시장은 아무나 뛰어들 수 있는 공평한 시합이다. 종종 '상품' 시장*이라고 오역되는 이런 시장에서 뛰어난 기업만이 살아남고 번창하지만 이들조차 계속 정신을 바짝 차리고 있어야 한다. 진입장벽이 없는 시장에서는 사업을 최대한 효율적, 효과적으로 운영하는 것 외에는 답이 없다.

---

* 차별화된 상품도 진입장벽이 없다면 경쟁을 피할 수 없다. 그래서 차별화는 경쟁이 심화된 시장에서 기업을 보호해 주지는 않는다. 이에 대해서는 뒤에서 좀 더 다루기로 한다.

효과적인 운영도 하나의 전략이다. 특히 진입장벽이 없는 시장에서는 유일하게 적절한 전략이다. 마이클 포터는 효과적인 운영이란 '경쟁자의 행동을 똑같이 모방하면서도 좀 더 나은 방식으로 하는 것'이라고 정의했다. 하지만 이는 여전히 내부적인 문제다. 앞서 내린 전략의 정의에 따르면 내부적인 문제는 전략이 아니라 전술적 문제다. 중요하지 않다는 뜻이 아니다. 효과적인 운영이 생존을 결정짓는 유일한 요소가 되기도 한다. 이는 어떤 분야에서든 가능한 이야기이다. 이 책의 마지막 장에서 기본적인 입장이 경쟁사와 동일한데도 불구하고 효과적인 운영 하나만으로 경쟁자를 한참 앞서가는 방법을 상세히 기술하기로 한다.

그럼에도 불구하고 효과적인 운영은 모든 외부 상호작용을 고려하지 않는다. 하지만 외부 요인을 고려하는 것이야말로 전략의 진정한 핵심 요소이다.

진입장벽과 경쟁우위

진입장벽이 있다는 말은, 기존 시장에 참여할 수는 있지만 신규 진입자에게 허용되지 않는 무언가가 있다는 뜻이다. 경쟁자들은 할 수 없지만 나는 할 수 있는 것, 그것이 바로 경쟁우위다. 즉, '진입장벽이 있다'라는 말과 '기존 참여자에게 경쟁우위가 있다'라는 말은 같은 이야기다. 반대로 신규 진입자의 경쟁우위는 의미가 없다. 성공적으로 시장에 진입하는 순간 신규 진입자는 시장 참여자가 되기 때문이다. 기존 시장 참여자의 대열에 합류하는 순간 새로운 기술, 저렴한 노동력, 혹은 그 외 일시적인 경쟁우위로 무장한 다음 진입자의 위협을 받게 된다. 진입장벽이 없기 때문에 이런 순환이 계속된다. 따라서 기존 시장 참여자의 경쟁우위가 있어야만 전략이 의미를 가진다.

골목대장들

무역장벽이 낮아지고 운송 비용이 절감되며 정보가 자유롭게 유통될 뿐 아니라 기존 경쟁은 심화되고 무역은 자유화되는 국제적인 환경에서 경쟁우위나 진입장벽은 사라진다고 지레짐작할 수 있다. 전동 공구 생산으로 유명했던 신시내티Cincinnati, 직물 산업의 벌링턴 인더스트리Burlington Industries와 J.P. 스티븐즈J.P. Stevens, 심지어 자동차 산업의 크라이슬러, GM, 포드처럼 한때 강력했던 미국 기업의 현재 모습을 살펴보면 그 말이 맞는 것 같다. 수입재의 거침없는 공격 때문에 이익이 대폭 감소하거나 기업 자체가 사라지기도 했다. 그러나 이러한 거시경제적 분석은 경쟁우위의 한 가지 핵심적 특징을 간과한다. 경쟁우위란 지역 특유의 상황에 근거한다는 점이다.

20세기 후반의 가장 위대한 성공 스토리로 불리는 월마트의 역사를 살펴보자. 소매 산업, 그중에서도 할인 소매 산업은 엄청난 비밀이나 특수 기술이 필요한 분야가 아니다. 월마트의 '매일 낮은 가격Everyday low prices'이나 효율적인 유통은 새로운 기술도 아니고 모방도 어렵지 않다. 그런데도 월마트는 진입한 시장 대부분을 순식간에 점유했다. 그런 성과를 얻어낸 방식이 시사하는 바가 크다.

월마트는 경쟁업체가 거의 없는 작은 지역에 집중하는 소규모 할인 매장으로 시작했다. 그리고 이미 자리한 지역을 기반으로 그 주변에 새로운 매장과 물류 센터를 조금씩 확장했다. 월마트가 처음으로 경쟁 우위를 구축하고 지배한 시장은 미국 전역의 할인 소매 시장이 아니라 제한적인 국소 지역의 할인 소매 시장이다. 월마트는 영토를 조금씩 늘려 나갔고 신규 진입 지역에서 입지를 굳히고 다시 확장을 시도했다. 기반 지역을 떠나 성급하게 확장하면 큰 효과를 보기 어렵다.

비슷한 시기에 다른 대기업 두 개도 지역에서 입지를 공고히 다진 뒤 주변 영향력을 확장하는 방식으로 성장했다. 이들 기업의 경우 물리적 지역이 아니라 상품 시장 영역에서 이런 전략을 구사했다는 차이가 있다.

마이크로소프트는 IBM 호환 PC의 운영체제라는 특정 부문을 독점하면서 시작했다. 초반에는 IBM을 포함해 몇몇 경쟁자가 있었지만 마이크로소프트는 이내 경쟁우위를 확보하고 그 기반을 다지면서 다른 경쟁자들을 떨쳐냈다. 운영체제로 시작해서 워드프로세싱, 스프레드시트 같은 오피스 소프트웨어를 더하면서 시장을 넓혀 갔다. 다양한 상품 라인을 갖춘 대기업이 된 지금도 마이크로소프트 이익의 대부분은 운영체제와 그 주변의 소프트웨어에서 나온다.

애플의 경험은 마이크로소프트와 상당히 대조적이다. 초반부터 애플은 마이크로소프트보다 국제적인 관점으로 접근했다. 애플은 컴퓨터 제조사인 동시에 소프트웨어 생산자였다. 컴퓨터 사양 면에서 봤을 때 '윈도우 95(의 사양)는 매킨토시 87과 같다(Windows 95 = Macintosh 87)'라는 문구처럼 매킨토시의 운영체제는 마이크로소프트 윈도우보다 몇 년 앞서 있었다. 그럼에도 불구하고 마이크로소프트의 국지적으로 집중하는 전략과 달리 애플의 확장적인 상품 전략은 큰 성공을 거두지 못했다.

인텔의 역사는 마이크로소프트의 역사와 비슷하다. 인텔은 1970년대에 메모리 칩 생산 기업으로 첫발을 디뎠고 그 시장에서 한때 성공을 거뒀다. 인텔은 또한 마이크로프로세서를 설계하고 생산했으며 이 중 하나가 1980년대 새 IBM PC의 핵심 부품으로 사용되었다. 수년에 걸쳐 인텔은 메모리 칩과 마이크로프로세서 두 산업에 모두 발을 담았다. 하지만 메모리 칩 시장에서 하자율은 물론 가격도 낮은 경쟁자에게 점차 밀리기 시작한다. 1985년에 인텔은 메모리 칩 시장이 회사 설립의 근간이었음에도 불구하고 그 시장을 포기하기로 결정한다. 마이크로 칩 생산에 주력하면서 인텔은 수익성을 회복했고 그 큰 시장에서 지배력을 유지하고 있다.

시장 지배력을 확보해 주는 경쟁우위는 그 시장의 범위가 작을수록 존재하기 쉽다. 그 경쟁우위를 보유하고 있는 자가 한 개의 회사이든, 비슷한 수준의 소수의 회사이든 매한가지이다. 그 범위가 지리적 문제인지, 상품의 영역인지도 문제되지 않는다. 경쟁우위는 근본적으로 일반적이거나 확산되지 않고, 국지적이고 구체적인 경향이 있기 때문이다.

역설적이게도 글로벌화되는 세상에서 성공할 수 있는 시장을 전략적으로 선별하려면 지엽적으로 접근해야 한다. 작은 지역에서 골목대장이 되는 것은 생각보다 쉬울 수 있다. 세계 경제 흐름이 선진국이 지나온 길을 답습한다면 서비스 산업이 더 중요해지고 제조업은 상대적으로 미미해진다. 서비스 산업의 가장 뚜렷한 특징은 지역 단위로 생산되고 소비된다는 점이다. 그 결과 지속가능한 경쟁우위를 확보할 기회가 사라지기는커녕 늘어날 가능성이 높아진다. 월마트나 마이크로소프트 같은 대기업이 되기는 어렵겠지만 정확하게 시장을 이해하고 자신만의 장점을 활용하는 기업은 여전히 돈을 벌 수 있다.

어떤 경쟁우위를 가져야 하는가?

전략적 분석은 두 개의 핵심 질문으로 시작한다. 현재 어떤 기업이 경쟁하고 있거나, 진입할 계획인가? 이미 있다면 어떤 경쟁우위를 점하고 있는가?

진정한 경쟁우위는 세 가지 유형뿐이므로 분석하기 쉽다.

- **공급.** 제품이나 서비스를 생산하고 배달하는 비용이 경쟁자보다 낮다면 비용우위가 존재한다. 아주 가끔 알루미늄 광산 독점권이나 석유가 다시 차는 원유 매립지처럼 자원을 독점한 덕에 낮은 가격으로 물건을 팔 수 있다. 대개의 경우는 특허나 경험의 축적, 혹은 둘 다 확보하면서 얻은 독점 기술 덕에 가격 경쟁력을 확보한다.
- **수요.** 어떤 기업은 경쟁자가 도저히 빼앗을 수 없는 시장 수요를 확보한다. 단순한 제품 차별화나 브랜딩 문제는 아니다. 제품 차별화나 브랜드 강화는 다른 경쟁자들도 어느 정도 따라 할 수 있다. 습관적인 구매, 제품을 교환할 때 발생하는 전환

비용 혹은 대체할 만한 공급자를 찾는 데 들어가는 어려움이나 탐색 비용 덕분에 경쟁우위가 발생한다.

- **규모의 경제.** 생산 비용에서 고정비용의 비중이 커서 생산 규모가 커질수록 개당 생산 비용이 줄어든다면 동일한 수준의 기술을 가지고 있더라도 이미 대량생산을 하고 있는 기존 시장 진입자가 경쟁자보다 유리하다.

앞에서 언급한 세 가지 기본적인 경쟁우위 요인 외에도 정부가 보호해 주는 경우, 금융 시장처럼 정보 접근에 유리한 경우에도 경쟁우위를 구축할 수 있지만 이런 상황은 상대적으로 특정한 제한적인 환경에서만 가능하다. 이들 세 가지 기본 경쟁우위 요인이 가지는 경제적인 영향력은 물리적으로든 제품 영역에서든 지역적인 시장에 분명히 존재한다. 펩시 추종자라고 프리토레이Frito Lay(치토스를 생산하는 미국 과자 기업)의 짭짤한 과자를 딱히 좋아하는 것도 아니고 코카콜라를 마신다고 코카콜라가 소유한 컬럼비아 스튜디오의 영화를 좋아하는 것도 아니다. 버크셔 헤서웨이의 워런 버핏이 소유한 네브래스카 퍼니처 마트Nebraska Furniture Mart는 오마하와 그 인근 지역에서는 가구 시장을 지배한다. 이던 알렌Ethan Allen(미국 가구 기업)이나 그 외 전국에서 팔리고 있는 가구 관련 대기업보다 지역 영향력이 크다.

상세한 사례를 보면서 경쟁우위의 다양한 원천이 어떻게 작용하는지 살펴보자. 더 큰 시장에서 경쟁우위를 확립하고 유지하는 것이 어렵기에, 경계가 제한적인 소규모 시장에서 경쟁하는 것의 이점을 분명하게 알 수 있을 것이다. 성장하거나 수익성이 높은 회사 대부분은 세 가지 방식 중 하나로 회사를 운영한다. 코카콜라처럼 지엽적인 시장에서 얻은 경쟁력을 다른 시장에서 동일하게 적용하는 것이 하나의 방법이다. 아니면 인텔처럼 커져 가는 시장에 머무르면서 자신의 전문 영역에 집중한다. 마지막 방법은 월마트나 마이크로소프트처럼 이미 지배력을 확보한 시장 주변으로 사업 영역을 계속 확장하는 방법이다.

전략적 분석 프로세스

경쟁우위가 없다면 전략적 이슈는 신경 쓰지 않아도 된다. 그림1.1 에서 '경쟁우위 : 없음' 쪽을 따라가는 시장에서는 운영 효율성—능률, 능률, 능률—이 유일하게 가장 중요한 것이다.

'경쟁우위 : 있음'을 따라가는 시장에는 경쟁우위가 주는 이점이 있다. 이런 시장을 분석하는 다음 순서는 경쟁우위의 성질을 파악하고

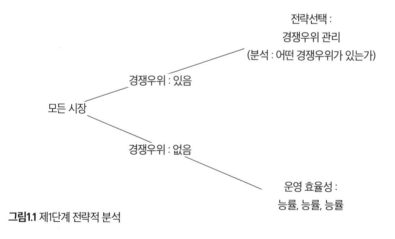

그림1.1 제1단계 전략적 분석

경쟁우위를 어떻게 다룰지 알아내는 것이다. 경쟁우위를 제대로 유지하지 못하면 그 결과는 그다지 유쾌하지 않다. 전략이 형편없었거나, 제대로 실행되지 않았거나 혹은 어쩔 수 없이 경쟁이 심화되어 경쟁우위가 사라지면 기업은 자유 경쟁 시장에 놓이게 되고, '경쟁우위 : 없음'으로 간다. 기막히게 잘 운영되는 몇몇 회사 외에는 아무리 열심히 일해도 기껏해야 평균 성적을 유지하는 서글픈 운명을 맞이하게 된다.

경쟁적인 환경

경쟁우위 관리하기

경쟁우위의 이득을 보는 시장에서는 몇몇 회사만이 주도권을 차지하게 된다. 구체적인 예로 PC 운영체제 시장의 마이크로소프트나 한창 잘나가던 시절의 IBM은 그 시장에서 혼자 우뚝 서 있고 나머지는 잔챙이처럼 그 주위를 맴돈다.

IBM이나 마이크로소프트의 눈으로 보자면 경쟁 기업들은 진입장벽 밖에서 시장의 풍요로운 혜택을 누리지 못하는 가엾은 개미 떼다. 주도권을 확보한 기업은 작은 개미들이 어떻게 움직일지 고려하지 않고 의사 결정을 내린다. 경쟁 시장에서 어떻게 상호작용할지 노심초사하느라 시간을 허비할 필요도 없다.

한 개의 대기업과 나머지 소기업들이 존재하는 상황에서 기업은 코끼리 혹은 개미가 된다. 과실이 주렁주렁 열린 시장을 부럽게 쳐다보고 있는 개미들은 경쟁열위 하에서 회사를 운영한다. 개미 기업의 전략은 분명하다. 이미 진입했다면 손실을 최소화하고 시장에서 빠져나와서 남아 있는 자원을 최대한 소유주에게 돌려주어야 한다. 유감스럽게도 이 조언을 따르는 CEO는 손에 꼽을 정도로 적다. 시장 진입을 고려하고 있다면 당장 그만두고 다른 곳을 찾아봐야 한다. 시장에 이미 존재하는 코끼리가 완전히 망하기 전에는 신규 진입자가 성공할 가능성은 없다.

설사 코끼리가 일을 망쳐서 경쟁우위가 줄어들고 진입장벽이 사라지더라도 신규 진입 기업은 자유 경쟁 시장에 들어선 수많은 진입자 중 하나일 뿐이다. 그루초 막스Groucho Marx(미국의 코미디언)가 말한 것처럼 '나를 멤버로 받아 주는 클럽에 가입해서는 안 된다'라는 말을 기억해야 한다. 아무리 용을 써도 투자한 자본 이상의 수익을 거둘 수 없고 경제적 수명 또한 평균을 넘기지 못한다. 코끼리가 밟기라도 하는 날이면 개미는 죽게 된다.

보호 장벽 안에 있는 코끼리의 인생은 달콤하고 수익도 보장된다. 하지만 경쟁우위는 계속 관리되어야 한다. 안주하는 자의 운명은 가혹하다. 자신의 강점이 어디에서 나오는지 제대로 파악하지 못했거나 가볍게 여기는 자의 운명도 매한가지다. 코끼리의 첫 번째 우선순위는 경쟁우위를 지켜 내는 것이고 그러려면 경쟁우위의 근원과 한계를 제대로 파악해야 한다.

문제를 제대로 이해하는 태도에서 차이가 발생한다.

- 기존의 우위를 보호하고 강화해 준다. 우위를 한 단계 확장시키는 투자도 할 수 있게 해 준다.

- 물리적인 지형이나 제품 영역에서 높은 수익성을 가져오는 성장 분야와 그럴듯해 보이지만 실제로는 경쟁우위를 약화시키는 분야를 구분하는 요령을 알게 해 준다.
- 현재 회사 상황에서 최대 수익성을 끌어내는 정책을 알려 준다.
- 심각하게 커질 위협을 찾아내고 강하게 대응할 필요가 있는 경쟁자의 침투를 파악해 준다.

　코끼리 한 마리와 개미 떼가 있는 시장에서 경쟁우위를 이해하고 관리하는 데에 유일하게 필요한 것은 코끼리 기업에 대한 전략적 분석이다. 나머지 자잘한 경쟁자 간 상호작용은 중요하지 않다. 해당 내용에 관해서는 그림1.2를 보자. 이는 그림1.1에서 확장된 내용이다.

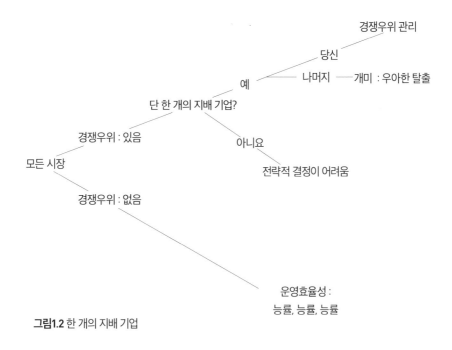

그림1.2 한 개의 지배 기업

갈등을 게임으로 여겨라 : 경쟁자와 상호작용하기

나머지 전략적 상황에서는 다수 기업이 동일한 시장 환경에서 비슷한 수준의 경쟁우위를 누린다. 미국의 청량음료 시장이 좋은 예다. 전국적으로 코카콜라와 펩시가 두 마리 코끼리가 되고 나머지는 개미들이다. 특정 지역 안에서는 닥터 페퍼Dr Pepper 같은 개미가 코끼리 노릇을 할 수도 있다. 상업용 항공기 시장도 비슷한 구조다. 보잉과 에어버스가 대형 제트기 시장을 좌지우지하고 엠브라에Embraer브(브라질 항공기 제조기업)나 봄바디어Bombardier(캐나다의 항공기 및 열차 제조기업) 같은 소규모 제조 기업이 지역적으로 경쟁한다. PC 산업에서는 인텔과 마이크로소프트가 특정 니치 시장을 각각 점유하지만 동시에 이들은 산업 내 전체적 시장점유율을 확보하려고 간접적으로 경쟁하는 구도이다.

경쟁우위가 분명 존재하지만 비슷한 역량의 경쟁자가 공존하는 시장에서 전략 수립이 가장 치열하고 어렵다. 경쟁자를 어떻게 다뤄야 할지를 알아내는 것은 만만치 않은 도전이다.

효과적인 전략을 구상하려면 경쟁자가 무엇을 하는지 알아내는 것은 물론 자신의 움직임에 대해 경쟁자가 어떻게 반응할지 예측해야 한다. 이것이 바로 전략적 계획의 핵심이다. 경쟁자의 직접적인 대응이 나의 성적을 결정하는 시장에서 전략적 계획은 내가 하는 모든 행동 하나하나-가격 정책, 신규 제품 라인, 지역적 확장, 생산량 추가-와 관련된다.

게임 이론이나 시뮬레이션 분석, 협동분석 같은 접근 방법이 경쟁 전략을 고안할 때 특히 효과적이다.

고전적인 게임이론은 특히 유용하다. 게임이론을 통해 경쟁자의 행동에 대한 다양한 정보를 구조적인 방식으로 파악하고 정리할 수 있다. 스탠포드 철학 백과사전에 쓰여 있듯 게임이론은 '이성적인 게임 참여자간의 전략적 상호작용이 일어나면서 참여자의 선호도(혹은 효용) 때문에 의도치 않게 나타나는 결과'에 대한 연구다.

경쟁적 환경에서 나타나는 가장 중요한 특징은 다음과 같다.

- **참여자.** 파악할 수 있는 등장인물의 수. 대개 경쟁자의 형태로 참여함. 참여자 수가 많다면 진정한 의미의 진입장벽이 존재하지 않음.
- 각각의 참여자가 추구할 수 있는 행동. 참여자가 고를 수 있는 선택들.
- **동기.** 수익성이 가장 흔한 동기지만 어떤 대가를 치르더라도 경쟁자를 꺾겠다는 다른 목적도 존재할 수 있으며 이 또한 고려해 대상임.
- **게임 규칙.** 누가 언제 움직이고, 누가 무엇을 언제 알고, 이 규칙을 어기는 대상에게 가하는 벌칙.

다행히 경쟁 환경에서의 근본적 역학은 상대적으로 간단한 두 개의 게임이론으로 대부분 설명된다.

죄수의 딜레마Prisoner's Dilemma : PD 게임은 이론적, 역사적, 실험적으로 다방면에서 심도 깊게 연구되어 왔다. 이는 가격과 품질에 대한 경쟁을 설명해 준다. 죄수의 딜레마 게임 방식은 널리 알려져 있으며, 이를 통해 가격/품질 경쟁이 주요 경쟁 이슈임을 설명할 수 있다. 죄수의 딜레마 게임은 제7장에서 다룰 예정이며 9장과 10장에서도 경쟁적 상호작용을 설명하기 위해 죄수의 딜레마 게임이 언급된다.

진입/선취권 행동 패턴이 두 번째 게임이다. 이는 생산량이나 용량 경쟁에 대한 문제다(유감스럽게도 딱히 붙일 만한 명칭이 없다). 경쟁자가 있는 시장에서 새로운 공장이나 점포를 세우려고 할 때 진입/선취권 행동 패턴이 작동한다. 이 게임이 작용하는 방식도 널리 알려져 있다. 이에 대해서는 11장에서 논한 다음 12장과 13장에서 실제적으로 어떻게 작용하는지 그 원칙을 설명할 예정이다.

이러한 관점을 감안했을 때, 이미 알고 있는 지혜를 활용해서 전략적 분석을 시작하는 편이 바람직하다. 우선 두 가지 게임 방식이 각각 어떤 경쟁 환경에서 잘 맞는지 파악한다. 예를 들어 한 산업이 오랜 가격 전쟁으로 침체되어 있다면 죄수의 딜레마 게임 이론에서 해결책을 찾는다. 한 기업이 확장하면 곧 다른 기업도 확장을 시도하는 산업의 경우 진입/선취권 게임 이론을 사용해서 전략적 분석을 진행한다.

간단히 말해서 상호작용이 단도직입적이면 다양한 행동 방향을 늘어놓는 것만으로도 결과를 비교할 수 있다. 그러나 현실에서 선택 가능한 대안은 순식간에 늘어나기 마련이고 그렇게 되면 분석이 불가능해진다. 이런 경우는 시뮬레이션으로 접근하는 게 낫다. 개인이나 팀을 각각의 경쟁자로 보고 동기와 행동에 따라 고를 수 있는 행동을 나열한 뒤에 여러 번 게임을 해 본다. 그 결과가 제한적이더라도 시뮬레이션을 통해 현재 상황에서 예측할 수 있는 변수를 대략 파악할 수 있다.

상호 협동적인 대안

고전적인 게임이론과 시뮬레이션 외에 코끼리 간의 경쟁을 분석하는 또 다른 접근 방식이 있다. 코끼리들이 서로 물어뜯는 대신 그들만이 가진 경쟁우위의 혜택을 공평하게 나누고 서로 이득을 얻으려고 협조한다. '흥정'이라고도 불리는 이 상호작용은 모든 참여자에게 유리하지만 참여자가 경쟁 환경에서 보기 드문 관점과 기질을 갖고 있어야 한다.

당장 실효성이 없어 보일지라도 이상적인 협동 상태가 무엇인지 고민해 봐야 한다. 상호 이득을 파악하고 어떤 구조의 시장이 내게 최선인지 이해할 필요가 있다. 그런 상태가 되면 비용이 최소화되고 제품과 서비스가 가장 효율적으로 생산되며 이익이 극대화된다. 이런 이상적인 시장 구조라면 경쟁자를 포함해서 모든 이가 혜택을 본다. 즉, 시장에서 담합이나 독점이 발생하면 어떻게 될지 이해해야 한다. 이런 시장에서 추가로 발생하는 혜택을 어떻게 분배할지 결정해야 한다. 그 결정에 만족하지 못하는 참여자가 생기면 상호 협정이 파기된다.

이론적으로 이상적인 시장 구조를 분석하면 두 가지 분명한 이득이 있다. 첫째, 상호 협동이 가져올 가능성을 파악할 수 있다. 둘째, 기존 기업에게는 보호받는 시장에서 제공받는 추가 마진을 보여 주고 잠재적 신규 진입자에게는 합리적인 전략적 목표를 세우도록 도와준다.

예를 들어 충성도 높은 고객도 없고 막대한 비용을 부담해야 하는 공급자는 전략적 동맹과 경쟁적인 위협 등의 수단을 통해 딱히 얻는 이점이 없다. 시장이 효율적으로 움직인다면 이런 공급자는 설 자리가 없다. 경쟁자의 입장에서 봤을 때 전체 산업의 성과를 깎아내리는 공급자를 지원해 줄 이유가 있을까? 파티장에 아무것도 가져오지 않았다면 집에 무언가를 가져갈 수 있을 거라고 기대해선 안 되는 법이다.

이런 조건을 적용한다면 고비용 회사는 다른 회사가 비협조적이고 비이성적인 행동을 해야만 살아남는다. 이런 행동을 파악하고 이용해 다른 경쟁자들이 담합하지 못하도록 막는 일이 고비용 회사의 핵심 전략이 된다.

현실적으로 회사 간의 긴밀한 협조는 그 어떤 시장에서도 발견하기 힘들다. 그러나 전면적인 협조가 존재하지 않더라도 협동 가능성은 따져볼 만한 가치가 있다. 이를 통해 회사의 의사 결정에 도움이 될 만한 다양한 전략적 상황을 들여다볼 수 있다. 전형적인 게임이론이나 경쟁적인 상호작용을 다루는 방법은 상호 비협조적인 상황을 가정하는데, 협동 가능성을 고려하면 이런 가정이 보완되고 협상의 여지가 더해진다.

죄수의 딜레마나 진입/선취권 같은 게임 이론에 대한 지식을 활용하고, 시뮬레이션을 해 보고, 협동 분석을 병행하면, 비슷한 역량의 소수 경쟁자가 상호 견제하는 시장에 대해 전략적 문제를 보다 폭넓고 균형 잡힌 시각으로 다루게 된다. 그림 1.3은 이 마지막 단계를 보여 준다. 이는 1.2에 경쟁우위를 가진 복수의 회사가 시장을 나눠 가진 상황을 추가한 그림이다.

이 글의 큰 방향

이 장과 다음 두 개 장에서는 일반적 경쟁우위를 논한다(그림1.3의 ①). 일반적 경쟁우위에는 몇 개의 유형(수요, 공급, 규모의 경제)이 존재하는데 이들이 존재하는지 판단하려면 두 가지 수치를 볼 필요가 있다(시장점유율의 안정성과 높은 자본수익률). 그 다음 독점 기업이 있는 상황을 다룬다. 다양한 회사가 어떻게 경쟁우위를 파악하고 다루었는지 과거의 성공 사례와 실패 사례를 살펴본다(그림1.3의 ②). 그런 뒤 여러 회사가 시장을 나눠 가진 사례를 본다(그림1.3의 ③). 이런 회사들은 가끔 휴전을 맺는 때를 제외하고는 지속적으로 전쟁 중이거나, 상호 이득을 위해 장기적인 협상을 맺게 된다.

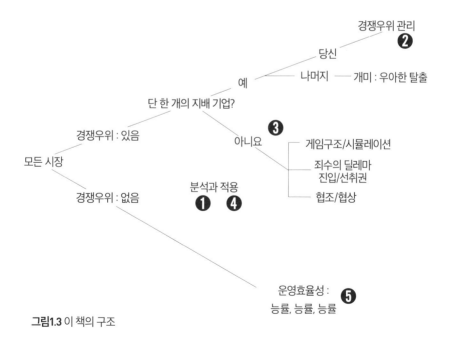

그림1.3 이 책의 구조

이 책의 마지막 장에서는 경쟁우위를 기업 가치 평가, 인수와 합병, 브랜드 확장 같은 기능적 분야에 적용한다(그림1.3의 ④). 마지막으로 경쟁우위나 진입장벽이 존재하지 않는 시장을 다루면서 딱히 근본적인 경제적 차이가 없는데도 뛰어난 회사와 그렇지 못한 회사가 존재하는 이유를 풀어 본다(그림1.3의 ⑤). 뛰어난 경영은 상상 이상으로 중요한 역할을 한다. 효율적으로 운영하려면 가능한 한 전략을 뿌옇게 둘러싸고 있는 불분명한 안개를 거둬 내고 끊임없이 집중해야 한다. 그것이 이 책의 목적이기도 하다.

전략에 대하여 집필한 저자들이 모두 그러하듯 우리도 역시 마이클 포터의 영향을 가장 많이 받았다. 앞서 말한 바와 같이 마이클 포터는 참여자 간 상호작용의 중요성을 강조했고 회사가 참여한 경쟁 환경을 설명해 주는 다섯 가지 경쟁요소를 찾아냈다. 그 덕에 이론에 쉽게 접근할 수 있게 되었지만, 모델이 너무 복잡해서 쉽게 적용하기는 힘들다. 주제를 온전히 다루기 위해 간단명료하게 설명하는 것은 포기한 것이다. 한꺼번에 다섯 가지 경쟁 요소를 고려하는 것은 쉽지 않다. 특히 우선순위를 매기기 어려운 경우가 이에 해당된다.

이 책은 진입장벽이라는 가장 중요한 요소 하나를 골라 집중하면서 마이클 포터의 접근 방법을 단순화했다. 그런 뒤에 다른 요소들을 꼼꼼하게 살펴보았다. 먼저 산업 경쟁자, 직접적인 경쟁적 상호작용을 다룬 뒤 협상의 맥락에서 공급자와 구매자를 살펴봤다. 우리의 목적은 마이클 포터의 다섯 가지 경쟁 요소를 간과하는 것이 아니라 우선순위를 추가하고 이들을 명확하게 이해하는 것이다. "이론은 가능한 한 간단해야 하지만 지나치게 간단하면 안 된다"라는 아인슈타인의 경고를 감안하면 단순화와 명료화는 전략적 분석의 중요한 특질이다.

제2장

경쟁우위 I :
공급과 수요

우상화된 차별화 전략

경영에 관한 격언에 따르면 범용 상품 산업Commodity business은 반드시 피해야 한다. 사실상 동일한 상품을 가격에 민감한 소비자에게 제공하는 시장에서 경제적으로 살아남으려면 치열하게 노력해야 할 뿐만 아니라 평균 이하의 수익성까지 감내해야 한다.

'상품 산업에 절대 빠져들지 말라.'라는 전략적 사고는 종종 이러한 격언에서 출발하는 것처럼 보인다. 경영학을 전공한 풋내기는 경쟁자의 상품과 자신의 상품을 차별화하는 것이 효과적인 비즈니스 계획의 첫 단계라고 배운다. 그러나 상품 산업에서 벗어나는 전략으로서의 차별화는 한 가지 치명적인 약점이 있다. 제대로 작동하지 않는다는 사실이다.

차별화를 통해 '흔한 상품 중 하나'가 되는 운명은 피할지 몰라도 차별화가 상품 산업의 특징인 치열한 경쟁과 낮은 수익성까지 해결해 주지는 않는다. 경쟁의 성격이 변할 수는 있지만 수익성에 끼치는 부정적인 영향은 여전히 남아 있다. 근본적인 문제는 차별성이 없는 것이 아니라 진입장벽이 없는 것이기 때문이다. 진입장벽의 중요성을 이해하고 어떻게 작용하는지 제대로 알아야 효과적인 전략을 구상할 수 있다.

메르세데스 벤츠만큼 전 세계 경쟁자들과 비교해서 확실하게 차별화된 제품은 없다. 새로 취임하는 수많은 국가 원수가 메르세데스 벤츠를 적어도 한 대 정도는 구입해서 위엄을 더하려고 한다. 이는 함대에게나 어울릴 만한 영광이다.

브랜딩은 제품 차별화의 첫 번째 전술이고 메르세데스 벤츠의 별 모양 로고는 전 세계에서 품질을 입증하는 상징으로 여겨진다. 캐딜락은 한때 미국에서 메르세데스 벤츠와 같은 위상을 차지했고 품질을 입증하는 일반명사처럼 쓰였다. '버거계의 캐딜락'(1950년대 P.J. 클라크 햄버거에 대한 냇 콜Nat Cole의 말), '아기침대의 캐딜락'(www.epinions.com), 'PC계의 캐딜락'(비즈니스위크, 1999년 5월 19일)이라는 말이 통용됐다. 하지만 높은 인지도와 품질 이미지에도 불구하고 메르세데스 벤츠와 캐딜락은 브랜드에 힘입어 수익성을 높이지 못했다. 그들의 재무 성적은 모두가 기피하는 범용 상품 기업의 성적과 크게 다를 바가 없다.

높은 수익이 사라지는 방법은 간단하다. 자동차의 경우 수익은 제2차 세계대전 이후부터 줄어들기 시작했다. 그때 캐딜락과 (미국 내에서는 링컨도 함께) 메르세데스 벤츠가 지역 시장을 꽉 잡고 엄청난 이익을 냈다. 바로 이 이익 때문에 다른 회사들이 시장에 진입하기 시작한다. 1970년대 미국의 고급 세단 시장에 메르세데스, 재규어, BMW 같은 유럽계 기업이 진입했고, 1980년대에는 아큐라, 렉서스, 인피니티 같은 일본 기업이 그 뒤를 따랐다.

고급 세단 시장이 상품 산업이었다면 새로운 경쟁자가 진입하면서 가격이 하락하게 된다. 하지만 그런 일은 발생하지 않았다. 수입 업체가 난입한 상황에서도 캐딜락과 링컨은 프리미엄이 붙었다. 수입 업체도 저렴한 가격으로 경쟁하려고 들지 않았기 때문이다. 그러나 선택할 수 있는 고급 세단의 범주가 늘어나면서 캐딜락과 링컨의 매출 규모와 시장점유율은 하락한다. 그런데도 차별화 전략에 들어가는 고정비용—제품 개발비, 광고비, 딜러와 서비스 네트워크 유지 비용—은 줄어들지 않았다. 그 결과 차 한 대당 고정비용이 증가했고 대당 이익 마진은 하락했다. 캐딜락과 링컨은 낮은 이익 마진에 적은 수의 차를 판매하는 꼴이 되었다. 제품이 완전히 차별화되어 있었음에도 그들의 수익은 급격하게 줄어들었다.

가격이 변동하지 않았음에도 매출이 줄어들고 개당 고정비용이 늘어나는 과정은 가격 중심의 (상품) 시장과는 다른 양상을 보이기는 하지만 결과적으로 수익성에 미치는 영향은 동일하다. 고급 세단 산업의 쇠락은 한순간에 벌어진 일이 아니다. 처음 유럽 브랜드가 미국의 고급 세단 시장에 진입했을 때 캐딜락과 링컨은 매출 일부가 줄어들고 마진이 하락했다. 그러나 초기 시장에 진입한 이후에도 여전히 다른 진입자를 끌어들일 만큼 수익이 매력적이었다. 당연한 수순으로 상류층 고급 제품 버전의 혼다, 토요타 그리고 닛산이 시장에 들어왔다.

고급 세단 시장의 매력적인 수익성이 완전히 사라지고 나서야 신규 진입자의 시장 진입이 멈췄다. 진입자들이 시장을 나눠 가지는 바람에 고정비용이 높아져서 모든 추가 수익을 잡아먹는 지경이 되면 높은 수익을 올릴 수 있는 기회가 사라진다. 재정적인 이익이 평균 수준이 되어야 시장의 매력이 사라지고 추가 진입이 발생하지 않는다.

이런 일련의 과정을 살펴보면 메르세데스 벤츠처럼 잘 알려진 브랜드라도 평균 재무 수익 이상을 벌어들이지 못하는 것이 전혀 놀랍지 않다. 제품 차별화만으로는 경쟁에 따라 수익이 줄어드는 상황을 막지 못한다. 유명한 브랜드라고 해서 상품 자체가 뛰어난 보호 수단이 되지 않는다. 높은 수익은 신규 진입자의 진입이나 기존 경쟁자들의 사업 확장, 혹은 이 모든 것을 야기한다. 모든 시장에서 통용되는 이야기다. 이 가차 없는 프로세스에서 가장 중요한 전략 원칙이 나온다.

경쟁자의 진입을 막는 요인이 없다면 투자된 자본에 비해 '정상' 이익 이상을 도저히 벌 수 없는 수준까지 수익성이 하락한다. 차별화가 아닌 진입장벽이 전략적 기회를 만들어 준다.

효율이 중요하다

효율이 중요하다는 명제는 상당한 의미를 내포한다. 첫 번째는 '효율'과 '진입장벽이 없는 시장에서의 생존' 사이의 연관성이다.

구리, 철 혹은 벌크 섬유 같은 산업에서 기업이 시장 가격 이하로 생산할 수 없는 기업은 사라진다. 상품 시장에서 장기적으로 가격은 생산자가 가장 효율적으로 생산하는 가격 수준에서 정해진다. 그 수준을 맞출 수 없는 경쟁자는 살아남을 수 없다. 차별화된 상품 시장에서도 결국 비슷한 조건이 적용된다.

제품 차별화는 거저 얻을 수 있는 것이 아니다. 광고, 제품 개발, 판매와 서비스 부서, 구매 전문가, 유통 채널 등 여러 가지 기능에 돈을 쏟아 부어야 차별화가 이루어진다. 이 모든 분야를 효율적으로 운영하지 못하는 순간 더 뛰어난 라이벌이 순식간에 앞서나간다. 차별화된 제품의 가격과 시장점유율은 경쟁자의 가격과 시장점유율에 맞물려 있다. 그 결과 차별화에 투자한 자본에 대한 수익은 보다 효율적인 경쟁자보다 낮아진다.

성공을 거둔 기업은 확장하기 마련이고 그 결과 비효율적인 다른 기업의 시장점유율은 더 떨어진다. 여전히 프리미엄을 얹은 가격에 판매할 수 있더라도 차별화에 투자한 금액에 대한 수익률은 하락한다. 마침내 더 이상 투자하는 것이 의미 없는 수준까지 수익률이 하락하면 비효율적인 회사는 생존만으로도 벅차게 된다. 차별화로 경쟁하던 많은 산업의 역사가 반복된다. 자동차, 전자 제품, 소매, 맥주, 항공사, 사무용 기기, 그 외의 여러 산업이 같은 과정을 겪었다. 손에 꼽을 만큼 소수의 성공적인 기업이 살아남고 한때 잘나갔던 많은 기업들—GM, 제니스Zenith(미국 가전 기업), A&PThe Great Atlantic & Pacific Tea Company(미국의 슈퍼마켓 체인, 2015년 파산), 쿠어스Coors(미국 맥주 기업), 케이마트Kmart(미국의 대형할인점), 팬암PanAm—의 달이 기울었고, 어떤 경우는 완전히 사라지기도 했다.

제품이 차별화되어 있거나, 상품 시장이거나 효율성이 필요하다는 것은 동일하지만 차별화된 시장에서는 효율적인 운영이 한층 어렵다. 상품 시장에서는 제작 비용만 관리하면 된다. 마케팅은 미미한 수준이다. 하지만 차별화된 시장에서는 제작 비용과 마케팅 등 여러 분야에서 효율적으로 운영해야 한다.

단순한 비용 절감 이상의 영역으로 경쟁이 확대된다. 차별화된 제품 시장에서 기업은 제품 관리 외에도 포장 개발, 시장 리서치, 제품군Product Portfolio 관리, 광고와 프로모션, 유통 채널과 더불어 뛰어난 판매 직원 관리까지, 그 모든 분야에서 한 푼도 허투루 쓰지 않고 효율적으로 관리해야 한다. 경쟁자 진입과 확장을 막아서는 존재가 나타나지 않는 한 모든 방면에서 기업을 효율적으로 운영해야 성공할 수 있다.

효율이 중요하다는 말의 두 번째 의미는 '정상' 수익률의 뜻을 이해하는 것과 관련이 있다. 투자자는 투자 자본에 대한 대가를 요구한다. 자본 수익률이 '정상'이 되려면 투자자가 다른 곳에 투자했을 때 얻는 수익만큼을 줘야 한다. 이때 위험을 적정하게 반영해야 한다. 평균적인 위험 수준에서 주식 투자수익률이 12퍼센트라면 투자를 받는 기업의 평균 위험 투자수익률이 12퍼센트가 되어야 한다. 그렇지 않으면 투자자는 종국에 자신의 투자 자금을 회수해 간다. 현실적으로 낮은 수익 성적을 거둔 경영진이 물러나기까지는 생각보다 오랜 시간이 걸린다. '정상'이란 말 안에는 수년간에 걸친 평균 수익률이라는 의미가 숨어 있다. 수익률이 엉망인데도 회사가 예상외로 오래 생존하는 경우도 발생한다. 하지만 결국 그런 회사들은 사라진다.

진입장벽과 경쟁우위

진입장벽은 전략의 핵심이다. 전략적 사고를 이해하려면 진입장벽이 무엇이고 어떻게 생겨나는 것인지 알아야 한다. 한 개의 기업이 소유한 고유의 기술/능력과 진입장벽을 구별하는 능력도 필요하다. 진입장벽은 단순히 한 기업의 측면만이 아니라 특정 시장을 구축하는 경제 구조의 일면이다.

최고의 기업이 보유한 기술과 능력은 경쟁자도 따라 할 수 있다. 적어도 이론적으로는 말이다. 시스템은 똑같이 만들 수 있고 뛰어난 인력은 스카우트할 수 있으며 경영 기술은 업그레이드된다. 이런 것은 결국 운영 효율에 대한 이야기다.

반면, 전략은 구조적인 진입장벽을 다룬다. 진입장벽이 무엇인지 파악하고 이를 운영하고, 생성하고, 보호하는 방법을 이해하는 것이 전략을 만드는 핵심이다. 진입장벽이 존재하면 그 내부에서 보호받는 기업은 잠재적인 신규 진입자가 할 수 없는 일을 한다. 그런 시장에서는 신규 진입자가 아무리 돈을 쏟아붓거나 성공적인 기업의 방식을 따라 하더라도 할 수 없는 일이 있다. 즉, 진입장벽 내에 있는 기업은 잠재적인 신규 진입자에 비해 경쟁우위라는 유리한 위치에 있다고 할 수 있다.

진입, 퇴출 그리고 장기 수익성

진입장벽이 없는 산업에서 진입과 확장의 반대는 퇴출과 축소다. 높은 수익이 새로운 경쟁자를 끌어들이고 사업을 확장하고 싶은 욕구를 샘솟게 하듯, 평균 이하의 수익은 경쟁자는 물론 야망까지도 사그라들게 한다. 평균 이하 수익 상태가 상당 기간 지속되면 산업 내에 있던 비효율적인 기업이 쇠락하고 사라진다. 그러나 진입과 확장, 퇴출과 축소는 완벽하게 대칭되지 않는다. 아이가 있는 사람이라면 잘 알겠지만 고양이나 강아지를 집으로 들이기는 쉽지만 내보내기는 어렵다. 사업에서의 고양이와 강아지는 새로운 공장, 새로운 제품, 기타 새로운 역량 등이다. 사들이기는 쉽지만 없애기는 쉽지 않다.

이런 불균형 때문에 과잉 설비 상태인 저성과 산업에서 불필요한 자산을 없애는 일은 고성과 산업에서 새로운 설비를 구입할 때보다 까다롭다. 과잉 공급 기간은 과잉수요 기간보다 길다. 종국에는 투자자에게 위험 수준에 상응하는 수익, 즉 자본비용을 돌려주어야 하지만, 그 '마지막' 시점은 주관적이다. 경영진이 생각하는 '마지막' 시점은 보통 사람이 이성적으로 납득하는 시기보다 한참 뒤인 경우가 많다. 새로운 생산 설비와 제품을 쉽게 없애지 못하면 이 문제는 더 악화된다. 생산 설비와 기기가 크게 필요 없는 신규 산업보다 자본집약적이고 제품이 성숙된 산업에서 이 기간이 길어진다.

상품 산업은 전형적인 성숙 산업이고 이들의 부진은 부분적으로 본전도 뽑을 수 없는 과잉 설비 탓이다. 그러나 진입과 퇴출을 결정하는 결정적인 요소가 수익성이라는 점에서 상품 시장이나 차별화 시장은 다르지 않다. 물론 참을성 있고 특정 산업에 헌신적인 투자자 덕에 수익성이 높은 경쟁자 사이에서 부진 기업이 살아남기도 한다. 항공 산업이 좋은 예다.

종종 전략에서 별개 분야로 취급되지만 진입장벽과 경쟁우위는 결국 같은 이야기다. 이때 진입장벽은 '기존' 참여자의 경쟁우위라는 점을 명심해야 한다. 신규 진입자의 경쟁우위, 즉 시장에 진입하는 시기가 늦을수록 유리한 경우(최첨단 기술, 가장 인기 있는 제품 디자인, 은퇴한 직원이나 유물이 되어버린 제품을 유지하는 부담이 없어서 오는 혜택)는 제한적이고 일시적이다.

진입자가 시장에 들어서는 순간 그 기업은 기존 참여자가 된다. 진입하는 시점에 유리하던 장점—첨단 기술, 낮은 인건비, 멋진 패션—이 아직 진입하지 않은 새로운 진입자에게 유리하게 돌아간다. 마지막으로 경쟁에 참여하는 기업이 유리한다면 그것만으로도 진입장벽이란 존재하지 않고 지속적으로 높은 수익을 낼 수도 없다.

경쟁우위가 기존 참여자에게만 해당하는 일이기 때문에 이 전략적 우위를 유지하고 이용하는 데 집중해야 한다. 한편, 진입장벽으로 보호받는 시장에 들어설 만큼 야심 찬 기업의 시장 진출로 인해 기존 기업들이 심기가 불편해지기는 하겠지만 그 때문에 기존 참여자가 시장에서 나가겠다고 결심하지 않도록 계획을 짜야 한다.

경쟁우위의 유형

순수한 의미에서 경쟁우위의 유형은 몇 개 되지 않는다. 경쟁우위는 우월한 생산 기술, 자원에 대한 독점적인 접근권(공급 우위)에서 나온다. 혹은 소비자의 선호(수요 우위), 규모의 경제와 소비자 선호의 결합(수요-구매 상호작용의 우위로, 3장에서 다룰 내용이다)에서 기인한다. 그 잠재력과 지구력을 고려했을 때, 공급 우위가 가장 약한 진입장벽이 되고, 규모의 경제와 소비자 선호가 결합하는 것이 가장 강한 경쟁우위라고 할 수 있다.

또한, 면허, 관세, 쿼터제, 정부가 허가한 독점, 특허, 정부 소유 자회사, 다양한 형태의 규제를 통해 정부가 개입하면서 발생하는 우위도 존재한다. 예를 들어 TV 방송면허는 소유자에게 강력한 경쟁우위가 된다. 미국 증권거래위원회Securities and Exchange Commission에서 '국가가 인정한 통계 평가 조직'이라고 임명한 덕분에 S&P, 무디스 그리고 몇 개 기업이 신용 평가 시장을 지배했다. 수수료가 하늘로 치솟은 건 덤이다. 그 어떤 자본 시장에서건 정부는 항상 어느 한 쪽의 손을 들어주는 변수 역할을 한다. 정부의 호의를 제외하면 다른 경쟁우위는 기본적으로 경제적 환경에서 비롯된다.

공급 우위 : 경쟁적 비용

기존 참여자가 경쟁우위를 획득하는 한 가지 방법은 잠재적인 경쟁자가 도저히 따라 할 수 없을 만큼 저렴한 비용 구조를 확보하는 것이다. 그러면 기존 참여자는 가격이나 매출 측면에서 봤을 때 현재의 시장 구조에서 충분히 매력적인 수익을 얻지만 높은 비용을 감당해야 하는 신규 진입자는 그러한 수익을 낼 수 없게 된다.

그런 우위가 존재한다면 보통의 기업은 시장에 새로이 진입하지 않는다. 그러나 멍청할 정도로 낙관적인 기업은 어디에나 있기 마련이고 이들은 그런 상황에서도 굳이 시장에 들어온다. 그러면 기존 참여자는 저렴한 비용 구조를 이용해 가격을 낮추거나, 광고를 늘리거나, 서비스를 강화하는 등 다양한 방법으로 신규 진입자를 짓눌러 버린다. 결국 신규 진입자는 실패하고 시장을 떠나면서, 또 있을지 모르는 낙관적인 기업에게 시장에 진입하지 말라는 교훈을 남긴다.

저렴한 비용 구조는 원자재 비용이 낮거나, 보다 흔하게는 독점 기술 덕에 가능해진다. 가장 흔한 유형의 독점 기술은 특허로 보호받는 상품군이나 프로세스다. 특허 기간 동안 받는 보호는 가히 절대적이다. 특허를 침해할 때 지불하게 되는 벌금이나 소송비 때문에 잠재 신규 진입자가 지불하는 비용이 하늘 높은 줄 모르고 치솟기 때문이다.

역사적으로, 복사기 산업에서는 제록스, 필름 산업에서는 코닥Kodak과 폴라로이드, 제약 산업에서는 몇몇 라인의 의약품이 특허 기간 동안 이런 종류의 경쟁우위를 누렸다. 프로세스에 대한 특허 역시 강력하다. 알코아Alcoa(미국 알루미늄 기업)는 공정 과정 특허 덕에 알루미늄 시장을 수년에 걸쳐 쥐락펴락했으며 듀퐁은 프로세스와 상품 특허 덕에 경제적으로 크게 성공했다. 그러나 보통 17년이 지나면 특허가 만료된다. 즉, 특허권에 근거한 비용 경쟁우위는 유지되는 기간이 한정적이다. 1950년에서 1990년에 걸쳐 컴퓨터 산업을 독점한 IBM이나 100년이 넘게 청량음료 시장을 석권한 코카콜라와 비교했을 때 특허로 인한 보호는 상대적으로 기간이 짧다.

제약업계를 제외하면 특허로 보호받는 시장은 극히 드물다. 제약업계 내에서도 "나도 똑같은 효과를 내요"라고 말하는 제품이 출현해서 기술 우위를 갉아먹는다. 시장에 나와 있는 세로토닌 재흡수 억제제의 숫자만 봐도 쉽게 알 수 있다. 그러나 독점 기술 덕분에 혜택을 얻는 수단은 특허만이 아니다.

제조 공정이 복잡한 산업에서는 학습과 경험이 비용 절감의 주요 원천이다. 화학과 반도체 분야에서는 시간이 지날수록 상품 결함률이 크게 떨어진다. 공정과 투입물에 대해 미묘한 조정을 거듭하면서 완성률이 놀라울 만큼 높아진다. 완성률이 높아지면 자연스럽게 비용이 절감된다. 자원 절감은 물론 품질을 유지하기 위해 공정을 멈추고 조치를 취할 필요가 줄어들기 때문이다. 추가 노동력이나 자원이 들어가지 않는다. 부단히 노력하는 기업은 경쟁자보다 앞서서 학습 곡선을 개선하고 특허가 허락하는 기간보다 오랫동안 경쟁우위를 유지한다.

그러나 특허와 마찬가지로 학습에 근거한 가격 경쟁우위도 무한정 지속되지 않는다. 이는 기술 변화 속도에 크게 좌우된다. 변화 속도가 빠르면 가격 경쟁우위를 가져온 공정 자체가 구식이 되면서 경쟁우위가 없어진다. 반도체, 반도체 기기, 바이오 기술처럼 급변하는 산업에서는 가격 경쟁우위가 지속되는 시간이 짧다.

반면, 시장이 성숙함에 따라 기술의 변화 속도가 느려지면 앞선 참여자가 경험으로 습득한 효율을 경쟁자도 확보한다. 1920년대 RCA는 미국에서 라디오를 생산하는, 한창 잘나가는 하이테크 기업이었다. 그러나 시간이 흘러 경쟁자에게 따라잡혔고, 라디오 제작 기술은 토스터기 제작만큼이나 흔해 빠진 기술로 전락했다. 장기적으로 봤을 때 모든 제작은 토스터기를 만드는 요령처럼 어렵지 않은 기술이 되고 투자 수익률이 낮아진다.

단순한 제품과 공정만으로는 독점적인 기술 우위를 차지할 수 없다. 특허를 얻기도 쉽지 않은 데다가 다른 기업이 쉽게 따라 하기 때문이다. 몇몇 직원이 생산/서비스에 대한 특수 공정을 제대로 이해하면 경쟁자는 이들 인력을 빼내서 핵심 공정을 캐낼 수도 있다.* 기술이 단순할수록 '상식'으로 여겨지기 때문에 독점적인 지적 소유권을 훔쳐 갔다고 소송하기도 쉽지 않다. 이런 제약 조건은 계속 성장하는 서비스 분야에서 두드러진다. 의료 서비스, 거래 프로세싱, 금융 서비스, 교육, 소매 등은 전 세계 경제 활동의 약 70퍼센트를 차지한다. 이 분야의 기술은 아주 기본적이거나 제삼자인 전문가들이 개발했다. 따라서 회사 내에서 생성된 기술만이 독점 기술이 된다. NCRNational Cash Register(미국의 금전 등록기, 컴퓨터 회사) 같은 소매업 공급자나 컨설턴트가 제품이나 공정 과정 혁신을 주도하는 시장에서는 기술에 힘입은 비용 경쟁우위가 쓸모없다. 가격을 지불하기만 하면 모든 사람이 경쟁우위를 확보할 수 있기 때문이다.

그래서 IT가 경쟁우위의 원천이라는 생각은 단단히 잘못됐다고 볼 수 있다. 대부분의 IT 혁신은 액센츄어Accenture, IBM, 마이크로소프트, SAP, 오라클 등과 소규모의 전문 회사들이 만들어 낸다. 이들은 혁신을 최대한 세분화하여 기업을 상대로 팔아서 생계를 이어 나간다. 모두

---

* 사무엘 슬레이터(Samuel Slater, 미국의 사업가. 최초로 방적공장을 세움)가 1789년 영국에서 포터컷(Pawtucket)으로 리처드 아크라이트(Richard Arkwright, 영국 수력 방적기 발명자)의 방적 지식을 공수해 왔다. 그의 머릿속에 담아온 것이다. 이는 기계 자체나 그 기계를 만드는 지식이나 그 어떤 형태로의 기술 수출을 막은 영국법을 위반한 행위였다.

에게 가능한 혁신은 그 누구에게도 경쟁우위를 주지 않는다. 몇몇 회사는 남들보다 혁신을 잘 활용하지만 이는 조직 효율의 문제이지 경쟁우위라고 부를 수는 없다.

독점 기술로 인한 비용우위가 상대적으로 드물고 오래가지 않는다면 낮은 투입 원가에 근거한 경쟁우위는 더 찾기 힘들다. 노동과 다양한 형태의 자본, 원자재 그리고 중간 투입재는 모두 자유 경쟁 시장에서 판매된다. 인건비를 좌지우지할 만큼 강력한 노조를 상대해야 하는 회사도 있다. 퇴직 연금이나 퇴직자의 건강 보험에 관한 부채를 감당하기에 돈이 한참 모자라 골머리를 앓고 있을 수도 있다. 한 회사가 노조도 없고 복지 부담도 적은 인력을 구할 수 있다면 다른 회사가 추가로 진입하여 이를 따라 하면서 인건비가 낮아지기 때문에 추가 수익은 순식간에 사라진다.

노조가 좌우하는 기업은 성장이 둔화되거나 사라지겠지만 그렇다고 남아 있는 기업이 경쟁우위의 혜택을 누리는 것은 아니다. 중국 같은 국가에 저렴한 인력이 있다는 것을 발견한 첫 번째 회사는 아직 중국으로 옮기지 않은 경쟁자에 비해 잠시 유리한 고지를 차지하지만 곧 여러 기업이 몰려들면서 혜택이 사라진다.

충분한 자금이나 저렴한 자본은 종종 호도되는 장점이 있다. 인터넷이 붐을 일으키던 당시에는 투자 자금을 모으기가 수월했다. 사업 계획도 엉망이고 신규 산업의 위험도를 산출할 수 없는데도 인터넷 회사들은 어처구니없을 만큼 저렴한 비용으로 자본을 사실상 거의 무한정 얻어냈다. 그러나 쉽게 투자 자금을 얻는다고 해서 다 성공한 것은 아니다.

역사적으로 보면 한때 영광을 누렸으나 보다 효율적인 경쟁자가 출현하면서 몰락한 기업이 수없이 많다. 제철업자, 가전 기업, 작은 규모의 소매상들 그리고 전국적인 체인점 등 사례는 무궁무진하다. 하지만 경쟁자가 돈이 많다는 이유 하나만으로 궁지에 몰린 회사는 그렇게 많지 않다. IBM, AT&T, 코닥 그리고 일본의 유수 기업처럼 현금을 든든히 쌓아둔 회사들은 돈을 써야 한다는 압박감 때문에 잘못된 벤처에 투자하거나 자금을 탕진해 버리면서, 스스로 몰락했다.

미국과 유럽의 제조 분야를 일본계 기업이 맹렬히 잠식하던 때처럼 자본 확보가 좀 더 용이하거나 자본비용이 낮은 특정 기업들이 경쟁자보다 유리한 고지를 차지한다는 주장이 힘을 얻던 때가 있다. 에어버스 사례처럼 정부의 지원 덕에 자본 조달이 용이해지는 경우가 왕왕 발생한다. 과거에 저렴하게 조성된 자금을 조달 받으면서 자본비용이 저렴해지기도 한다. 그러나 이런 자금의 진정한 비용은 절대 '저렴'하지 않다.

자본 시장에서 투자에 대해 10퍼센트의 수익률을 돌려주고 있다면 2퍼센트 수익률을 내는 프로젝트에 투자된 자금은 실패한 자금이다. 말하자면 8퍼센트의 손해를 보고 있는 것이다. 이는 그 자금을 모으는 데 겨우 2퍼센트의 비용이 소요된다고 한들 변하지 않는다. '저렴한' 자본을 그런 식으로 사용하는 것은 경쟁우위라고 볼 수 없다. 정부가 의도적으로 지원하지 않는 한 비효율적으로 쓰인 저렴한 자본은 오래가기 힘들다.

'저렴한' 자본이라는 개념 자체가 경제적으로는 잘못된 생각이다. 정부의 지원 덕에 얻은 '저렴한' 자본은 그 자체로는 가치가 없으며, 정부의 보조금 덕택에 얻은 경쟁우위라고 보는 편이 정확하다.

몇몇 기업은 아람코ARAMCO(미국/영국 석유회사)처럼 원자재를 독점적으로 채취하거나 시카고 오헤어 국제공항의 유나이티드 에어라인United Airlines처럼 지역 기반 덕에 유리한 고지를 차지한다. 그러나 이런 경쟁우위는 적용되는 시장 범위가 좁고 경쟁자의 시장 진입을 저지하는 효과도 제한적이다. 아람코는 노르웨이의 스타토일Statoil보다 배럴당 이익이 높지만 석유 수요가 일정 수준 이상일 때는 스타토일을 시장에서 축출하지 못한다. 유나이티드 역시 오헤어 국제공항이 아닌 다른 공항에서는 유리한 입장이 아니다.

아주 특별한 재능이 있는 경우에도 동일한 흐름을 볼 수 있다. 줄리아 로버츠나 톰 크루즈 같은 거물급 배우와 계약한 스튜디오가 항상 성공한다는 보장은 없지만 다른 스튜디오보다는 경쟁우위를 갖고 있다. 하지만 특수한 자원에 근거한 모든 경쟁우위와 마찬가지로 이 경쟁우위에는 한계가 있다. 첫 번째, 그 배우가 가지는 영향력은 배우의 것이지 스튜디오의 것이 아니다. 언제라도 스튜디오를 바꿀 수 있다. 두 번째, 배우의 인기는 한철이고 계약은 만기가 있다. 그리고 차세대 줄리아 로버츠나 톰 크루즈는 언제든 나타난다. 여기에는 진입장벽이 없다. 얼마나 많은 매력적인 배우와 에이전트들이 나타나는지 생각해 보라. 세 번째로, 그 어떤 배우도 특정 집단에게만 어필할 뿐 그 시장 전체를 혼자 독점하지는 못한다.

이러한 제약 요소는 풍부한 광물 매장량, 유리한 리스 조건, 매력적인 위치 같은 특정 자원에 대해서도 동일하게 적용된다. 저비용으로 생긴 경쟁우위는 지리적으로나, 제품 영역에서 보았을 때, 대개의 경우 지엽적인 시장에서만 의미가 있다. 지엽적이지 않으면, 진입장벽으로써 별로 쓸모가 없다.

수요 우위 : 고객을 사로잡기

시장에서 특정 진입자가 수요 경쟁우위를 가지려면 다른 경쟁자가 절대 만족시킬 수 없는 고객을 확보해야 한다. 명성이나 품질과 같이 전통적인 관점에서 보아도, 브랜드 파워 자체만으로는 독보적으로 고객을 독점하지 못한다. 모든 시장 진입자에게 브랜드를 만들고 유지하는 기회가 동일하게 주어진다면 기존 참여자에게는 경쟁우위도, 진입장벽도 없기 때문이다. 고객이 어느 정도 기존 참여자에게 충성도가 높아야 수요 경쟁우위가 생긴다. 담배 광고가 허용되던 시절에는 흡연자가 "담배를 바꾸느니 차라리 목숨을 내놓겠다!"라고 외치는 광고가 있었다. 모든 기업은 이렇게 충성스러운 고객을 확보하고 싶어 한다.

신규 진입자는 마진을 거의 남기지 않을 정도로 가격을 내리거나, 시제품을 공짜로 나눠주며 기존 참여자의 충성 고객을 빼앗을 수도 있다. 또한 다른 상품과 함께 판매하거나 고객이 갖고 싶어 하는 상품으로 만들어 버릴 수도 있다. 하지만 고객을 포로로 만든 기존 참여자와 똑같은 정도로 고객을 끌어들일 수는 없기 때문에 고객을 사로잡은 기존 참여자에게는 명백한 경쟁우위가 존재한다.

(쉽게 일어날 수 있는 일은 아니지만) 기존 기업보다 낮은 가격으로 상품이나 서비스를 제공할 묘안이 있지 않는 한, 신규 진입자는 할인

판매로 달성한 매출 규모만으로는 이익이 나지 않기 때문에 오래 버틸 수 없다. 충성스러운 고객으로부터 수익을 확보하는 일은 신규 도전자가 할 수 없기에 기존 참여자에게 경쟁우위가 발생한다.

충성 고객이 형성되는 원인에는 몇 가지가 있다.

습관

흡연은 중독이지만 특정 브랜드를 구입하는 건 습관이다. 같은 브랜드를 자주 구입하다 보면 어느 순간 자기도 모르게 충성 고객이 된다. 습관은 고객을 독점하도록 만들어 준다. 흡연자는 선호하는 브랜드가 하나씩 있다. 급할 때는 어쩔 수 없이 니코틴에 대한 갈망을 급히 잠재우기 위해 아쉬운 대로 대체품을 선택할 뿐이다.

청량음료 소비자 중에도 충성 고객이 있다. 커피, 차, 물을 마시는 사람에게는 코카콜라나 펩시나 다르지 않다. 하지만 청량음료는 브랜드별로 충성 고객이 확보되어 있으며, 보통 그들은 흔들리지 않는다. 아직 선호도가 확실하지 않은 어린 소비자를 펩시에게 뺏기지 않기 위해 코카콜라는 1980년에 제조 방식을 재정비하고 단맛을 강화했다. 수많은 테스트를 광범위하게 실시했고 새로운 '뉴코크'가 원조 코카콜라보다 인기가 높을 것이라고 확신한 뒤에 변화를 꾀했다. 그러나 뉴코크를 시장에 내놓으면서 원조 코카콜라를 진열대에서 치워버리자 코카콜라 충성 고객들이 강하게 반발했다. 이러지도 저러지도 못하는 사이에 몇 달이 흐르고 코카콜라는 애초의 결정을 뒤집고 원조 코카콜라를 다시 대표 상품으로 내놓았다. 코카콜라는 스스로 만든 문제에서 가까스로 빠져나왔고 꽤 운이 좋은 편이었다.

열성 팬들을 화나게 하는 건 절대 현명한 일이 아니다.

신기하게도 청량음료에서 보이는 애착을 맥주 소비자에게서는 찾을 수 없다. 집에서, 혹은 레스토랑에서 식사할 때 쿠어스나 버드와이저를 사는 사람이 멕시코 식당에 가서는 코로나나 도스 에퀴스 Dos Equis(멕시코산 맥주)를 열렬히 찾거나 중국 식당에서 칭타오 맥주를 주문한다. 그래서 앤호이저부시Anheuser-Busch(버드와이저를 생산하는 다국적 기업)가 칭타오 맥주의 지분을 사지 않았을까? 하지만 청량음료를 마시는 사람들은 중국 요리를 먹을 때 '만리장성' 콜라나 기타 유사 브랜드를 찾지는 않는다.

자주 구매하고, 사실상 당연히 사게 되는 습관은 고객을 독점하고 사로잡는다. 자동차 딜러나 컴퓨터 제조업자보다는 슈퍼마켓에서 이런 패턴을 찾을 수 있다. 소비자는 새로운 차를 살 때 이것저것 알아보는 것 자체를 즐기고 지난번에 쉐보레나 BMW를 몰았더라도 이번에 포드나 렉서스를 시험 주행한다.

PC 구매자나 IT 전문가들은 가격, 사양, 의존도에 근거해서 하드웨어를 바꾸지, 지난번에 IBM, 델 컴퓨터 혹은 HP를 썼다는 사실에 영향받지 않는다. 자신이 갖고 있는 소프트웨어와 호환이 되는지는 생각하지만 이는 가진 돈이 제한적일 때나 전환 비용 문제이지 습관 때문에 고객을 독점했다고 보기는 힘들다.

습관은 한 기업의 제품 포트폴리오보다는 특정 상품 하나와 맞물린다는 점에서 지엽적이다. 크레스트 치약을 쓴다고 해서 타이드 빨래 세제 같은 다른 P&G의 상품을 고집하지는 않는다.

전환 비용

다른 기업의 제품을 써 보려고 상당량의 돈, 시간, 노력을 들인다면, 고객은 현재 구매한 제품에 볼모로 잡혀있는 것과 같다. 컴퓨터로 모든 것이 처리되는 요즘, 소프트웨어는 높은 전환 비용과 쉽게 결부되는 품목이다. 상표권으로 보호를 받든 아니든, 단순한 컴퓨터 코드를 대체하는 문제뿐만 아니라 실제로 그 소프트웨어를 사용하는 사원을 다시 교육시켜야 한다면, 비용이 많이 들기 때문에 사실상 전환할 생각을 하지 않는다.

새로운 시스템을 도입하면 시간과 돈이 드는 것은 물론이고 오류 발생률을 높인다. 회사가 돌아가는 데 필요한 필수 소프트웨어라면—예를 들어 발주, 재고 관리, 청구 및 제품 선적, 환자 기록, 은행 거래에 쓰이는 소프트웨어들— 잘 돌아가는 시스템을 굳이 바꾸려고 하는 사람은 없다. 시스템이 제대로 돌아가지 않는 순간 사업이 위태로워진다면 새로운 시스템이 생산성을 엄청나게 향상시켜도 시스템을 선뜻 바꾸지 못한다.

네트워크 효과가 더해진다면 이런 비용은 더욱 증가한다. 당신의 컴퓨터 시스템이 다른 컴퓨터와 호환되어야 한다면 다른 사람들이 바꾸지 않는데 나만 혼자 컴퓨터를 바꿀 이유가 없다. 새로운 상품이 기능적으로 월등하더라도 말이다. 호환성을 유지하려면 그 비용이 만만치 않고 기존 시스템과 새로운 시스템을 맞물릴 수 없다면 그야말로 재앙이다.

소비자들이 지불하는 전환비용이 커서 기존 참여자에게 절대적으로 유리한 상품은 소프트웨어만이 아니다. 새로운 소비자의 생활 방식, 욕구, 선호도 그 외 상세한 내용을 알아야 하는 서비스라면 이런 모든 정보를 제공해야 하는 소비자 입장에서는 전환비용이 부담스럽고 생산자(서비스 제공자)는 이런 지식을 온전히 이해해야 한다. 이러한 이유로 사람들은 변호사를 쉽게 바꾸지 않는다. 마찬가지로, 특정 약을 온전히 이해하고 능숙하게 처방전을 써 주게 된 의사는 아무리 화려한 팸플릿을 받고 판매 사원이 감언이설을 늘어놔도 낯선 약의 이름을 처방전에 쉽게 쓰지 않는다.

표준화된 제품, 특히 독점 기술이 필요 없는 표준화 제품은 전환 비용을 해결하는 좋은 해결책이다. 그래서 소비자 입장에서는 표준화된 제품이 바람직하다. 한창 잘나가던 시절 IBM은 메인 프레임, OS, 응용 프로그램을 모두 만들었고 심지어 컴퓨터도 빌려주었다. 기존 IBM 컴퓨터에서 다른 IBM 컴퓨터로 바꾸는 것도 힘들었지만 아예 다른 시스템으로 바꾸는 것은 위험하고 위협적이었다. 호환 가능한 주변장치, 응용 프로그램을 다른 회사들이 만들어 내고 자금을 제공해 주면서 전환 비용이 낮아졌다. IBM이 PC를 개방형 표준으로 디자인했기 때문에 다른 회사들은 호환 가능한 데스크톱 컴퓨터를 만드는 방법을 찾아냈다. 그러자 IBM이 지배하던 시장구조는 급격하게 무너졌다.

예전에는 신용 카드를 바꾸려면 많은 공을 들여야 했다. 기존에 쓰던 카드의 결제액 지불이 끝나야만 새로운 카드의 한도를 쓸 수 있었다. 하지만 카드 발급 회사들이 사전 한도 승인을 제공하고 한도를 이전해 주면서 전환 비용이 급격히 낮아졌고 시장 내 경쟁이 격화되었다.

탐색 비용

괜찮은 대안을 찾는 비용이 높다면 고객은 지금의 상품 제공자에게 만족할 수밖에 없다. 새 냉장고를 찾는 탐색 비용은 극히 미미하다. 비슷한 상품의 정보를 쉽게 찾아 비교한다. 하지만 새로운 의사를 찾아내는 것은 단순히 전화번호 책을 뒤적이거나 헬스케어 네트워크의 주소록을 찾는다고 되는 일이 아니다. 잠재적인 환자가 원하는 정보를 제공해 주는 곳이 없고, 의사와 환자 사이의 개인적인 관계가 형성된다는 점을 고려할 때 직접 경험하는 것 외에는 대안이 없다.

상품이나 서비스가 복잡하고, 각 고객에게 맞춰진 내용이 제공되고, 개인에게 끼치는 영향이 지대하다면 탐색 비용은 중요한 문제다. 자동차 보험은 표준화된 분야라 어느 보험을 적용 받으려면 얼마를 지불해야 하는지 명확하고 정부 규제 덕에 보험회사의 신뢰성은 크게 중요하지 않다. 자택소유보험은 이와는 달리 상세하고, 보험이 적용되는 범위와 공제 조항, 보상되거나 보상되지 않는 물품의 상세 리스트, 보험회사의 신용도, 보험 청구에 대한 과거 지불 내역 등 보험회사 자체에 대한 다양한 변수에 따라 천차만별이다.

이렇게 내용이 상세하면 전환하기가 힘들다. 서비스 수준이나 보험료가 불만족스럽지 않고서야 대체재를 찾으려고 하지 않는다. 그랬다가 맞지 않는 보험회사를 고르기라도 한다면 그 대가 역시 상당하다. 이런 경우 보험사보다는 중개인과 실제 관계가 형성된다. 그리고 중개인은 전환비용 덕택에 고객을 고정적으로 확보하면서 두둑한 이득을 챙긴다.

제품이나 서비스가 특수하고 개별 고객에게 맞춰야 할수록 대안

탐색 비용이 높아진다. 어느 정도의 긴밀한 접촉이 필요한 전문적 서비스, 까다롭고 정교한 제품의 제조, 위탁 창고 보관 시스템 등이 이런 범주에 들어간다. 아주 만족스럽지 않더라도 원래 거래하던 법무 법인이나 판매자를 계속 이용하면서 서비스 레벨을 업그레이드하는 편이 차라리 안전하다. 다른 파트너를 찾는 것이 비용도 많이 들고 불확실하기 때문이다. 단 한 개의 제공처에 얽매이는 위험을 피하려고 전문 서비스를 비롯한 다양한 분야에서 복수 공급자를 확보하기도 한다.

습관, 전환 비용과 탐색 비용이 수요 측면에서 경쟁우위를 형성하는데 이렇게 형성된 경쟁우위는 공급이나 비용 측면에서의 경쟁우위보다 자주 발생하고 견고하다. 그러나 수요 측면에서의 경쟁우위도 시간이 지나면 퇴색된다. 새로운 소비자는 말 그대로 새롭기 때문에 기존 상품에 크게 얽매이지 않으며, 모든 상품에 대해 개방적인 태도를 취한다. 확실히 확보한 고객이라도 언젠가는 시장을 떠난다. 이사하고, 늙어가며, 사망한다. 청소년을 타깃으로 하는 시장에서 기존 고객은 성인이 되고, 과거에는 십 대가 아니던 새로운 세대가 십 대를 위한 시장에 새로이 진입하지만 이들에게는 충성도가 없다. 이러한 프로세스는 인생 주기를 통해 계속 반복되면서 소비자를 독점하는 기간을 자연스럽게 제한한다. 앞으로 살펴보겠지만 펩시가 '펩시 제너레이션'을 발견해 내자 코카콜라는 위기를 겪는다. 하인즈 케첩처럼 연륜이 오래된, 극히 소수의 상품만이 여러 세대에 걸쳐 습관에서 비롯되는 경쟁우위를 유지한다.

제3장

경쟁우위 Ⅱ :
규모의 경제와 전략

규모의 경제와 고객 독점

여태까지 설명한 경쟁우위는 단순하다. 지속적으로 저비용 생산이 가능하거나, 고객을 독차지해서 경쟁자보다 더 많은 매출을 확보하여 신규 진입자를 앞선다. 저비용과 고객 독점만으로도 수익성을 결정짓는 매출과 비용 측면에서 완벽하게 남을 앞지르는 것이다. 그러나 경쟁우위를 확보하는 방법이 한 가지 더 있다. 사실 지속 가능한 경쟁우위는 수요와 공급 측면의 경쟁우위가 밀접하게 결합할 때 가장 공고하게 오래간다. 고객 독점과 규모의 경제가 결합될 때가 바로 그런 경우다. 이들 둘이 어떻게 작용하는지 제대로 이해하면 그 결합을 강화하는 효과적인 전략이 나온다. 고객 독점과 규모의 경제가 제대로 결합하면 '성장하는 시장이 매력적이다'라는 일반적 통념과 정반대의 결론이 나오기도 한다.

규모의 경제에서 발생하는 경쟁우위는 시장을 선도하는 회사의 규모에 따라 결정되지 않는다. 1위 기업과 2위 혹은 그 아래의 경쟁자들이 차지하는 시장점유율이 얼마나 차이가 나는지, 상대적 차이가 중요하다. 생산량이 늘어날수록 개당 생산 가격이 하락한다면 기술이나 자원에 대한 접근 기회가 공평하더라도 생산량 규모가 작은 경쟁자는 생산량이 현격하게 큰 기업의 비용 구조를 따라갈 수 없다. 생산비용이 높은 소규모 경쟁자 입장에서 손해를 볼 수 있는 판매가격으로도 대규모 기업은 높은 이익을 누리기 때문이다. 규모의 경제가 발생하는 생산 구조는 개당 변동비는 생산 규모에 따라 크게 변화가 없고 고정비가 처음부터 비중이 높은 구조이다. 예를 들어 의류 회사는 옷을 하나 만드는 데 동일한 양의 원단과 노동이 들어가지만, 복잡한 기계를 들일 필요가 없기 때문에 고정비용이 크지 않고 변동비 비중이 높다. 반대로 소프트웨어 개발사의 비용은 대부분 소프트웨어 코드를 짜고 확인하는 데 드는 고정비용이다. 일단 프로그램이 만들어지면 프로그램 한 개를 추가로 판매하는 데 들어가는 비용은 극히 미미하다. 그래서 고객이 증가하더라도 전체 비용은 크게 증가하지 않는다. 그 기업의 판매 규모가 증가하면 개당 배분되는 고정비용이 적어지고 개당 변동비용은 변화가 없기 때문에 평균 생산 비용이 내려간다.

하지만 규모의 경제가 경쟁우위로 작용하려면 한 가지가 더 필요하다. 신규 진입자가 기존 참여자와 동일한 수준으로 고객에게 접근할 수 있다면 신규 진입자도 기존 참여자와 같은 경쟁우위를 가진다. 신규든 기존 기업이든 모두 고객에게 동일하게 접근하고 비슷한 비용 구조를 가지는 시장이라면 모든 경쟁자가 비슷한 위치에 놓인다. 이런 현상은 가전처럼 차별화된 시장이나 차별화가 없는 상품 시장에서 모두 나타난다. 충분히 효율적으로 운영되는 회사라면 모두 비슷한 수준의 규모와 비용으로 제품을 생산한다.

어느 정도 고객을 확보하고 있어야 규모의 경제가 경쟁우위로 작용한다. 충분히 효율적인 기존 참여자가 가격과 기타 마케팅 측면에서는 다른 경쟁자와 비슷한 수준을 유지하고 고객을 확실하게 독점했다면 그 기업은 압도적인 시장점유율을 차지한다. 신규 진입자가 효율적이더라도 운용 측면에서 기존 참여자의 생산 규모를 따라갈 수 없다면 신규 진입자의 비용 구조는 높은 상태에 머무른다.

기존 참여자는 혼자만 수익을 내는 수준으로 가격을 낮추면서 시장점유율을 높이고, 동시에 이를 따라 하는 나머지 경쟁자가 손실이 나도록 유도한다. 신규 진입자는 고객을 확실하게 확보한 기존 참여자를 따라잡지 못하고 언제까지고 불리한 위치에서 머무르기도 어렵다. 그래서 미미한 수준으로라도 고객을 독점하여 일단 규모의 경제와 결합되면 강력한 경쟁우위가 된다.

이런 상황은 자세히 살펴볼 필요가 있다. 끈질긴 신규 진입자가 비슷한 수준의 기술과 자원을 확보한다면 곧 기존 참여자의 규모를 따라잡을 수 있다. 기존 참여자가 시장에서 자기 위치를 고수하는 데 크게 관심을 기울이지 않는다면 신규 진입자가 바짝 추격할 수 있다. 미국 자동차 시장에 성공적으로 진입한 일본 기업들이나, 코닥을 따라잡은 후지필름의 성공, 1980년대 질레트가 독식하던 일회용 면도기 시장 중 상당 부분을 빼앗은 빅Bic의 사례를 보면 규모의 경제로 인한 경쟁우위를 가지고도 시장을 제대로 지켜내지 못했음을 알 수 있다.

그러나 제대로 시장을 지켜낸다면 기존 참여자는 유리한 시장 구조를 계속 유지한다. 그런 이유로 자신이 갖고 있는 경쟁우위의 성질을 제대로 이해하고 그 경쟁우위를 지켜내는 전략을 세우는 것이 중요하다. OS 시장에서의 마이크로소프트, 상업 비행기 시장에서 맥도넬더글라스McDonnell-Douglas(1997년 보잉에 합병된 미국 항공기 제조 회사)와 보잉의 대결, 우편물 시장에서의 피트니보우즈Pitney-Bowes(미국의 e-커머스, 우편 기기 기업) 등을 생각해 보면 이해하기 쉽다.

대규모 시장에서보다 소규모 시장에서 경쟁 우위를 얻는 편이 더 유리하다는 사례를 간략하게 살펴보자. 네브래스카주에 인구가 5만 명 남짓한 한적한 도시가 하나 있다. 이 정도 인구면 대형할인점 하나 정도가 유지된다. 대형할인점을 세우려는 소매업자는 위협받지 않고 독점하기를 원한다. 일단 하나가 세워지면 두 번째 입점자는 자신이 들어가는 순간 둘 다 적자를 볼 것을 알기에 진입 시도조차 하지 않는다. 똑같은 조건에서는 두 번째 입점자가 첫 번째를 내쫓을 수 있다고 생각하기 어렵다. 따라서 최선의 선택은 한 기업의 독점을 알면서도 시장에 들어오지 않는 것이다.

네브래스카 소도시와 정반대 사례는 뉴욕의 중심가다. 시장 규모가 워낙 커서 비슷한 가게 여러 개를 떠받쳐 주므로 강력하고 자금이 넉넉한 기존 참여자도 새로운 진입을 막지 못한다. 즉, 규모의 경제에 근거해서 제대로 먹히는 진입장벽을 세울 수 없다. 경쟁 정도나 시장 규모가 중간 정도 되는 시장은 위의 네브래스카와 뉴욕 사이 중간 수준의 진입장벽이 형성된다. 이 원칙은 지리적인 공간뿐만 아니라 제품 영역에도 동일하게 적용된다. 니치 마켓의 특수 컴퓨터는 일반적인 PC 시장보다 수월하게 규모의 경제로 수익을 창출한다.

소매 시장을 전 세계적으로 지배하기 전 월마트는 미국 서중부 지역에서 높은 수준의 수익성과 지배적인 시장점유율을 누렸다. 해당 지역에서 유통, 광고, 매장 관리에서 규모의 경제 효과를 누렸기 때문이다. 그리고 월마트는 '매일매일 낮은 가격'이라는 공격적인 정책을 통해 자신의 영역을 훌륭하게 지켜냈다. 사우스웨스트 항공은 텍사스 주와 그 주변에서 항공 노선을 장악하고 월마트와 비슷하게 수익성이 높았다. 그 외에 소매, 텔레컴, 주택 개발, 은행, 헬스케어 등 다양한 서비스 분야에서도 소규모 영역을 독점적으로 장악한 회사가 비슷한 구조를 통해 높은 이익을 거두었다.

규모의 경제 지켜내기

규모의 경제를 확보한 기존 참여자가 펼치는 최고의 전략은 공격적인 경쟁자가 하는 모든 움직임에 대해 '눈에는 눈, 이에는 이'라는 식으로 받아치는 방법이다. 가격을 할인하면 똑같이 가격을 할인하고, 새로운 상품을 내놓으면 역시 새로운 상품을 내놓고, 니치 마켓을 공략하면 똑같은 니치 마켓을 공략한다. 그렇게 되면 고객이 충성을 보이든 무관심하든 기존 시장점유율이 유지된다. 신규 진입자의 평균 비용은 무엇을 하든지 초기에는 기존 참여자의 비용보다 높다. 기존 참여자의 수익이 좀 하락하겠지만 신규 진입자의 수익은 그보다 낮으며, 끝내 문을 닫아야 할 만큼 낮아지는 경우가 왕왕 발생한다. 정면 공격을 받더라도 기존 참여자의 경쟁우위는 계속 유지된다.

앞으로도 기존 고객에게 쉽게 접근하는 회사가 규모의 경제까지 확보하면, 이 회사는 새로운 고객과 새로운 기술에 대해서도 경쟁우위를 가질 것이다. 윈도우와 호환되는 PC에 사용할 차세대 CPU 시장에서 어드밴스드마이크로디바이스Advanced Micro Devices : AMD(미국 반도체 기업), 혹은 잠재적 진입자인 IBM과 모토로라가 인텔과 경쟁한다고 생각해 보자.

컴퓨터 제조사는 인텔에 익숙해져 있고 인텔이 제공하는 품질, 공급 안정성, 서비스 측면에서 이미 만족하고 있다. AMD가 모든 분야에서 비슷한 수준이라도 시장점유율이 낮고 소비자와의 교류도 적다. AMD는 PC 제작사와 친밀한 관계는 아니다. AMD와 인텔이 선보이는 차세대 CPU가 제품 수준과 가격이 비슷비슷한 시점에 시장에 나온다면 당연히 인텔이 쉽게 시장을 점유한다. 인텔이 90퍼센트가 넘는 시장점유율을 유지하려면 그저 AMD와 비슷한 신제품을 비슷한 시기에 내놓기만 하면 된다. 차세대 칩 개발 비용도 인텔이 AMD보다 넉넉하게 쓸 수 있다. CPU가 우월하지 않아도 자신의 이익이 AMD보다 높다는 사실을 인텔은 잘 알고 있다.

이런 시장에서 인텔과 AMD가 취하는 최선의 정책은 자신의 시장점유율에 비례해 투자하는 것이다. 두 기업 모두 현재 매출의 10퍼센트를 R&D에 투자한다면 AMD는 3억 달러를 투자하지만 인텔은 26억 달러를 투자해야 한다. 23억 달러라는 엄청난 차이 때문에 인텔이 압도적으로 유리하다. 더 자세히 살펴보면 금액의 차이 이상으로 AMD에게 불리한 점도 있다. 인텔보다 뛰어난 칩을 개발해도 PC 제조사는 거래처를 AMD로 바꾸는 대신 인텔에게 AMD를 따라올 넉넉한 여유 시간을 준다. 그들 간에 펼쳐진 경쟁의 역사를 살펴보면, 인텔은 충분한 자금 덕택에 AMD보다 뛰어난 기술을 구현했고, 설사 AMD가 앞서가더라도 이미 고객을 확보했기 때문에 AMD를 따라잡을 시간이 충분했다. 즉, 규모의 경제 덕에 인텔은 기술이 지속적으로 변화하는 상황에서도 자신의 기술적 경쟁우위를 유지했다.

유통과 광고 측면에서 알 수 있는 규모의 경제 역시 여러 세대를 이어오며 고객을 더욱 독점하고 이를 계속해서 유지한다. 소규모 경쟁업자들이 제품 개발, 판매 인력, 매출에 상응하는 광고비를 지출하더라도 켈로그, 맥도날드, 코카콜라가 새로운 고객을 확보하기 위해 투자하는 금액을 따라갈 방법이 없다. 그 덕에 기존 참여자들은 새로운 세대의 고객을 확보하고 새로운 수준의 기술을 개발하는 면에서 절대적으로 유리하다. 이렇게 규모의 경제와 고객 독점이 어우러져 강력하고 지속가능한 경쟁우위가 성립된다.

규모의 경제가 보여 주는 세 가지 특징을 살펴보면 기존 참여자가 전략적 의사 결정을 어떻게 내려야 하는지 알 수 있다.

첫 번째, 살아남으려면 규모의 경제가 주는 경쟁우위를 반드시 보호해야 한다. 시장점유율을 경쟁자에게 빼앗기는 순간 평균 원가 측면에서 시장 리더의 위치가 흔들린다. 반면, 고객 독점이나 (변동비나 원재료의) 원가 우위에 근거한 경쟁우위는 시장점유율을 뺏긴다고 해서 크게 영향받지 않는다. 규모의 경제에서 경쟁우위가 확보되는 시장에서는 선두 기업이 항상 긴장해야 한다. 경쟁 기업이 매력적인 사양을 상품에 추가한다면 일인자도 이를 빨리 적용해야 한다. 경쟁 기업이 대규모 광고 캠페인을 시작하거나 새로운 유통 채널을 발굴해 내면, 일인자 역시 다양한 방법을 써서 그 효과를 희석시켜야 한다.

최소한의 성공이라도 모색하는 신규 진입자에게 아무도 들어오지 않은 니치 마켓은 누구에게나 지급되는 초대장이나 마찬가지다. 기존 참여자는 이들 니치 마켓을 내줘서는 안 된다. 인터넷이 PC 산업의 주요 쟁점이 되었을 때 마이크로소프트는 넷스케이프에 대항하는 자신만의 브라우저를 내놓고 AOL 같은 니치 경쟁자에 대응하기 위해 메신저를 선보였다. 펩시콜라가 1950년대에 슈퍼마켓을 주요 유통 채널로 선택했을 때 코카콜라는 신속하게 대응하지 않았고 그 덕에 펩시의 시장점유율이 올라갔다. 1960년대에 혼다 같은 일본 기업이 저렴한 오토바이를 판매하기 시작했을 때 미국 오토바이 산업은 적극적으로 대응하지 않았다. 결과적으로 이런 결정 때문에 거의 모든 미국 오토바이 기업이 망했다. 할리 데이비슨은 살아남았지만 사실 미국 정부 덕에 간신히 목숨을 부지했을 뿐이다. 헤비급 오토바이라는 니치 마켓을 할리 데이비슨이 지배하도록 일본 기업이 내버려 둔 덕도 있었다. 규모의 경제는 최선을 다해 사수해야 한다.

두 번째, 시장 크기가 곧 규모의 경제를 의미하지는 않는다. 경쟁자보다 더 많은 제품에 고정비용을 배분할 때 경쟁우위가 발생한다. 시장 크기 그 자체가 아니라 관련 시장점유율의 차이가 규모의 경제를 초래한다.

관련 시장이란, 지리적인 의미이든 혹은 그 밖의 의미이든 고정비용이 확정되는 범위 내의 시장을 말한다. 소매 기업으로 치면 유통 인프라, 광고비, 매장 관리비가 각각 주요 도시나 지역별로 고정된다. 이미 확보한 지역이 아닌 다른 곳에서 매출을 올리려면 고정비용이 올라가고 규모의 경제가 사라진다. AT&T가 아직 핸드폰 시장에 발을 담그고 있던 무렵 미국 북동 지역과 대서양 인근만을 감안했을 때 AT&T의 매출 1달러당 고정비용은 해당 지역에서 시장점유율 1위였던 버라이즌Verizon(미국 텔레컴 회사)보다 높았다. 하지만 AT&T의 전국 시장점유율이 버라이즌보다 높았지만 이것은 완전히 별개의 문제였다.

관련 지역이 물리적인 문제가 아니라 제품 영역의 문제인 경우에도 비슷한 논리가 적용된다. 새로운 제품 라인을 시작할 때 사용하는 비용을 포함해 연구개발비, 제품 관리 고정비 등은 특정 제품 라인과 관련된 고정비용이다. 인텔의 매출은 IBM의 매출에 비하면 보잘것없지만 IBM의 연구개발비는 폭넓은 상품군에 퍼져 있다. 인텔은 고유한 기술을 보유하고 있는 CPU 개발과 생산에 대해서는 규모의 경제를 누리고 있다.

네트워크가 가지는 규모의 경제도 비슷하다. 다른 이들이 많이 가입한 네트워크에 소속되어야 이득을 본다. 하지만 그 혜택과 규모의 경제는 네트워크의 범위에 따라 결정된다. 전국적으로 보면 애트너Aetna(미국 의료 보험 기업)의 HMO(애트너의 의료 보험 상품)는 옥스퍼드헬스플랜Oxford Health Plans(미국 의료 보험 기업 옥스퍼드의 의료 보험 상품)보다 가입자가 많다. 그러나 의료 서비스는 그 지역 내에서 한정적으로 이루어지기 때문에 정작 중요한 것은 그 지역 내의 네트워크 규모다. 뉴욕 번화가 지역에서는 옥스퍼드가 애트너보다 많은 환자와 의사를 확보하고 있다. 애트너에 가입한 20퍼센트의 의사 리스트보다 옥스퍼드가 확보한 60퍼센트의 의사 리스트가 새로운 환자에게는 매력적이다. 애트너가 시카고, 로스앤젤레스, 댈러스, 심지어 필라델피아에서도 20퍼센트의 의사를 확보했다는 점은 변수가 되지 못한다. 규모의 경제를 결정하는 기준은 관련 있는 네트워크 내에서의 상대적인 고정비용이다.

전 세계적으로 규모의 경제가 발생하는 산업은 많지 않다. OS와 CPU 시장에서 마이크로소프트와 인텔은 전 세계에 포진해서 규모의 경제가 주는 이득을 본다. 현재 보잉과 에어버스가 나눠 가진 상업용 비행기 제작 산업 역시 좋은 예다. 그러나 기본적으로 이들 네개 회사는 각각 한 개의 제품 라인에 집중한다. 지리적 특성에 영향을 받기보다는 특정 상품 영역 안에서 규모의 경제를 누린다. 가장 성공한 대기업인 GE는 시장 자체의 규모가 아니라, 개별 시장에서의 상대적인 시장점유율에 집중한다.

세 번째, 규모의 경제로 경쟁우위를 확보한 업체에게 시장 자체의 성장은 친구보다는 적에 가깝다고 할 수 있을 정도로 전혀 좋은 소식이 아니다. 이 경쟁우위의 핵심은 고정비에 있다. 그런데 시장이 성장하면 전체 비용에서 차지하는 고정비의 비중이 줄어든다. 회사당 투자해야 하는 고정비의 절대 금액은 시장이 커져도 달라지지 않는 반면 변동비 금액은 시장이 커지는 만큼 높아진다. 이로 인해 전체 비용에서 고정비가 차지하는 비중이 줄어든다.

고정비의 비중이 줄어들면 규모의 경제 덕에 얻은 경쟁우위가 약화된다. 기존 참여자와 신규 진입자가 있다고 치자. 이 시장에서는 고정비가 연 10만 달러다. 신규 진입자의 매출이 50만 달러이고 기존 참여자의 매출이 250만 달러라면 고정비가 신규 진입자 매출의 20퍼센트를 차지하고 기존 참여자 매출의 4퍼센트를 차지한다. 16퍼센트의 차이다. 시장 규모가 두 배로 커지면서 각각의 매출도 두 배가 된다고 치자. 아까 생긴 16퍼센트의 차이가 8퍼센트가 되어 버린다. 시장이 열 배가 되면 차이는 겨우 1.6퍼센트가 된다. 표3.1을 참고하기 바란다.

게다가 시장이 성장함에 따라, 신규 진입자가 살아남기 위해 반드시 넘어야 하는 장애물의 높이가 낮아진다. 예를 들어 규모의 경제로 발생하는 경쟁우위의 차이(고정비 대 매출)가 2퍼센트보다 작아야 신규 진입자가 기존 참여자와 한번 붙어볼 만하다고 가정하자. 고정비가 매년 10만 달러라고 쳤을 때 신규 진입자의 매출이 500만 달러

표3.1

	신규 진입자	기존 참여자	차이
원래 시장 규모			
매출	$500,000	$2,500,000	$2,000,000
고정비	$100,000	$100,000	-
고정비/매출	20%	4%	16% 낮음
원래 시장 규모의 두 배			
매출	$1,000,000	$5,000,000	$4,000,000
고정비	$100,000	$100,000	-
고정비/매출	10%	2%	8% 낮음
원래 시장 규모의 열 배			
매출	$5,000,000	$25,000,000	$20,000,000
고정비	$100,000	$100,000	-
고정비/매출	2%	0.4%	1.6% 낮음

를 넘으면 차이가 그 2퍼센트 수준이 된다. 시장 전체의 매출이 2,500만 달러라면 신규 진입자에게 필요한 시장점유율은 20퍼센트다. 시장 전체 매출이 1억 달러일 때 필요한 시장점유율은 고작 5퍼센트가 된다. 장애물의 높이가 낮아진다. 기존 참여자가 그 산업에서 존재하는 단 하나의 회사이고 그 회사의 매출이(1억 달러에서 신규진입자의 매출 500만 달러를 뺀) 9,500만 달러라면 경쟁우위의 차이는 2퍼센트보다 낮다(10만 달러/500만 달러 - 10만 달러/9,500만 달러 = 2% - 0.105% = 1.895%).

시장이 국제화되고 규모가 커지면서 규모의 경제로 인한 경쟁우위가 급격히 사라지는 사례가 있다. 전 세계 자동차 시장은 너무나 커서, 시장점유율이 낮은 참여자도 규모의 경제로 인한 경쟁우위에 구애받지 않는다. 인터넷 서비스와 온라인 판매처럼 잠재력이 큰 시장에서 고정비용은 상대적으로 그리 중요하지 않다. 신규 진입자가 필요한 인프라를 구축하고 유지할 만큼의 시장점유율만 확보한다면 아마존 같은 대기업이라도 신규 진입자를 쫓아내기란 쉽지 않다. 직관적으로 생각하는 것과 다를 수도 있지만 규모의 경제에 근거한 대부분의 경쟁우위는 고정비용이 변동비용 대비 큰 비중을 차지하는 지엽적인 니치 마켓에서 나온다. 이때 지엽적이란 말은 지리적인 측면이나 상품 영역 측면에서 모두 적용된다.

규제가 풀린 텔레콤 산업을 보면 지엽적인 규모의 경제가 얼마나 중요한지 알 수 있다. 두세 개 이상의 기업이 시장에 진입하는 순간 손실이 발생할 정도로 자그마한 시장에서 한참 뒤처진 옛날 기술을 사용하던 지역 교환 통신 사업자들이 스프린트Sprint, MCI-월드콤,

AT&T처럼 장거리 전화나 핸드폰 서비스를 하는 전국적인 기업보다 높은 이익을 챙겼다.

수요와 공급에서 오는 경쟁우위와 전략

적절한 전략을 짜려면 그 시장의 경쟁우위가 무엇인지 알아야 한다.

첫 번째, 가장 간단한 케이스는 시장에 경쟁우위가 없는 경우다. 현재 존재하는 회사, 이미 존재하는 경쟁자, 잠재적인 경쟁자를 구분하는 근본적인 차이점이 아무것도 없고, 경제적으로 봤을 때 완전 자유 경쟁 시장이다. 역사적으로나 논리적으로나 이런 시장 환경에서 기업 혼자의 힘으로 기본적인 경제 구조를 자신에게 유리하게 바꾸기는 어렵다.

경쟁우위가 없는 산업에서 기업은 찬란한 희망을 보여 주는 전략적 야망보다는 최대한 효율적으로 회사를 운영하는 데 온 정신을 집중해야 한다. 이런 환경에서 중요한 것은 가격, 제품 개발, 마케팅과 고객군에 따라 구분되는 가격 정책, 자금 조달, 그 외 필요한 모든 면에서 효율을 추구하는 것이다. 다른 경쟁자보다 효율적으로 회사를 운영한다면 성공할 수 있다.

고객, 자원, 기술, 생산 규모에서 모든 것이 공평해서 경쟁우위가 존재하지 않는 산업군에서도 효율적으로 운영하면 다른 경쟁자보다 이익이 높아진다. 이 책의 마지막 장에서 몇 개의 산업을 논하면서 이런 차이가 얼마나 현격하고 중요한지 짚어 본다. 효율적으로 운영되는 회사는 한 개의 사업에 집중하고 (외부보다는) 내부 성과에 치중하는 경향이 있다.

독점 기술이나 고객 독점으로 경쟁우위가 생기는 시장에서는 자신의 지위를 강화하고 최대한 활용하기 위한 방향으로 전략을 구축한다.

또한 경쟁우위는 여러 가지 형태로 활용할 수 있다. 고객을 독점한 회사는 가격을 더 높게 부를 수 있다. 경쟁우위가 저가에서 나온다면 매출을 늘리기 위해 경쟁자보다 낮은 가격을 부르거나 비용우위를 온전히 누리기 위해 경쟁자와 같은 가격을 부르는 것 중에서 적당히 선택하면 된다. 그 시장을 독점하고 있거나, 경쟁자가 피라미뿐인 경우 여러 번 변화를 시도해서 최적의 가격을 산출한다. 다양한 가격 수준과 여러 가지 마케팅 대안 중에 무엇이 가장 높은 수익률을 가져다주는지 상세히 살펴야 하지만 특정 경쟁 업체가 어떻게 반응할지를 드러내놓고 걱정할 필요는 없다.

사실, 이 경우 경쟁우위를 활용하는 과정은 크게 보면 운영 효율화에 속한다. 몇 개의 강력한 대기업이 공통으로 경쟁 우위를 누리고 있을 때 전략이 복잡해진다. 이 책은 이들 소수 기업 사이에서 중차대한 전략적 상호 반응이 일어나는 특수한 경우를 다루는 데 많은 분량을 할애한다.

경쟁우위를 강화하려면 기업은 먼저 경쟁우위의 원천을 파악하고 실제 작용하는 경제적 영향력을 굳건히 다져야 한다. 그 원천이 독점 기술 덕에 나타난 가격 경쟁우위라면 그 기업은 우위를 지속적으로 개선하려고 한다. 또한, 경쟁우위를 보존하고 확대하기 위해 특허로 보호되는 혁신을 지속적으로 산출하려고 노력한다. 이런 방식 역시 운영 효율의 문제로 돌아간다. 이때 R&D에 들이는 투자가 충분히 생산적인지 평가해야 하고 이 역시 운영 효율의 문제라고 볼 수 있다.

경쟁우위의 원천이 고객 독점이라면 기업은 새로운 고객이 습관을 형성하도록 부추기고 전환 비용을 높이며 대안을 찾는 방법을 어렵고 복잡하게 만든다. 고가의 제품이라면 고객이 좀 더 자주 구매하고 비용을 할부로 지불하도록 유도한다. 대안을 찾는 대신 기존 거래를 계속하는 편이 수월하도록 만들어서 고객을 단단히 붙들어 놓는다.

자동차를 새로 바꾸는 주기가 길어지면서 자동차 기업은 이런 요령을 오래전에 터득했다. 1950년대 후반과 60년대 초반, 소비자들이 자주 자동차를 바꾸도록 매년 디자인에 분명한 변화를 주기 시작한다. 그리고 재무 부담을 줄여 주기 위해 보상 판매, 월 할부금을 마련했다. 이후에는 자동차 리스 프로그램이 같은 목적으로 도입되면서 소비자는 구모델의 리스 만기가 되기 전에 새로운 차를 구입한다.

단골 고객 마일리지, 어피니티 신용 카드Affinity Credit Card(구매 금액의 일부를 자선 단체에 기부하는 카드), 기타 각종 리워드 프로그램 같은 고객 로열티 프로그램은 지속적 고객 독점을 목적으로 만들어졌다. 면도기는 싸게 팔고 대부분의 수익은 면도날을 팔아서 챙기는 유명한 질레트 전략은 다른 산업에서도 흔하게 사용된다. 최초 구독비가 저렴한 대신 갱신비가 비싼 잡지 구독 캠페인 역시 이와 비슷하다. 이런 방식의 공통점은 반복적이고 사실상 자동적이며 소비자가 깊이 생각하지 않고 구매하도록 만든다는 데 있다. 그런 과정을 통해 소비자는 주의 깊게 대안을 생각해 볼 기회를 놓친다.

전환 비용을 늘린다는 것은 보통 제공되는 서비스의 범위를 늘리고 심화시키는 것이다. 마이크로소프트는 윈도우 OS에 여러 가지 기능을 더했다. 그 결과 다른 시스템으로 전환해서 복잡한 사양을 익히려면 고객의 심적 부담이 커진다. 과거 수표 처리와 ATM기 인출 같은 단순 기능만 담당하던 은행이 자동 청구 기능, 신용 대출 한도 사전 확정, 월급 관리 통장, 기타 다양한 일상적인 기능을 더하면서, 몇 개 상품의 조건이 좋다고 은행을 갈아타는 일이 힘들어졌다.

다양한 사양을 묶어서 패키지로 제공하면 탐색 비용이 높아진다. 사양은 복잡한데 일대일 비교가 어렵다면 비교 구매하기가 쉽지 않다. 통신사의 서비스와 가격을 일일이 비교하느라 여유 시간을 쓰는 사람은 별로 없다. 마찬가지로 부가가치를 더하는 상품과 서비스가 가지는 의미가 중요할수록 새로운 공급자로 갈아탔다가 형편없는 상품이나 서비스를 감당해야 할 위험이 커진다.

이런 형편없는 상품과 서비스가 주는 위험 때문에 샘플을 사용하는 비용조차 상승한다. 시험 사용 기간 중에도 일이 단단히 잘못될 수 있다. 이 문제는 새로운 심장마비 전문의나 주택 보험사를 선택하는 명백한 경우에만 발생하는 것이 아니다. 필립 모리스Philip Morris(미국 담배 회사)는 말보로 흡연자의 이미지를 홍보하는 데 돈을 펑펑 써댔다. 말보로를 피우는 사람의 사회적 위치가 그가 선택한 담배 브랜드의 영향을 받는다면 카멜Camel(미국 담배 브랜드)로 바꿀 때 발생하는 부담이 감당할 없을 정도로 클 수 있다. 복합성, 높은 부가 가치, 중요도 등은 모두 탐색 비용을 높인다.

전략과 규모의 경제

규모의 경제에 기반을 둔 경쟁우위가 우월하다는 근거로 두 가지를 꼽을 수 있다.

첫 번째, 앞에서 언급한 바와 같이 다른 경쟁우위보다 장기적으로 유지되며, 그래서 더욱 가치가 크다. 단순히 전 세계적으로 인지도가 높다고 코카콜라가 세상에서 가장 가치 있는 브랜드가 되지는 않는다. 코카콜라는 고객을 확실하게 사로잡았고 이보다 더 중요한 점은 유통과 광고 측면에서 지역적으로 규모의 경제를 실현했다. 이런 경쟁우위 덕에 코카콜라는 새로운 소비자를 확보할 때 남보다 유리한 위치에 서 있다. 경쟁자보다 상품당 비용을 덜 들이면서 (광고를 통해) 강하게 어필하고 (유통 덕에) 쉽게 가까이 접근할 수 있다. 그러나 이런 우위는 특정한 지역에서만 먹힌다. 코카콜라의 명성에도 불구하고 코카콜라가 전 세계 어디에서나 청량음료를 석권한 것은 아니다. 펩시와 연합한 국내 회사가 1등 자리를 꽉 움켜쥐고 있는 한국에서는 코카콜라가 가장 가치 높은 브랜드가 아니다*. 베네수엘라에서는 가장 큰 청량음료 제조업자가 갑자기 연대할 대상을 바꾸었다는 이유 하나만으

---

* 역자 주 : 롯데칠성음료를 말한다. 롯데칠성음료는 1976년부터 펩시와 판매생산계약을 맺고 펩시를 판매하기 시작했다. 펩시는 한국시장에서 코카콜라보다 우세했으나, 2010년대 이후 시장 점유율이 뒤집혀 코카콜라가 한때 80퍼센트에 달하는 시장 점유율을 기록했고, 지금도 펩시보다 높은 시장 점유율을 확보하고 있다. 경쟁우위 전략이 처음 발간된 시점은 2005년이다.

로 펩시가 코카콜라를 눌러 버렸다.

두 번째, 규모의 경제로 발생한 경쟁우위는 점진적으로 훼손되기 때문에 최선을 다해 수호해야 한다. 경쟁자의 규모가 커지는 순간 제조상품당 비용 차이가 좁혀진다. 이 차이를 줄이고자 한 단계씩 진전할 때마다 다음 수순이 수월해진다. 그러다 보면 어느 시점에는 경쟁우위가 완전히 소멸되거나, 경쟁자가 더 큰 회사가 되면서 오히려 (과거에 1위였던) 기업 자신의 발목을 잡아 버리기도 한다.

이런 경쟁우위는 사라지기도 하지만 새로이 생성되기도 한다. 고정비용이 부담되는 데도 많은 중소기업이 난립한 시장이라면 한 개의 회사가 압도적으로 시장을 점유할 기회가 생긴다. 어느 수준 이상으로 고객을 사로잡으면 이 한 개의 회사가 시장을 점유하고 이를 충분히 지켜낼 수 있다.

최선의 선택은 일단 국소 지역을 손아귀에 넣은 뒤에 조금씩 확장하는 것이다. 샘 월튼Sam Walton(월마트 설립자)이 아칸소주의 소도시에서 주도권을 잡은 뒤에 전국적으로 영역을 확장했듯이 말이다. 마이크로소프트 역시 이런 식으로 OS에서 오피스로 제품 영역을 확대했다. 다른 기존 참여자가 이미 굳건하게 시장점유율을 차지한 시장이더라도 그들이 최선을 다해 시장을 보호하지 않는다면 성공적으로 이를 잠식할 가능성은 항상 열려 있다.

한때 적들이 우위를 누리던 영역에서 규모의 경제를 확장하면서 월마트는 케이마트와 다른 할인소매점 업체를 앞질렀다. 마이크로소프트는 역시 동일한 방식으로 로터스Lotus(미국 소프트웨어 회사 로터스의 문서 작성 프로그램)와 워드퍼펙트WordPerfect(미국 코렐Corel사의 문서 작성 프로그램)을 제쳤다. 지엽적인 시장에서 이뤄낸 규모의 경제가 지속 가능한 경쟁우위를 갖추는 핵심 역할을 했다.

이런 기회를 추구할 때 시장 규모가 크고 성장 속도가 빠를수록 기존 참여자에게 불리하다. 일반적인 통념과 달리 전혀 장점이 되지 못한다. 시장 규모가 클수록 더 많은 경쟁자를 포용한다. 고정비용이 상당하더라도 상황이 달라지지 않는다. 새로운 소비자를 흡수하기 때문에 시장이 빨리 성장하고 새로운 소비자는 특정 기업에 매여 있지 않다. 따라서 시장의 성장은 신규 진입자에게 덤벼볼 만한 시장을 제공해 준다.

기존 참여자나 신규 진입자 모두에게 적절한 전략은 니치 마켓을 찾아내는 것이다. 물론 모든 니치 마켓이 동일하게 매력적이지는 않다. 니치 마켓이 유용하려면 고객을 독점할 수 있고, 고정비용에 비해 시장이 크지 않으며, 열정적이고 지배적인 경쟁자가 없어야 한다. 주변으로 확장되는 시장이라면 금상첨화다. 핵심은 '지엽적으로 생각하는 것'이다.

경쟁우위를 획득해서 내가 차지한 지엽적인 시장이 존재한다면 당연히 이를 탐내는 시도가 발생하기 마련이고 1위 기업은 이런 모든 시도에 대해 온 힘을 다해 대응해야 한다는 사실이 단점이 된다.

기존 참여자가 먼저 선제공격을 감행하기도 한다. 광고를 늘려서 고정비용을 높이면 규모가 작은 경쟁자는 이익을 줄여가며 울며 겨자 먹기로 그만큼의 비용을 지불하거나 두 손 놓고 눈물을 흘리면서 새로운 고객을 확보할 기회를 놓치게 된다. 생산 공정이나 제품 사양을 위해 자본이 필요하다면—자동화된 공장을 지어야 하는 것이 좋은 예다― 소규모 진입자는 감히 뛰어들지 못한다. 제품 개발 주기가 빨라지면서 R&D 비용이 치솟는 것도 마찬가지다. 변동비보다 고정비로 비용 쏠림이 발생하는 모든 일이 규모의 경제로 인한 경쟁우위를 강화한다.

잘못된 성장 계획은 정반대의 결과를 가져온다. '목숨을 걸고 확장하겠다'라는 식으로 덤비는 기업은 '커지다가 죽는' 결과를 초래한다. 케이마트, 코닥*, RCA, 웨스팅하우스Westinghouse(미국 전기 기기 제조회사, 1975년 이후 전기 기기 제품 생산을 중단함), CBS(미국 방송사, CBS에서 분사해 나갔던 비아콤ViaCom에게 2000년 매각됨), 뱅크오브아메리카Bank of America(캘리포니아에서 시작된 미국 은행으로 1998년 러시아 디폴트 이후 1998년 네이션스뱅크NationsBank에 매각됨) 그리고 AT&T 등 한때 잘나가던 회사를 보면 산만한 성장 전략이 어떤 결과를 가져오는지 명확하게 알 수 있다. 안정적으로 점유하고 있으며 수익성이 확실한 시장을 지켜내는 대신 이들은 이미 다른 회사가 꿰차고 있는 시장에 새로 진입하다가 돈을 허비했다.

반면, 킴벌리클라크Kimberly-Clark(미국 생활용품 기업), 왈그린Walgreen (미국의 제약회사이자 미국 최대 드럭스토어 운영 기업), 콜게이트-팔모리브 Colgate-Palmolive(미국 소비재 기업), 베스트바이Best Buy(미국 전자제품 판매 기업) 처럼 자신의 경쟁우위를 잘 지켜낸 기업은 살아남았고, 대개의 경우 성공을 거뒀다. 경쟁우위란 항상 특정 시장에 존재한다. 경쟁우위는 성장에 눈이 먼 CEO의 야심에 따라 이리저리 흔들리는 존재가 아니다.

---

* 역자 주 : 미국의 카메라 회사. 후지필름 등 일본계 회사의 위협을 받다가 디지털 카메라가 부상하면서 쇠락했고, 2012년 1월 파산보호를 신청했다. 2013년 9월, 필름 및 카메라 사업부를 매각하고 '인쇄의 기술적 지원, 전문가들을 위한 그래픽 커뮤니케이션 서비스' 기업으로 회생했다.

경쟁우위, 전략 형성
그리고 국소 지역에서 나타나는 기회들

다음 장에서, 경쟁우위를 평가하는 상세한 방법을 논한다. 이 방법을 제대로 이해한 뒤 적용해야 한다. 전략을 세우는 첫 번째 단계는 경쟁우위 관점에서 현재 시장과 잠재적 진입 시장을 살펴보고 이 시장들 안에서 그 기업이 무엇을 갖고 있는지 파악하는 것이다.

경쟁우위가 없고 앞으로도 없을 것 같은 시장에서는 효율적 운영이 최선이다. 열성적인 기존 참여자가 경쟁우위를 점유한 시장이라면 아예 애초부터 들어서지 않는 게 최선이고 이미 시장에 들어가 있는, 고만고만한 참여자라면 시장을 벗어나는 것이 답이다. 한편 또 다른 시장에서는 단 하나의 기업만이 경쟁우위를 누릴 수 있다. 이런 경우 그 기업의 전략은 경쟁우위를 보호하고 관리하는 것이다.

마지막으로 지속가능한 규모의 경제를 달성하여 경쟁우위를 갖는 시장이 있다. 이런 시장은 대부분 지리적인 의미에서나 제품 영역의 측면에서 지엽적인 규모이다. 이런 시장은 전략적 분석에 집중해야 한다. 제대로 파악하면 자신이 진입한 시장에서 군건한 위치를 확보하고 평균 수익 이상으로 벌 가능성도 있다. 불행하게도 종종 글로벌 전략과 성장에 눈이 먼 정책 때문에 이런 지엽적인 기회가 버려진다.

●

제4장

●

경쟁우위의
평가

●

●

●

세 단계

경쟁우위 개념은 사업 전략에서 핵심적인 위치를 차지하므로 기업이 경쟁우위 혜택을 보고 있는지 또 혜택을 보고 있다면 그 원천이 어디에 있는지 반드시 파악할 필요가 있다.

경쟁우위를 평가하려면 세 가지 기본 단계를 거쳐야 한다.

1. 참여한 시장의 경쟁 구도를 파악한다. 어떤 시장에 진입해 있는가? 각 시장에서 누가 나의 경쟁자인가?
2. 각 시장에서 경쟁우위가 존재하는지 알아본다. 어느 기업이 안정적으로 시장을 점유했는가? 이들 기업이 오랜 기간 수익성이 높았는가?

3. 존재할 수 있는 경쟁우위의 성질을 파악한다. 기존 참여자가 독점 기술을 가지고 있거나 고객을 독차지했는가? 규모의 경제나 규제 덕분에 이득을 보고 있는가?

먼저 가장 중요한 단계는 관련 시장의 경쟁 구조를 보여 주는 산업 지도를 만드는 것이다. 이 지도를 통해 전체 산업을 형성하는 세분 시장을 파악하고 각 세분 시장을 이끌어가는 경쟁자를 정리할 수 있다. 특정 세분 시장이 어디에서 끝나고, 다른 세분 시장이 어디에서 시작하는지가 항상 분명하지는 않다. 그러나 비슷비슷한 세분 시장에서 한 회사가 계속 거론된다면 이들 세분 시장은 한 개의 시장으로 묶어도 된다. 산업 지도를 만들면 자신의 위치가 어디쯤 되는지 파악할 수 있고 나의 경쟁자가 누구인지 그림이 그려진다. 시장 세분화가 정확하지 않아도 여전히 큰 그림이 그려진다.

두 번째에서는 각 세분 시장에 진입장벽이 있는지, 달리 말하자면 기존 참여자가 경쟁우위를 누리고 있는지 파악해야 한다. 경쟁우위 혹은 진입장벽이 있다면 절대 놓칠 수 없는 두 가지 징후가 포착된다.

- **시장점유율의 안정성.** 회사 간에 시장점유율을 뺏고 뺏기는 일이 정기적으로 일어난다면 경쟁우위 효과를 누리는 회사가 딱히 없을 것이다. 반대로 장기간에 걸쳐 각 회사의 시장점유율이 꾸준하게 지켜진다면 경쟁우위가 각자의 위치를 보호해 준다.*

---

* 진입장벽이 존재하는 시장에서 2, 3명의 기존 진입자끼리 서로 시장점유율을 빼앗고 뺏기기도 한다. 점유율 변화 폭이 크다면, 고객 독점력이 약하다는 뜻이고, 머지 않아 새로운 진입자가 진입장벽을 무너뜨릴 수도 있다.

관련 시장에서 기업들이 얼마나 안정적으로 포진했는지도 진입장벽과 관련이 있다. 해당 세분 시장에서 지배적인 위치를 차지하는 기업의 역사를 살펴보는 것이 핵심 지표다. 1위 기업이 수년에 걸쳐 그 위치를 점유해 왔다면 경쟁우위가 존재할 가능성이 높다. 반면 한 개의 지배 기업을 골라내기 힘들거나 최우수 기업이 계속 바뀐다면 지속 가능한 경쟁우위를 누리고 있는 기업이 없는 것이다.

세분 시장에서 기업들이 드나드는 역사를 살펴보면 또 다른 힌트를 얻을 수 있다. 진입과 퇴출이 많을수록 남아 있는 회사 간 순위도 변동이 많고 경쟁자의 이름이 많으면 많을수록 진입장벽이나 경쟁우위가 있을 가능성이 낮다. 경쟁자 모집단이 작고 변동이 크게 없다면 진입장벽이 기존 참여자를 보호해 주고 경쟁우위가 주는 이점이 있다고 볼 수 있다.

• **세분 시장에서 기업의 수익성.** 경쟁우위가 없는 시장에 신규 진입자가 들어오면 자본비용 이상의 수익은 이내 사라진다. 시장 내 기업이 자본을 확보하는 데 들어가는 비용보다 높은 수익률을 올리고 있다면, 경쟁우위/진입장벽 덕을 보고 있을 가능성이 높다. 이런 지속 가능한 높은 수익을 한 기업이 독식할 수도 있고 소수의 기업이 독점적 우위를 사이좋게 나눠 가졌을 수도 있다.

수익성을 측정하는 데에는 여러 가지 방법이 있다. 여러 산업을 비교하는 방법은 자본금이나 투자한 자본에 대한 수익성을 계산하는 것이다.

투자한 자본금에 대한 사후 수익률이 10년 이상의 기간에 걸쳐 평균 15~25퍼센트 이상이 된다면 경쟁우위가 있음을 강력하게 시사한다. 세율이 35퍼센트라고 본다면 세전 수익률이 23~38퍼센트가 되는 셈이다. 세후 투자 자본금 수익률이 6~8퍼센트라면 경쟁우위가 없다고 봐야 한다.

시장에서 투자 대비 수익률을 계산하려면 장애물을 하나 넘어야 한다. 기업은 한 개의 사업체로서 수익을 보고한다. 따라서 여러 개의 세분화된 니치 시장을 하나로 합치거나 한 대륙 규모의 거대한 시장을 하나로 묶어서 보고할 수도 있다. 그런데 지리적으로나 제품 영역 측면에서나, 경쟁우위는 지엽적이고 좁은 분야에서만 존재한다. 지엽적인 시장 몇 개에서 진입장벽의 수혜를 보고 있는 중소기업의 재무보고서도 그다지 빛을 보지 못하는 시장에서 내는 성적과 몇몇 시장에서의 탁월한 성적이 함께 뒤섞여 버리면 평범한 숫자만 남는다. 특정 시장에서의 독립적인 수익성을 파악하려면 추정이 필요하다. 최선의 방법은 세분화된 특정 시장에서만 사업을 운영하는 기업의 수익성 보고를 살펴보는 것이다. 이런 식으로 세분화된 시장에서 계산된 수익성을 살펴봐야 경쟁우위를 이용하고 경쟁열위를 최소화하는 전략을 세울 수 있다.

시장점유율의 안정성과 수익성 분석이 일관되게 맞아떨어진다면, 현재 존재하는 경쟁우위는 견고하다고 볼 수 있다. 엔론Enron(미국의 에너지, 물류 및 서비스 회사로 파생상품 투자로 발생한 손실을 은닉하는 회계 부정을 저질렀고 2001년 파산함)이 2000년에 보고한 자본 수익률은 겨우 6퍼센트였다. 그런데 2000년은 기록상 엔론이 이익을 가장 많이 올린 해였고, 이 6퍼센트는 회계를 조작까지 해서 얻은 수치였다. 그때 이미 에너지 같은 오래된 시장이나 브로드밴드 같은 상품 시장에서 경쟁우위가 있다는 엔론의 주장을 의심했어야 한다. 유수한 월 스트리트 금융회사도 상대적인 시장 위치가 항상 바뀌는 법이지만 이들의 과거 수익률과 비교해 보면 엔론의 투자 수익률은 형편없다. 이 사실 하나만 봐도 엔론이 경쟁우위가 없었던 것이 분명하다.

시장점유율의 안정성과 높은 이익을 보고 경쟁우위가 존재한다고 판단했다면 세 번째 단계는 이들 경쟁우위가 어디에서 비롯되는지를 파악하는 것이다. 우월한 위치의 기업이 독점 기술이나 비용우위의 덕을 보고 있는가? 소비자 습관이 형성되었거나 전환 비용이나 탐색 비용이 높은 덕분에 고객을 독점하고 있는가? 어느 정도 수준의 고객 독점과 맞물려 운영상 규모의 경제가 큰 편인가? 이도 저도 아니라면 정부의 개입, 예를 들어 면허, 보조, 규제 혹은 다른 형태의 이득을 보고 있는가?

한 기업의 경쟁우위 원천이 무엇인지 파악하는 것은 시장점유율의 안정성과 높은 이익에 대해 데이터로 파악한 내용을 다시 한번 확인하는 셈이다. 시장점유율이 안정적이고 이익이 높더라도 그 업계를 자세히 살펴보면 비용, 고객 독점, 규모의 경제 우위가 딱히 없을 수도 있다.

시장점유율의 안정성이나 높은 수익성이 일시적인 현상이거나 팬찮은 경쟁자라면 따라 할 만한 효율적인 운영 혹은 뛰어난 경영의 결과라고 이 부조화를 풀어낼 수 있다. 이런 경우 효율적인 진입자가 쉽게 모방할 수 있다. 경쟁우위의 원인을 파헤치면 얼마나 지속될지 예측할 수 있으므로 전략을 세울 때 반드시 고려해야 한다.

경쟁우위를 측정하는 세 단계 과정은 그림4.1을 참고하기 바란다.

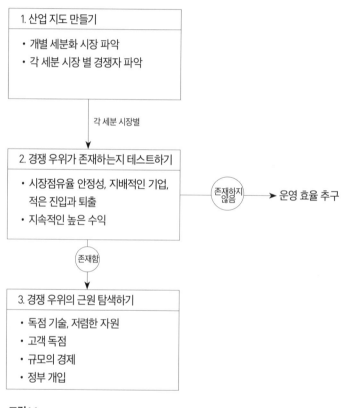

그림4.1
경쟁우위 평가하기 : 3단계

3단계 직접 시현해 보기 : 애플 컴퓨터의 미래를 점치다

이제 애플 컴퓨터에다가 이 단계를 적용해 보자. 애플의 과거를 살펴보고 발생할 법할 미래를 점쳐 본다. 역사적으로 봤을 때 애플은 PC 산업의 중요한 부문 시장에는 거의 다 얼굴을 들이밀었다. 애플의 선지자들, 스티브 잡스와 존 스컬리John Scully는 PC 산업만을 혁신하는 것이 아니라 개별 의사소통과 소비자 가전과 관련된 분야까지 혁신시키려고 했다.

애플은 전혀 연관성이 없어 보이는 부문까지도 종종 함께 엮었다. 칩과 부속품, 하드웨어 디자인, 제조, 소프트웨어 사양, 심지어 통신 프로토콜까지 넘나들면서 시너지 혜택을 보려고 했다. 1992년 존 스컬리는 애플의 PDAPersonal Digital Assistant 제품을 논하면서 "우리는 새로운 제품을 창조해 내지 않는다. 최고의 것은 이미 시장에 나와 있고 자신의 가치를 알아주길 차분히 기다리고 있을 뿐이다."라고 말했다.

애플의 기복이 심한 (주가) 성적을 봤을 때 애플의 야망이 해당 산업의 실제 상황과 딱 맞아떨어졌다고 보기는 힘들다. 애플은 효율적으로 운영되는 기업은 아니다. 애플의 미래는 올바른 전략적 선택을 내리고 경쟁우위의 혜택을 누리는 능력에 전적으로 달려 있다. 이런 위치에 놓인 기업은 애플만이 아니다. 지엽적이고 구체적인 전략적 비전과 비교했을 때 원대하고 포괄적인 전략적 비전은 거의 항상 잘못된 방향으로 가버린다.

산업 지도 만들기 : PC 산업의 애플

산업지도는 지형지도와 같이 다양한 수준에서 그려진다. 일단 PC 산업을 그림4.2처럼 여섯 개 분야로 나누어 보자. PC는 다양한 부품으로 이루어지는데 이 중 CPUCentral Processing Unit는 PC의 심장 역할을 한다. CPU 산업의 강자는 인텔, 모토로라, IBM과 AMD다. 그 외의 부품은 키보드, 전력 제공 기기, 그래픽 인터페이스, 디스크 저장기기, 메모리 칩, 모니터, 스피커 그리고 그 외 부수 제품이 있다.

델, IBM, HP, 컴팩(2002년에 HP에 매각됨)과 소규모 업자들은 부품을 조립하여 PC를 만든다. 이들은 마이크로소프트 같은 회사들이 만든 OS 소프트웨어에다가 문서 작성 프로그램, 스프레드시트, 인터넷 브라우저, 재무 관리 프로그램, 그래픽 프로그램, 보안 소프트웨어 등의 응용 프로그램을 결합시킨다. 소비자는 이런 응용 프로그램을 직접 구매하기도 한다. OS 소프트웨어를 만드는 회사가 판매하는 범용적인 응용 프로그램도 있고 어도비Adobe나 인튜이트Intuit(재무 소프트웨어에 특화된 미국 회사)의 제품처럼 특화 프로그램도 존재한다.

마지막으로 PC 사용자들은 대부분 AOLAmerica Online(미국 인터넷 회사, 2015년 버라이즌에 매각됨), 어스링크Earthlink(미국 인터넷 회사), MSNMicrosoft Network(마이크로소프트의 포털 및 인터넷 서비스), 타임워너Time Warner(미국의 정보통신, 언론, 영화, 음반 복합기업, 2018년 AT&T에 매각되면서 워너 미디어Warner Media로 개명) 혹은 그 지역의 전화 회사 같은 네트워크 서비스 제공자를 통해 인터넷에 접속한다. 야후Yahoo(미국의 인터넷 포털 회사로 2000년대에는 구글보다 더 보편적으로 사용됨. 2019년 버라이

그림4.2 PC 산업의 산업지도(첫 번째 버전)

즌에 매각)나 구글, 그 외 포털 사이트도 넓게 보면 이들 네트워크 부문
에 속한다.*

처음 만든 산업지도는 단순하고 이해하기 쉬워야 한다는 생각과
모든 내용을 한 장에 집어넣어야 한다는 욕심 사이에 애매하게 자리
잡는다. 세분화할수록 혼란스럽고 단순화하면 중요한 구분 요소가
보이지 않는다.

어느 정도까지 자세해야 하는지는 지금 다루는 산업의 성격에 따
라, 첫 번째 분석에서 발견하려는 것이 무엇이냐에 따라 다르다. 그림
4.2의 '기타 부속'은 프린터, 모뎀, 디스크 드라이브, 모니터 등등 여러
그룹으로 묶을 수 있다. 응용프로그램 또한 좀 더 세분화하여 구분
해야 한다. 데이터베이스 관리, DTPDesktop Publishing, 사진과 동영상 편
집 등 다양한 분야로 말이다. 간단하게 시작하려는 의도는 PC 제조
부문을 다루는 방향성에 확실히 영향을 끼친다. 게임 콘솔, 워크스테
이션, 핸드헬드 PCHandheld PC(핸드헬드 PC 또는 팜톱Palmtop으로 불리며 조
그마한 수첩 정도의 크기를 하고 있어, 사람들이 손에 들고 다니면서 사용하

---

* 역자 주 : 2005년 기준으로 네트워크 서비스 제공 시장과 포털 제공 시장은 하나로 묶을 수 있을 만큼 작고 그 성
격이 분명히 구분되지 않았다. 하지만 2021년 현재 네트워크 서비스 제공 시장과 포털 시장은 완전히 별개로 봐야
할 만큼 성격도 다르고 시장 규모도 거대하다. 2022년 1분기 기준 구글은 포털 전 세계 시장 점유율 약 92%로 아
성의 1위를 지키고 있다.

는 크기의 컴퓨터. 보통 PDA보다 크고, 1993년 시장에 최초로 선보였으며 스마트폰이 보편화되면서 사라짐)처럼 PC와 경쟁하는 제품은 일단 고려 대상에서 의도적으로 제외했다. 첫 번째 분석을 한 뒤 애플의 미래가 이 세부기기 쪽을 향해 있다고 판단하면 그때 이 기기들을 상세히 구분하기로 한다. 그러나 일단 앞에서 언급한 여섯 개 부문으로 단순화한 것으로도 첫 발자국을 내디딜 수 있다.

그 다음, 지도상 각각 부문 시장에서 활약하고 있는 기업의 이름을 파악한다. 이들 기업을 시장점유율이 높은 순서대로 쭉 나열해 놓았다(그림4.3).

마이크로프로세서(CPU 칩) 시장에서는 인텔이 일인자이고 그 뒤로 AMD, IBM 그리고 매킨토시 CPU를 공급하는 모토로라* 등이

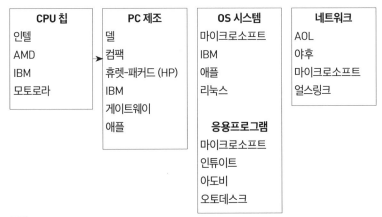

그림4.3
기업 이름을 나열한 PC 산업 지도

---

* 역자 주 : 2005년 이후 애플은 CPU 칩을 인텔로부터 공급받는다. 인텔과 애플의 계약 기간은 15년이었고 2020년 11월 애플은 자사가 제작한 M1 칩을 맥북에어, 맥북프로, 맥북미니에 사용하기로 결정한다.

포진되어 있다. 이후 IBM도 매킨토시에게 CPU를 공급했다. PC 제조사로는 델, HP, 컴팩, IBM, 게이트웨이, 도시바 그리고 당사자인 애플이 있다.

분석 초기 단계임에도 불구하고 명확하고 중요한 사실 두 가지를 알 수 있다. 첫째, CPU 시장과 PC 제조 시장에서는 딱히 눈에 띄게 중복된 이름이 없다. 두 개의 시장을 별개로 분석해야 한다는 뜻이다(IBM이 중복되어 있긴 하지만 IBM은 PC를 만들 때 인텔 CPU를 주로 사용한다). 둘째, CPU 시장에는 네 개 기업밖에 없지만 PC 제조 업체는 상당히 많으며, 포함되지 않은 중소기업도 많고 지배적인 기업을 하나만 손꼽기도 어렵다.

OS와 응용프로그램 시장에서는 마이크로소프트가 단연 우세하다. 애플, IBM(1992년에 출시된 OS/2 시스템 덕에 한때 강력한 경쟁자로 여겨졌다), 리눅스 등 다른 경쟁자는 거의 없는 편이다. IBM과 애플은 소프트웨어 제작사인 동시에 PC 제조사지만 마이크로소프트는 칩이나 PC 본체를 생산하지 않는다. 중복되는 이름이 있지만 지배적인 기업이 중복되지 않으면 각각의 시장은 확실하게 구분되는 시장으로 보고 별개로 분석한다.

마이크로소프트는 또한 응용프로그램 시장에서 압도적인 위치를 점유하고 있다. 마이크로소프트의 오피스 프로그램과 브라우저*는 사용자 수와 매출 규모에서 시장 1위를 차지하고 있다. 재무 프로

---

* 역자 주 : 2022년 12월, 브라우저 시장을 살펴보면, 구글 크롬(Chrome), 애플 사파리(Safari)가 각각 65.86%, 18.67%의 시장 점유율을 차지하고 마이크로소프트의 엣지(Edge)의 시장점유율은 4.45%로 3위의 위치를 차지한다. (출처 : Statcounter, https://gs.statcounter.com/browser-market-share)

그램의 인튜이트, 그래픽과 서체의 어도비, 건축과 디자인 소프트웨어인 오토데스크Autodesk는 전문 분야는 꽉 잡고 있지만 그 외 다른 분야에서는 별로 존재감이 없다. 따라서 오직 한 기업만 양쪽 시장에서 자리를 차지한 셈이고 따라서 OS와 응용프로그램 시장을 묶을 것인지 결정해야 한다.

세분 시장을 별도로 바라본 뒤에 시장 간 공통점을 찾는 편이 바람직하다. 한꺼번에 합쳐서 분석하면 따로따로 봤을 때 잡아낼 수 있는 전략적 이슈를 놓치게 된다. 하지만 단순하게 진행하기 위해 마이크로소프트가 OS와 응용 프로그램 시장에서 선두를 달리고 있다는 사실에 근거하여 두 개의 시장을 묶어서 분석한다. 그리고 점차 분석을 진행함에 따라 이 결정을 다시 들여다본다.

네트워크 분야에서는 AOL이 선두를 달린다. 마이크로소프트는 이 시장과 다른 시장에 같이 등장한다. MSN이 네트워크 산업에서 강력한 경쟁자로 부상하고 있기 때문이다. 하지만 AOL은 네트워크 분야에서만 두각을 나타내고 애플은 거의 존재감이 없기 때문에 네트워크 시장을 별도로 다룬다. 애플은 미국에서 약 80개의 소매 매장을 운영하지만 PC 도매 시장과 소매 시장은 분명히 다른 분야다. 하지만 이들 시장은 애플의 경쟁력과 크게 관계가 없다고 보고 두 시장은 더 이상 분석을 진행하지 않는다.

이 버전의 산업지도에서는 기타 부품 시장도 제외된다. 프린터, 디스크 드라이브, 메모리 칩, 키보드 등등 분야는 광범위하고 겹치는 이름도 없으며 각 시장별로 많은 진입자가 있다는 것을 고려하면 이들 시장은 각각 분석해야 한다. 이들 시장은 PC 제조 분야와 유사한 모습을 보인다. 경쟁자는 굉장히 많고 부침이 심한데 딱히 1위를 차지하는 기업은 보이지 않는다. 이런 산업은 그 자신과 그 주변에 연결된 부문에 대해 전략적 관점에서 비슷한 패턴을 보이는 경우가 많다. 따라서 애플의 전략을 이해하려는 목적으로 기타 부품 시장을 추가 검토해야 하는지 판단하기 위해 PC 제조 쪽을 먼저 상세히 살펴보고 차후 필요하다면 기타 부품 시장을 다시 고려한다. 애플이 기타 부품 시장에서 크게 움직임이 없다는 점을 감안하면 이쪽으로 다시 올 것 같지는 않다.

무시할 수 없는 분야는 CPU, 소프트웨어와 PC 제조 시장이다. 각각에 대해 경쟁우위가 존재하는지 살펴보고, 존재할 경우 그 수혜자가 애플인지 아니면 애플의 경쟁자인지 파악한다.

경쟁우위 측정하고 파악하기 : 칩 부문

CPU 산업은 1980년 초반 IBM이 PC를 내놓은 이후 상당 부분 표준화가 이루어지면서 시장점유율이 안정적으로 유지되었다. 칩은 계속 진화했지만 20여 년에 걸쳐 인텔이 1위의 자리를 뚝심 있게 지켜왔다. IBM, NEC(일본 통신, 전자기기 종합회사), 텍사스 인스트루먼트Texas Instrument(미국 전자기기 기업) 등 많은 강력한 기업이 인텔의 자리를 넘보며 시장에 진입했지만 딱히 성공한 경우는 없었다.

1980년대 초반에 모토로라가 야심만만한 경쟁자로 떠오르던 때도 있었으나 이후 계속 뒤처졌다. 인텔의 시장점유율은 이후 90퍼센트 언저리에서 꽤 안정적으로 머물러 있다. 때때로 AMD가 침입하기도 했지만 인텔이 언제나 반격에 성공했다. 이런 안정적인 시장점유율은 강력한 진입장벽과 경쟁우위가 있다는 것을 암시한다.*

    과거 인텔의 이익을 살펴보면 이런 주장은 더욱 뒷받침된다. 인텔이 메모리 칩을 포기한 1980년대 중반 아주 짧은 기간을 제외하고 세후 평균 자본 수익률이 30퍼센트를 넘었다. 시장 가치 대 '순자산에 대한 추정 대체원가' 비율은 항상 3대 1을 넘어섰다. 인텔이 1달러를 투자할 때마다 투자자의 주식 가치가 3달러 늘었다는 이야기다. 성공적인 시장 진입자가 없고 인텔이 CPU 칩 시장에서 지배적인 위치를 계속 차지했다는 것은 기존 참여자에게 유리한 경쟁우위가 존재한다는 의미다. 인텔의 경쟁우위는 2장과 3장에서 논한 것처럼 고객 독점, 규모의 경제, 특허권 보호 등을 통해 견고하고 분명하게 형성되어 있다.

    안타까운 이야기지만, 이 시장에서 애플은 항상 불리했다. 1세대 매킨토시 CPU를 선택할 때 애플은 모토로라와 연합했고 모토로라와 IBM과 함께 파워PC 칩을 만들어 내기도 했다. 모토로라 칩을 바탕으로 1984년에 출시된 매킨토시, 또는 맥은 그래픽 사용자 인터페이스가 뛰어났고 애플은 PC 기반의 그래픽 면에서는 단연코 앞선 기능을 확보했다. 하지만 이내 인텔이 앞서나가면서 인텔의 차세대 CPU는 마이크로소프트의 윈도우를 무리 없이 돌릴 수 있을 만큼 좋아졌다. 단연코 매킨토시의 인터페이스보다 모든 면에서 뛰어났다.

---

* 역자 주 : 2022년 2분기 전 세계적으로 가장 많이 사용되는 CPU 칩은 x86 프로세서이며 이 중 63.55%를 인텔이 생산하고 AMD가 36.4%를 생산한다.(출처 : https://www.statista.com) AMD가 PC가 아닌 게임기 용도의 우수한 CPU를 생산하기 시작하면서 AMD의 시장점유율이 큰 폭으로 상승했다. 2005년 당시와 주요 플레이어가 크게 달라지지 않았다는 점은 CPU 칩 시장에 경쟁우위가 분명히 존재한다는 반증이며, 2005년과 달리 인텔의 시장 점유율이 줄어들고 있다는 사실은 인텔의 독점력이 약화되었다는 사실을 보여 준다.

규모의 경제에 기반을 둔 경쟁우위 덕에 인텔은 CPU의 처리 능력 강화 면에서 모토로라를 한참 앞서갔다. 애플은 허덕이면서 쫓아가는 것 외에 별도리가 없었고 심지어 업그레이드할 시기를 놓쳤다. OS 시스템과 그래픽, 멀티미디어 기능을 탁월하게 결합한 애플과 모토로라의 능력은 항상 높은 평가를 받았지만 이 연합은 사실상 애플에게 경쟁열위로 작용했다.

CPU 칩은 매 세대마다 약 10억 달러의 연구 개발비가 필요하다. 인텔은 세대별로 약 1억 개의 칩을 팔았기 때문에 칩 1개당 연구 개발비는 10달러에 불과했다. 애플-모토로라-IBM은 세대당 약 1천만 개의 칩을 팔았기 때문에 칩 1개당 연구 개발비는 100달러였다. 애플은 연구개발비를 확 줄여서 결국 기술 경쟁에서 패배하거나 칩 1개당 높은 연구개발비를 감당하는 것, 둘 중 하나를 선택할 수밖에 없다. 어느 쪽을 선택하든 절대적으로 불리하며 앞으로도 나아지지 않을 싸움을 하고 있다.

경쟁우위 측정하고 파악하기 : 소프트웨어 부문

소프트웨어 시장에서 마이크로소프트의 존재감은 마이크로프로세서에서 인텔이 가지는 존재감보다 크다.* IBM은 PC에 대해 개방형 구조 정책을 고수했고 그 덕택에 많은 회사가 PC 제조에 뛰어들었지만 OS 분야는 마이크로소프트의 MS-DOS로 표준화되었다. 일단 표준화가 되고 나자 마이크로소프트는 독점적 지위에 따르는

---

* 역자 주 : 2022년 11월, PC OS 시장의 1위는 마이크로소프트(75.11%)이며, 애플의 Mac OS는 15.6%로 2위를 차지한다. (출처 : Statcounter, https://gs.statcounter.com/os-market-share/desktop/worldwide)

특권을 마음껏 활용했다. 자신의 독점적 분야를 계속 확대하면서 핵심 영역을 지속적으로 보호한다. IBM은 OS/2를 내세워 OS 시장을 되찾아 보려고 했지만 실패했다. MS-DOS에 이어 윈도우를 개발하면서 마이크로소프트는 그래픽 유저 인터페이스에 대한 애플의 경쟁우위를 극복한다. 또한 넷스케이프로부터 브라우저 시장을 가져오면서 OS 분야에서 일인자의 위치를 굳게 지켰다. 그리고 데스크톱 시장에서 리눅스와 기타 오픈 소스의 움직임이 크게 확대되지 않도록 방어했다. 리눅스가 워크스테이션과 서버 분야에서 더 나은 OS라고 인정받았는데도 말이다.

동시에 마이크로소프트는 문서 작성, 스프레드시트, 발표용 문서 그리고 재무 프로그램에서도 앞서 나가기 시작했다. 윈도우 OS는 업데이트될 때마다 PDA, 핸드폰, 대형 서버 컴퓨터까지 다양하게 활용 범위를 넓혀 나간다. 게임 콘솔 분야에서는 세 개의 주요 제조 기업에 들기는 했지만 지배적이지는 않다(아직 수익을 올리지도 못했다). 케이블 TV, 셋톱 박스, 기타 데스크톱 OS와 약간 상이한 분야에서도 영향력이 미미하다.

마이크로소프트의 OS 시장점유율은 80퍼센트 이상의 자리를 항상 지켰고, 종종 90퍼센트를 넘겼다. 무려 20여 년이라는 시간에 걸쳐서 말이다. 이 지배력과 그 덕에 챙긴 많은 이익을 활용하여 마이크로소프트는 오피스 프로그램과 브라우저 사업에서 우세했다. OS 프로그램 코드를 갖고 있기에 초기부터 호환 가능한 응용 프로그램을 만들었고, OS 공급자였기 때문에 PC 제조자들이 마이크로소프트의 제품을 열렬히 원했다. 지나치게 시장을 점유하는 바람에 각국의 정부가 나서서 제재를 가할 정도였다. 미국에서 반독점 소송 두 개가 있었는데 정부가 의도한 바와 정반대로 마이크로소프트의 1위 자리는 더 공고해졌고 타격도 거의 없었다. EU와의 소송은 아직 타격을 입을 가능성이 남아 있다.*

마이크로소프트의 높은 수익률을 단순히 '수익이 높다'라고만 표현하는 것으로는 부족하다. 1986년 주식을 상장한 뒤 2000년이 되기까지 마이크로소프트는 매년 29퍼센트에 달하는 세후 자본 수익률을 달성했다. 2001년과 2002년에는 세후 자본 수익률이 15퍼센트로 떨어졌다. 이 숫자 역시 천문학적이지는 않아도 여전히 높은 숫자다.

하지만 이런 수치 역시 마이크로소프트의 핵심 사업의 수익성이 얼마나 높은지 제대로 보여 주지 않는다. 2002년 마이크로소프트의 자본금―부채와 주식을 합한 금액―은 552억 달러에 달했다. 마이크로소프트는 부채가 전혀 없으므로 이 모두가 주식 가치가 된다.

이 자본금은 총 두 곳에 투자된다. 하나는 은행에 입금된 예금과 이와 유사한 현금이다. 2002년 이들 현금의 평균 잔고는 350억 달러였고 여기에서 12억 달러를 벌었다. 세후 약 3.5퍼센트의 수익률이다. 나머지 세후 이익은 66억 달러였는데 이는 135억 달러(부채 + 주식 - 현금)가 투자된 소프트웨어 분야에서 나왔다. 투자수익률이 49퍼센트

---

* 역자 주 : EU는 마이크로소프트의 독점적 지위를 남용한 사건에 대해 지속적인 소송을 진행했고, 2004년 3월 6억 1,300만 달러 벌금을 부과하고, 윈도우즈 OS와 윈도 미디어 플레이어를 포함 몇몇 제품을 분리할 것과 새로운 버전의 윈도 XP 출실할 것을 명령한다. 막대한 벌금을 지불하긴 했지만, EU의 이런 명령은 PC OS 시장에서 마이크로소프트의 독주를 멈추지는 못했다. 한국에서는 2005년, 마이크로소프트에게 벌금 3,200만 달러와 함께, 윈도 미디어 플레이어 그리고 윈도 메신저를 분리 대상으로 지정해서 미디어 플레이어와 메신저를 포함하지 않은 윈도 XP를 내놓을 것을 명령했다.

에 달했다.* 산더미 같은 현금에 대한 수익률과 소프트웨어 사업 수익률을 합치면 마이크로소프트는 세후 15퍼센트의 자본 투자율을 얻는다. 이 방식으로 계산했을 때 1986년부터 2000년까지 소프트웨어 사업의 세후자본수익률은 평균 100퍼센트가 넘는다.** 표4.1을 참고하기 바란다.

　두말할 것도 없이 마이크로소프트는 경쟁우위를 누리고 있다. 그 근원이 무엇인지 파악하기도 쉽다. 기술 문제가 아니다. 뛰어난 프로그래머는 몇십 년 동안 넘쳐났다. 마이크로소프트가 소스 코드에 대한 저작권을 가지긴 했지만 다른 소프트웨어 기업도 이에 필적하거나 더 뛰어난 소프트웨어를 만들어 낸다. 많은 전문가들이 마이크로소프트 제품에 적대적인 태도를 오랫동안 취해 왔다.

표4.1
마이크로소프트의 투자 수익률, 2002년 (단위 : 십억 달러)

연말 기준 현금	$	38.6
부채	$	0
자본	$	52.2
자본- 현금	$	13. 6
당기 순이익	$	7. 8
현금에서 얻은 이익	$	1. 2
소프트웨어에서 창출한 이익	$	6. 6
총 자본 수익률		15.0 %
소프트웨어에 대한 자본 수익률		48.8 %

---

* 이런 식으로 수익률을 계산하면, 사실상 소프트웨어에 대한 수익률은 과소평가 된 것이다. 마이크로소프트는 게임 콘솔이나 기타 비핵심 사업에서 손실을 보고 있었기 때문이다.
** 이런 방식으로 마이크로소프트의 자본 수익률을 계산하는 것은 추가적인 보완이 필요하다. 이 장의 다음 파트에서 투자된 자본금에 대해 수익률을 계산하는 구체적인 방법을 논한다.

하지만 마이크로소프트는 고객을 확실하게 독점하고 있다. 마이크로소프트의 소프트웨어들은 다른 OS와 호환이 쉽지 않아서 OS를 교체하면 상당한 대가를 치러야 하며, 적응하는 데 시간도 오래 걸리는 것이 하나의 이유다. 또한, 표준화된 프로그램을 짜는 데 드는 비용은 거의 고정비용이기 때문에 규모의 경제가 엄청나다. 고객 기반이 튼튼하므로 마이크로소프트는 중요한 프로젝트 관련 프로그램에 대한 실험에 몇 년 동안 돈을 쏟아붓더라도 경쟁자보다 제품당 낮은 단가를 유지한다.

마지막으로, 네트워크 효과가 있다. 소프트웨어는 얼마나 많은 사람이 똑같은 프로그램을 쓰느냐로 그 가치가 결정된다. OS 시장에서건 응용 프로그램 시장에서건 마이크로소프트에 대항하는 기업은 아무리 제품이 탁월하더라도 일방적으로 불리한 입장이다.

IBM이 1981년 PC를 처음 선보인 이후 애플은 마이크로소프트와 끊임없이 경쟁해 왔다. 모든 면에서 애플의 OS가 뛰어난 적도 있지만 애플은 13퍼센트 이상의 시장을 점유한 적이 없고 그마저도 마이크로소프트가 괜찮은 윈도우 버전을 내놓은 뒤로는 시장점유율이 현격하게 하락했다. 소프트웨어 부문의 상황은 CPU 쪽에서도 똑같이 되풀이되어서 애플과 그 연맹은 마이크로소프트와 인텔, 혹은 '윈텔 플랫폼Wintel Platform'—마이크로소프트와 인텔의 긴밀한 관계를 뜻하는 말이다—을 이길 수 없었다. 애플은 다양한 분야를 엮어서 시너지를 내보려 노력했지만 해당 시장에서 경쟁자가 누리고 있는 시장 특유의 경쟁우위를 당해낼 재간이 없었다.

표4.2
시장점유율의 안정성 계산하기

	미국 시장점유율		정규화된 시장점유율		차이의 절댓값
	1990	**1998**	**1990**	**1998**	
애플	10.9%	4.6%	29.1%	7.1%	22.1%
컴팩	4.5%	16.7%	12.0%	25.7%	13.6%
델	1.0%	13.2%	2.7%	20.3%	17.6%
게이트웨이	1.0%	8.4%	2.7%	12.9%	10.2%
HP	0.0%	7.8%	0.0%	12.0%	12.0%
IBM	16.1%	8.2%	43.0%	12.6%	30.5%
패커드벨	3.9%	6.2%	10.4%	9.5%	0.9%
7개 기업의 합계	37.4%	65.1%	100.0%	100.0%	15.3%

경쟁우위 측정하고 파악하기 : PC 제조 부문

CPU나 소프트웨어 부문과 비교했을 때 PC 제조 부문은 그 양
상이 완전히 다르다. 1위 기업이 계속해서 바뀐다. 새로운 기업이 들
어오고 기존 기업이 퇴출된다. 상위 20개 회사가 차지하는 시장점유
율이 60퍼센트를 넘지 못한다. 상위 기업 사이에서도 시장점유율이
바뀌는 진폭이 매년 다르다. 1990년에서 1998년까지 살펴보면 얼마나
쉽게 시장점유율이 바뀌는지 그리고 90년대 상위 기업들이 98년에는
얼마나 형편없이 추락했는지 명백하게 보인다.

가장 기본적인 시장점유율 안정성을 살펴보려면 표4.2를 보라. 1
열과 2열은 각각 1990년과 1998년에 미국 시장에서 해당 기업이 차지
한 시장점유율을 보여 준다. 3열과 4열은 가장 큰 7개 회사의 시장점
유율의 합이 100퍼센트가 되도록 한 뒤 이들의 비중을 계산한 것이
다. 마지막으로 5열은 3열과 4열의 차이, 즉 90년과 98년 사이에 7개
회사 간 시장점유율 차이를 절댓값으로 계산했다. 전체 기간에 걸쳐

평균적인 시장점유율의 획득 및 손실은 15퍼센트에 달한다. CPU와 소프트웨어 시장에서 비슷한 수치는 2퍼센트가 채 되지 않는다.

첫 번째, 상위 회사 다섯 개를 금방 떠올릴 수 없다면 진입장벽이 없는 것이다. 표 4.2에서 보듯이 시장점유율의 급격한 변화가 이를 뒷받침한다. 두 번째, 5년에서 8년 사이에 걸쳐 시장점유율의 평균의 차이가 절댓값이 5퍼센트를 넘는다면 그 역시 진입장벽이 없다는 시그널이다. 그 차이가 2퍼센트 내외라면 진입장벽이 견고한 것이다.

이 시장에서의 수익성은 편차가 매우 크다. 몇몇 개의 상위 기업들, 특히 IBM이나 HP의 사업 영역은 고루 분산되어 있어서 PC 사업에 얼마나 자산을 투입하여 얼마를 버는지 알아내기가 쉽지 않았다. 애플, 델, 컴팩 그리고 게이트웨이는 PC 산업의 독자적인 수익성을 구분하기가 상대적으로 수월했다.

한 개의 산업 내에서 수익성을 가늠하는 데에는 두 가지의 방법이 흔히 쓰인다. 하나는 이익이 매출의 몇 퍼센트를 차지하는지 보고 또 다른 하나는 이익이 활용된 자원의 몇 퍼센트를 차지하는지 보는 것이다. 당기 순이익은 쉽게 얻을 수 있지만 여기에는 이자 비용(혹은 수익), 세금 지불액(혹은 환급액) 그리고 (지분이 작아서 통합되지 않는) 비연결 투자로 얻은 수익 및 손실 등 사업 운영과 관계없는 결과도 포함된다. 그래서 운영이익(이자 및 세전 이익, EBIT - Earnings Before Interest and Tax)이 더 많이 쓰인다. EBIT는 이자, 세금 그리고 예외적인 비용이나 수익을 포함하지 않기 때문이다.

그러나 재고나 자산의 감가상각 같은 비경상 이익이나 손실을 완전히 무시할 수는 없다. 이런 비경상 이익이나 손실은 눈에 띌 만한 사건이 생겨서 인식되기 전까지는 회계 장부에 기록되지 않고 쌓여가지만 그래도 여전히 사업 운영 결과를 반영한다. 이렇게 비경상적이고 간헐적인 회계처리 내용을 이익에 반영하기 위해 현재와 과거 4년 동안 발생한 '비경상 항목'의 평균을 구해 이익을 계산할 때 더하거나 뺐다. 그리고 그렇게 나온 수치를 '조정 후 영업 이익'이라고 명명했다. 그 값을 다시 매출 규모로 나누면 '조정 후 영업 마진'이 나온다.

네 개 PC 제조사에 대해 꽤 믿을 만한 관련성 있는 숫자를 얻었는데 1991년부터 2000년까지 10년간 조정 후 영업 마진이 평균 5.8퍼센트 정도였다(표4.3). 당기 순이익 마진은 세금 덕택에 보통 줄어들지만 애플은 비영업 이익의 영향으로 조정 후 영업 마진이나 당기 순이익 마진이 동일하게 나왔다.

동일한 기간 동안 델의 영업 마진은 8퍼센트에 달하면서 가장 높은 수치를 보였다. 애플이 2.2퍼센트로 꼴찌의 영광을 안았다. 비슷한 상품이 경쟁하는 PC 시장 내 기업은 다 고만고만해서 CPU 시장에서 본 인텔과 나머지 소규모 경쟁자 간의 현격한 차이는 보이지 않는다. 조밀한 경쟁 기업의 모습 자체가 산업 내에 경쟁우위가 존재하지

표4.3

4개 PC 제조 기업의 조정 후 영업 마진과 당기 순이익 마진, 1991년~2000년

	조정후 운영마진	당기 순이익마진
애플	2.2%	2.2%
컴팩	6.5%	3.8%
델	8.0%	5.5%
게이트웨이	6.6%	5.1%
평균	5.8%	4.1%

않는다는 사실을 극명하게 말해 준다. 게다가 영업 마진이 미미하다. 인텔의 경우 비슷한 기간 동안 영업 마진이 무려 32퍼센트였다(수익률을 계산하는 방식은 부록을 참고하라).

활용된 자원 중 이익이 몇 퍼센트인지 계산하는 다양한 방법을 활용해 네 개 기업을 비교하면 몇 가지 재미있는 사실을 알 수 있다(표 4.4). 첫 번째, 델과 게이트웨이는 어떤 방법으로 계산하든 애플이나 컴팩보다 수익성이 높다. 두 번째, 델의 세전 ROIC_{Pretax ROIC, Return On Invested Capital}(투자자본수익률)와 그보다는 낮은 게이트웨이의 세전 ROIC는 의심스러울 정도로 높다. 이 예외적인 수익률은 델의 사업모델—게이트웨이가 그대로 모방한—에 기인한다. 이 사업모델 덕에 델과 게이트웨이는 매출이나 영업이익 대비 필요한 투자 자본의 규모가 작다. 델의 1998년 회계 실적(1998년 2월 1일 기준)은 여분의 현금을 제외하면 유동부채가 유동자산보다 크다(표4.5). 델은 주문을 받고 나서 생산을 시작하는 구조 Build-to-order였기 때문에 자산을 최대한 효율적으로 빡빡하게 운용할 수 있었다. 같은 1년 동안 매출 규모는 연말 매출채권의 8배, 연말 재고의 53배, 연말 공장과 설비 가치의 36배였다. 운전 자본(유동자산 - 유동부채)이 마이너스였을 뿐 아니라 델의 여분 현금 규모는 전체 부채와 자기자본을 합친 것보다 컸다. 투자된 자본이 마이너스면 수익률은 무한대 값이 된다(그래서 표4.4에서는 1998년을 빼고 수익률을 계산했다).

이런 현상이 발생하는 이유 중 일부는 표준 회계 방식으로 자산을 측정하면서 발생하는 결점 때문이다. 델은 대부분 무형 자산에 투자한다. 브랜드 인식, 조직 자본Organizational Capital(조직의 구조나 철학에서 파생되는 가치), 영업 관계 그리고 잘 훈련된 직원 같은 무형 자산 등에

표4.4

4개 PC 제조 기업의 자원에 대한 수익률, 1991년~2000년

	당기 순이익/ 자산 (ROA)	조정 후 영업이익/ 자산 (ROA Adjusted)	당기 순이익/ 자기자본 (ROE)	조정 후 영업이익/ 투자 자본 (ROIC)
애플	2.6%	3.2%	0.4%	24.5%
컴팩	6.5%	10.9%	10.1%	33.6%
델	13.0%	18.6%	34.3%	236.9%
게이트웨이	15.9%	20.3%	29.3%	71.3%
평균	9.5%	13.2%	18.5%	91.6%

표4.5

델의 투자 자본, 재무회계연도 1998년 (단위 : 백만 달러)

총자산	$	4,268
현금과 증권	$	1,844
매출 1%에 해당하는 현금	$	123
여분의 현금	$	1,721
이자가 발생하지 않는 유동 부채	$	2,697
투자 자본	$	(150)

투자했다. 이런 분야는 매출을 올리는 데 중요한 요소이지만 현재 회계 방식으로는 재무제표에 나타나지 않는다. 그 결과 투자된 자본의 크기는 (무형자산에 투자한 값을 제외했기 때문에) 저평가되고 투자 자본의 수익률은 심각하게 부풀려진다. 반면 투자수익률이 아닌 매출에 대한 수익률을 영업 효율의 평가 기준으로 사용한다면 델과 게이트웨이는 컴팩과 크게 다른 수치를 보이지 않는다*(표4.3). 이때 발생하는 차이는 컴팩이 연구개발비에 많이 투자하기 때문이다.

---

* 역자 주 : 무형자산에 투자한 금액들이 영업이익을 계산할 때 차감되기 때문이다.

애플과 컴팩은 그럭저럭 봐줄 만한 투자자본수익률을 기록했지만 손실을 본 해도 있다. 십여 년 넘게 수익률이 견고하던 게이트웨이 역시 2001년에 10억 달러가 넘는 손실을 봤고 2002년에는 3억 달러의 손해를 기록했다. 시장점유율의 안정성과 수익성에 대한 모든 정보를 종합해 볼 때, PC 제조 산업은 살펴본 기간 동안 진입장벽으로 보호받지 못했고 경쟁우위가 존재했다고 해도 거의 의미가 없는 수준이다. 델이 이 기간에 뛰어난 성적을 거둔 것은 사실이지만 이는 경쟁우위 덕분이 아니라 운영 효율 덕분이다. 델의 운영 효율은 컴퓨터 부품을 조립하고 문 앞까지 배달하는 속도와 자산을 최대한 효율적으로 이용하는 뛰어난 사업 모델에서 나왔다.

경쟁우위의 원천이 어디에서 나왔는지 특정하기는 어렵다. 이 산업에서 고객을 특정 회사 혼자 가로채는 일은 흔하지 않다. 개인 고객, 기업 고객 모두 사양과 가격을 살펴보고 구입 시점에 자신에게 가장 최고라고 판단되는 시스템을 찾아 구매한다. 애플 제품만 구입하는 구매자들은 이런 패턴에서 예외지만, 애플의 충성 고객이 전체 시장에서 차지하는 비중은 점점 줄어들고 있다. 제조 부문에서도 독점 기술이 없다. 애플만 제외하고 나머지 주요 제조업자들은 동일한 기업에서 부속품을 구입한다. 규모의 경제 역시 적어도 현재까지는 보이지 않는다. 전체 생산에서 고정비용이 차지하는 비중도 작다. 제조 시설은 광범위하게 흩어져 있어서 대규모 생산 시설을 갖춰도 장점이 별로 없다는 것을 시사해 준다.

델이 1위를 차지하고 있다는 점을 고려할 때 델은 매출과 마케팅 운용을 다른 경쟁자보다 폭넓은 고객에게 배분하고 그 규모 덕에 고

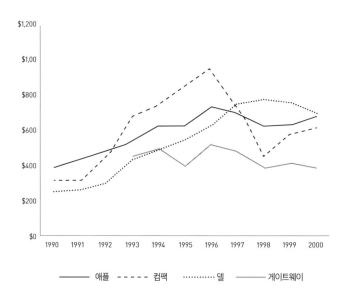

그림4.4
직원 1인당 매출규모 (단위 : 천 달러)

객의 특수 주문에 맞춘 컴퓨터를 저렴하게 생산할지 모른다. 하지만
이런 우위가 결정적이지는 않다. 델은 점점 커졌지만, 직원 1인당 매출
규모는 증가하지 않았고 나머지 경쟁자와 시장점유율도 더 이상 벌어
지지 않았다(그림4.4).

한때 경쟁우위가 존재했다고 해도 애플은 그 혜택을 보지 못했
다. 규모의 경제와 고객 독점이 적절하게 어우러지면서 미래에 경쟁
우위가 발생하더라도 승자는 델이 될지언정 애플은 아니다. 전략적
으로 엄청나게 잘못된 선택을 하면서 델이 비틀거리거나 실패하더라
도 —예를 들어 기술 측면에서 혁신적인 변화를 따라잡지 못하고 뒤
처져도— 그 실패의 덕을 애플이 볼 가능성은 거의 없다. PC 제조 부

문은 전체 산업의 핵심 동력이 아니고 돈을 많이 벌어들이는 영역도 아니다. 애플이 CPU 시장에서나 소프트웨어 시장에서 경쟁우위가 없기 때문에 PC 제조 부문에서 상위를 차지한다는 생각은 비현실적이다.

애플을 위한 큰 그림

PC 산업 내 부문시장 중에서 그 어느 시장에서도 1위를 차지할 수 없다면, PC 부문 외에 다른 분야—디지털 기기와 관련한— 쪽에서 핵심 부분의 병합이 손쉽도록 상품을 디자인하여 성공할 수도 있다. 애플은 PDA 시장이 성숙되기도 전에 진입했다. 애플의 뉴턴 Newton(애플의 PDA 모델명)은 실패작이었다. 뉴턴에 심은 필기 인식 소프트웨어는 한참 뒤떨어져 있어서 신문에 실리는 네 칸 만화의 조롱거리가 되었다. 1990년대 후반 팜Palm(미국 PDA 및 휴대기기 제조기업)의 PDA는 다루기 쉬워서 PDA 시장을 손아귀에 넣었고 마이크로소프트가 휴대 기기에 집어넣을 수 있는 축소판 윈도우 버전을 시장에 내놓자 몇몇 제조업자들이 포켓 PC를 선보였다. 애플의 뉴턴은 선구자의 우위, 혹은 매킨토시와의 쉬운 호환성 그 어느 쪽도 덕을 보지 못했다.

애플의 휴대용 뮤직 플레이어인 아이팟iPod은 사용이 쉽고 디자인이 유려한 덕에 뉴턴보다 성공적이었다. 애플은 2001년 10월 아이팟을 처음 선보였고 처음 2년에만 100만 개 이상을 팔았다. 이후 애플은 저장 용량을 늘리고 디자인을 더욱 얇게 만들면서 제품을 계속 개선했다. 한 소프트웨어 개발 기업이 아이팟을 윈도우 기반 PC와 동기화해 주는 소프트웨어를 개발하면서 아이팟의 성공을 거들어 주었다. 그 소프트웨어 때문에 매킨토시와 아이팟의 시너지에 대한 기대가 줄어들었지만 말이다. 아이팟의 성공에 자극 받은 다른 회사들도 비슷한 상품을 선보이기 시작했고 이 경쟁의 결말이 어떻게 될지는 두고 볼 문제다.*

시너지가 가져오는 우위에 대한 논란은 여전히 분분하다. 한 시장에서 경쟁우위를 확보한 기업이 비슷한 분야 쪽으로 사려 깊게 움직인다면 자신의 경쟁우위가 통하는 범위를 확장할 수 있다. 그러나 핵심 사업에서 경쟁우위를 누리지 못하면 경쟁자가 하지 못할 그 무엇인가를 갖고 있다고 보기는 힘들다.

시너지라는 말이 마법의 단어라고 해도 단순히 1 더하기 1이 3이 되지는 않는다. 시너지가 발생하는 산업이 있다면 애플이 속한 디지털 산업이 그런 예가 된다. 비록 해적질—승인 받지 않은 복사—이 지속적으로 위협이 되지만 말이다. 애플과 매킨토시는 유려한 디자인, 서로 다른 하드웨어와 소프트웨어 간의 호환성이 높아 소비자들에게 사랑받았지만 그 정도 수준의 시너지로는 CPU 시장과 소프트웨어 시장에서 가지고 있는 경쟁열위를 뛰어넘지 못한다.**

PC 제조 부문에서 애플의 입장은 다른 경쟁자들과 크게 다르지

---

* 역자 주 : 스마트폰에 음악 플레이 기능이 포함되면서 휴대용 뮤직 플레이어 시장은 축소된다. 맥 컴퓨터와 아이팟의 싱크로에 사용되던 아이튠즈(iTunes)가 초기 아이폰의 싱크로 소프트웨어로 쓰였다는 점이 흥미롭다. 가상 클라우드 시장이 커지면서 애플은 아이클라우드(iCloud)를 선보였고, 현재 아이폰은 아이튠즈를 사용해서 백업되는 대신 아이클라우드로 백업된다. 아이팟은 현재도 판매되고 있으며 최신 모델은 2019년 선보인 아이팟터치 7세대(iPod Touch 7th Generation)이다.

** 역자 주 : 2005년 당시 기술의 한계로 애플의 호환성은 한계에 부딪혔지만, 아이폰 시리즈와 함께 아이패드, 애플워치 등이 뛰어난 호환성을 자랑하면서 애플의 강점이 된다.

않다. CPU 칩과 소프트웨어 부문에서는 경쟁열위임에도 애플은 PC 제조 부문과 이들 두 개 부문을 결합했다. 이런 결합 때문에 마치 발목에 커다란 시멘트 조각을 매달고 시합에 뛰어든 수영 선수 같은 꼴이 되어버렸다. 스티브 잡스가 기가 막힐 정도로 회사를 운영하더라도 시합 결과는 너무나 뻔하고 애플은 절대 1등을 차지할 수 없어 보인다.

PC 산업을 대략적으로 짚어 나가면서, 전체적인 경쟁 구도를 이해하는 데 그렇게 중요하지 않다고 판단한 몇 가지 부문들이 있다. 좀 더 자세히 살펴본다면 애플이 경쟁우위를 누릴 수 있는 부문이 나올지 모른다.

기타 부문 자세히 살펴보기

PC와 관련된 주변기기 부문은 앞서 말한 바와 같이 PC 제조 부문과 비슷한 양상을 보인다. 지배적인 기업 없이 다수의 회사들이 진입해 있고 뚜렷하게 보이는 경쟁우위도 존재하지 않고 통합해도 별다른 이득은 없다. 물론 몇몇 예외도 존재한다.

HP는 레이저 프린터나 잉크젯 프린터 제품 양쪽 산업을 모두 지배하면서 시장의 절반 이상을 차지해 왔고 흑백 레이저 프린터 분야에서는 시장점유율이 더 높다. 그러나 레이저 프린터와 같은 브랜드라고 HP의 PC를 사지는 않는다. 호환성 덕에 프린터기가 성공했지만 바로 그 호환성 때문에 동일한 제조사가 만든 PC와 프린터기를 사야 할 이유가 사라졌다. 이는 모니터, 디스크 드라이브, 키보드, 그 외 기타 유사 분야에서도 동일하게 적용된다.

이들 주변 장치 제조사가 잘 나간다면 이는 그들이 해당 시장에서 전문화에 성공했거나, 운영을 효율적으로 하거나, 규모의 경제 덕을 보기 때문이다. 애플이 특정 주변 장치 제조사와 병합해서 경쟁우위가 생긴다고 보기 어렵다. 결론적으로, 다른 부문 시장을 자세히 살펴보더라도 초기에 내린 결론을 바꿀 수 없다.

응용 소프트웨어 부문 자세히 살펴보기

마이크로소프트가 OS와 오피스 프로그램 시장에서 지배적인 위치를 차지하고 있기에 초기 단계에서는 두 부문 시장을 합쳐서 살펴봤다. 응용 프로그램은 문서 작성, 스프레드시트 그리고 발표용 문서에만 한정되지 않기 때문에 이 분야를 좀 더 살펴볼 필요가 있다. PC는 전 세계 어디서나 사용되고 사용 분야는 무궁무진하다. 분야가 광범위하기에 특수 영역이 전문화될 여지가 있고 니치 시장은 뛰어난 프로그래머를 끌어들일 만큼 규모가 크다.

이 니치 시장은 부속품 시장과 완전히 다른 양상을 보인다. 응용 소프트웨어 분야는 특정 기업이 장악하는 경우가 많다. 개인/소기업의 회계/세무 프로그램은 인튜이트가, 그래픽 프로그램은 어도비가, 보안에 대해서는 시만텍Symantec이 꽉 잡고 있다. 이들은 특정 분야에서 수년 동안 압도적인 위치를 유지했을 뿐만 아니라 수익성도 높고, 수익률은 PC 제조사보다는 마이크로소프트의 수익률에 근접한다. 사용자가 사용법을 익히는 데 노력과 시간을 들여야 하기 때문에 전환 비용이 높고 그 덕에 이들 기업은 고객을 독점하는 이득을 누린다. 기술이 독점적이지는 않지만 마이크로소프트와 마찬가지로 소프트웨어 개발과 마케팅 측면에서 규모의 경제를 기반으로 한 혜택을 단단히 보고 있다. 이들 니치 기업들은 상당한 경쟁우위를 누린다. 하지만 그 니치 시장 안에서만 이런 혜택이 존재한다. 수직적으로 유사한 시장 한 개 이상에서 동일하게 지배적인 위치를 차지하는 기업은 없다.

애플은 두 개의 응용 프로그램 분야에서 그런 지배적인 혜택을 받아 왔다. 하나는, 크게 봤을 때 그래픽 분야이다. 역사적으로 매킨토시는 시각 자료와 멀티미디어가 필요한 분야에서 사용됐다. 데스크톱 출판, 디지털 영화 편집은 물론 기타 창조적인 디자인 업무 분야에서 매킨토시는 강력한 위치를 점유했다. 마이크로소프트의 윈도우 버전이 매킨토시의 직감적인 사용법을 거의 따라잡을 때조차 말이다.

그러나 이런 분야에서도 애플의 위치는 점점 약화되어 간다. 자신만의 특이한 OS와 CPU 기술에 얽매이면서 형성된 경쟁열위가 애플의 발목을 잡았다. 1990년대 초반, 애널리스트들은 애플이 그래픽과 데스크톱 출판 시장의 80퍼센트를 점유했다고 계산했다. 2000년대 초반에 이 수치는 대략 50퍼센트까지 하락한다.

애플의 다른 강점은 교육 소프트웨어 시장이다. 1990년대 매킨토시는 미국 초중등 교육 시장의 알짜배기를 점유했다. 물론 소프트웨어가 뛰어나기도 했고 교육 시장에 애플이 특히 많은 노력을 쏟아부은 데다가 로열티 계약 덕도 봤다. 하지만 매킨토시의 가격이 올라가고 학교에서 표준화된 윈도우 플랫폼을 사용하고, 졸업 후 지속적으로 사용할 PC를 학교에서 선택하는 경향이 높아지면서 애

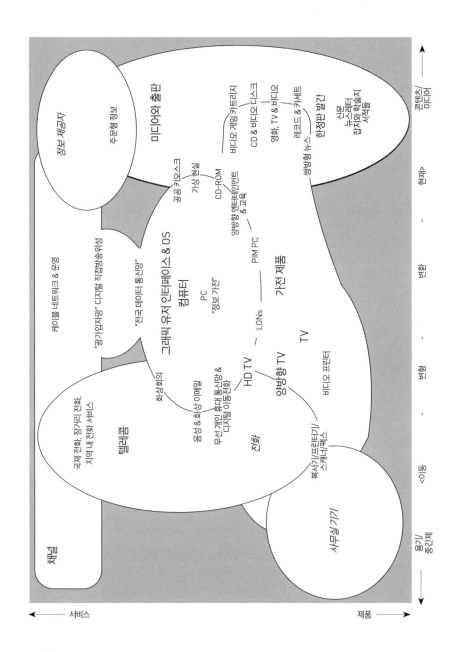

그림4.5

애플의 비전

플의 교육 시장 점유율도 하락한다. 2002년에 매킨토시의 교육 시장 점유율은 30퍼센트로 하락했다. 1990년대에는 그 갑절 이상이었던 시장점유율이 절반 이상 떨어졌다. CPU 시장에서 마이크로소프트-인텔 플랫폼 구조의 지배적인 위치, OS 시장, 소프트웨어 시장에서 애플이 가진 경쟁열위가 응용 프로그램 분야에서의 경쟁우위를 또 약화시켰다.

결론

부품과 응용 프로그램에 대해 다룬 내용은 피상적이며 결정적인 내용은 아니다. 이들 부문을 제대로 조사하려면 하드웨어, 소프트웨어, CPU 칩을 다룬 수준의 상세 내역이 필요하다. 전략적 분석을 어떻게 적용하는지 이해를 돕기 위해 이 시장을 다뤘다. 일단 간단하게 시작한 뒤 필요한 경우에만 복잡한 부분을 추가하는 편이 낫다. 분석이 지나치게 복잡하면 시장을 이끄는 동력을 제대로 잡아내지 못한다.

그림4.5는 1990년대 초반 존 스컬리와 애플 경영진이 활용하기 위해 만든 도표다. 이를 이용해 정보 산업의 골격을 설명하려고 했지만, 제대로 사용하기에는 너무 복잡했다. 애플은 모든 시장에 들어갔지만 어느 시장에서도 제대로 된 위치를 정립하지 못했다. 2003년 9월 기준으로 애플의 매출은 1995년 매출의 40퍼센트에 못 미쳤고 영업 이익은 한 푼도 벌어들이지 못했다. 스티브 잡스의 뛰어난 머리

와 애플 제품의 우아한 디자인에도 불구하고 마이크로소프트와 인텔의 강력한 경쟁우위에 밀려 진을 뺄 수밖에 없을 것 같다. PC 산업에서 애플은 그야말로 길을 잃은 양과 같았다.

*　　*　　*

앞서 추천한 방식에 따르면 해당 회사가 이미 진입했거나 진입을 고려하는 시장에 경쟁우위가 존재하는지 반드시 확인해야 한다. 경쟁우위가 존재한다면 어떤 것이 경쟁우위이고 누가 그것을 확보했느냐가 두 번째 질문이다.

존재 여부를 확인하는 두 가지 테스트를 앞에서 언급했다. '안정적인 시장점유율과 지배적인 참여자의 높은 투자자본수익률.' 까다로운 분석을 좀 더 쉽게 하려면 한 단계 한 단계 차분차분 밟으면 된다. (마이클 포터의) 다섯 가지 경쟁 요소를 한꺼번에 알아보기보다는 한 개의 경쟁 요소—잠재적인 진입자/진입장벽—에서부터 시작한다. 단순하게 시작한 뒤, 여러 가지를 첨가해서 고려한다. 너무 복잡해졌다 싶으면 한 걸음 물러서서 다시 단순화시킨다. 명료함은 전략 분석의 생명이다.

마지막으로 '지엽적으로 생각하라'. 애플의 전략적 위치를 고려했을 때 역사적으로 어떤 가능성이 존재했다면 이는 데스크톱 편집과 기타 그래픽을 사용하는 응용 프로그램 분야였을 것이다. 애플은

---

* 역자 주 : 2021년에도 애플은 PC 시장의 주도적인 참여자는 아니다. 하지만 아이폰을 기반으로 아이패드, 애플워치, 에어팟을 엮으면서 강력한 상품 패키지를 형성했고 애플의 PC 맥북 역시 그 상품 라인에 포함된다.

PC 산업 전반을 차지할 기회가 사실상 없었고 현재에도 그럴 가능
성은 희박하다.*

제5장

핵심 지역에서
규모의 경제를 달성하라
월마트, 쿠어스 그리고 지엽적인 곳에서의 규모의 경제

월마트 : 신세계의 우승자

40여 년 사이에 월마트는 아칸소의 소도시에서 시작하여 세계에서 가장 큰 소매업자가 되었다. 어떤 기준으로 보든, 비즈니스 역사상 가장 큰 성공을 거둔 것이다. 지역적으로 집중한 전략이 원래 시장에서 그 주변 시장까지 얼마나 확장할 수 있는지 보여 주는 흥미로운 예이기도 하다. 샘 월튼과 그의 동생 버드는 아칸소 뉴포트에 있는 단한 개의 잡화점, 벤 프랭클린의 체인점을 1945년 개업하면서 월마트의 역사를 쓰기 시작했다. 20년 뒤, 지방 소도시도 대형도시처럼 다양한 품목을 할인해 주는 할인 매장을 감당할 수 있다고 판단한 형제는 할인 소매로 업종을 바꾼다. 이 판단은 적중했다. 1970년 주식을 상장할 무렵 월마트는 아칸소, 미주리, 오클라호마주의 소도시에 30개의 매장을 가지고 있었다. 1985년 말 월마트는 22개 주에 859개의 할인점을 보유할 정도로 급속하게 성장한다. 2000년이 되자, 월마트는 그 어느 소매업자보다 가장 많은 품목을 팔게 되었다. 미국과 푸에르토리코까지 3천 개의 매장을 확보했고 미국 주 중에 월마트가 들어가지 않은 곳이 없었다. 그리고 8개 국가에 1천 개의 매장을 확보했다. 매출 규모는 1,910억 달러 규모로 케이마트, 시어즈Sears(미국 백화점 기업), 제이씨페니JCPenny(미국의 소매 기업) 그리고 그 외 다른 소매 대기업의 매출을 다 합한 규모보다 두 배나 큰 수치였다.

새로운 지역에 월마트가 들어서면 기존 소매점 주인들이 벌벌 떨었다. 지역 내 동일한 유형의 매장 진입을 제한하는 법률과 기타 규제가 월마트의 진입을 방해하고 계획을 수정하라고 했지만 월마트는 파도처럼 거침없이 약진했다.

월마트의 매출이 30년 동안 급성장한 만큼 주가도 만만치 않게 올랐다. 월마트의 시장 가치는 1971년에 3,600만 달러가 되었다. 2001년 초반에 시장 가치는 2,300억 달러까지 올라갔다.* 이 시기에 이르러서는 월마트의 시장 가치가 시어스, 케이마트, 제이씨페니의 시장 가치를 모두 합한 값의 14배가 되었다. 이유는 간단했다. 월마트는 수익이 높고 신뢰할 수 있는 기업이었다. 전반적으로 수익이 나쁘지 않던 2000년에 이들 네 개 회사의 당기 순이익은 22억 달러였고 월마트의 당기 순이익은 54억 달러였다. 1년 뒤, 월마트는 63억 달러를 벌었고 나머지 회사들은 3억 9,400만 달러를 벌었다. 그림 5.1을 보라.

---

* 다른 소매기업들처럼 월마트의 회계 연도는 1월 31일에 끝난다. 모든 연말 숫자들은 매년 1월 말을 기준으로 한다.

월마트는 가장 경쟁이 치열한 산업에서 지속 가능한 수익과 지속적인 성장을 보였다.

월마트와 비교하기 위해 벤치마크로 사용한 세 개 기업도 그 자체로 오랫동안 시장을 선도했다. 단지 월마트를 따라잡지 못했을 뿐이다. 이렇게 경쟁이 치열한 환경에서 특허나 정부의 면허도 없고 잠재적인 경쟁자를 따돌리려고 연구개발비를 수년 동안 쏟아붓지 않고도 이 정도의 성공을 거둔 회사의 성공 비결이 무엇인지 어떻게든 알아내고 싶어진다. 특히 경영학도라면 공감할 것이다.

첫째, 기본 전제가 무엇인지 확인한다. 월마트가 세운 경이로운 기록은 진정한 승리일까 아니면 우리가 간과한 틈이 있었을까? 이를 제대로 알아야 다른 소매 기업이 따라 할 수 없는 월마트만의 행동이

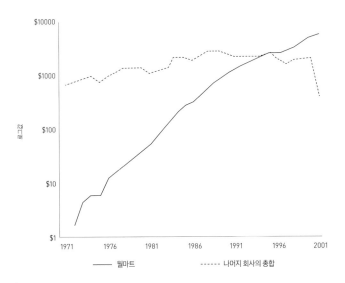

그림5.1
월마트 vs 시어스, 케이마트, 제이씨페니의 당기 순이익 (단위 : 백만 달러)

무엇인지, 월마트가 탁월한 성적을 지속하고 확장하고자 선택한 전략이 무엇인지 파악할 수 있다. 마지막으로 월마트의 성공에 비추어 다른 회사가 어떤 가능성을 시도해 볼 수 있을지 이야기해 본다.

산업 분석

월마트가 속한 소매 산업의 분석은 명료하다(그림5.2). 매장에서는 상품을 소비자들에게 직접 판매한다. 공급 체인의 상층에서 제조업자는 월마트와 그 경쟁자에게 청량음료에서 세탁기, 블라우스에서 잔디 깎기 기계까지 모든 것을 제공한다. 코카콜라처럼 전국적으로 유명한 브랜드와 PL Private Label(제품을 파는 소매기업의 브랜드를 심은 제품)을 만들어 주는 업자, 이름 없는 상품을 파는 소규모 지역 공급자

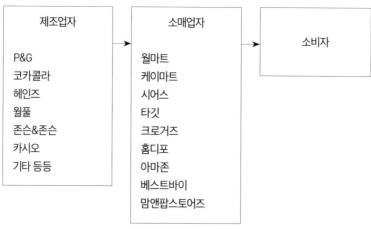

그림5.2
소매 산업 지도

까지 다양한 공급자가 존재한다. 월마트가 취급하는 상품은 광범위하기 때문에, 월마트는 거의 모든 소매업자와 경쟁 관계에 있다. 하지만 공급 체인에서 산업 간 구분은 명확하게 선이 그어져 있다. 한 부문에서 잘 알려졌다고 다른 부문도 덩달아 인정받는 것은 아니다. 월마트는 다른 소매업자들처럼 제조 분야에 손을 대지는 않았다.

해당 산업 내에서 월마트는 -적어도 초반 분석에 따르면- '개미 군대'와 경쟁한다. 경쟁자가 많아서 누구도 내가 움직이면 나머지 기업이 어떤 반응을 보일지 예상하지 않는다. 성장한 월마트는 개미 속 코끼리가 되어서 개별 경쟁자가 어떻게 반응할지 걱정할 필요가 없지만 경쟁자는 코끼리 발에 밟혀 죽지 않도록 날렵하게 움직여야 한다.

월마트의 성적 : 위대한 수준에서 뛰어난 수준으로

과거 영광을 누리던 소매 대기업들이 쇠락하거나 사라지는 시기에 월마트는 거인처럼 우뚝 섰다. 월마트만이 무엇인가 제대로 일을 한 것이다. 정확히 무엇을 했을까? 다른 비슷한 기업이 기껏해야 현상 유지를 하는 동안 어떻게 월마트만 성장하고 번영했을까?

이에 대한 대답을 하기에 앞서 월마트의 성적을 역사적으로 상세하게 살펴본다. 두 가지 성과 수치, '영업 마진'과 '투자자본수익률'의 측면에서 월마트를 살펴보자. 영업 마진(이자와 세금 차감 전 이익을 순매출액으로 나눈 것)은 같은 산업 내 회사를 비교하는 데에 효과적이다. 동일한 산업에서는 필요 자본 수준이 비슷하기 때문이다. 투자자본 대비 수익률(사업을 운영하는 데 필요한 부채와 자기자본 규모 대비 벌어들인 이익의 비율)은 산업 내뿐만 아니라 산업끼리 비교할 때도 유용하다(이 책은 투자 자본 대비 세전 수익률을 사용했다). 이들 수치는 둘 다 운영 이익에 의해 크게 영향받고 상관관계가 높다. 상관관계가 존재하지 않는다면 해당 산업의 재무구조가 변하려는 조짐이 보이는 것이다.

월마트와 케이마트를 1971년부터 2000년까지 비교하면 월마트의 마진이 더 높은 것을 알 수 있다(그림5.3). 1980년부터 월마트의 운영 마진이 케이마트를 추월하기 시작했는데 당시 월마트의 규모는 오래된 경쟁자 케이마트의 10분의 1밖에 되지 않았다. 투자자본수익률 역시 비슷한 모습을 보여 준다. 월마트는 작은 회사였을 때부터 케이마트보다 수익률이 뛰어났고 성적은 계속 개선된 반면 케이마트는 2002년 11월에 파산을 신청했다(그림5.4).

그림5.3
1970년부터 2000년까지 월마트와 케이마트의 운영 마진, 1970년~2000년

이 그래프는 월마트-케이마트를 단순히 비교하는 것 이상으로 두 번째 중요한 패턴을 보여 준다. 매출 대비 수익률과 투자자본수익률을 측정했을 때 월마트는 1980년 중반에 가장 수익률이 높았다. 영업 마진이 1985년 7.8퍼센트로 정점을 찍은 뒤 1997년에는 4.2퍼센트까지 지속적으로 떨어진다. 투자자본수익률 역시 이를 뒤따른다. 투자수익률이 정말 높았던 때는 1990년대 초반이다. 그 이후 월마트의 투자자본수익률은 지속적으로 하락했으며 세전 14~20퍼센트 범위에서 안정된다. 존중할 만한 결과지만 그렇다고 놀라울 정도로 높은 수준은 아니다. 이런 하락세로 보아, 경쟁 기업들과 차별화되는 월마트의 특징이 무엇인지 묻는 동시에 월마트의 운영에서 무엇이 달라졌기에 유난히 뛰어났던 회사에서 능력은 있지만 독보적이지는 않은 회

그림5.4
월마트와 케이마트의 투자 자본 세전 수익률, 1970년~2000년

사로 변했는지 묻지 않을 수 없다. 1985년대 수익성이 정점이던 황금기의 월마트를 먼저 살펴보기로 한다.

1980년대의 월마트

이 시기의 월마트는 한 지역을 기반으로 한 지배자였다. 1985년, 월마트는 22개 주에 859개의 할인 매장을 보유했는데 이 중 80퍼센트 이상의 매장이 아칸소 본점 근방 11개 주에 있었다. 월마트는 다섯 개의 물류창고(유통 센터)에서 이들 매장에 물품을 조달했고 이 유통 센터로부터 300마일(약 480킬로미터) 이상 떨어진 곳에 있는 매장은 거의 없었다. 월마트는 구입한 물품 대부분을 기업 소유의 트럭으로 유통 센터까지 운반했고 거기에서 다시 트럭을 바꿔서 각 매장으로 물품을 공급했다. 효율적인 시스템이었다. 매장이 집중되어 있기 때문에 한 개의 트럭으로 여러 개 매장에 물품을 내보냈고 창고로 돌아오는 길에는 새로운 물품을 공급업자로부터 받아왔다.

매장이 입점한 중소도시의 인구가 급격하게 팽창한 덕에 1985년까지 10여 년간 월마트는 순풍에 돛 단 듯 순조롭게 규모를 확장했다. 하지만 케이마트나 다른 소매 기업도 인구 통계를 파악하여 이들 역시 인구 팽창 현상을 기회 삼아 커지려고 고군분투했다. 1985년까지 월마트가 진출한 도시 중 절반 이상에서 케이마트 매장과 경쟁했다. 하지만 그때까지도 월마트 매장이 있는 곳 중 3분의 1 이상은 그 지역 내 경쟁자가 없었고 월마트는 지역 시장을 독식했다. 월마트는 해당 지역 전체 소매 매출의 10~20퍼센트를 차지했다. 탐이 날 만큼 높은 점유율이다.

1976년 월마트의 매출은 3억 4,000만 달러였다. 약 5년 동안 매년 복리로 50퍼센트씩 성장한 결과다. 1981년 매출은 16억 달러에 달했고 성장률은 37퍼센트였다. 1986년 매출은 84억 달러, 성장률은 39퍼센트였다. 이는 천문학적인 성장이고 1976년 이후 성장률이 하락세를 보인 것이 전혀 놀랍지 않다. 회사의 덩치가 지나치게 커지고 너무 많은 지역에 침투한 상태였다.

전설적인 창업자 샘 월튼의 이미지를 빼다 박은 월마트의 임원들은 막중한 사명을 안았다. 눈덩이 같이 불어나는 확장세에 당연히 따라붙는 장애물이 회사의 발목을 잡는 것을 피할 수 없었지만 예전 전략과 새로운 전략을 적절히 조합해서 회사를 지속 성장시키려고 했다. 여기서 예전 전략이란 지역적 확장을 말한다. 핵심 지역에서 주변으로 영토를 확장하고 확장된 매장에 공급할 새로운 유통 센터를 설립했다. 이를 통해 월마트는 동쪽으로는 조지아주, 플로리다주 그리고 캐롤라이나주까지, 서쪽과 북쪽으로는 뉴멕시코주, 네브래스카주, 아이오와주 그리고 위스콘신주까지 손을 뻗었다.

새로운 전략은 다각화였다. 월마트는 가구, 의약품, 예술품에는 크게 관심을 기울이지 않았고 이들 중 어느 것도 핵심 사업에 속하지 않았다. 월마트가 주력한 것은 소위 '샘스 클럽Sam's Club'이라고 불린 창고형 클럽 할인 매장이었다. 이 사업 아이디어는 월마트가 만들어 내지도 않았고 그런 형태가 매력적이라고 판단한 것은 월마트뿐만이 아니었다. 창고형 클럽 할인 매장은 예나 지금이나 규모가 크고, 거의 창고처럼 철조 구조물로 이어진 데다가 수량이 적은 상품을 심도 있게 취급하고, 슈퍼마켓이나 일반 할인 매장보다 약 20퍼센트 더

할인된 가격으로 판매한다. 이익을 내려면 이런 매장은 상품을 빨리 빨리 팔아야 했다. 심지어 매입 대금을 지불하기도 전에 말이다. 적어도 40만 명 이상 거주하는 대도시—미국 전역에 걸쳐 대략 100개 정도 존재했다—만이 이 정도의 회전율을 감당할 수 있었다. 1985년 초반, 규모가 어느 정도 되는 도시에서 창고형 매장들이 경쟁하기 시작한다. 월마트는 1985년 말 이런 창고형 매장을 23개 소유했고, 1986년에 17개 매장을 추가로 열기 위해 토지를 임대했다. 샘스 클럽의 성적은 월마트의 재무 보고서에 따로 명시되어 있지 않아서 그들의 수익성만을 따지기는 쉽지 않다.

순 매출에서 영업 이익까지

이렇게 급격히 성장하는 동안 월마트는 경쟁자들보다 매출 1달러당 이익을 더 많이 얻었다. 우위가 무엇이었는지 정확히 알려면 월마트와 다른 할인 매장 기업의 재무 결과를 자세히 들여다봐야 한다. 손익 계산서의 숫자는 영업 방식의 차이가 일어난 결과이긴 하지만 월마트의 탁월한 성적을 설명하는 것은 무엇인지 확인해야 한다.

월마트와 케이마트를 하나하나 비교해 보자(표5.1). 1984년 2월 1일부터 1987년 1월 31일까지 3년에 걸쳐서 월마트의 평균 영업 마진은 7.4퍼센트, 케이마트는 4.8퍼센트였다. 이 차이는 월마트가 간접비용이 월등하게 낮기 때문에 발생했다. 매출의 퍼센트로 계산했을 때 케이마트의 제품 원가 비중이 더 낮다. 판매가가 월마트보다 높았기 때문이다. 하지만 케이마트는 매출 1달러당 판매관리비가 높아지면서 이런 이점이 상쇄된다.

1984년 발간된 할인 소매 산업에 대한 보고서는 영업 비용의 내역을 더 정확하게 알려 주면서 월마트의 우위를 집어내도록 도와준다(표 5.2). 산업 평균을 계산할 때 월마트도 포함되므로 월마트와 경쟁 기업 간의 차이는 크지 않아 보인다. 하지만 이 표에서 보이는 패턴은 케이마트와 비교했을 때(표5.1)와 유사하다. 판매가가 낮기 때문에 월마트는 경쟁자보다 매출 1달러당 제품 원가가 높다. 다른 소매업자들은 면허가 있어야 파는 부문(역자 주 : 담배, 술 등)에서 더 많은 매출을 얻는다. 하지만 월마트는 경쟁자들 대비 판매 관리비가 낮아서 영업 이익이 높

표5.1

평균 영업 마진, 1985년~1987년 (매출 대비 퍼센트)

	케이마트	월마트	월마트의 차이
순매출	100%	100%	0.0%
제품원가	70.5%	74.3%	3.8% 높음
판매관리비	24.7%	18.3%	6.4% 낮음
영업이익	4.8%	7.4%	2.6% 높음

표5.2

산업 전반 비교, 1984년 (매출 대비 퍼센트)

	할인 매장 산업	월마트	월마트의 차이
순매출	100%	100%	0.0%
면허수수료 및 기타 수입	1.1%	0.8%	0.3% 낮음
판매 제품 원가	71.9%	73.7%	1.8% 높음
인건비	11.2%	10.1%	1.1% 낮음
광고비	2.3%	1.1%	1.2% 낮음
임대비	2.2%	1.9%	0.3% 낮음
기타 비용	7.6%	5.3%	2.3% 낮음
판매관리비 합계	23.3%	18.4%	4.9% 낮음
영업이익	5.9%	8.7%	2.8% 높음

아진다. 다른 회사들보다 빡빡하게 회사를 운영한다고 봐야 한다.

그렇다면 월마트는 무엇으로 판매관리비를 절약했을까? 경영진이 뛰어나고 회사 문화가 제대로 잡혀 있어서? 대도시에서 벗어나 미국 남부 지역을 중심으로 사업을 했기 때문에? 혹은, 경영진의 경영 실력과 크게 관계없는 구조적 경제 요인이 따로 있을까?

경영 실력과 기업 문화가 낮은 판매관리비의 이유라면 월마트는 어디를 가든 거침없이 지속적으로 성공을 거두고, 할인 매장을 벗어나서 그와 유사한 사업 분야로도 영역을 확장할 수 있다. 소도시와 미국 남부 지역의 원가 차이가 원인이라면 월마트는 다른 지역으로 옮기는 것을 포기하고 전통적인 지역에서 세력을 확장하는 데 그쳐야 한다. 하지만 월마트의 경쟁우위가 구조적 경제 요인에 기인한다면 월마트는 그 요인을 정확히 이해한 뒤, 지역 선택과 소매 사업 구조 측면에서 그 경쟁우위를 활용하는 확장 전략을 구사해야 한다. 그리고 잠재적이거나 이미 존재하는 경쟁자, 비슷한 성격의 사업에 몸담고 있는 기업이라면 다들 월마트처럼 사업을 해야 한다.

다양한 설명들

월마트처럼 경이로운 역사를 쓴 회사에 관심이 쏠리는 것은 당연하다. 수년에 걸쳐 그 성공을 풀어내려는 이론들이 나왔다. 어떤 것은 완전히 헛소리이고, 어떤 것은 설득력은 있지만 제대로 검토되지 않았으며, 어떤 설명은 다른 설명보다 설득력 있다. 이중 가장 그럴듯한 몇 가지를 살펴보기로 한다.

설명1 : 납품업체 압박하기

월마트는 업계의 큰손임을 내세우며 공급업자에게 추가 할인을 받아내기로 악명 높았다. 제품 원가가 낮아지면 이익 마진이 높아진다. 하지만 앞서 살펴봤듯 월마트의 제품원가는 경쟁자보다 높았기에 이 설명은 설득력이 떨어진다. 더군다나, 월마트의 규모가 커진 후에도 이익 마진은 증가하지 않았다. 1983년 총이익 마진은 28.3퍼센트로 최고점을 찍은 뒤 1990년 중반에 도달해서는 22퍼센트 이하로 떨어졌다. 공급업자에 대한 압박은 없었다고 봐도 무방하다.

소매 기업은 제품 구매 비용이 판매 제품 원가의 큰 비중을 차지하지만 판매 제품 원가에 포함되는 또 다른 비용이 있다(표5.3). 하나는 회사의 매장이나 창고까지 제품을 배송하는 비용으로 '운임비'나 '운수비'라고 부른다. 월마트는 이 분야에서 경쟁자보다 더 비용이 많이 든다. 월마트는 매출의 2.8퍼센트를 운송에 사용하는데 업계 평균은 4.1퍼센트다. 또한 '재고 감모', 즉 제품이 분실되거나, 망가지거나 도난당하면서 발생하는 손실 면에서도 남보다 더 비용을 지출한다. 업계 평균은 2.2퍼센트이고 월마트의 감모 손실 비율은 1.3퍼센트다. 그러나 이런 모든 요소를 판매 제품 원가 분석에 더해도 월마트는 산업 평균보다 많은 비용을 판매 제품 원가에 지출한다.

월마트가 매출액 1달러당 더 많은 제품 원가를 지불한다고 해서 공급자로부터 가격을 후려쳤다는 주장을 완전히 헛소리라고 치부할 수는 없다. 하지만 월마트가 협상할 힘이 있었다고 해도 그 혜택은 소비자들에게 돌아갔다. 다양한 시장에서 다양한 가격 정책을 썼기 때문에 전반적으로 얼마나 낮게 가격을 제시했는지 숫자로 명확하게 드러나지는 않지만 월마트는 다른 할인 매장과 비슷하게 가격을 매겼다. 케이마트나 타깃과 매장이 맞붙어 있을 때 월마트의 가격은 1~2퍼센트 정도 낮았다. 경쟁업체와 5마일(약 8킬로미터) 이상 떨어져 있으면 가격 차이는 더 벌어져서 8~10퍼센트 수준이 되었다. 월마트 매장 3분의 2 정도가 경쟁 환경에 놓여 있었으니 전반적인 가격 차이는 4~5퍼센트 정도로 계산된다. 이 비중은 월마트가 구입할 때 매출 1달러당 더 지출하는 비중과 근접하게 일치한다(표 5.3). 월마트가 제품 구입 시 경쟁자와 같은 가격을 지불했다고 가정한다면 판매 제품 원가가 매출에서 차지하는 비중이 높은 이유가 낮은 가격 정책 때문임이 설명된다. 결국 공급자들로부터 추가 할인을 받아서 마진이 커졌다는 주장은 틀린 것이다. 게다가 수년마다 월마트의 매출이 두 배가 될 때에도 판매 제품 원가의 비중이 올라갔고 월마트가 성장하기 전에는 케이마트나 다른 업체도 공급자에 대해 강력한 협상력을 발휘했을 테니 공급자 후려치기가 월마트의 성공을 뒷받침했다는 주장은 신빙성이 떨어진다.

마지막으로, 월마트가 코카콜라나 P&G 같은 대기업을 상대로 더 낮은 가격을 쥐어짜 냈다는 주장 역시 타당성이 부족하다. 월마트

표5.3
판매 제품 원가 비교 (매출 대비 퍼센트)

	할인 매장 산업	월마트	월마트의 차이
판매 제품 원가	71.9%	73.7%	1.8% 높음
인수운임	4.1%	2.8%	1.3% 낮음
제고감모	2.2%	1.3%	0.9% 낮음
(순 제품) 구매비	65.6%	69.6%	4.0% 높음

가 경쟁자보다 추가 할인을 받지 못하면 코카콜라를 사지 않겠다고 협박했다고 가정하자. 코카콜라가 그 제안을 거절하면 월마트가 펩시와 무엇을 할 수 있을까? 국소 지역에만 물품을 공급하는 소규모 공급업자라면 월마트의 구매 영향력이 크고 이들 공급업자를 쥐어 짜서 공급가를 낮출 수 있다. 하지만 그런 건 케이마트나 다른 기업도 할 수 있다. '공급자에 대한 구매 영향력'으로 월마트의 우월한 수익성을 설명하기 어렵다.

설명2 : 소도시 독점

월마트는 진입한 소도시에서 유일한 할인 매장이었기 때문에 성공했을까? 그런 곳의 소비자에게 더 높은 가격으로 물건을 팔아서 독점으로 인한 이익 상승을 누리지 않았을까? 이 문제에 접근하려면 회사의 가격 전략을 살펴보고 경쟁자와 어떻게 다른지 알아봐야 한다.

할인 매장으로 사업 전환을 한 초기부터 월마트는 저렴한 가격을 자랑스럽게 내세웠다. 모든 할인 매장이 "적게 받고 팝니다We Sell for Less."라는 구호를 내걸었다. 그리고 케이마트, 타깃, 혹은 다른 할인 매장과 직접 경쟁하는 소도시에서는 더 저렴하게 팔았다. 1984년 조사 결과에 따르면, 할인 매장들이 5마일(약 8킬로미터) 내에 근접해 있던 댈러스포트워스Dallas-Fort Worth 지역에서 월마트의 가격 수준은 케이마트보다 10퍼센트, 타깃보다는 7~8퍼센트 낮았다. 세인트루이스St. Louis 외곽 지역에서 인근 케이마트와의 가격 차이는 1.3퍼센트였다. 하지만 혼자 독점하고 있는 소도시에서 월마트는 고객에게 덜 너그러웠다. 독점 상태의 테네시 주 프랭클린Franklin, Tennessee에서 가격은 케이마트와 경쟁하던 내쉬빌Nashville의 가격보다 6퍼센트 높았다. 케이마트는 독점 소도시와 경쟁자가 있는 소도시 간 가격 차이가 9퍼센트까지 벌어졌다. 여기에서 큰 차이점은 케이마트나 기타 할인 매장의 경우, 독점한 소도시 매장이 전체 매장의 12퍼센트였지만 월마트의 경우는 33퍼센트에 달했다는 것이다. 표5.4를 보기 바란다.

이런 차이점을 합쳐 보면 월마트는 독점 소도시에서 높은 가격을 책정하여 이득을 봤다. 모든 가격 차이를 계산하면 케이마트에 비해 월마트는 약 0.9퍼센트의 높은 운영 마진을 확보한다. 이는 전체 운영 마진 차이 2.8퍼센트 중 3분의 1을 설명해 주는 값이다(표5.2 참조). 하지만 독점적인 소도시 확보는 전체가 아닌 일부에 대해서만 설명할 수 있다. 게다가 앞서 말했듯 월마트의 판매가격은 경쟁자들보다 평균 4~5퍼센트 낮은 수준이었다. 월마트가 소도시를 독점하면서 얻어낸 1퍼센트의 영업마진은 이 차이의 일부분에 불과하다. 전체적으로 봤을 때 '소도시 독점' 우위는 월마트의 '매일 낮은 가격' 정책으로 상쇄된다. 결국 이 또한 월마트의 뛰어난 성적을 설명하지 못한다.

표5.4
독점의 혜택

	케이마트	월마트	월마트의 차이
독점 소도시에 매긴 추가 마진	9.0%	6.0%	
혼자 차지하고 있는 소도시의 매장의 비중	12.0%	33.0%	
독점 소도시로 인한 총 마진 증가분	1.1%	2.0%	0.9% 높음

설명3 : 뛰어난 경영진과 시스템

월마트는 경영진이 뛰어나다는 평가를 받았다. 생산성을 향상시키는 주요한 도구인 바코드 스캐닝 같은 기술을 초기부터 도입했다. 스캐너를 사용하면 계산 대기 줄이 짧아지고 재고 관리도 용이해지며 재주문 프로세스도 자동화된다. 매장마다 50만 달러씩 자본을 투자한 상태였지만 월마트는 새로운 기계를 도입하고 기존 시스템과 통합하는 데 주저함이 없었다. 이런 투자 덕에 인건비 비중이 1970년 매출 대비 11.5퍼센트에서 1985년 10.1퍼센트까지 낮아진다.

하지만 바코드 스캐닝은 대부분의 산업에서 사용된다. 케이마트 역시 스캐너를 재빨리 도입했고 1989년 말까지 전 매장에 설치하기로 되어 있었다. 타깃이나 다른 할인 매장 기업도 스캐너를 사용했다. 따라서 기술에 기꺼이 투자한 것이 월마트의 경쟁우위를 설명해 주지 않는다. 각 매장의 상품 조합을 생성해 주는 소프트웨어나 창고 운영 자동화 기기처럼 다른 복잡한 시스템도 마찬가지다. 월마트는 이러한 기술을 독자 개발하지 않고 사들였다. 월마트가 살 수 있다면 다른 경쟁자들도 얼마든지 도입할 수 있다. 월마트가 선도적으로 기술을 도입하면서 단기간 동안 유리할 수 있지만 월마트에 기술을 도입해 준 컨설턴트를 경쟁 기업이 고용하면 경쟁자는 실수에 대한 경험은 물론 월마트에서 얻은 경험을 확보하기 때문에 월마트보다 더 유리한 입장이 된다.

월마트는 인력 관리 측면에서 우수하다는 평을 받았다. 임원은 업무 시간의 대부분을 매장에서 보냈다. '우리는 같은 배를 탔다'라는 기업 철학에 맞춰 어떤 제품을 어떻게 진열해서 판매할지 '동료

Associate' 직원의 의견을 적극 반영했다. 이익 목표를 초과 달성한 매장 책임자에게 포상금을 주는 인센티브 프로그램이 있었고 재고 손실이나 분실이 개선되면 그 이득을 직원들과 나눠 가지는 방식으로 개선했다. 그 결과 월마트가 업계에서 급여 수준이 높지 않음에도 불구하고, 직원들은 월마트를 일하기 좋은 직장으로 평가했다. 월마트의 낮은 인건비는 이런 뛰어난 인력 관리에 어느 정도 기인한다.

월마트의 성공에 있어서 뛰어난 경영진이 중요하지 않다고 폄하해서는 안 되지만 그렇다고 과대평가를 해서도 안 된다. 1980년대 중반 월마트의 황금기 이후로 경영진 수준이 낮아졌을까? 아니면 업무가 너무 어려워졌을까? 왜 이들의 경영 기술이 가구나 제약, 미술품 매장에서는 먹히지 않았을까? 샘스 클럽 매장은 왜 지점 수가 급증하면서도 전통적 할인 매장처럼 뛰어난 결과를 보여 주지 못했을까? 1990년대 중반 월마트가 각 사업 부문별로 재무성적을 보고하기 시작했을 때 샘스 클럽은 수익성이 높지 않았다. 자산 1달러당 벌어들이는 돈이 할인 매장들보다 약 45퍼센트 낮았다. 이미 월마트가 이 분야에서 15여 년에 걸친 경험이 축적된 상태였다. 15년이라면 결함을 처리하고도 남았을 시간이다.

설명 4 : 남부 지역의 물가가 쌌다

월마트는 산업 평균과 비교했을 때 임대비(매출의 0.3퍼센트)와 인건비(매출의 1.1퍼센트) 비중이 낮았다. 이는 부분적으로 월마트가 남부 소규모 도시에 집중한 데서 기인한다. 땅값이 저렴하고 보유세도 낮았다. 월마트 직원은 노조를 결성하지 않았는데 이는 미국 남부의 특성이다. 이런 이유로 월마트는 매출의 1.4퍼센트를 절약했다. 월마트의 판매관리비가 산업 평균 대비 총 4.9퍼센트 낮았으므로 4.9퍼센트에서 1.4퍼센트의 비중은 크다. 한편, 남부 상품 가격은 비용과 마찬가지로 낮은 편이었다.

이 '남부' 효과를 수치화해서 상세히 분석하는 것은 불가능하다. 확실히 지리적인 요인이 차이를 만들기는 했다. 하지만, 뛰어난 경영도 역시 한몫했다. 약 1986년부터 비용이 저렴한 지역에서 확장이 어려워졌고 이 점이 월마트의 골칫거리가 되었다. 월마트는 이미 중대형 도시로 진입하기 시작했다. 1986년 이후 성장은 대부분 고향 남부에서 한참 떨어진 주에서 이루어졌다. 2001년이 되자 남부와 멀리 떨어진 캘리포니아, 오하이오, 펜실베이니아, 인디아나, 뉴욕 그리고 위스콘신 같은 주들이 매장이 가장 많은 11개 주에 포함됐다.

설명 5 : 지역 독점에서 오는 우위

월마트는 지역적으로 집중해서 시장을 확보했고 이는 유리하게 작용했다. 1985년, 월마트 매장의 80퍼센트가 아칸소 주와 그 인접 지역에 집중되었다고 앞에서 언급했다. 케이마트보다 전체적인 규모는 작았지만 주요 사업 지역 내에서는 월마트가 큰 규모를 자랑했다. 케이마트도 중서부 지역에 집중되었지만 그 지역에서 득을 봤더라도 다른 지역의 분포 밀도가 떨어지는 바람에 효과가 희석되었다. 반면 월마트는 집중 전략을 최대한 활용했고 바로 그 점이 수익성을 높이는 데에 상당 부분 기여했다.

월마트는 이 기간 동안 규모의 경제와 고객 독점에서 비롯된 경쟁우위를 마음껏 누렸다. 규모의 경제 효과가 컸고 고객 독점도 소폭이지만 같이 발생했다. 두 가지 요소 모두 지엽적인 특성이고 미국 전역 혹은 국제적으로 발생하지 않았다. 소매 산업이나 유통 산업, 기타 최종 소비자에게 도달하는 비용 대부분이 지역적으로 발생하는 산업의 경우 규모의 경제나 고객 독점이 결정적인 역할을 한다.

월마트가 집중 전략 덕에 가격을 절감한 분야는 크게 셋으로 나뉜다. 첫째, 월마트는 창고로 제품을 가져오고 이를 할인 매장으로 보내는 운임비를 절약했다. 월마트가 매장 약 300마일(약 480킬로미터) 반경에 창고를 확보하고 월마트 소유의 트럭으로 지역 공급자의 배송지에서 물건을 실어 오는 시스템을 운영했다고 앞서 설명한 바 있다. 이들 공급자는 월마트를 위해 지역별 유통 센터를 갖춰 놓았고 월마트는 공급자의 유통 센터에서 자신의 창고로 물건을 실어 날랐다. 월마트의 매장 숫자가 많고 월마트의 창고로부터 멀지 않았기 때문에 월마트의 트럭은 멀리 움직이지 않았고, 공급업자로부터 창고로, 창고에서 매장으로, 올 때는 물론 갈 때도 물건을 계속 실어 날랐다. 이런 집중으로 인해 얻은 경쟁우위 효과는 업계 평균과 비교했을 때 매출의 1.3퍼센트 규모만큼 유리했다(이 평균에는 월마트 자신도 들어가 있으므로 월마트와 나머지 업계와의 실제 차이는 이보다 크다).*

둘째, 월마트의 광고비용은 산업 평균보다 매출 대비 1.2퍼센트

---

* 월마트의 운임비는 매출의 2.8퍼센트를 차지하는 반면 업계 평균은 4.1퍼센트였다. 즉, 월마트가 가진 상대적인 비용 경쟁우위가 30퍼센트(2.8퍼센트 나누기 4.1퍼센트)에 달했다. 한편 매장과 인건비에 대한 경쟁우위는 같은 방법으로 계산했을 때 10~15퍼센트 수준이다.

낮고, 여기에서 발생한 상대적 비용 경쟁우위가 60퍼센트가 넘는다. 소매업자에게 광고란 지역적 문제다. 신문 광고, 광고지나 전단지, TV 광고 등은 모두 그 지역 근처의 매장을 사용할 잠재력이 있는 고객을 공략한다. 월마트와 경쟁 기업이 같은 양—신문 광고, TV 광고, 전단지 등의 횟수 기준으로 봤을 때—의 광고를 하면 월마트의 비용이 매출 대비 비용 비중이 낮다. 해당 지역에 속하는 월마트 매장 숫자가 많고 지역 내 고객 기반이 크기 때문이다. 내쉬빌 지역에서 방송하는 방송국은 30초짜리 TV 광고에 대해 동일한 가격을 요구한다. 방송국 입장에서는 그 지역의 월마트 매장이 3개이건 30개이건 상관하지 않는다. 인근 지역 거주자에게 보내는 전단지나 신문지 광고 역시 같은 셈법이 적용된다. 미디어는 시청자 천 명 단위 비용을 근거로 가격을 매긴다. 소매업자에게 의미 있는 숫자는 고객 혹은 잠재고객 1명당 비용이고 이는 그 지역에서 소매업자가 얼마나 깊숙이 침투하고 있느냐에 따라 달라진다. 밀집 지역 내에서 월마트의 매출 규모는 경쟁자의 세 배에 달했기 때문에 매출 1달러당 광고비는 경쟁자의 3분의 1 수준이라는 계산이 나온다. 운임비와 같은 논리로 광고비도 낮아진다. 월마트 광고가 경쟁자 광고보다 효율적으로 고객을 끌어들였기 때문에 월마트에게 광고는 본전 뽑는 투자가 된다.

월마트가 비용 경쟁우위를 가진 마지막 부문은 상위 경영자의 감독과 관리였다. 창립 초기부터 샘 월튼과 임원들은 매장을 자주 방문하면서 끊임없이 세심한 주의를 기울였다. 1985년, 월마트에는 12명의 지역 본부장이 있었다. 각각의 본부장은 7~8명의 지역 담당자들을 관리했다. 본부장은 벤턴빌Bentonville(월마트 본사가 있는 도시, 아칸소주) 가까이에 살면서 매주 금요일과 토요일 회의에 참석해서 성적을 리뷰하고 다음 주 계획을 세웠다. 매주 월요일, 이들 본부장은 담당 구역으로 날아가 매장을 방문하면서 나머지 4일을 보냈다. 이런 시스템은 월마트에서 잘 돌아갔다. 본사와 매장 간 의사소통이 원활했다. 매장이 집중된 덕에 관리자는 차 안보다 매장에서 많은 시간을 보냈다. 정보는 양방향으로 움직였다. 회사의 정책 덕에 매장 담당자나 혹은 말단 직원조차 자신의 의견이나 아이디어를 경영진에게 쉽게 전달할 수 있었다.

월마트의 매장이 서로 근접한 거리에 위치하고 동시에 벤톤빌까지 가깝기 때문에 시스템이 원활하게 돌아갔다. 같은 수의 매장을 관리하려면 케이마트나 타깃의 임원은 월마트보다 서너 배 넓은 지역을 감당해야 했다. 월마트의 임원만큼 자주 매장을 방문하지도 못하고 오랫동안 머무르지도 못했다. 또한 관리하는 지역 근처에 살면서 (본사에서 활발한 회의를 하지 못하고) 지역 사무소의 도움을 받았다. 이 때문에 추가되는 비용은 순 매출의 2퍼센트에 달했다. 운영 마진이 겨우 6퍼센트인 것을 고려하면 큰 타격이다. 월마트와 다른 경쟁자들의 (표 5.2의 기타 비용 참고) 차이는 약 30퍼센트에 달했다(2.3퍼센트 나누기 7.6퍼센트). 이 또한 상대적으로 현격한 비용 경쟁우위가 된다. 월마트는 적은 돈으로 많은 것을 해냈다. 전 세계 경영자들이 목표로 세우고도 달성하지 못하는 일을 월마트는 해낸 셈이다.

운임, 광고비 그리고 임원 관리, 이 세 분야에서 월마트가 이룩한 뛰어난 효율을 합치면 순 매출의 4~5퍼센트에 달하는 영업 마진이 나온다. 월마트의 전반적인 경쟁 우위는 약 3퍼센트였다. 월마트는 경쟁자보다 제품 가격을 낮게 매겼기 때문에 매출 대비 비중을 계산할 때 전반적인 원가들의 비중이 올라간다. 이를 감안하면 이들 영업 효율 경쟁우위의 개별 합은 전체 가격 경쟁력보다 크다.

세 분야의 뛰어난 효율은 지역적 차원에서 발생한 규모의 경제에 기인한다. 월마트와 경쟁자가 각각 매장, 창고, 광고, 관리자를 운용하는 범위에서 상대적 지역성을 봐야 한다. 1984년부터 1985년까지 케이마트의 전국 매출 규모가 월마트의 세 배가 넘었다는 사실은 경쟁우위에 영향을 주지 못한다. 이런 수치는 전국적이거나 국제적인 수치로 지역과는 무관하다. 전국 매출 규모는 물리적인 제품의 이동, 그 지역의 매장에서 실제로 쇼핑하는 고객에게 노출되는 광고, 그 지역 소매 운영을 관리하는 실질적인 매니저의 숫자와 거의 관계가 없다. 각각의 요소 중 규모의 경제를 이루는 데 중요한 것은 연관된 지역 내 존재하는 고객과 매장의 숫자다. 이런 관점에서 봤을 때 해당 지역 안에서만큼은 월마트가 경쟁자보다 거대했다. 자신의 영역 내에서 의심할 바 없이 더 많은 매장과 고객을 가지고 매장 밀도도 높았다. 경쟁자에 비해 작았지만 지역적으로 밀집되어 있던 까닭에 월마트는 높은 수익성을 얻은 것이다.

소매업과 고객 그리고 규모의 경제

규모의 경제가 가져오는 경쟁우위를 논하면서 이로 인한 혜택을 누리려면 두 가지 조건이 성립되어야 한다. 첫째, 발생하는 고정비용이 전체 비용의 상당 부분을 차지해야 하는데, 여기에서 '상당'한이라는 단어는 참여 시장 규모에 따라 다르다. 고정비는 공장, 시설 혹은 IT 같은 자본 투자도 되고, 광고나 경영진의 관리처럼 영업비용이 되기도 한다. 이들 고정비의 평균 비용은 매출 규모가 커질수록 줄어든다. 상품을 가장 많이 파는 회사가 유리하다.

하지만 시장이 어느 정도 성장하면 제품당 고정비 비중이 작아지면서 평균 비용이 더 이상 감소하지 않는 수준에 도달한다. 그렇게 되면 가장 큰 회사만큼 매출이 크지 않아도 평균 비용이 비슷하게 나오기 때문에 다른 회사가 시장으로 진입한다. 이로써 경쟁우위가 사라진다. 규모의 경제는 마지막 제품을 하나 더 팔았을 때 감소하는 평균 비용이 일정 수준 이상 되는 경우에 존재한다. 전체 시장이 커지면 상대적으로 규모의 경제는 사라진다. 이런 면에서 봤을 때 성장은 수익성의 적이다.

둘째, 경쟁자를 따돌리려면 규모의 경제로 인한 경쟁우위가 일정 수준의 고객 독점과 반드시 맞물려야 한다. 케이마트가 매장, 유통 채널, 경영진 같은 월마트의 소매 구조를 월마트의 홈그라운드에서 그대로 따라 할 수 있지만 월마트와 동일한 수의 고객을 확보하지 못하면 같은 정도의 규모의 경제를 이룰 수 없다. 동일한 수의 고객을 확보하려면 월마트로부터 고객을 빼앗아야 한다. 월마트는 부실한 서비스나 비싼 가격, 혹은 부당한 경영 방식으로 욕을 먹은 적이 없기 때문에 고객을 빼앗아 오는 게 쉽지 않다. 월마트와 케이마트의 조건이 동일하더라도 딱히 케이마트로 바꿀 이유가 없다. 케이마트가 손해를 보는 수준까지 가격을 내려서 월마트를 앞서려 든다면 월마트는 가격을 똑같이 할인해서 대응하면 된다. 이미 고객 상당 부분을 확보했기 때문에 월마트의 비용은 케이마트보다 낮다. 따라서 이러한 가격 전쟁에서 좀 더 오래 버텨낸다. 더 많이 광고하고, 매장에서 할인 프로모션을 하고, 자사 신용 카드에 0퍼센트의 이자율을 제공하고, 케이마트가 그 무엇을 하든 월마트는 더 낮은 비용을 들여서 똑같은 방식을 구사한다. 케이마트가 너 죽고 나 죽자는 심정으로 손해를 얼마나 보든 상관없이(심지어 케이마트 자신이 치명상을 입는 한이 있더라도) 월마트가 포기하도록 만들겠다는 일념 하나로 극단적인 선택을 하지 않는 한, 그 지역에서 케이마트가 월마트와 똑같아질 방법은 없다고 볼 수 있다.

그래서 어떤 일이 일어났는가?

그 이후 일어난 일은 명백하다. 1985년 이후에도 월마트는 계속 성장하여 지구상에서 가장 큰 소매 기업이 되었으며 전 세계 기업이 두려워하고 경외하는 회사가 되었다. 동시에 투자자본수익률이나 매출 대비 영업 마진 면에서 수익성이 확 떨어졌다. 급감하는 수익률을 설득력 있게 설명해 주는 유일한 주장은 국내 혹은 해외로 확장하면서 초기에 누리던 가장 강력한 경쟁우위를 재현하는 데 실패했다는 것이다. 지역적인 규모의 경제가 고객 독점과 결합해 경쟁자가 자신의 영역에 침입하는 것조차 어렵게 만들던 경쟁우위를 동일하게 재현해 내지 못했다.

캘리포니아와 태평양 연안으로 진입했을 때, 월마트는 그 지역에서 이미 확고한 고객층을 확보한 타깃과 직접 맞붙었다. 중서부 지역에서는 케이마트가 우세했다. 북동부에는 칼도르Caldor가 꽤 많은 매장을 운영하고 있었다. 결국 이 매장들이 사라지기는 했지만 이는 칼도르 자체의 확장 전략 실패로 인한 결과였다. 아무리 좋게 말해도 이 지역에서 월마트는 홈그라운드를 벗어나 자유 경쟁 시장으로 뛰어든 것으로밖에 볼 수 없다. 최악의 관점으로 봤을 때 월마트는 남들보다 불리한 입장에서 해당 지역으로 진입한 셈이다.

처음부터 월마트의 경영진들은 뛰어났고 당시 거대 기업이던 케이마트, 시어스, 제이씨페니보다 우수했다. 칼도르, 에임스Ames, 이제이코베트E.J. Korvette, 더블유티그랜트W.T. Grant, 브래드레스Bradless 그 외 한때 잘나갔으나 결국 사라진 기업보다 경영진이 뛰어난 것은 말할 것도 없다.

월마트의 임원은 새로운 기술을 차용해서 적용했다. 많은 시간을 매장에서 보냈고 고객과 직원의 의견에 귀를 기울였다. 간접 경비를 낮은 수준으로 유지했다. 월마트의 손익 보고서에는 '특수 비용'이 거의 없다. 특수 비용은 과거에 한 실수에 대한 손실 규모가 너무 커져서 무시할 수 없을 때 나타난다. 이런 훌륭한 경영진이 약 40여 년 동안 유지되었음에도 불구하고 1980년 이후 투자자본수익률이나 운영 마진의 하락은 막지 못했다. 샘스 클럽은 도매 클럽 체인으로서는 지리적 집중화가 일어나지 않았는데 그 샘스 클럽에서나 기타 다각화한 분야에서도 평균 이상의 수익률이 나오지 않았다. 1990년대 말에 이르러서는 월마트의 마진이나 자본 수익률은 특정 지역에 중점을 두고 있는 또 하나의 성공적인 할인점 매장 기업, 타깃의 마진이나 자본 수익률과 그다지 다를 게 없었다.

연도별, 시장 부문별로 월마트의 수익률 패턴을 살펴보면 앞서 말한 이야기를 다시 한번 확인할 수 있다. 1980년대 중반 월마트가 미국 전역으로 공격적 확장을 진행했고 매출 수익률이나 자본 수익률은 꾸준하게 하락한다. 1990년대 중반이 되면 월마트는 전국적 기업이 되면서 황금 시기의 지역적 집중도가 계속 희석되고 투자자본 수익률은 15퍼센트로 바닥을 친다. 이후 지역 집중도를 강화하면서 수익률이 다시 회복된다. 이 패턴의 예외는 글로벌 부문이다. 너무 많은 국가에 (집중도를 확보하지 못하고) 퍼졌기 때문에 글로벌 부문은 수익률 회복이 어려웠다. 쉽게 짐작할 테지만 글로벌 부문 매출 수익률이나 자본 수익률 수준은 미국 핵심 사업 부문의 3분의 1이나 절반 수준밖에 되지 못했다.

1985년과 같은 수준의 수익성을 지속하면서 성장하는 묘안이 월마트에게 있었을까? 그럴 가능성은 별로 없다. 제품군을 다각화하는 것은 해결책이 아니다. 식료품을 제품 라인에 성공적으로 추가하기는 했다. 지역적 확장을 시도하면서 과거의 아칸소처럼 쥐락펴락하는 영역을 또 갖기가 어려웠다. 소도시와 지방의 인구 분포는 직접적으로 중요하지 않다. 월마트와 타깃은 대도시 지역의 고객을 긁어모았다. 중요한 것은 시장에 자리한 경쟁자가 이미 있느냐 없느냐 하는 문제다. 과거 월마트의 경쟁자는 아칸소나 그 주변 지역이 대규모 할인 매장을 받쳐줄 만큼 크다고 생각하지 않았다. 하지만 이들은 서부 해안 지역, 남동부 혹은 뉴잉글랜드 지역은 간과하지 않았고, 이 지역은 월마트에게 호의적인 태도를 보일 이유가 없었다. 초기 경험을 다시 재현할 생각이었다면 월마트는 경제가 성장하고 있지만 소매 대기업의 관심을 받지 못한 나라를 목표로 삼았어야 했다. 해당 국가나 지역의 경제를 보호하는 거대한 장애물만 없다면 1980년 대의 브라질이나 대한민국이 적합했을 것이다.

하지만 이런 불모지를 찾지 못했기 때문에 월마트는 '대가를 치르더라도 성장을 추구하는' 전략을 선택했다. 그리고 그 대가는 낮아진 신규 투자수익률이다. 이런 수익률 하락을 과대평가해서는 안 된다. 월마트의 투자수익률은 (낮아졌지만) 충분히 경쟁력이 있었다. 투자자에게 엄청난 부를 가져다주지 않았지만 적어도 월마트는 경쟁우위를 가진 덕에 일궈낸 부까지 망쳐버리지는 않았다.

전략적인 차원과 지역 지배

한창 수익성이 높았을 때 월마트의 특장점을 요약해 보면 성공을 가져오는 여러 가지 특성이 각각 얼마나 중요한지 비교해 볼 수 있다 (표5.5).

월마트 리뷰를 통해 몇 가지 교훈을 끌어낼 수 있다.

표 5.5
월마트 가격 경쟁력 요약 (매출 대비 퍼센트)

특징	손익계산서 항목	산업 평균	월마트	월마트의 차이
지역 독점과 맞물린 저렴한 가격	구입 비용	65.6%	69.6%	4.0% 높음
뛰어난 경영진	인건비, 재고 손실	13.4%	11.4%	2.0% 낮음
고객 선호도와 맞물린 지역적 규모의 경제	유통, 광고 기타 관리비	14.0%	9.2%	4.8% 낮음
전체 경쟁 우위				2.8% 낮음

1. **효율은 항상 중요하다.** 뛰어난 경영진은 인건비와 재고 손실을 산업 평균보다 한참 아래 수준으로 만든다.

2. **지역적인 규모의 경제와 고객 독점이 맞물려 만들어진 경쟁우위는 더 중요하다.** 뛰어난 경영진도 샘스 클럽을 성공적으로 운영하지 못했으며, 1985년 이후 월마트의 수익성 악화를 막지 못했고, 글로벌 시장에서 성공하지도 못했다.

3. **뛰어난 경영진이 경쟁우위와 맞물리면 상승효과가 나타난다.** 월마트는 규모의 경제로 발생한 경쟁우위와 효율적인 운영으로 비용을 절감해 고객에게도 혜택이 돌아가도록 했다. 회사의 자원 중 가장 귀한 것, 즉 경영진의 시간 또한 효율적으로 활용했다. 뛰어난 경영진이 뛰어난 전략과 결합된 것이다.

4. **경쟁우위는 사수해야 한다.** 월마트의 저가 정책은 지역적으로 규모의 경제 전략을 이끌어 낸 내재된 핵심 요소였다. 따로 떼어낼 수 있는 전략적 선택이 아니었다. 케이마트, 칼도르, 코르베트 등 다른 할인 매장 기업도 지역적으로 규모의 경제를 확보한 기간에는 수익성이 높았다. 그러나 본거지 바깥으로 뻗어 나가겠다는 잘못된 전략 때문에 고군분투하는 동안 다른 경쟁자들이 핵심 지역으로 들어오도록 방치했고, 자신의 영역을 사수하지 못하고 영역 확장도 해내지 못했다.

월마트의 예시가 중요한 이유는 단순히 월마트가 눈에 띌 만큼 급속히 성장했기 때문만은 아니다. 중요한 경쟁우위는 지역적으로 규모의 경제를 확보하는 데 달렸는데 월마트에게 맞아떨어진 이 전략은 사실 소매 산업 전반에 적용된다. 슈퍼마켓의 수익성은 그 지역의 시장점유율과 밀접하게 연관된다. 크로거Kroger(미국의 슈퍼마켓 기업)처럼 성공적인 체인점은 지역적으로 집중된 편이다. 드럭스토어 산업의 월마트라고 불리는 월그린Wallgreen의 전략은 지역적 집중이었는데 이 원칙을 느슨하게 한 후부터 수익성이 떨어졌다. 가정용 가구 기업인 네브래스카 퍼니쳐 마트Nebraska Furniture Mart처럼 단 한 개의 매장만 있어도 지역을 독차지하면 뛰어난 성적을 거둔다.

지역적 집중이 중요하다는 것은 비단 소매업뿐만이 아니라 지역 단위로 공급되는 서비스업에도 해당된다. 전국적인 은행보다 지역 은행이 수익성이 높다. 옥스퍼드헬스처럼 지역적 영향력이 강한 보건 기관이 지역당 확보 고객도 많고 전국적으로 퍼져 있는 경쟁자보다 수익률이 높다. 텔레컴 분야에서는 버라이즌, 벨 사우스Bell South, 싱귤라Cingular 같은 지역 업체가 전국적으로 분포된 고객을 상대로 영업하는 AT&T, 스프린트, MCI, 넥스텔Nextel보다 유무선 분야 모두 수익성이 높다. 미래 경제에 혁신을 불러올 분야가 서비스라면 지역 지배를 전략의 핵심 요소로 고려해야 한다.

전국적으로 뻗어나간 쿠어스

주식을 상장한 1975년, 콜로라도주 골든에 위치한 아돌프 쿠어스 사Adolph Coors Company는 업계 1위를 눈앞에 두고 있었다. 쿠어스는 5억 2,000만 달러를 벌어서 6,000만 달러의 수익을 남겼다. 마진이 11퍼센트가 넘었다는 말이다. 이는 앤호이저부시Anheuser-Busch 마진의 두 배에 달했다. 앤호이저부시는 16억 5,000만 달러어치를 팔아서 8,500만 달러를 벌었다. 앤호이저부시는 10개의 양조장을 전국에 설치해서 미국 전역에 맥주를 판매했지만, 쿠어스는 단 한 개의 초대형 양조장을 운영했고 콜로라도와 그 인접한 열 개 주에서만 맥주를 팔았다. 맥주 산업은 계속 변화했고 쿠어스는 시류에 맞춰 변화하기로 결정한다. 연방 통상 위원회Federal Trade Commission가 쿠어스에게 지역 내 유통 방식을 제한하는 판결을 내리자* 이에 자극받은 쿠어스는 지역 확장을 결정하고 1985년에 이르러서는 44개 주의 시장에 진입했다. 하지만 이 전략은 성공하지 못한다.

쿠어스는 대형 양조 기업과 다르게 움직였다. 쿠어스는 경쟁자와 비교했을 때 생산 체인이 상하위로 밀접하게 결합된 구조였다. 맥주 캔을 직접 만들고, 맥주에 사용되는 곡물도 직접 길렀고, 물도 자신만의 것을 사용한 데다가 소유한 광산에서 나온 석탄으로 전기도 직접 생산했다. 노조도 없었고, 단 하나의 거대 양조장에서 운영 통제와 효율에 심혈을 기울였다. 캔맥주와 병맥주는 저온살균을 하지 않아 좀 더 신선하고 생맥주다운 맛을 내도록 고안했다. 이런 매력 덕에 폴 뉴먼이나 헨리 키신저 같은 미 동부 출신 유명인이 미 중부에서 판매되는 쿠어스를 마시는 진기한 일이 벌어졌다. 동부에서 이 맥주를 마시려면 대단한 결단이 필요한 일인데 말이다. 어떤 마케팅 담당자가 그런 공개적인 지지를 마다하겠는가?

---

* 역자 주 : 1974년 연방 통상 위원회는 쿠어스의 맥주 판매 가격 정책과 맥주 관리 정책이 반독점방지법을 위반했다고 보고, 이를 금지시켰다.

쿠어스(맥주)는 확실히 달랐다. 그러나 맥주가 아닌 하나의 사업으로 봤을 때 쿠어스를 특별하게 만든 것은 과연 무엇이었을까? 1975년 당시 지역 양조장이었던 쿠어스에게 효과적으로 먹힌 요인이 전국 시장에서도 경쟁우위로 작용할까?

1985년을 되돌아봤을 때, 두 번째 질문에 대한 대답은 명확하다. 쿠어스의 매출은 1975년부터 85년까지 두 배로 뛰었지만 이익은 그 속도를 따라가지 못했다. 되레 1975년보다 줄어들었고 당기 순이익 마진은 4퍼센트까지 떨어졌다. 같은 기간 동안 쿠어스와 비교했을 때 앤호이저부시의 위상은 놀라울 정도로 달라졌다. 매출은 네 배 이상 늘어났고 당기 순이익 마진은 5퍼센트에서 6퍼센트로 늘어났다. 1985년이 예외적인 것도 아니었다. 쿠어스는 과거의 명성을 되찾지 못했다. 2000년 쿠어스는 매출 24억 달러에 당기 순이익 1억 2,300만 달러로 수익률은 5퍼센트였다. 같은 해 앤호이저부시의 당기 순이익은 15억 달러로 쿠어스보다 훨씬 큰 매출액의 12퍼센트를 차지했다.

무엇이 잘못된 걸까? 쿠어스의 운영 효율과 인건비 비용 경쟁력은 어떻게 된 걸까? 신비로운 매력과 마케팅 내공은? 회사를 확장하면서 사라진 걸까? 아니면 회사는 물론이고 다른 사람의 생각보다 별 볼 일 없는 요소였을까? 쿠어스에게 확장 말고 다른 대안이 있었을까? 원래 지역에 계속 집중했더라면 수익성 수준을 유지했을까? 아니면 맥주 산업을 강타한 합병의 기운 때문에 하찮고 작은 기업으로 전락했을까?

맥주 취향

1945년부터 1985년까지 40년 동안 미국의 맥주 소비량은 7,700만 배럴에서 1억 8,300만 배럴로 매년 3퍼센트씩 성장했다. 같은 기간 인구가 매년 2.5퍼센트 정도 성장했다는 사실이 시장 증대의 상당 부분을 설명해 준다. 인구 성장률과 비슷한 평범한 성장률은 양조업자 사이에 치열한 경쟁이 있었다는 것을 시사한다. 파이 크기가 달라지기는 했지만 다른 기업의 몫을 빼앗아 오지 않는 한 내 몫이 크게 늘어나지 않는 구조였다.

1945년부터 1985년까지 인수 합병이 대규모로 일어나면서 맥주 산업 구조가 크게 달라진다. 1950년에는 상위 4개 기업이 20퍼센트의 시장을 차지했다. 1985년에 이들 기업이 70퍼센트의 시장을 지배한다. 이외 다른 움직임은 인수 합병에서 비롯됐다.

- **가정 소비.** 2차 세계 대전이 끝났을 무렵 맥주 판매량의 3분의 1 이상이 케그Keg라고 불리는 맥주 저장용 통 단위로 팔렸다. 1985년에 이르자 케그에 담겨 팔리는 맥주 양은 13퍼센트로 하락했고 캔맥주나 병맥주의 인기가 높아졌다. 바에서 맥주를 마시는 것보다 집에서 편안히 마시는 것을 선호하면서 술집 매출이 줄어든 것도 한몫했다. 동시에 금주법이 없어지면서 우후죽순으로 세워졌던 지역 양조장이 전국적으로 판매하는 대기업에게 밀리기 시작했다. 지역 양조장은 저온 살균 없이 맥주를 케그에 담아 술집이나 식당에 팔곤 했다. 케그 단위 시장이 줄어들면서 소규모 양조업자의 운이 다했다. 상당수가 문을 닫았

고 몇몇은 팔려나가거나 간신히 명맥을 유지했다.

- **커지는 생산 설비.** 포장 기술이 발달하면서 양조와 포장을 병행하는 효율적인 공장의 연간 생산 규모가 1950년 10만 배럴에서 1985년 500만 배럴로 크게 늘어났다. 소규모 지역 양조업자는 대규모 생산 시설을 지을 재간이 없었고 거대 공장을 여럿 보유하고 있는 앤호이저부시와 밀러에게 밀렸다. 1985년에 앤호이저부시는 11개의 양조장을 보유했고 이 양조장은 각각 최소 450만 배럴을 생산했다.

- **커지는 광고비.** 시장을 차지하려고 다투면서 양조업자들은 광고비 지출을 늘렸다. 1945년 맥주 매출의 2.6퍼센트에 달하는 5,000만 달러가 광고비로 쓰였고 1985년에 무려 매출의 10퍼센트에 달하는 12억 달러로 급증했다. 1945년에는 흔하지 않던 TV가 늘어난 광고비를 꿀꺽꿀꺽 먹어 치웠다. 양조업자들은 특정 브랜드를 매력적으로 포장해서 미디어에 내보내며 광고 캠페인을 벌였다. 온갖 방송에 끊임없이 광고가 나가고 시청자들이 광고를 관심 있게 보기는 했지만 소비자를 지속적으로 독점하지는 못한다. 또한, 방송은 전국으로 송출되므로 전국 규모로 매출이 발생하는 대기업이 지역 양조업자보다 고정비로 지출되는 광고의 덕을 크게 봤다.

- **다양해진 브랜드.** 1975년 밀러는 라이트Lite 브랜드를 출시한다. 라이트 브랜드는 밀러의 프리미엄 브랜드인 하이 라이프 High Life보다 칼로리나 알코올 도수가 낮다. 머지않아 다른 큰 업자도 라이트의 유사 버전을 출시했고 몇몇은 대표 브랜드

의 변종이나 슈퍼 프리미엄 버전을 내놓았다. 시장을 분화하는 움직임이 맥주 전체 소비량을 늘려 주지는 않았지만 대규모 기업이 간신히 살아남은 소규모 지역 양조업자를 더욱 짓눌렀다. 이들 대기업은 새로운 브랜드를 출시하고 유지하는 데 필요한 광고비를 감당하고 보다 널리 알려진 강력한 브랜드를 여러모로 활용했다.

인수 합병이 이루어지는 기간 동안 앤호이저부시와 밀러, 두 기업이 승자가 되었다. 1965년 밀러의 시장점유율은 3퍼센트라는 미미한 숫자였다. 20년이 지난 뒤, 필립 모리스의 마케팅 천재들이 밀러를 운영하면서 시장점유율은 20퍼센트로 훌쩍 뛰었다. 1965년 12퍼센트로 맥주 업계의 선두를 달리던 앤호이저부시의 시장점유율은 1985년 37퍼센트까지 뛰었다. 나머지 기업은 망했거나, 안간힘을 쓰면서 간신히 살아남았다.

쿠어스의 차별성

인수을 하는 동안 쿠어스의 시장점유율은 꾸준하게 8퍼센트 수준에 머물렀다. 쿠어스는 다른 양조업자와 매우 다른 접근 방법에도 불구하고 ―어쩌면 그 접근 방법 덕인지도 모르지만― 시장점유율을 유지했다. 1977년 전국으로 판매를 확대하면서 쿠어스는 치열해지는 맥주 시장에서 성공적으로 살아남고자 자신의 차별성에 크게 의존했다. 첫째, 쿠어스는 놀라울 정도로 수직적으로 통합된 생산 공정을 확보했다. 농부와 계약을 맺고 쿠어스만의 보리 품종을 재배했으며 맥주에 들어가는 다른 곡식과 함께 그 보리의 추수 후 공정을 직접 다뤘다. 또한 순 알루미늄 캔을 직접 디자인해서, 독점 계약을 맺은 제조업자로부터 구매했다. 1977년에는 맥주병 제조사를 사들였다. 또한 양조와 보틀링Bottling(맥주를 병에 집어넣는 일)에 필요한 설비도 직접 만들었다. 쿠어스 맥주에 탁월한 특성을 부여해 준다는 '로키산맥의 샘물'은 쿠어스가 관리하는 지역에서 나왔다. 심지어 전력조차 쿠어스의 광산에서 채굴한 석탄으로 제공했다.

이 수직적 통합은 자급자족하는 개척자의 상징일지도 모른다. 하지만 계속해서 가격 경쟁우위를 차지하지는 못했다. 1977년 쿠어스의 생산비는 배럴당 29달러였는데 앤호이저부시의 생산비는 36.6달러였다. 1985년에 이르러 쿠어스의 생산비는 49.5달러로 올라갔지만 생산 공정을 수직 통합하지 않은 앤호이저부시의 비용은 51.8달러로 생산비 차이가 좁혀졌다. 공정을 직접 관리하는 것이 쿠어스에게 어떤 경쟁우위를 확보해 주었는지 뚜렷하게 알 수 없다. 캔이나 병 같은 포장 시설이나 전력 공급 면에서 쿠어스는 다른 양조업자보다 많은 비용을 지불했고 규모의 경제 면에서 불리한 입장이었다. 게다가 생산 공정 전반에 경영진이 관심을 기울여야 해서 효율적인 운영이 어려웠다.

둘째, 쿠어스의 양조장은 단 한 개였다. 매년 생산량은 1970년 700만 배럴에서 1975년 1,300만 배럴로 늘어났고 1985년에는 1,600만 배럴까지 생산했다. 이 대형 공장은 적어도 이론상으로는 규모의 경제 효과가 나올 만한 잠재력이 있었다. 하지만 가장 효율적인 규모는 약 500만 배럴 규모였다. 다른 양조장이 따라 할 수 없는 매머드 사이즈의 생산 규모를 갖추고 있다고 규모의 경제 효과를 누렸다고는 볼 수 없다. 그리고 상대적인 생산 비용 수치를 보면 쿠어스는 이론상으로 가능한 규모의 경제 효과를 실현시키지 못했다. 게다가 맥주는 무거운 제품이다(아무리 '라이트', 즉 가볍다는 뜻의 단어를 써도 말이다). 쿠어스가 지역 맥주였을 때는 운송비는 문제가 아니었을 테지만 전국으로 판매를 확대하면서 운송비가 증가했다. 한편 전국에 걸쳐 11개의 양조장이 있는 앤호이저부시는 멀리 운송할 필요가 없었고 당연히 운송비 부담이 낮았다.

셋째, 다른 주요 양조업자들과 달리 쿠어스는 캔이나 병에 담는 맥주도 저온 살균하지 않았다. 쿠어스는 '드래프트' 맥주만 팔겠다고 공언하고 충성스러운 고객에게 더 신선한 맛이 나는 맥주를 제공했다. 그 덕에 저온 살균에 필요한 전력비는 줄었지만 맥주를 냉장하고 시설을 위생적으로 유지하는 비용이 그만큼 늘었다. 저온살균을 하지 않는 전략 때문에 쿠어스는 고객에게 상품이 전달될 때까지 유통 채널을 꼼꼼히 관리해야 했다. 맛이 더 뛰어났을지 모르지만 쿠어스의 병과 캔맥주는 경쟁자의 맥주보다 유통 기한이 짧았고, 적어도 도소매의 창고에서 출시될 때까지 항상 냉장 상태에 있어야 했다. 모든 것이 비용 증가에 영향을 미쳤다.

마지막으로 1970년에는 쿠어스를 경쟁자 사이에서 우뚝 서게 한 신비로운 이미지가 있었다. 로키산맥의 물 때문일 수도 있고 저온 살균을 하지 않아서일 수도 있고 동부 연안 지역에서 쿠어스 맥주를 쉽게 살 수 없었기 때문일 수도 있다. 이유가 뭐든 간에 헨리 키신저, 제럴드 포드 대통령 그리고 배우인 폴 뉴먼이나 클린트 이스트우드 등

내로라하는 유명인들이 쿠어스만 마셨고 어떻게든 쿠어스를 마시려고 했다. 뉴먼은 쿠어스의 비(非)노동조합 결정을 싫어했지만 쿠어스 마시기를 멈출 만큼 강력하지는 않았다. 맛에 있어서 쿠어스 맥주는 버드와이저나 밀러의 하이 라이프High Life, 혹은 저가의 지역 맥주와 크게 차이가 나지 않는다는 점을 고려하면 쿠어스의 후광은 너무나도 강력했다. 하지만 이런 후광에도 불구하고 쿠어스는 가격 측면에서 유리한 고지를 차지하지 못했다. 쿠어스는 1977년 배럴당 41.5달러를 받았다. 같은 시기에 앤호이저부시는 46달러를 받았고 1985년에도 앤호이저부시가 쿠어스보다 높은 가격에 팔렸다.

유통의 확장, 이익의 축소

1985년에 쿠어스는 44개 주에서 판매되었다. 지리적으로 지역을 확대하는 대가는 비쌌다. 모든 맥주는 콜로라도의 골든 지역에서 공급됐다. 맥주를 신선하게 유지하려면 냉장 열차 차량과 트럭을 써야 했다. 이동 거리의 중간값이 1977년 800마일(약 1,200킬로미터)에서 1985년 1,500마일(약 2400킬로미터)로 늘어나면서 운송비도 늘어났지만 쿠어스는 그 부담을 소비자에게 전가하지 못했다. 또한 지역을 확장하면서 새로운 도매업자도 확보해야 했다. 새로운 지역에서 쿠어스의 입지가 좁았기 때문에 쿠어스를 주력 상품으로 실어다 주는 도매업자 역시 1, 2위 업체는 아니었다. 새로운 지역에서 앤호이저부시, 밀러와 경쟁해야 하는데 입지가 약한 도매업자는 쿠어스에 힘을 실어주기보다는 발목을 잡는 존재였다. 게다가 새로운 지역에서 자리를 잡고 이미 마케팅 예산을 증가시킨 경쟁자와 비슷한 수준을 유지하기 위해서라도 광고 마케팅 예산을 자꾸만 늘려야 했다. 쿠어스에게는 미안한 이야기지만 방대한 지역을 커버하면서 이런 모든 노력이 희석됐다. 많이 얻기 위해 조금 쓰는 게 아니라 적게 얻기 위해 많이 쓰고 있었다.

표5.6을 살펴보면 쿠어스가 특정 지역의 강력한 양조업자에서 아무 데나 존재하는 미약한 존재로 전락하는 모습이 명확하게 보인다. 1977년 쿠어스는 단지 세 개 지역에만 집중하면서 전국 맥주 시장의 8퍼센트를 차지했다. 그 세 개 중 두 곳에서 쿠어스가 1위를 달렸다. 태평양 연안 주 세 곳에서 쿠어스의 위상은 앤호이저부시와 거의 흡사했다. 오리건주나 워싱턴주에서 쿠어스는 거의 팔리지 않았지만 캘리포니아에서는 존재감이 가장 큰 브랜드였다. 8년 후 쿠어스의 시장점유율은 여전히 8퍼센트지만, 그 어느 지역에서든 앤호이저부시의 뒤꽁무니만 쫓았다. 쿠어스의 본거지인 마운틴 스테이츠Mountain States(미국 중서부의 아리조나, 콜로라도, 아이다호, 몬타나, 네바다, 뉴멕시코, 와이오밍 주를 일컫는 말)에서조차 말이다. 과거 세 개 중심 지역이 쿠어스의 매출에서 차지하는 비중은 1977년 93퍼센트에서 58퍼센트까지 하락했다. 확장은 분산을 의미하고, 분산은 곧 수익성 하락으로 이어진다. 쿠어스의 골칫거리 중 하나는 매출 성장세가 느렸다는 것이다. 쿠어스의 1985년 매출 규모는 1977년보다 14퍼센트 증가했다. 같은 기간에 앤호이저부시의 매출은 80퍼센트 성장했다. 여기서 분산은 또다시 쿠어스에게 불리하게 작용했다. 1977년 쿠어스의 핵심 매출 지역에서 맥주 판매 규모가 이 기간 동안 23퍼센트가 증가했는데 쿠어스의 매출은 이를 따라가지 못했다.

표5.6

AB와 쿠어스의 지역별 시장점유율 비교, 1977년과 1985년 (매출규모, 단위 : 백만 배럴)

1977년

	전체매출	AB 매출	AB 시장점유율	AB 매출액의 비중	쿠어스 매출	쿠어스 시장점유율	쿠어스 매출액의 비중
뉴잉글랜드	7.4	2.0	27%	5%		0%	0%
남동부	18.2	6.4	35%	17%		0%	0%
동북부	22.9	3.6	16%	10%		0%	0%
서북부	12.2	2.7	22%	7%	0.9	7%	7%
서남부	17.3	3.0	17%	8%	3.7	21%	29%
산맥지역	8.4	2.2	26%	6%	3.1	37%	24%
태평양지역	21.4	6.0	28%	16%	5.1	24%	40%
보고 누락/수출	53.8	10.9	20%	30%		0%	0%
총계	161.6	36.8	23%	100%	12.8	8%	100%
상위 3개 지역		23.3		63%	11.9		93%

1985년

	전체매출	AB 매출	AB 시장점유율	AB 매출액의 비중	쿠어스 매출	쿠어스 시장점유율	쿠어스 매출액의 비중
뉴잉글랜드	7.8	3.5	45%	5%	0.9	12%	6%
남동부	25.5	11.4	45%	17%	1.7	7%	12%
동북부	24.0	5.8	24%	9%	0.5	2%	3%
서북부	13.0	4.4	34%	6%	1.1	8%	7%
서남부	22.1	7.5	34%	11%	3.2	14%	22%
산맥지역	10.7	4.4	41%	6%	2.1	20%	14%
태평양지역	25.3	11.5	45%	17%	3.2	13%	22%
보고 누락/수출	58.0	19.5	34%	29%	2.0	3%	14%
총계	186.4	68.0	36%	100%	14.7	8%	100%
상위 3개 지역		4.24		62%	8.5		58%

1977년에서 1985년까지 쿠어스의 손익 계산서를 대충 훑어보기만 해도 확장 때문에 어떤 대가를 치렀는지 명백하게 보인다. 앤호이저부시와 비교하면 많은 것을 알 수 있다(표5.7). 이 기간 동안 판매제품 원가는 매출의 70퍼센트에서 67퍼센트로 줄었지만 광고와 기타 간접비용이 늘어서 매출의 20퍼센트에 달했던 영업 이익은 1985년에는 9퍼센트로 줄어들었다. 같은 기간 동안 앤호이저부시의 수익성은 개선되었다. 판매 제품 원가가 하락하면서 영업 이익이 15퍼센트 증가했다. 앤호이저부시와 쿠어스의 차이는 광고에 있었다. 절대 금액으로 봤을 때 앤호이저부시는 세 배 이상의 광고비를 썼지만 배럴당 광고비는 4달러에 불과해 규모의 경제가 가져온 중대한 경쟁우위를 확보했다. 맥주의 제왕이 되는 것은 근사한 일이다.

맥주 사업에서 지역적인 규모의 경제가 가지는 의미는 강력하다. 지역별 광고비는 일종의 고정비용이 된다. 전국적으로 광고하는 대규모 기업에게는 약 10퍼센트의 광고비 할인이 있지만 해당 지역 시장점유율이 20퍼센트인 기업과 8퍼센트인 기업 간의 배럴당 광고비를 보상해 줄 만큼 크지는 않다. 유통비 역시 지역적으로 고정된다. 해당 지역에서 시장점유율이 높은 회사의 이동 길이가 짧고 창고 사용률도 높다. 판매제품 원가에 포함되는 이런 비용은 맥주처럼 무거운 제품에서 차지하는 비중이 크다. 1985년 배럴당 200달러에 달하는 생산비 중에 맥주 자체의 원가는 70달러 정도였다. 도매상과 소매상의 이익을 포함한 유통비가 110달러가량 된다. 맥주는 생산 과정에서 특정 기업이 경쟁우위를 확보할 만한 생산 비결은 없다.

1971년부터 시작해서 약 25여 년 동안 앤호이저부시의 영업 마진

표5.7

AB와 쿠어스의 손익 계산서, 1977년과 1985년

1977년

	AB		쿠어스	
판매배럴(백만)	36.8		12.8	
매출(백만불)	$ 1,684		$ 532	
매출/배럴	$ 46.01	100%	$ 41.56	100%
판매제품원가	$ 1,340		$ 371	
판매제품원가/배럴	$ 36.61	80%	$ 28.98	70%
광고비	$ 73		$ 14	
광고비/배럴	$ 1.99	4%	$ 1.09	3%
광고외 기타 비용	$ 102		$ 38	
기타비용/배럴	$ 2.79	6%	$ 2.97	7%
영업이익	$ 169		$ 109	
영업이익/배럴	$ 4.62	10%	$ 8.52	20%

1985년

	AB		쿠어스	
판매배럴(백만)	68.0		14.7	
매출(백만불)	$ 5,260		$ 1,079	
매출/배럴	$ 77.35	100%	$ 73.40	100%
판매제품원가	$ 3,524		$ 727	
판매제품원가/배럴	$ 51.82	67%	$ 49.46	67%
광고비	$ 471		$ 165	
광고비/배럴	$ 6.93	9%	$ 11.22	15%
광고외 기타 비용	$ 491		$ 94	
기타비용/배럴	$ 7.22	9%	$ 6.39	9%
영업이익	$ 774		$ 93	
영업이익/배럴	$ 11.38	15%	$ 5.33	9%

정보 제공처 : 데이터들은 하버드 비즈니스 스쿨의 케이스 스터디에서 가져왔으며, 이들은 다른 산업은 제외한 맥주 산업 부문에만 해당하는 정보다.

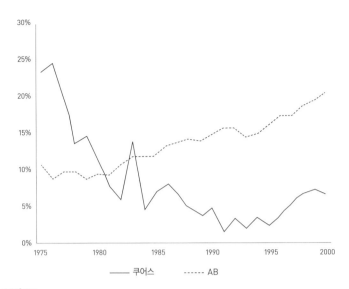

그림 5.5
쿠어스와 AB의 영업마진, 1975년~2000년

은 꾸준하게 개선되었으며 업계 1위의 입지를 다지는 동안 두 배 이상 늘었다(그림5.5). 쿠어스는 같은 기간 동안 영업 마진이 악화되고 1990년대에 들어서는 5퍼센트 이하로 떨어진다. 이후 쿠어스가 여분의 자산을 털어내고 효율성에 집중한 뒤에야 간신히 회복된다. 현재 시점에서 과거를 바라보면 전국적으로 판매를 확대하기로 한 쿠어스의 결정은 치명적인 실수로 보인다. 하지만, 과연 쿠어스에게 그 시점에서 대체할 만한 다른 선택이 있었을까?

홈그라운드에 머물기

쿠어스가 핵심 전선에 전략을 집중하라는 폰 클라우제비츠von Clausewitz(프로이센의 장군이자 군사이론가)의 충고—군사 전략학에서 가장 추앙받는 원칙—를 따랐다면 결과가 더 나았을지도 모른다. 쿠어스의 핵심 전선은 1975년에 영업하던 11개 주와 워싱턴주나 오리건주처럼 그 인접한 주 몇 개 정도가 된다. 쿠어스를 열망하는 동부 지역 소비자의 요구를 과감하게 외면하고 강세를 확보한 세 개 지역의 시장점유율을 유지하는 데 성공했다면 1985년 현재 44개에 지역에서 나오는 매출액보다 더 많은 맥주를 팔았을 수도 있다. 연방 통상 위원회가 쿠어스를 전국적으로 판매망을 넓히도록 압력을 가했더라도 형식적으로 요구를 들어주는 척하면서 확장된 지역에서는 가격을 올려 수요를 최소화하면 된다. 전국적으로 판매할 필요가 없다면 광고비 역시 펑펑 쓰지 않아도 되었다. 운송비도 확 줄었을 테고 가장 뛰어난 도매업자와 관계 유지도 수월했을 것이다. 지역적으로 쿠어스가 가장 막강한 브랜드였기 때문에 도매업자도 쿠어스만 운송하는 데 전혀 불만이 없었을 테니까. 공장 설비를 늘려야 했다면 쿠어스의 영향력이 확실하고 맥주 시장의 규모가 커지고 있던 캘리포니아 지역에 새로운 양조장을 지어서 문제를 해결하면 됐다.

해당 지역을 계속 꽉 잡고 있었다면 앤호이저부시라는 대형 기업의 침입에 맞서서 쿠어스는 자신의 홈그라운드를 충분히 지켜냈을 것이다. 이들 지역에서 버드와이저(앤호이저부시의 대표 브랜드)보다 저렴한 가격에 맥주를 팔고, 앤호이저부시가 가격을 낮추거나 프로모션하거나 광고를 아무리 한들 적어도 이 지역 내에서는 쿠어스가 자신을 충분히 방어할 수 있었다. 앤호이저부시가 그럼에도 고집스럽게 시장점유율을 늘리려 한다면, 중서부 지역에서 쿠어스 맥주를 헐값에 팔아버리면 된다. 쿠어스는 구하기 어려운 상품이라는 신비주의를 유지

표5.8

1975년 시장점유율을 유지했을 때 쿠어스가 판매할 수 있었던 매출 규모

	전체매출	쿠어스 (%)	배럴 (단위 : 백만)
뉴잉글랜드	7.8	0%	0
남동부	25.5	0%	0
동북부	24.0	0%	0
서북부	13.0	7%	1.0
서남부	22.1	21%	4.7
산맥지역	10.7	37%	3.9
태평양지역	25.3	24%	6.0
보고 누락/수출	58.0	0%	0
총계	186.4	8%	15.7

하고 있었고, 버드와이저의 홈 타운에서 버드와이저와 가격 경쟁이 붙어도 앤호이저부시보다는 타격을 덜 입었을 것이다. 그랬다면 앤호이저부시가 콜로라도주 포트콜린스Fort Collins*에 양조장을 세우는 일을 재고했을지도 모른다.

물론, '지역 집중하기' 전략이 먹혔을 거란 보장은 없다. 맥주 소비자들은 변덕이 죽 끓듯 하고 경쟁자를 제거하면서 앤호이저부시가 성장했다는 이야기는 앤호이저부시가 자기 일을 제대로 했다는 말이기도 하다. 하지만 이미 유리한 분야에 힘을 집중한다는 이야기는 자신의 장점을 분산시키지 않으면서 수익성도 계속 지켜낸다는 의미이다. 같은 기간 동안 슐리츠Schlitz, 브래즈Blatz, 그 외 많은 지역 양조업자가 버티지 못하고 나가떨어지는데도 쿠어스는 살아남았다는 사실

---

* 역자 주 : 콜로라도는 쿠어스가 강세를 보이던 주 중의 하나다.

이 많은 것을 말해 준다. 그러나 독특한 매력에도 불구하고 사업이 잘 나가지는 않았다.

결국 맥주 산업은 마케팅과 유통이 중요한 사업이다. 세부적으로 살펴보면 쿠어스는 얼굴만 다른 월마트라고 볼 수 있다. 물론 쿠어스의 역사는 몇몇 이유 때문에 월마트와 다른 길을 걸었다. 첫째, 쿠어스는 앤호이저부시처럼 이미 전국적으로 강력한 입지를 굳힌 경쟁자와 대결해야 했기에 근거지에서 나와 확장하는 과정이 전반적으로 직원, 임원 그리고 주주 모두에게 고통스러운 경험이었다. 케이마트가 앤호이저부시만큼 성공 가도를 달리고 있었다면 월마트의 성공은 실제 이룬 것보다 작았을 수 있다. 둘째, 월마트는 쿠어스보다 훌륭한 전략을 구사했다. 월마트는 아칸소주를 벗어나 캘리포니아나 북동부로 훌쩍 영역을 확장하지 않았다. 대신, 시장을 지배하는 필수요소인 고객 독점과 규모의 경제를 쉽게 구축할 수 있는 근처 영역에서부터 싸움을 시작했다. 그리고 월마트는 홈그라운드를 견고하게 방어했다. 쿠어스는 하지 못한 일이다. 쿠어스가 자신의 장점이 지역에 근거한다는 것을 깨달았더라면 수익성을 더 잘 유지했을지도 모른다.

현실이냐 가상이냐? 인터넷과 경쟁우위

미래를 준비하는 대안을 논하다 보면 인터넷의 중요성이 강조된다. 1990년 중후반에 걸쳐 인터넷 마니아들을 흥분시킨 믿음 중 하나는 이 새로운 미디어가 서적, 컴퓨터, DVD, 식재료, 애완동물용품, 약,

은행 서비스, 예술품 그 외 사실상 모든 것을 소비하는 방식을 완전히 바꿀 것이라는 예측이었다. 인터넷을 고려하지 않고 구닥다리 사업 모델을 유지하는 전통 소매기업은 초고속정보통신망에서 퇴출될 예정이었다. 이 새로운 경제 체제에서 우세를 차지한 기업은 아마존, 웹밴Webvan(미국 캘리포니아에 기반을 둔 온라인 식료품 기업, 2001년 폐업), 펫츠닷컴Pets.com(애완동물용품 판매 미국 온라인 기업, 2000년 폐업), 드럭스토어닷컴Drugstore.com(미국 온라인 미용/건강용품 판매 기업, 2011년 월그린 인수), 윙스팬뱅크닷컴Wingspanbank.com(미국 인터넷뱅크, 2000년 폐업) 들로, 월마트나 크로거, 시티은행 등 (비 온라인) 기업에게 경각심을 불러일으켰다.

초기의 과열된 분위기가 가라앉자 신흥 온라인 커머스가 전통적인 쇼핑을 완전히 대체한다는 예상은 지나친 과장임이 분명해졌다. 또 인터넷으로만 물건을 판매하는 새로운 소매 기업이 오프라인 업체의 자리를 차지할 거라는 예측도 틀렸다는 것이 증명되었다. 파산법원은 곧 실패한 B2CBusiness-to-Customer 기업의 잔여 자산을 처리하는 데 온 정신을 쏟는다. 물론 몇몇은 성공적으로 살아남았다. 아마존이 이들 중 가장 성공적으로 살아남은 예다. 그러나 살아남은 이들조차 인터넷 옹호가의 주장보다 많은 시간이 지난 뒤에야 수익을 올렸다.

극소수만이 엄청난 성공을 거두고 나머지는 파산에 이르는 불균형이 있다고 해서 소매 거래 수단으로써 인터넷이 가진 중요성이 희석되지 않는다. 시간이 지나면 더 많은 사람이 온라인으로 제품과 서비스를 구입할 것이며 온라인 거래가 전통적인 쇼핑, 은행 거래, 기타 서비스 거래 등을 잠식할 거라고 예상 가능했다. 전략적인 경제 측면에서 봤을 때 우리의 관심사는 '어떻게 온라인 대기업이 되느냐'가 아니라 온라인 기업이 '얼마나 수익을 올릴 것이며 그 수익이 누구에게 돌아갈 것인가'이다.

경쟁우위의 주요 원천은 고객 독점, 생산 우위, 규모의 경제다. 특히 지역적 수준에서 말이다. 예외적인 경우를 제외하고 이 주요 원천 중 그 어느 것도 인터넷 커머스와 공존하기 어렵다. 인터넷에서는 가격과 서비스를 쉽게 비교한다. 클릭 한 번으로 경쟁이 촉발되고 심지어 가격 비교 사이트도 사방에 존재한다. 인터넷의 공개 표준 덕에 몇몇 독점기술이 무용지물이 되었다. 인터넷이 아니었더라면 다른 새로운 기술이 나올 때까지 잠시라도 살아남았을 테지만, 그럴 기회조차 주어지지 않았다. 온라인 주식 거래, 뱅킹, 포장 운송 그리고 고객 맞춤 홈페이지 같은 고객 서비스 시스템, 검색엔진 등을 생각해 보면 쉽게 알 수 있다.

마지막으로 인터넷에서는 규모의 경제가 사실상 불가능하다. 인터넷 판매 기업은 제품을 판매하는 물리적 장소를 확보할 필요가 없어서 비용을 절약했다는 이야기를 자랑스럽게 늘어놓는다. 그러나 규모의 경제란 고객 베이스가 넓은 덕분에 제품당 줄어드는 고정비용에서 온다. 최초 투자 비용이 적다면 기존 시장 진입자가 확보하는 우위가 없다. 게임을 시작하는 데 초기 비용이 거의 없다면 아무나 한번 들어와 볼 수 있다. 기업을 운영하는 영역을 한정하는 지역적 한계도 없다. 규모의 경제를 만들어내는 또 하나의 요소가 결여되어 있다. 또한 기존 소매업자, 은행, 브로커, 보험 회사, 신문사 등등 그 어떤 기업도 인터넷에 회사를 설립할 수 있다. 초고속정보통신망은 진입장벽을 보여 주는 대신 진입 희망자 모두에게 무수한 청신호를 보낸다. 소비자에겐 더할 나위 없이 요긴하지만 판매자에게는 이익이 파괴되는 신호다.*

---

* 일반 원칙은 한두 개의 확실한 예외를 갖기 마련이다. 인터넷 회사 수익성에 대한 분명한 예외는 이베이다. 규모의 경제가 변형된 것이라고 볼 수 있는 '네트워크 효과'에서 수익을 이끌어내는 이베이의 능력은 잘 알려져 있다. 한편, 이베이는 일본에서는 거의 사업을 하지 않고 있는데, 일본의 인터넷 커머스 시장은 일본 야후가 좌지우지하고 있다. 한편, 소매기업으로 그렇게 크게 성공했음에도 불구하고 아마존은 10년은 지나서야 수익을 내기 시작한다. (역자 주 : 2020~2021년 기준 미국 전자상거래에서 1위를 차지하는 것은 아마존으로 전체 시장의 41.4%를 차지한다. 2위는 이베이였으나 2020년 코로나로 월마트 온라인 거래가 폭증하면서 월마트의 시장 점유율이 7.2%, 이베이 4.3%로 월마트가 이베이를 추월한다.)

제6장

니치의 경쟁우위와
성장의 딜레마

PC 산업의 컴팩과 애플

파괴적 혁신 기술

1981년, IBM은 처음으로 PC를 선보인다. 당시 급성장하던 PC 시장에 처음으로 뛰어든 선구자는 아니었지만 IBM은 머지않아 PC 산업에서 가장 중요한 존재가 되었다. 자그마한 기계에 대한 IBM의 헌신 덕분에 PC가 대중에게 널리 보급되기 시작했다. 그전까지 PC는 독학하는 프로그래머, 취미에 몰두하는 사람, 아니면 새로운 기술에 열광하는 얼리 어댑터의 전유물이었다. 진입 초기에 IBM은 몇 가지 선택을 했고, 이 선택을 통해 상당 기간 PC 산업의 형태를 결정지었다.

첫째, 개발 속도를 높이기 위해 개방형 구조Open Architecture를 채택했고, 부품을 다른 기업으로부터 구매했으며 특허를 무기 삼아 보호장벽을 쌓지 않았다. 즉, 1세대 컴퓨터를 구성하는 CPU, 메모리 칩, 전원공급장치, 마더보드(컴퓨터 시스템의 주요 구성 부품을 넣은 주 회로 기판), 디스크 드라이브, 케이스, OS 등을 구입하면 얼마든지 복제품을 만들어 냈다.

둘째, 가장 중요하고 수익성이 높은 부품인 CPU와 OS는 IBM이 아닌 다른 두 회사의 전매품이었다. CPU는 인텔을, OS는 마이크로소프트를 선택하면서 IBM은 두 회사의 소유주와 종업원에게 엄청난 부를 안겨 주었다. 비즈니스 역사에서, 아니 역사 전반 어디에서도 이런 관대함은 찾아보기 힘들다.

IBM은 OS나 CPU에 대한 디자인 소유권이 없었지만 MS-DOS와 인텔 칩을 밀어준 덕에 산업 표준이 확고하게 자리를 잡았다. 그 전까지는 자리 잡은 표준이 없었다. 여러 개 버전을 만들 필요가 없어지면서 응용 프로그램 제작자는 개선된 워드프로세, 스프레드시트, 데이터베이스 프로그램을 연달아 내놓았고, 곧 이들은 사무실에서 꼭 필요한 존재가 되었다. 개방형 구조와 쉽게 살 수 있는 부품은 다른 경쟁자를 PC 시장으로 불러들였다. PC 산업이 빠르게 성장할 것이라고 기대하는 스타트업 회사들이 너도나도 시장에 들어섰고 이들이 만들어낸 PC의 상당수가 IBM과 호환 가능했다.

PC의 폭발적인 성장만큼 창조적 파괴의 완벽한 사례를 보여 준 일도 드물다. 마이크로소프트와 인텔은 순식간에 세계에서 가장 크고 수익성이 높은 기업으로 자리매김했다. 동시에, 메인 프레임과 미니컴퓨터를 제작하던 기업의 입지가 약해졌고, 종국에는 자취를 감췄다. 디지털이큅먼트Digital Equipment나 프라임Prime 같은 기업이 매사추

세츠주 128번 도로(컴퓨터와 전자 산업 관련 기업이 집중된 구역)의 유령이 되었다. 동시에 실리콘 밸리, 시애틀과 오스틴 등이 컴퓨터 기술의 메카가 되었다. 무어의 법칙Moore's Law—인텔 공동 창업자 고든 무어Gordon Moore가 한 말로, 마이크로 칩의 저장 용량과 컴퓨터 연산력이 2년마다 배로 증가한다는 예측—이 PC 산업의 성장세에 기름을 부어버렸다. 눈 깜짝할 사이에 변화하는 격랑에서 살아남으려면 기업들은 재빨리 적응하는 요령을 익혀야 했고 마이크로소프트나 인텔도 예외는 아니었다.

스타트업을 꾸려나가다

잘 알려져 있다시피 컴팩은 냅킨 뒷면, 혹은 식탁용 매트에서 시작되었다. 텍사스 인스트루먼트 출신의 로드 캐니언Rod Canion과 동료 두 명이 벤처 캐피털리스트 벤 로젠Ben Rosen을 만난 자리였다. 캐니언이 냅킨에 휘갈겨 쓴 비즈니스 계획에서 컴팩이 탄생했다. IBM이 첫 번째 PC를 팔기 시작한 1981년에 일어난 일이다. IBM과 호환 가능하지만 더 뛰어난 컴퓨터를 생산하겠다는 캐니언의 계획은 간단명료했다. 보다 나은 품질에 우월한 기술 그리고 휴대성(초기 PC는 작은 재봉틀만 했고, 무게는 약 13킬로그램에 달했기 때문에 곧 '휴대 가능한'이 아니라 '싣고 다닐 만한'이라는 수식어를 달았다)을 갖춘 PC를 대규모 유통업체를 통해 기업 고객에게 판매한다. 믿을 수 있고 다양한 사양을 갖춘 PC를 구매하기 위해서 기꺼이 프리미엄을 지불할 기업 고객이 캐니언의 타깃이었다. 로젠은 캐니언과 동료의 계획에 귀가 솔깃했다. PC용 하드 드라이브를 직접 생산하겠다는 캐니언의 의도를 꺾기는 했지만 말이다. 캐니언이 주 종목 분야를 바꾸겠다고 마음먹고 나서야 로젠은 컴팩 컴퓨터 회사Compaq Computer Company를 설립하기 위한 자금 모집에 나선다.

일은 순조롭게 진행되었다. 본격적으로 영업을 시작한 첫 해 1983년, 컴팩의 매출은 1억 달러를 넘어섰다. 5년이 지난 1987년, 매출 규모는 10억 달러 이상이었고 컴팩은 역사상 가장 빠르게 10억 달러 매출을 달성한 회사가 되었다. 수익성 또한 높아서 1987년 이익은 1억 3,700만 달러에 달했다. IBM의 PC 벤처에 혹하여 새로운 회사가 끊임없이 설립되고 기존 회사도 넘쳐나던 상황에서 모든 것이 이루어졌다. 완벽한 호환성, 고품질 그리고 프리미엄 가격 등 뚜렷한 특질 덕분에 컴팩은 이 시장의 많은 경쟁자 속에서 확연하게 구분됐다.

디지털이큅먼트나 HP 같은 회사도 뛰어난 인재를 확실히 갖췄고 뛰어난 소형 컴퓨터를 만들어낸 역사에 대한 자부심도 있었다. 이들도 뛰어난 PC를 만들어 냈다. 그러나 호환이 되지 않았고, 너무 비싼데다가 경쟁에 너무 늦게 참여하면서 뒤처졌다.* 다른 스타트업은 컴팩의 품질이나 안정성을 따라오지 못했다. 하지만 적어도 초기에는 IBM 혼자 감당하지 못할 만큼 시장 수요가 많아서 다른 회사도 살아남았다. 실제 시장이 낙관적인 수요 예측보다 더 빠르게 증가했다.

---

* HP는 주류 PC를 생산하면서 어느 정도 상당한 시장점유율을 확보했다. 그리고 2002년 컴팩을 사들인다.

1983년 말까지 IBM이 배달한 백만 개 이상의 PC가 시장에서 차지한 비율은 26퍼센트에 불과했다. 다른 회사가 끼어들 여지는 얼마든지 있었다.

PC 산업처럼 역동적이고 진입장벽이 없는 산업이라면 태풍이 몰아칠 수밖에 없다. 이글Eagle(1986년 폐업), 코로나Corona Data Systems 리딩 엣지Leading Edge는 한때 재빠르게 IBM과 호환 가능한 컴퓨터를 생산하던 기업이었다. 하지만 IBM이 재빨리 뒤쫓아와서 가격을 내려 버리자 이들 기업은 버티지 못했다. 동시에, 시장을 흔들어 놓을 만큼 강력한 존재도 나타났다. 마이클 델Michael Dell은 대학 친구들에게 PC를 팔려고 자신의 기숙사 방을 무재고Just-In-Time 생산 공장으로 만들어 버렸다. 2년 후 1986년 그의 소규모 사업은 카탈로그를 인쇄해야 할 만큼 크게 성장했고 매출 규모가 1억 5,000만 달러에 달했다. 게이트웨이 2000Gateway 2000(미국 PC 제조 기업. 후에 게이트웨이로 이름 변경, 2007년 폐업)이 델의 직접 판매 방식을 그대로 따라 하면서 공고히 입지를 다졌고 얼룩무늬 박스 모양의 상표를 사용했다. 게이트웨이 2000의 매출은 6년 만에 1억 달러를 넘어선다.

산업 분석

성장, 이 한 단어가 PC 산업의 특징을 가장 잘 설명해 준다. PC는 강력해졌고, 쓸모가 많아졌고, 저렴해졌다. 그 결과 PC는 집과 사무실 곳곳에 자리 잡았다. 이런 현상은 미국은 물론 전 세계에 걸쳐 일

어났다. 산업 조사에 따르면 1986년 PC 매출은 300억 달러였다(그림
6.1). 9년이 지나자 매출은 1,590억 달러에 도달했으며, 매년 누적 수익
률이 23퍼센트나 된다. 성장이 계속되면서 더 많은 회사가 시장에 진
입해도 될 만한 여력이 생겼다.

진입장벽이 없다는 것—쉽게 휩쓸리는 고객들, 다양한 유통 채널
을 통한 구입, 쉽게 얻을 수 있는 단순한 기술, 상대적으로 낮은 투자
금액 그리고 제한적인 규모의 경제—은 매혹적이다. 곧 많은 참여자
가 자유롭게 경쟁에 뛰어들었고, 고객을 확보하려고 공격적으로 싸
움에 임했다. 이 시기에 상위 20개 회사의 시장점유율은 56퍼센트였
다. 초기에 시장을 주도했던 IBM은 1986년 26퍼센트의 시장을 차지

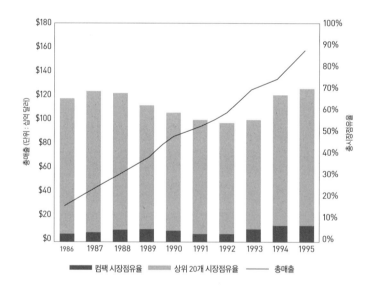

그림6.1
PC 산업의 총 매출, 상위 20개사와 컴팩의 시장점유율, 1986년~1995년

했다가 1995년 8퍼센트까지 하락한다. 이는 컴팩과 애플의 시장점유율과 비슷한 수치다. PC 산업에서 상자제조업체Box Maker라고 불리는 제조업자의 수가 많았다는 점 그리고 계속 변동되는 시장점유율 등을 고려할 때 이 분야는 진입/퇴출이 손쉬운 시장이자 경쟁이 심한 산업이다.

PC 산업은 몇 개의 시장으로 분할되어 있고 복수의 분할 시장에서 동시에 활동하는 기업은 거의 없다(그림6.2). 그 중심에 있는 것이 상자제조업체로, 이들은 다른 회사가 생산한 부품을 조립해서 기계를 만들어 낸다. 부품 생산 기업은 전력 부품, 메모리 칩, CPU, 디스크 드라이브, 마더보드, 키보드, 모니터, 그 외 PC를 제조하는 데 필요한 부품별로 전문화된다. PC에 소프트웨어를 탑재할 때 OS는 거의 항상 들어가고 1990년대 이후에는 워드프로세서나 스프레드시트 같은 핵심 응용 프로그램도 포함되는 경우가 잦았다. 마지막으로 최종 소비자에게 도달하는 판매 채널이 있다. 여기에는 대규모 소매기업이 있고, 소규모 컴퓨터 매장에 물품을 제공하는 도매기업, 배달까지 포함시켜 부가가치를 높이는 리셀러가 있다. 델과 게이트웨이2000은 중간 단계 없이 제조자가 직접 사용자에게 판매하는 직접 판매 채널을 유행시켰다. 이들의 성공에 자극받은 컴팩, 애플, IBM과 그 외 대부분의 주요 시장 참여 기업도 똑같은 판매 방식을 따라했지만 이들은 기존 거래처에 피해를 주지 않도록 조심했다.

PC 세분화 시장에서 경쟁하는 기업의 이름은 계속 바뀌지만—그림6.2는 1980년 후반의 상황을 보여 준다—산업의 기본 구조는 의외로 안정적이었다. 가장 중요한 부문의 변화를 하나 꼽자면 1990년대 중후

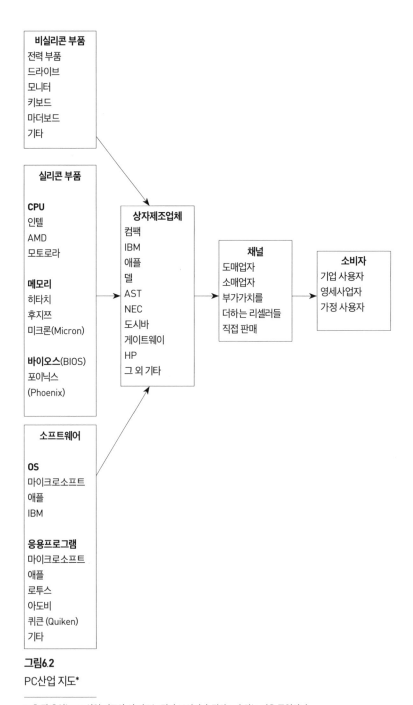

그림6.2

PC산업 지도*

---

* 제4장에 있는 PC 산업 지도와 이 지도는 달라 보이지만, 말하고자 하는 것은 동일하다.

반 AOL 같은 네트워크 서비스 제공자의 등장이다. 인터넷이 급격히 성장하고 네트워크의 이점이 부각되면서 시장 성장을 촉진시킨다.

PC 산업의 특징 중 짚고 넘어가야 할 두 가지가 있다.

첫째, 상자제조업체 분야와 다른 분야에 모두 발을 걸쳐 놓은 기업이 별로 없다. 각각 분야별로 상위 기업의 이름이 겹치지 않는다는 것은 함께 생산해도 규모의 경제가 별로 없다는 것을 의미한다. 인텔은 CPU 부문을 독점하다시피 했지만 PC를 생산하거나 소프트웨어를 팔지 않았다. 키보드와 마우스를 제외하고 마이크로소프트는 하드웨어 제조에 손을 대지 않았다. 마이크로소프트는 엑스박스Xbox를 들고 PC 시장이 아닌 게임 콘솔 시장으로 과감하게 뛰어들어서 델이 아닌 소니, 닌텐도와 경쟁했다. 마이크로소프트가 이 모험에서 성공할지 판단하려면 좀 더 기다려야 한다.* 디스크 드라이브를 만드는 대표 주자는 시게이트Seagate, 맥스터Maxtor, 퀀텀Quantum, 아이오메가Iomega) 등이었는데 이들은 자신의 시장에서 치열하게 경쟁하느라 정신이 팔려 있어서 굳이 밖으로 나오지 않았다. 초기 단계에서 PC 산업의 거물이던 IBM조차 상자 제조에서 벗어나기 어려웠다. MS-DOS 버전에 해당하는 OS/2를 개발하면서 마이크로소프트를 사용하는 나머지와 거리를 두려고 했지만, OS/2 시도는 별로 성공적이지 못했고 오래가지 않았다. IBM은 CPU도 만들었다. 모토로라, 애플과 합작하여 파워PCPowerPC를 만들어 냈다. 그러나 이 역시 '인텔 인사이드

---

* 역자 주 : 게임 시장에서 엑스박스는 플레이스테이션과 치열한 접전을 벌였으나 두 콘솔 간에 겹치는 게임이 많아서 고전 중이다. 2020년 11월 기준 플레이스테이션의 시장 점유율은 65.05%, 엑스박스 34.94%였으나 1년만인 2021년 플레이스테이션 90.87%, 엑스박스 9.04%로 엑스박스의 시장점유율이 다시 고꾸라진다.

Intel Inside(인텔의 칩을 내장한 PC에 부착하는 스티커 문구)'였다. 컴팩은 회사 설립 초기에 다른 상자제조업체는 외부에 의존하는 몇몇 부품을 직접 디자인하고 생산했지만, 칩이나 소프트웨어는 생산하지 않았다.

두 번째, 신규 진입자로부터 기존 참여자를 보호해 주는 진입장벽의 존재가 확인되는 유일한 분야는 OS와 CPU이다. 두 부문 다 소수의 기업이 경쟁하고 시장점유율도 안정적이다. 상자 제조 부문에서는 회사 순위가 종종 바뀌지만 마이크로소프트는 IBM PC가 나온 이후부터 계속 OS 시장을 지배해왔다. CPU 부문에서는 인텔이 다른 경쟁자를 압도했다. 시장이 성장하던 초기, 상자제조업체들이 칩 디자인을 다른 칩 생산 기업에게 알려달라고 IBM을 종용하던 때가 있었다. 상자제조업체들은 칩 제공처를 하나 더 확보하려고 했고 그 덕분에 잠깐 AMD가 수혜를 입었다. 그 이후 AMD는 때때로 인텔을 압박하는 존재가 되었다. 그 때문에 인텔은 억지로 가격을 하락시키거나 고가의 칩 상품군을 대신하는 저가 칩을 시장에 내놓아야 했다. 하지만 인텔은 항상 1위 자리를 고수했고 2위와의 차이는 크게 벌어져 있었다.

CPU와 OS, 두 개의 부문 시장에서 형상된 진입장벽은 경쟁우위의 세 가지 기본 원인으로 설명된다.

1. 사람은 익숙한 것을 계속 사용하려는 경향이 있다. 소프트웨어에서 그런 성향이 두드러진다. 익숙하지 않은 프로그램을 새로 배우려면 전환비용이 너무 높으며, 전환이 거의 불가능하다. 탐색비용도 그에 못지않다. 구매자는 프로그램 제작자가 이 시장

에서 계속 살아남아서 자신에게 A/S를 제공해 줄지, 새로운 시스템이 믿을 만한지 확실하게 알아야 한다. 그렇지 않고서는 신상품으로 갈아탈 엄두가 나지 않는다. 탐색비용이 높아질 수밖에 없다.

2. 인텔은 생산 기술 개선에 전력을 쏟아 부었고 특허를 적극 방어했을 뿐만 아니라 결함률을 낮추고 완제품 생산성을 높여서 전문성을 강화했다.

3. 가장 중요한 경쟁우위는 규모의 경제다. 복잡한 소프트웨어를 만들어 내고 최첨단의 마이크로프로세서를 디자인하려면 고임금의 전문 엔지니어가 모니터 앞에 앉아서 수십만 시간 동안 고군분투해야 한다. 한편, OS 하나를 추가 생산하는 데 들어가는 비용은 거의 없거나 기껏해야 몇 달러에 불과하다. CD를 굽거나 매뉴얼과 함께 포장하더라도 말이다. 소프트웨어만큼은 아니지만 마이크로프로세서를 하나 더 제작할 때도 추가 비용이 크지 않다.

투자를 하면 그 비용이 수백만 개의 제품에 분산되므로 마이크로소프트나 인텔은 단위당 생산 단가가 가장 낮다. 따라서 다른 경쟁자와 경쟁이 되지 않는다. 마이크로소프트는 데스크톱 PC 시장에서 사실상 경쟁자가 없었다. 인텔의 경우 AMD가 한참 뒤떨어진 경쟁자 노릇을 했다. 절대액 기준으로는 인텔의 연구개발비가 항상 컸지만, 매출액 비중 기준으로는 AMD보다 낮았다. 1988년에서 1990년까지 살펴보면, 인텔은 AMD보다 두 배 이상의 연구개발비를 쏟아 부었지만 매출 1달러당 쓰인 연구개발비를 살펴보면 인텔의 비용이 AMD 비용의 3분의 2 규모밖에 되지 않았다(12센트 대 18센트).

네트워크 효과는 고객 독점과 규모의 경제를 강화한다. 프로그래머나 컴퓨터 디자이너, 대기업의 사무직 직원 입장에서 보면 다른 사람들도 많이 쓰는 단 한 개의 소프트웨어를 배우고 사용해야 부담이 적다. 끊임없이 모델을 업그레이드해야 하는 PC 제조업자도 소프트웨어가 통일되어야 비용이 절감되고 개발 속도도 빨라지며, 사용하는 칩 기준이 하나일 때 여러 부품 간의 호환성도 좋아진다. 군중에서 벗어나고 싶은 과감한 혁신가가 있어서 현재 기준과 다른 것을 내놓고자 한다면 희생이 따를 뿐만 아니라 계속 그것을 사용할 수 있을지도 확신할 수 없다. 적어도 현재까지는 이 모든 진입장벽이 도저히 뚫을 수 없을 정도로 견고하다. 이를 바꾸려면 지각을 뒤흔들 만한 파괴적 혁신이 필요하다.

OS나 CPU 산업을 상자 제조 산업과 비교하면 그 차이가 확실하다. PC 시장이 급성장하는 동안 상자제조 시장 참여자는 넘쳐났고 수시로 바뀌었다. 많은 기업이 시장에 들어오고 나갔다. 진입과 퇴출이 지속적으로 발생했다. 상위 20개 기업이 차지하는 시장점유율은 60퍼센트 수준에 머물렀다. 이런 유동적인 움직임은 경쟁이 치열하고 뚜렷이 경쟁우위를 차지하는 기업이 없다는 사실을 암시한다.

상자제조업체가 경쟁 우위를 확보하려면, 어디를 들여다봐야 할까? 고객 독점으로 경쟁우위를 얻기는 어렵다. 좀 더 복잡하고 그래픽이 많이 쓰이는 프로그램을 구동하려면 강력한 CPU가 필요하고, 이런 CPU 수요 때문에 사용자들이 지속적으로 PC를 바꾸기는 하지만 이는 고객의 구매 습관을 형성할 만큼 자주 일어나지 않는다. 중요한 분야는 OS와 CPU이기 때문에 상자에 대한 전환비용은 존재하지 않는다. 신뢰성 때문에 탐색비용을 고려할 수도 있지만 PC를 테스트하고 순위를 매기는 리뷰가 넘쳐나는 상황에서 탐색비용은 큰 문제가 아니다.

기술적인 우위도 가능성이 별로 없다. 상자제조업체는 기본적으로 부품을 조합한다. 선반에서 부품을 꺼내서 조립하는 것이 상자제조업체의 역할이다. 기술의 핵심은 CPU와 메모리 칩에 있지 조립과는 무관하다. 저장 시스템이나, 휴대용 PC의 배터리 지속 시간, 스크린 기술, 그 외 부속에 대한 기술은 혁신을 거듭한다. '더 빠르게, 더 작게, 더 싸게'라는 PC 산업계의 주문 때문에 항상 기술이 촉진되는 분야다. 하지만 이런 부문 역시 부품을 사서 조립하는 상자제조업체와 직접 연관되지 않는다.

마지막으로 상자제조업체의 생산 구조는 높은 고정비/낮은 변동비로 이루어지지 않아서 규모의 경제를 기대할 여지가 없다. 각각의 컴퓨터는 CPU, OS, 전원 공급장치, 그 외 PC가 돌아가게 해 주는 부품을 포함한다. 대량 구입으로 할인을 받겠지만 첫 번째 생산하는 PC에 들어가는 부품 비용과 맨 마지막에 생산하는 PC의 부품 비용이 차이가 크게 나지 않는다. 그리고 이 부품 비용이 제조원가의 상당 부분을 차지한다. 이런 비용 구조에서 규모의 경제를 찾기 쉽지 않다. 연구 개발 비용도 적다. (CPU를 독점한) 인텔이 매출 규모의 12퍼센트를 연구 개발비에 할애하는 동안 (자유 경쟁 시장에 속한 상자제조업체인) 컴팩은 4.5퍼센트를 썼고 델은 3.1퍼센트를 썼다.

컴팩의 경쟁우위

상자제조업체인 컴팩은 PC 산업 중에서도 가장 경쟁이 치열한 부문 한가운데에 자리 잡았다. 1983년부터 1995년까지 단 한 해도 시장점유율이 9퍼센트를 넘지 않았고 상위 기업 리스트에 이름을 올리지도 못했다. 그러나 우리가 살펴본 기간(1986년~1995년) 동안 컴팩은 굳건히 수익을 냈다. 영업 마진은 평균 13퍼센트가 넘었고 투자자본수익률은 22퍼센트 이상이었다. 컴팩의 접근 방식—저렴한 상품이 아니라 제품의 신뢰성에 기꺼이 돈을 지불하는 기업 고객을 대상으로 비싼 고품질 PC를 판매하는—은 PC가 몇 세대씩 업그레이드되는 동안 계속 통했다. 성장과 수익성 측면에서 컴팩은 IBM의 PC 부문보다 뛰어났다.

하지만 컴팩의 역사가 평탄했다고 보기는 힘들다. 1984년 컴팩은 초기 성공을 이끌어 준 휴대용 모델을 대체하려고 첫 번째 데스크톱 컴퓨터를 선보였다. 새 모델이 잘 팔리지 않으면서 재고가 쌓였고 종국에 컴팩은 자금을 조달하기 위해 비싼 이자를 내면서 7,500만 달러를 빌려야 했다. 다행히 인텔의 80386을 탑재하면서 문제가 해소된다. 386은 286보다 강력한 CPU였다(마이크로소프트의 빌 게이츠는 286에 대해 '두뇌가 죽었다'라고 혹평했다). 386에 대한 수요는 많았지만 초기 공급이 제한적이었다. 컴팩은 386이 들어간 PC를 초기에 내놓은 몇 안 되는 기업 중의 하나다. 뛰어난 기계를 만들기로 정평이 난 엔지니어 자원을 십분 활용한 덕이다. 그 결과 몇 개월간 IBM을 앞질렀다. 386이 시장에 나온 초반 몇 개월 동안 컴팩의 유일한 경쟁자는 컴팩에 필적하는 명성이 없거나 사양이 한참 떨어진 제품을 내놓은 소규모 기업들이었다.

또 다른 위기는 2년 뒤에 닥쳤다. IBM이 PS/2로 PC 디자인을 변경하려고 시도한다. 보드는 추가 메모리와 기타 사양들을 담는 주요 판인데, PS/2 설계는 표준으로 사용되던 보드를 PC 디자인에서 뺀 것이다. 또한 PS/2는 마이크로채널 아키텍처Microchannel Architecture(시스템 버스라고 부른다)를 도입했는데, 이로써 PC 내 데이터 이동이 빨라졌다. 복사가 용이한 컴퓨터를 내놓는 바람에 독점 경쟁우위를 확보하지 못한 IBM이 PS/2를 통해 뒤늦게나마 실수를 만회하려고 내놓은 시도였다. IBM의 노력은 종국에는 성공하지 못했지만 컴팩은 이런 도전을 진지하게 받아들였다. 임원들이 회사 전체를 탠디Tandy에 매각하는 안을 검토했다. 탠디는 또 다른 상자 제조업체로 라디오쉑Radio Shack 매장이라는 강력한 유통 채널을 갖고 있었다. 그러나 이번에도 컴팩의 엔지니어들이 구조대원으로 나선다. 데스크톱 상품군에 새로운 사양을 더 했다. 또한 컴팩은 비독점적 시스템 버스를 만들려는 상자제조업체와 일종의 컨소시엄을 형성했다. 그리고 새로이 떠오른 노트북 시장에 진입해서 휴대 가능성과 컴팩의 명성을 높이 사는 기업을 대상으로 노트북을 판매하기 시작했다.

세 번째이자 가장 치명적인 위기는 1991년 초반에 갑자기 발생한다. 1990년 매출 실적은 훌륭했고 1991년 1분기는 실적이 좋았지만 그 이후 매출이 주춤하기 시작했다. 매출 부진을 처음 알려준 이들은 컴팩의 재고가 쌓이는 것을 우려한 소매업자들이었다. 글로벌 불황으로 이어진 1991년의 경제 부진, 달러 강세로 인한 수입 증가 탓이라고 컴팩은 생각했다. 컴팩은 가격을 30퍼센트까지 할인하지만 상황은 개선되지 않았다. 매출 하락이 계속되면서 영업 이익이 급감했다

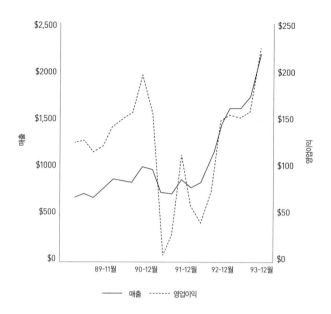

그림6.3 컴팩의 분기당 매출과 영업이익, 1989년~1993년 (단위 : 백만 달러)

(그림6.3). 회사는 곤경에 처했고 경영진과 이사들은 원인을 설명하라 는 압박에 시달렸다.

회사를 창업할 당시 도움을 주던 벤처 캐피털리스트 벤 로젠은 당 시 비상임 회장이었다. 그는 소규모 팀을 꾸려서 상황을 파악하라고 지시했다. 특히 컴팩이 컴퓨터를 팔고 있는 시장을 상세히 파악하라고 요구했다. 비상 대책 팀은 컴팩의 판매 담당 직원들로부터 기업 고객이 더 이상 컴팩 컴퓨터에 프리미엄을 지불하지 않으려 한다는 사실을 알 아냈다. 품질 차이가 줄어들었거나 거의 없어진 상태였다. 더 불편한 진 실은, 판매 담당 직원들이 이미 1년 전부터 이 사실을 경영진에게 알리 고 있었다는 점이다. 그러나 회사를 직접 일구면서 성장을 계속 지켜봤 던 경영진은 이렇다 할 만한 대응을 내놓지 않았다. 상당수 컴퓨터 엔지니어로 구성된 경영진은 컴팩이 과거에 그러했듯이 이 위기에서 빠져 나올 방도를 찾아낼 수 있다고 믿었다. 경쟁자보다 더 뛰어난 사양과 기술을 도입하기만 하면 기업 고객을 되찾을 테고, 프리미엄 가격을 지 불하려 하지 않는 현상은 일시적일 뿐이라고 착각했다. 경쟁자의 가격 을 맞추기 위해 간접 비용을 줄이려고 노력하는 대신, 경영진은 뛰어난 기계를 만들어 내면서 기술적 우위를 유지하려고만 했다.

창업자이자 CEO인 로드 캐니언과 그의 엔지니어들은 과거의 영광 을 잊지 못했다. 컴팩은 과거에 험난한 파도를 슬기롭게 헤쳐왔고, 적어 도 1991년 중반까지 델이나 AST 같은 저가 경쟁자보다 우수했다. 그러 나 로젠과 그의 편에 서 있던 이들은 과거에 통하던 처방이 더 이상 당 면 과제를 해결해 주지 않음을 절감한다. 1991년 가을, 로젠과 그의 사람 들은 컴퓨터 산업의 최대 규모 전시회인 컴덱스에 슬그머니 참석한다.

사람은 눈으로 보고 나면 그대로 믿게 된다. 마술(회생)을 부리려 면 모자에서 꺼낼 토끼(신기술)가 필요한데, 컴팩의 뛰어난 엔지니어 들에게 토끼가 단 한 마리도 없었다. 키보드, 전원공급장치, 혹은 컴 팩이 디자인하거나 직접 만든 제어기 등 핵심 부품을 독립적인 제조 업자들이 저가에 만들어 냈다. 품질도 컴팩의 부품과 비슷하거나 더 뛰어났다. 시장에 우뚝 서게 한 컴팩의 경쟁력은 사라졌으며, 높은 간 접 비용을 보상할 만한 요소도 없었다. 자동차 시장이 성숙해지고, 외부 공급업체의 신뢰도가 높아지고 운영 효율도가 높아지자 포드 사의 리버 루지River Rouge 공장은 수직적 통합 구조 때문에 비용 경쟁 력에서 뒤떨어져서 문을 닫았다. 포드와 매한가지로 컴팩도 너무 많 은 PC 제조 공정을 내부화하면서 치명타를 입었다.

성장 산업에서의 규모의 경제

컴팩은 프리미엄에 대한 대가로 고품질 PC를 기업 고객에게 제공했고 그 전략은 PC 산업에서 성공을 거뒀다. 비록 여러 번 심각한 위기를 겪어야 했지만 말이다. IBM과 호환 가능한 PC를 만들어 내는 초기 시장에서 컴팩은 다른 경쟁자와 분명히 차별되었고 일부 고객을 대상으로 이를 강하게 어필했다. 해당 니치 분야에서는 컴팩을 대적할 만한 경쟁자가 별로 없었다. 1987년 혹은 1988년까지 컴팩과 다른 기업 간 차이점은 크지 않았지만 바로 그 작은 차이로 간격은 크게 벌어졌다. 컴팩은 해당 니치 시장에서는 다른 경쟁자 대비 큰 규모를 활용해서 이를 기술에 투자했으며 고객에게 컴팩 부품이 시장에서 얻을 수 있는 최고라는 확신을 주었다. PC 산업 중 이 일부 니치 시장에서 컴팩은 지엽적으로 규모의 경제라는 장점을 가졌고 충성스러운 소수 고객층을 독점했다.

몇 년이 지나자 이 경쟁우위가 사라졌다. PC 매출이 1986년 300억 달러에서 1991년 900억 달러로 팽창하면서 고품질 부품을 포함해 모든 부품의 수요가 늘어났다. 고가의 전원공급장치, 키보드, 기타 부품을 전문으로 생산하는 회사는 부품 생산량이 급증하고 엔지니어링 비용과 제조원가가 각 제품에 고르게 배분됐다. 그 결과 과거 컴팩이 규모의 경제로 얻은 비용 절감 효과를 경쟁자도 누리게 되었다. 경험치가 축적되면서 가격이 하락했고 동시에 품질이 개선되는 것은 전문화가 주는 혜택이다. 컴팩은 시장 변화를 따라잡지 못했다. 전원공급장치를 만들려고 고용한 60명의 엔지니어들은 지나친 사치가 되어 버렸다. 전 세계 PC 매출의 고작 5퍼센트를 차지한 컴팩은 전문 부품 제조업자와 비교했을 때 대량생산에서 오는 경쟁우위가 없었다. 전문 부품 제조업자들은 커지는 시장 매출의 2~3퍼센트를 차지하면서도 규모의 경제가 가져오는 혜택을 누렸다. '직접 만드는' 정책을 고수하는 한, 컴팩은 경쟁열위에 있었다.

로젠과 마케팅에 집중하는 사내 추종자들은 캐니언과 그의 엔지니어에게 새 전략을 강요했다. 로젠이 승리했고, 캐니언은 험악한 논쟁 끝에 퇴출되었다. 1991년, 유럽 영업 대표 겸 COOChief Operating Officer(최고 업무 집행 책임자)이던 에크하트 파이퍼Eckhart Pfeiffer가 캐니언의 후임이 된다. 파이퍼는 신속하게 컴팩의 비용 구조에 칼을 댄다. 델, AST, 그 외 상자제조업체처럼 대부분의 부품을 전문화된 제조업자에게 구입했다. 1995년에 이르러 이 변화가 자리 잡자 컴팩의 비용 구조는 1990년과 완연히 다른 모습을 보이며 델의 구조와 비슷해진다(표6.1). 컴팩의 투자자본수익률은 델보다 낮았다. 델은 직접 판매 채널을 확보했기에 매출채권 회전율과 재고 회전율이 높았다. 효율을

표6.1
컴팩과 델, 1990년과 1995년 (단위 : 백만 불, 비용/매출 %)

	컴팩				델	
	1990년		1995년		1995년	
	$	%	$	%	$	%
매출	$3,599	100%	$14,755	100%	$5,296	100%
판매 제품 원가	$2,058	57%	$11,367	77%	$4,229	80%
판매 비용	$706	20%	$1,353	9%	$639	12%
연구개발비	$186	5%	$511	3%	$51	1%
이자 및 세전 이익	$649	18%	$1,524	10%	$377	7%
투자자본 수익률		27%		21%		38%

측정하는 또 다른 기준인 직원 1인당 매출 규모를 보면 컴팩의 변화가 가져온 영향을 짐작할 수 있다. 1990년에 1인당 매출 규모는 30만 달러였다. 1995년에는 86만 5,000달러로 델의 63만 달러를 가뿐히 뛰어넘었다. PC 생산에 대한 컴팩의 전문성과 급격한 비용 절감이 맞물리면서 1990년에서 1995년 사이에 컴팩의 영업 이익은 두 배 이상 늘어난다.

로젠은 천재적이었다. 컴팩이 1980년대에 가지고 있던 품질과 규모의 경제 우위는 역사의 뒤안길로 사라졌으며 비즈니스 계획을 180도 바꾸지 않으면 저비용 고품질의 경쟁자와 힘든 싸움을 해야 한다는 사실을 재빨리 파악했다. 로젠과 그의 팀은 경쟁우위가 사라진 상태에서 취할 수 있는 단 하나의 전략을 따르기로 결정한다. 단호하게 영업 효율을 추구하는 전략이 컴팩에게 주어진 유일한 선택이었다.

한동안 이런 변화는 성공적이었고 컴팩은 높은 매출 성장률, 적정한 영업 마진 그리고 높은 투자자본이익률을 누린다(그림6.4).*

그러나 각인된 문화는 뿌리째 뽑아내기 쉽지 않다. 엔지니어링에 집중하는 사고방식과 기술에 대한 애정은 컴팩의 전통이었고, 사라지지 않았다. 로드 캐니언이 떠난 뒤에도 마찬가지였다. 1997년 컴팩은 탠덤 컴퓨터Tandem Computer를 사들인다. 탠덤은 트랜잭션 프로세싱Transaction Processing(컴퓨터가 고객의 주문이나 판매 등 거래를 처리하는 동작)이 끊기지 않도록 해 주는 고장 방지 컴퓨터 생산 전문 기업이었다. 1년

---

* 투자자본이익률이 비정상적으로 솟아오른 것은 컴팩이 델의 주문 제작 방식을 따라 했기 때문이다. 컴팩은 1996년부터 재고를 파격적으로 줄였고, 매출 채권도 줄이면서 보유 현금이 증가했다. 투자자본이익률은 추가 보유 현금(매출 1퍼센트 이상의 현금)을 투자 자본(분모)에서 빼기 때문에, 숫자가 급격하게 변했다. 자기자본 수익률을 사용했다면, 전년 대비 격차는 좁혀질 수 있다.

그림6.4
컴팩의 투자자본 수익률과 영업이익 마진 (1990년~2001년)

뒤 컴팩은 DEC Digital Equipment Corporation도 매입한다. DEC는 한때 컴퓨터 산업의 떠오르는 별이었으나 그들이 개발한 미니컴퓨터가 PC에 밀리면서 추락한 기업이다. 매입 당시 컴팩은 DEC의 컨설팅 부문, 알타비스타 인터넷 검색 엔진 그리고 진행 중인 연구를 염두에 두었다. 기술을 기반으로 하는 기업 합병은 원활하지 않기로 악명이 높은데, 탠덤이나 DEC도 예외는 아니었다. 곧 컴팩은 운영 효율에 대한 집중력을 잃었고 수익성은 바닥을 쳤다. 그리고 2002년 HP에 매각된다.

컴팩의 역사는 PC 역사와 깊숙하게 얽혀 있어서 일반적인 원칙을 간과하기 쉽다. 시장이 성장하고 경쟁자가 비슷하게 규모의 경제를 달성하면서 경쟁우위와 이에 수반하는 높은 수익을 놓쳤다는 사실이다.

이는 되풀이되는 현상이다. 세계화를 거치면서 몇몇 산업이 이 교훈을 뼈저리게 느꼈다. 자동차 산업을 보라. 미국이 나머지 세계의 자동차 시장과 동떨어져 있을 때 포드와 GM은 국내 시장을 엄청난 규모로 압도했고, 그들의 입지는 확실했다. 세계화가 진행되면서 무역 장벽과 운송비가 줄어들고, 외국의 경쟁자들은 기꺼이 영업 규모를 확장한다. 그리고 미국 내에서 GM과 포드를 위협했다. 소비 가전, 기계 장비 그리고 기타 전자 부품 등 다른 산업에서도 유사한 사례는 얼마든지 있다.

수익성에 있어서 성장은 양날의 검이다. 성장하면 추가 투자가 필요하지만, 투자한 자본보다 더 많은 이익을 거둘 수 있는지는 그 회사의 산업 내 위치에 달려 있다. 시장이 커지더라도 경쟁우위를 유지한다면 해당 기업에게 성장은 확실한 수혜다. 그러나 시장이 성장하면서 종종 다른 경쟁자도 비슷한 수준으로 규모의 경제를 달성한다. 이는 주요 진입장벽을 무너뜨린다. 진입장벽으로 보호받지 못하는 회사는 더 많은 수익을 낼 수 없다.

애플의 이야기

벤 로젠이 컴팩의 전략을 180도 수정해야 한다고 깨닫기 일 년 전, 존 스컬리 역시 애플에 대해 비슷한 생각을 품었다. 1983년 당시 CEO이자 창업자 중 한 명인 스티브 잡스는 펩시의 마케팅 귀재 스컬리를 스카우트했다. 잡스가 2년 뒤 축출되자, PC 혁신을 이야기할 때 사람들이 감성적으로 접근하는 회사인 애플의 중심에 스컬리가 명실상부한 리더로 서게 된다. 1990년 애플은 여전히 PC 산업의 선구자 중의 하나였다. 매출 기준으로 애플의 전 세계 시장점유율은 10퍼센트였고 이는 IBM의 PC가 시장에 선보인 이후 애플이 달성한 가장 높은 점유율이다. 영업 마진은 무려 13퍼센트가 넘었다. 초반 전성기보다는 낮은 수치지만 산업 기준으로 보면 충분히 양호한 수치다. 그러나 스컬리는 장기적인 관점에서 애플이 변해야 한다고 생각했다.

1990년에 스컬리가 분석한 애플은 자신이 속한 PC 부문 시장에서 다른 회사와 다소 동떨어져 있었다. 주요 상자제조업체 중에서 애플만이 OS를 보유했다. 애플-II 제품 라인에서 사용하는 문자 기반의 OS 시스템과 매킨토시 제품 라인에서 사용하는 좀 더 흥미로운 그래픽 기반의 GUIGraphical User Interface OS가 그들이다. 또한 애플은 PC 제조에 필요한 중요 부품이나 주변 부품을 직접 제작하거나 디자인했다. 애플-II 제품 라인은 미국의 유아 교육 및 초등 교육 시장을 타깃으로 했다. 애플은 이 시장을 진작에 확보했다. 매킨토시 PC는 교육 시장에서 주로 팔렸지만, 가정 PC 사용자와 그래픽 전문가 사이에서도 인기가 높았다.

다른 PC들과 비교했을 때 매킨토시에게는 몇 가지 중요한 경쟁우위가 있었다. 보다 직관적인 인터페이스 덕에 사용이 용이했다. 애플이 부품은 물론 기준도 엄격하게 관리한 까닭에 매킨토시는 프린터나 기타 유사 기기에 연결만 하면 곧바로 작동했고, 호환성이 높았다. OS 덕에 네트워크상에서 사용하는 것도 MS-DOS보다 손쉬웠다. 데스크톱 출판이나 그림 편집을 포함한 모든 그래픽 응용 프로그램에서도 압도적으로 뛰어났다. 당시는 미미했으나 미래가 밝은 멀티미디어 — 사운드, 이미지, 데이터가 모두 복합적으로 얽히는— 분야에서도 한참 앞섰다. 매킨토시의 기술에 충성하는 사용자들도 확보했고, 애플은 이를 상업적으로 충분히 활용했다.

한편, 스컬리는 애플 자체와 매킨토시라는 대표 상품이 약점이 있고, 이들 약점이 강점을 덮어 버릴 정도로 강력하다고 우려했다. 첫째, 매킨토시는 다른 경쟁 PC보다 가격이 높았다. 매킨토시의 CPU를 제공하는 단 하나의 공급자인 모토로라는 보다 강력한 버전의 칩을 위한 업그레이드 시기를 놓쳤다. 순식간에 맥은 시장 평균보다 성능이 뒤떨어진 데다가 가격도 비싼 꼴이 되었다. 둘째, 맥은 뛰어난 사양에도 불구하고 그래픽 분야를 제외하고는 기업 대상 PC 시장에 들어가질 못했다. '닭이 먼저인가 계란이 먼저인가'의 딜레마에 빠진 음울한 종말을 마주하고 있던 셈이다. 기업 시장점유율이 낮기에 독립적인 소프트웨어 기업은 맥 플랫폼에서 구동되는 특화 프로그램을 만들지 않았다. 맥에 사용되는 응용 프로그램 패키지가 별로 없기 때문에 신규 기업은 맥보다 일반 PC를 샀고, 맥은 점점 가게 선반 뒤편으로 밀리는 형국이었다. 셋째, 교육 시장에서의 강세는 일종의 버려야 할 자산이었다. 어느 시점이 되면, 학생이나 선생님은 졸업 후에 사용할 기계와 시스템-그 기계가 맥이 될 가능성은 낮았다-을 능숙하게 다루는 요령을 학교 컴퓨터를 통해 익혀야 한다는 사실을 깨닫는다.

마침내 1990년, 마이크로소프트는 무난히 작동할 정도로 버그를 수정한 뒤 윈도우를 출시한다. 그 해 3.0 버전이 나왔고 출시 후 21개월 동안 1천만 개가 팔렸다. 어느 면에서도 매킨토시의 OS 7.0보다 뛰어나진 못했지만, 윈도우의 눈부신 성공 때문에 애플은 자신의 그래픽 강점이 전면 공격을 받고 있다고 생각했다. 새로운 PC에 장착되어 있는 보다 빠른 인텔의 CPU 덕에 윈도우 3.0은 부드럽게 잘 돌아갔다. 점차 강력히 개선될수록 윈도우의 미래는 밝아질 수밖에 없다. 게다가 윈도우는 MS-DOS용 구식 프로그램도 모두 돌릴 수 있다는 강력한 장점이 있었다.

스컬리가 우려하는 것이 당연했다. 그러나 이후 그가 취한 조치나 애플의 미래 비전을 감안하면 스컬리는 애플이 마주한 보다 거대하고 구조적인 상황을 제대로 이해하지 못했다. 그의 대처법이나 비전은 구조적 상황에 딱히 맞아떨어지지 않았다. PC 산업에서 경제를 좌우하는 것은 두 개의 부문 시장이다. CPU와 OS 부문 시장은 강력한 경쟁우위가 있었고 인텔과 마이크로소프트는 이 경쟁우위를 마음껏 누리고 있었다. 이 경쟁우위는 근본적으로 규모의 경제에서 나왔고, 고객 독점과 독점적인 생산 기술 역시 한몫했다. 나머지 부문 시장은 경쟁이 치열했다. 애플의 수익은 가장 경쟁이 치열한 상자제조 부문에서 나왔다.

하지만 애플은 이 부문에서 딱히 경쟁우위도 없었고 PC 부품 자체 디자인과 제작을 선호하는 애플의 성향은 되레 경쟁열위를 유발했다. 애플은 경쟁열위인 OS를 만들어 내고 유지하느라 비용을 들였다. 애플은 모토로라에 CPU를 의지했는데, 모토로라는 CPU 부문을 독점한 인텔에 비해 경쟁열위였다. 마이크로소프트는 매킨토시용으로 몇몇 응용 프로그램을 만들었는데 특히 엑셀 프로그램이나 워드

표6.2

부문	주요 참여자와 장점들	안정성	수익성	애플의 위치
CPU	인텔 : • AMD와 모토로라 대비 압도적인 우위 • 가격과 품질이 중요함 • 상자제조업체에게는 테스트가 가장 큰 비용임 • 유효성, 지원, 익숙함 • 칩 디자인에 연구개발비가 많이 투입되고 생산규모가 클수록 수익성이 좋음, 즉 규모의 경제가 큼	있음	있음	모토로라와 함께 한참 뒤 떨어져 있음
부품과 주변 장치(마더보드, 프린터, 디스크 드라이브 등)	주요 참여자 없음 애플은 자가 제조함	없음	없음	
상자 제조사들	경쟁적임 프랜차이즈 없음	없음	없음	운영 효율과 디자인에 집중한다면 경쟁력을 가질 수 있음
소프트웨어 : OS	마이크로소프트 • 높은 전환비용으로 인해 고객을 확보함 • 규모의 경제 (칩이 강력해짐에 따라 매 삼 년마다 교체가 필요함) • 네트워크 외부성	있음 (IBM의 OS/2는 실패였음)	있음	인자로서 한참 뒤쳐져 있음
소프트웨어 : 응용프로그램 (오피스 프로그램, 데스크톱 출판, 데이터베이스 관리, CAD/CAM, 수직적인 시장들)	마이크로소프트 • 윈도우 OS를 기반으로 오피스 프로그램까지 침투함 (로터스와 워드퍼펙트는 패자가 됨) • 고객을 확보함 • CAD/CAM 시장의 오토데스크 같은 니치 기업들에게는 규모의 경제가 존재함	있음 (마이크로소프트의 경우에는 윈도우 도입 이후) 오피스 프로그램에 대해서 그리고 니치 시장의 리더들에 대해서		애플 자체의 프로그램에 대해서는 경쟁우위 없음

프로그램은 애플이 만든 어떤 프로그램보다도 인기가 좋았다.

해당 부문 시장에서 애플의 위치에 집중한 산업 지도 수정판을 보면 애플의 위치가 얼마나 불리한지 보인다(표6.2).

PC 산업을 통틀어 애플은 단독으로, 혹은 모토로라와 연계해서 5개 부문 시장에서 사업을 영위했다. 그 부문 어디에서도 애플은 경쟁우위가 없었다. 상자제조 부문을 들여다보면 애플은 기껏해야 자유경쟁 시장에서 싸운 것이다. 스컬리가 꾀한 변화 중 몇몇은 핵심 산업에서 애플의 위치를 바꾸려는 시도였다. 스컬리는 직원을 영구적으로 줄였고, 애플의 작업 환경을 유쾌하게 만들던 특전을 없애 버렸으며, 인건비가 높은 실리콘 밸리에서 다른 곳으로 직무를 옮기고 수익성이 보이지 않는 프로젝트와 활동을 중지했다. 그리고 가능한 한 외부 공급자 조달에 대한 거부감을 없애기 위해 '여기서 만들어야 해'라는 편견을 없애려고 노력했다. 모두 비용을 대량 감축하려고 취한 조치들이다.

이런 비용 감축 덕에 애플은 보다 저렴한 맥 버전을 선보인다. 이 매킨토시는 IBM의 호환 PC와 비교했을 때 경쟁력이 있었다. 그러나 스컬리는 응용 프로그램 사업을 포기하지 않았고, 회사가 마주한 두 개의 거대한 열위를 경감시키려는 노력도 하지 않았다.

첫째, 보다 뛰어난 기술에도 불구하고 매킨토시의 OS는 마이크로소프트와 비교했을 때 한참 뒤떨어진 2인자였고 산업 내에서 혁신적인 변화가 일어나지 않는 한 애플의 애물단지로 전락할 가능성이 높다. 둘째, 프로세서 성능에서 모토로라는 필연적으로 인텔보다 뒤떨어진다. 거대한 시장점유율 덕에 인텔은 필수요소인 연구 개발에 많이 투자할 여력이 있다.

애플이 가지고 있는 여러 부문을 하나로 묶으면 '시너지'가 나온다고 주장하는 사람도 있지만, 과연 어디에서 시너지가 생길지 확실하지 않다. 특히나 장기적인 관점에서 보면 더 그렇다. 인텔과 마이크로소프트는 정기적으로 협조하는 관계였다. 다양한 부문을 엮어서 형성되는 시너지를 애플이 찾아내더라도 인텔과 마이크로소프트 역시 똑같은 시너지를 만들 능력이 있다. 또한 각각 부문별로 주요 시장 참여자가 겹치지 않는 점을 보면 수직 통합의 혜택이 존재한다고 보기 힘들다.

스컬리의 다른 행동은 오히려 이해하기 힘들 정도이다. 스컬리는 '히트 상품'을 빡빡한 스케줄에 맞춰 내놓았다. 완전히 새로운 상품도 있었지만 과거 제품을 손본 경우도 있었다. 그 중 파워북PowerBook은 다른 회사 제품과 견줄 만했던 최초의 노트북이다. 퀵타임Quick Time(특별한 하드웨어를 추가하지 않고 동영상을 재생하는 윈도우즈 대응 멀티미디어 기능 확장 소프트웨어)처럼 혁신적인 상품도 있다. 퀵타임은 멀티미디어 소프트웨어 패키지 분야에서 애플을 일인자로 올려놓았다. 스컬리는 이 전략으로 애플 제품 라인을 재정비했지만 이 때문에 많은 프로그래머와 제품 디자이너를 계속 고용했다.

스컬리는 또한 소프트웨어의 강점을 활용하기 위해 산업 내 다른 회사와 동맹을 맺어야 한다고 생각했다. 1991년, 애플은 세 개의 모험을 시도한다. 세 개 모두 애플의 주요 경쟁자인 IBM이 관여했다. 첫 번째는 IBM의 RS6000 마이크로프로세서 제품군이다. 애플은 이 기술로 만든 칩을 사용하기로 결정한다. 그 결과 오랜 기간 동맹이던 모토로라는 새로운 파워PC 칩의 차선 제공자가 된다. 애플과 IBM

은 모토로라의 구닥다리 6800 마이크로프로세서, 인텔의 구모델인 X86 칩, 새로운 파워PC CPU에서 모두 돌아가는 탤리전트Taligent OS 를 만드는 모험도 감행했다. 응용 프로그램을 짜는 프로그래머의 부담을 덜어준다는 점에서 좋은 생각이긴 했지만, 이에 추가되는 비용이 어마어마했다. IBM과 진행한 세 번째 모험을 통해서는 멀티미디어 소프트웨어 기준을 확립하려고 했다.

이런 동맹을 맺은 이면에 숨어 있는 스컬리의 의도는 분명했다. 애플은 대규모 경쟁에서 작은 참여자일 뿐이니 거대한 기업과 동맹을 맺고, 이를 발판 삼아 이용해 자신의 특장점을 최대한 활용하려고 했다. 스컬리에 따르면, 그는 경쟁 때문에 끊임없이 가격 압박을 받는 PC 제조업자의 상황을 개선해 산업 구조 자체를 변화시키려 했다. 그러나 시장점유율이 고작 10퍼센트인 애플의 영향력은 미미했다. 그리고 이런 시도는 마이크로소프트-인텔 지배 구조를 흔들지 못한다. OS 시장을 차지하려는 IBM의 노력은 먹히지 않았고 탤리전트가 널리 사용되었다는 흔적조차 보이지 않는다. 애플은 이미 멀티미디어에서 축적된 경험이 풍부했다. 이미 강한 분야에서 약자인 IBM과 동맹을 맺어서 무엇을 추가로 얻을지 의심스럽다.

스컬리는 선지자였다. 그는 PC 산업을 재구축하려는 욕망과 임박한 디지털 정보 시대에 대한 예측 때문에 이런 동맹 관계를 시도했다. 정보를 만드는 기업, 편집하는 기업, 내보내는 기업, 가공하는 기업, 보여 주는 기업, 이 모든 이들이 밀접하게 연결된 새로운 세상이 도래한다. 전화 회사, 영화 스튜디오, 신문사 등이 오랫동안 가지고 유지해온 경계가 허물어지고 구조가 전면적으로 개편될 것이다. 1991

년에 스컬리가 내놓은 방안은 과감하기도 했고 여러 가지 면에서 미래에 대한 선지적인 예견을 담았다. 몇 년 후에 월드와이드웹www: World Wide Web이 폭발적으로 성장하면서 이 모든 사업이 연결되는 발판이 마련된다(스컬리의 선견지명에 대해서는 제4장의 그림4.5를 참고하기를 바란다).

애플의 과제는 새 개척지에서 수익을 내면서 자연스럽게 안정적으로 자리를 잡는 것이었다. 애플은 이 새로운 세계의 중심에서 반드시 필요한 존재가 되고자 시도할 수 있다. 모든 멀티미디어를 처리하는 데 반드시 필요한 소프트웨어 기준을 소유하면서 말이다. 그러려면 이미 강력한 경쟁우위에 있는 마이크로소프트와 한 판 붙어야 한다. 새로운 기술이 마이크로소프트의 장점을 소멸시킨다 하더라도 애플이 마이크로소프트의 자리를 대신하지 못한다. 기껏해야 경쟁이 치열한 시장에서 고만고만한 참여자 하나가 될 뿐이다. 혹은 새로운 디지털 제품 분야에서 일인자가 되려고 시도할 수 있다.* 호주머니에 들어가는 크기에, 필기를 인식하고 기존 하드웨어와 같이 사용하는 PDA가 하나의 예가 된다. 이런 새로운 시장은 초기 시점에서는 진입장벽이 없는 자유 경쟁 시장이다. 이런 분야에서 애플의 경쟁우위는 명확하지 않다. 마지막으로 그래픽이나 멀티미디어 소프트웨어처럼 애플이 뛰어난 기술을 이미 보유한 한두 개의 니치 시장만 공략할 수 있다. 단, 이런 니치 시장에서도 마이크로소프트-인텔의 진입이 애플에게 방해물이 될지 모른다. 이들은 보다 강력한 칩과 더

---

* 역자 주 : 실제 애플은 스마트폰 분야에서 일인자가 되면서 성공을 거둔다. 애플의 스마트폰 아이폰은 2007년 처음 선보였으며, 2011년 8월 미국 증시 총액 기준 1위 기업이 된다.

나은 소프트웨어로 무장하고 있기 때문이다.

　스컬리가 파악한 위험을 해결할 명료한 대안은 없다. 그 어떤 선택도 애플에게 확실한 성공을 보장해 주지 못한다. 어떤 선택이건 어려운 도전이 앞에 도사리고 있다. 강력한 여러 명의 경쟁자가 애플을 포위하고, 디지털 정보 세계를 향한 길은 앞이 뚜렷하게 보이지 않는 데다가, 애플은 PC 기술 분야에서 비주류에 속한다. 애플에게 쉬운 길이란 애초부터 없다. 아직 애플이 충분히 수익성이 높던 1990년, 스컬리는 앞에 포진한 장애물을 제대로 발견하긴 했지만 수익성을 지속할 방향을 찾지는 못했다. 그는 1993년까지 애플의 CEO로 있었고, 그의 후계자는 3년을 버텼다.*

　애플은 6개월마다 전략을 바꿨다. 1994년 애플은 매킨토시 OS에 대한 라이선스를 허용한다고 선언한다. 이로써 다른 회사들이 맥의 복제품을 생산할 수 있게 되었다. 이는 고작 3년 동안 유효했다. CEO로 다시 돌아온 스티브 잡스가 이를 폐지했다. 잡스는 넥스트 NeXT 컴퓨팅 사업을 매각하는 조건으로 애플 주식 몇백만 주를 받고 애플의 CEO로 돌아온다. 잡스는 다시 한번 PC 사업에 집중한다. 우아한 디자인과 사용하기 쉬운 OS를 본 애플 추종자들은 격하게 환호했고 단숨에 애플의 수익성이 회복되었다. 2000년 9월에 애플의 매출 규모는 1995년 최고치 매출보다 약 30퍼센트 낮은 규모였지만, 잡스는 영업 마진을 5퍼센트로 복구시켰다. 애플은 살아남았지만 성

---

* 역자 주 : 스컬리의 후계자는 길 아멜리오로 1996년 실적 저조로 물러났고, 복귀한 스티브 잡스가 1997년부터 2000년까지 임시 최고 경영자로 일하다가 2000년 CEO로 취임한다. 이후 2011년부터는 팀 쿡(Team Cook)이 CEO로 재직 중이다.

공하지는 못했다. 미래는 그다지 밝지 않다. 그림6.5를 살펴보자.

스컬리가 고민 끝에 내린 결정과 컴팩을 위한 로젠의 명확한 처방을 비교해 보면 그 차이는 상당하다. 경쟁우위가 없는 환경에서 운영 효율에 집중한 컴팩은 애플보다 커졌고 몇 년간 높은 수익성을 누

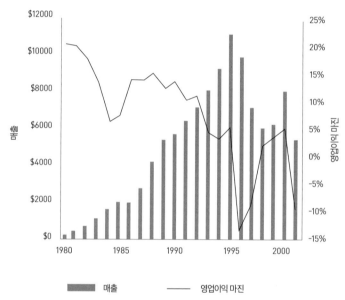

그림6.5
애플의 매출과 영업 마진, 1980년~2000년

표6.3
컴팩과 애플, 1991년과 1997년

	컴팩	애플
1991년 매출(십억 달러)	$3.6	$6.3
1997년 매출(십억 달러	$24.6	$7.1
평균 영업 마진	10.2%	1.7%

렸다. 애플은 휘청거리고 있었다.(표6.3). 마케팅 천재인 스티브 잡스의 지휘하에서도 경쟁우위의 환상을 쫓아 부산하게 일을 벌이는 바람에 전문화의 혜택도, 경영진의 뚜렷한 집중도 혜택을 보지 못했다. 앞에서 봤듯이 컴팩의 부활도 오래가지 않았다. 수익성을 회복시켜 준 엄격한 비용 관리를 유지하지 못했고 결국에는 HP에게 먹혀 버렸다.

제7장

소멸되는
생산 경쟁우위

CD, 데이터 스위치 그리고 토스터기

필립스, CD를 개발하다

　필립스Phillips N.V.는 네덜란드에 본사를 두고 있는 다국적 대기업으로 소비자 가전 부문에서 오랫동안 사업을 영위해왔다. 필립스는 LP판을 대체한 오디오테이프 카세트 분야에서 선구적 역할을 했다. 1960년대 후반 필립스 연구원들은 레이저를 이용한 디지털 재생을 연구하기 시작한다. 50년대에 MIT에서 처음 개발된 기술이었다. 첫 작품은 디스크에 새겨진 이미지를 (디지털 방식이라기보다는) 아날로그 방식으로 광학 스캐닝을 하는 비디오 시스템이었다. 비디오테이프보다 뛰어난 품질로 재생되기는 했지만, 이 시스템은 이미 녹화된 것만 틀어 준다는 한계 때문에 널리 쓰이지 않았다. 그러나 이는 레이저 스캐닝의 잠재성을 깨닫는 계기가 되었다. 청각 정보와 시각 정보를 디지털 부호화Digital Encoding할 때 나오는 강력한 잠재력을 엿본 셈이다. 1979년, 필립스의 소비자 가전 부문 임원들은 가정 소비 목적으로 CDCompact Disc에 음악을 저장하는 기술의 사업 잠재성을 검토한다.

1979년 당시 미국의 레코드 음악 산업

레코딩 스튜디오에서 음악을 녹음하는 가수로부터 시작해서 집에서 안락하게 음악을 듣는 소비자에게 도달하기까지 레코드나 테이프는 많은 단계를 거친다. 음악 산업 부문 시장은 경쟁이 치열했다. 즉, 다수의 기업이 시장을 작게만 점유하고 있었다. 단지 소수의 레코드 회사들만이 가수들을 고용하고 레코드를 시장에 내놓으면서 시장을 손아귀에 넣고 있었다(그림7.1).

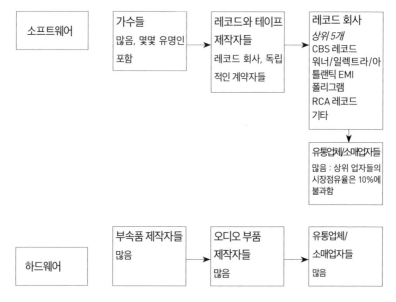

그림7.1
레코드 음악 산업 지도

필립스는 이들 중 두 개 부문 시장에서 사업을 했다. 필립스는 오디오 부품 생산 업체였지만 품질, 디자인, 가격, 그 어느 면에서도 특출한 존재는 아니었다. 또한 레코드 회사인 폴리그램Polygram의 지분을 50퍼센트 보유했다. 나머지 주식은 독일 대기업 지멘스Siemens의 몫이었다. CD 개발을 가장 강력히 찬성한 사람은 사실 폴리그램의 마케팅 담당 이사였다. 레코드 산업에서 폴리그램은 일인자 CBS와 워너Warner의 뒤를 쫓는 2군 정도 되는 기업이었다. 필립스를 제외하고는 부문 시장 간 겹치는 이름은 거의 없었다. 도시바는 EMI와 어느 정도 관계가 있었고 소니는 CBS 레코드와 연계되어 있었지만, 이는 오직 일본에만 한정된 이야기였다(이후 1988년 소니는 CBS 레코드를 매입한다). 그 외에 각각의 부문 시장은 별개의 시장으로 존재했다. 이 조각조각 나뉜 시장 어딘가에서 CD를 이용해 이익을 창출하는 것이 필립스 임원들에게 주어진 숙제였다.

재생 매체 현황

1979년에 녹음된 음악을 사려면 LPLong-Playing Vinyl Records를 사거나 이미 녹음된 테이프를 사야 했다. 테이프는 두 가지 종류가 있었는데 하나는 8트랙 카트리지8 Track Cartridge(1964년 개발된 자기 테이프 재생 시스템. 하나의 테이프에 8개의 스테레오 트랙을 저장할 수 있음), 또 하나는 카세트였다. 초기 형태는 오픈릴Reel-to-reel(녹음 또는 재생을 할 때 테이프를 감는 틀이 따로 떨어져 있어서 테이프를 자유로이 다룰 수 있는 형태의 틀)이었는데 1979년에도 전문가나 마니아 층에서 아직 사용되기는 했지만 이미 한물간 상태였다. 1979년에는 LP 3억 개가 팔렸고, 8트랙은 1억 개, 카세트는 8,300만 개가 팔렸다. 카세트가 8트랙을 빠르게 따라잡고 있었다. 8트랙과 달리, 카세트 사용자는 공테이프를 사서 직접 녹음이 가능했기 때문에 사용처가 다양했다. 그러나 이미 녹음된 원본 외에 해적판이 나오기가 쉬워서 레코드 기업과 계약한 가수 모두에게 위협적이었다.

필립스의 임원들은 몇몇 장애물을 넘기만 하면 CD가 새로운 기회를 가져다줄 것이라고 생각한다. 그 장애물 중 하나는 가정용 CD 플레이어와 CD에 대한 기준 문제였다. 비디오카세트 산업에서는 소니의 베타맥스Betamax 형식이 JVC의 VHS 시스템과 경쟁했고, 아주 잠깐 동안 RCA와 필립스의 비디오 디스크도 이 싸움에 발을 내디뎠다. 이 사례 하나만 봐도, 수익성을 감안하는 회사에게 기준 문제로 경쟁하는 것이 얼마나 어려운지 알 수 있다. 8트랙과 카세트 간의 경쟁 역시 비슷한 양상을 보이며 그때까지도 현재진행형으로 진행되고 있었다.

레이저를 기반으로 한 오디오 부문에서 필립스가 빠르긴 했지만 필립스의 임원들은 텔레풍켄Telefunken(독일의 오디오 기기 생산 기업), JVC, 소니 등 다른 기업이 각자 독자적인 기준을 가지고 호환되지 않는 유사 기기를 만든다는 사실을 알았다. 통일된 하나의 기준이 없으면 기술이 범용화되기까지 시간이 걸린다. 레코드 회사들은 같은 음악을 각각 다른 기기에 담아 생산하지 않을 테고 제작자들은 해당 시장이 충분히 크다는 보장 없이 디스크 플레이어를 생산하려 하지 않는다. 통일된 한 개의 기준이 필요했다. 필립스의 계획 중 일부는 필립스만의 기준을 확립해서 이를 모든 시장 참여자가 차용하도록 하는 것도 포함됐다.

두 번째 잠재적 장애물은 비용과 가격의 상관관계였다. 성공하려면 CD 가격이 경쟁력 있게 저렴하고 디스크 플레이어 역시 소비자가 구매할 수 있는 수준의 가격이어야 한다. 과거 LP 플레이어보다 비쌀 수는 있다. 소비자 조사에 힘입어, 필립스 임원진은 뛰어난 음질과 내구성 개선을 위해 일부 고객이 CD와 디스크 플레이어에 대해 프리미엄 가격을 지불할 것이라고 판단했다. 또한 판매량이 충분히 늘어난다면 LP 플레이어와 비슷한 음질을 제공하는 디스크 플레이어를 전축과 비슷한 비용으로 생산할 수 있다고 전망했다. 예측하기 어려운 부분은 음악을 CD에 탑재하는 비용과 최종 구매자에게 도달하는 유통 채널에서 추가되는 비용이었다.

세 번째 문제는 CD 시장이 성장한다면, 똑같이 디스크를 제공하는 잠재적 경쟁자와 플레이어 제작자 사이에서 필립스를 차별화하는 방법이었다. 필립스 임원들이 직접 이 문제를 다루지는 않았다. 하지만 차별화할 묘안이 없다면 전쟁터 같은 자유 경쟁 시장에서 고군분투할 수밖에 없다. 경쟁이 심화되면 수익성은 하락하고, 아무리 최초 개발에 공을 들였어도 필립스가 이득을 볼 수 없다. 필립스의 전략이 재무적으로 성공하려면 이 세 번째 문제를 현명하게 해결해야 했다.

수요와 공급

CD 수요를 예측하면서 필립스 임원진은 재즈와 클래식 LP를 구입하는 소비자를 유심히 살폈다. 재즈와 클래식 음악의 음폭(사람의 목소리나 악기가 낼 수 있는 최저 음에서 최고 음까지의 넓이)은 락, 팝, 컨트리 혹은 다른 어떤 장르보다 넓기 때문에 그 분야의 소비자는 CD 덕에 개선될 음질의 가치를 누구보다도 잘 이해했다. 미국 시장에서 이들 재즈/클래식 애호가들은 1979년 2,500만 개의 레코드를 샀다. 이 수치는 LP 시장의 약 10퍼센트를 차지한다. 이들은 디지털 방식으로 리마스터링Remastering(음질을 개선하기 위해 녹음용 원본 테이프를 다시 만드는 것)된 레코드를 사는 데 무려 30퍼센트의 프리미엄을 기꺼이 지불하는 열성을 보였다. 디지털 리마스터링 레코드의 품질은 LP판보다는 살짝 뛰어났지만 CD보다는 한참 모자랐다. 필립스의 경영진은 재즈/클래식 애호가 시장의 절반이 CD로 옮겨가는 데 5년 정도의 시간이 걸린다고 예상했다. 또한 이들 애호가를 제외한 음악 시장의 나머지 90퍼센트 고객 중 상당 부분 역시 새로운 기술로 넘어간다고 예측했다. 이런 가정하에서 수요를 계산하자 3년 후 연간 디스크 필요량이 1,800만 개를 넘었고 7년째에는 무려 1억 2,000만 개의 디스크 수요가 예상됐다. 더군다나 이는 미국 안에서만 필요한 수치였다. 미국의 수요가 세계의 수요 절반을 차지한다고 치면, 세계 수요는 그 두 배가 된다.

폴리그램 지분 관계 때문에, 필립스 경영진은 LP와 카세트의 생산 비용을 꽤 정확하게 파악했다. 1982년—CD 출시가 예상되는 해—에 제조와 포장비를 제외한 LP와 카세트의 변동비 구조가 표7.1처럼 된다고 예상한다. 한편 CD의 예상 비용은 크게 다르지 않았다. 예술가에게 지불되는 로열티는 LP와 카세트 간 차이가 크게 없었다. 따라서 CD라고 큰 차이가 발생할 리 없다. 프로모션 비용 1.33달러는 이익을 포함한 가격이다. 유통업자와 소매업자가 구매자에게 추가로 얹는 비용은 3달러 수준이다. 즉, 제조와 포장비를 제외했을 때 소비자당 가격은 약 7달러가 된다.

1979년, LP 가격은 6.75달러 정도였다. 1982년까지 매년 인플레이션이 10퍼센트라고 치면(실제로 그 정도 올랐다) 3년 안에 LP 가격은 9달러 정도가 된다. 고품질 사운드에 30퍼센트의 프리미엄을 지불한다고 생각하면, CD의 소매가는 11달러에서 12달러 정도다. 제조와 포장비를 제외한 원가가 7달러라면 CD를 생산하고 보관하는 데 4달러를 쓸 수 있다. 필립스의 생산과 포장 비용이 4달러 미만이라면 판매가격-원가의 수학 문제는 해답을 찾은 셈이다.

폴리그램의 임원 한스 가우트Hans Gout는 필립스의 CD 프로젝트를 열성적으로 주도했고 '보석상자'라고 불리는 지금의 플라스틱 케이스에 CD를 담아서 배포하길 원했다. 케이스당 가격은 1.18달러로 만만치 않았고 판지로 만든 LP 앨범보다 많이 비쌌다. 가우트는 CD의 우수한 품질을 부각시키는 데에서 보석상자가 원가만큼 충분히 가치가 있다고 믿었다. 포장에 1.18달러를 사용하고 나면 제조에는 2.82달러를 쓸 수 있다는 계산이 나온다.

필립스 임원진은 CD 생산 비용 예측에는 관련 경험이 별로 없었다. 비디오 디스크 생산라인이 효율적으로 운영되려면 수년이 걸린다는 것은 알았다. 불량 비디오 디스크 발생 요소를 제거하면서 생산성이 개선된다. 최초 5,000만 개가 생산될 때까지 생산율이 올라가고

표7.1

녹음된 음악의 원가 추정, 1982년

예술가에 대한 로열티	$2.65
프로모션 (이익 포함)	$1.33
유통	$3.00
총계	$6.98

생산원가가 하락할 거라고 예상했다. 5,000만 개가 생산된 뒤에는 원가가 0.69달러에서 안정화된다고 예측했다(표 7.2). 사업을 최초로 시작한 기업은 학습 곡선 효과로 후반 경쟁자를 따돌릴 수도 있다.

변동 생산비는 전체 제조 공식 중 일부분이다. 나머지는 디스크에 음악을 집어넣는 데 필요한 공장과 기기 비용이다. 필립스의 엔지니어들은 연간 생산량 2백만 개짜리 공장 설비를 짓는 데 2,500만 달러의 비용과 18개월의 시간이 필요하다고 추정했다. 공장 한 곳을 짓고 나면 건설 기간은 1년으로 줄어들고 기계도 개선되며 가격도 떨어진다. 개선된 버전의 기계가 과거 기계를 추월하면서, 이런 절감 효과는 적어도 5년 동안 계속된다고 예상했다. 자본비용을 10퍼센트라고 보고, 감가상각이 10년 동안 진행되면, 디스크당 연간 설비 비용은 1981년 2.5달러에

표7.2 누계 생산별 CD 1개당 변동비

누계 생산 개수 (백만 개)	개당 생산원가
0~5	$3.00
5~10	$2.34
10~50	$1.77
50 이상	$0.69

표7.3 CD 당 시설 비용

	CD당 시설 비용	20%로 계산한 CD당 연간 시설 비용 (자본비용과 상각을 포함해서 계산한 값)
1982	$12.50	$2.5
1983	$8.35	$1.67
1984	$5.58	$1.12
1985	$3.73	$0.75
1986	$2.39	$0.48
1987	$1.67	$0.33

서 1986년 0.33달러까지 하락한다(표7.3). 디스크 생산 용량이 200만 개 이상인 공장을 짓는 경우 비용 절감 효과가 크지 않았다.

변동비, 고정비를 합쳤을 때, 3~4년 후 최신 세대 설비를 보유한 기업의 CD당 생산 원가는 2.8달러까지 떨어지고, 필립스 임원들은 이 가격이면 레코드 회사들이 충분히 감내하면서 소비자에게 제품을 제공할 수 있다고 결론 내린다. 생산 측면에서 규모의 경제는 상당히 제한적이다. 예를 들어서 4세대 기계를 사용할 때 디스크당 3.73달러의 자본 투자(설비 투자)가 일어나고 이는 디스크당 자본비용이 0.75달러로 계산된다. 4년째 누적 생산량이 500만 개를 넘으면 디스크당 변동비 0.69달러가 추가로 얹어지면서 전체 원가가 1.44달러가 된다. 그래도 여전히 가격 측면에서 CD 프로젝트는 충분히 실현할 수 있었다.

학습 곡선이냐 가파른 추락이냐

필립스에 장밋빛 미래가 펼쳐졌다. 필립스는 소니와 협력하여 양사 제품의 가장 뛰어난 사양만을 합쳐서 기준 문제를 해결했다. 75분 분량의 음악—베토벤의 9번 교향곡이 들어가는 분량—을 담도록 디스크 지름이 12센티미터가 되어야 한다고 소니가 고집을 부렸는데 이 결정은 클래식 애호가에게 두고두고 찬양받는다. JVC가 자신만의 기준을 가지고 잠시 소란을 피우기는 했지만 1982년이 되자 필립스-소니 기준은 생산을 시작해도 될 만큼 충분한 지지 기반을 다졌다. CD에 녹화된 첫 음악은 빌리 조엘의 <52번가52nd Street>였다. 베토벤 <제9번 교향곡>이 곧 그 뒤를 따랐다. 연말이 될 때까지 약 100개가 넘는 음반이 CD로 나온다.

필립스가 어떻게 돈을 벌지는 아직 명확하지 않았다. 폴리그램과 CBS/소니가 최초로 CD를 채택했다. CD를 개발하는 과정에서 이들은 필립스와 소니의 파트너로 일했다. 다른 이들도 빠르게 쫓아왔다. 하지만 이 새로운 기술에 로열티를 지불하지는 않았다. 오히려 반대였다. 필립스와 소니는 새로운 상품을 사용하라고 이들을 설득했다. 청탁을 들어준 레코드 회사는 수익률을 낮출 생각이 당연히 없었다. 1950년대 MIT에서 개발된 기술이었기에 필립스가 보유한 특허도 없었다. 그리고 음악 산업 전반에 걸쳐 레코드 회사만 협상력을 가졌다. 필립스는 이들을 누를 힘이 없었다.

CD 제조사로서 융성했을 수도 있다. 시장 최초 진입자로서 학습 곡선을 통해 경쟁우위를 얻지 않았을까? 생산율 개선 요령을 막 배우기 시작한 햇병아리 회사보다 더 낮은 가격에 CD를 생산한다면 학습 곡선으로 인한 경쟁우위를 확보한 셈이다. 학습 곡선이 지속된다면 최초 진입자는 영구적으로 경쟁자보다 앞서갈지도 모른다. 하지만 그렇게 되기에는 문제가 있다. 경험치가 완성률을 높이고 변동비를 낮춰 주지만, 생산 공정이 오래될수록 기술 열위가 되면서 혜택이 사라진다. CD 시장에 늦게 진입할수록 생산비용이 낮고, 먼저 진입한 자는 그 대가를 치른다.

학습 곡선의 혜택과 신기술로 인한 비용 절감, 어느 쪽의 효과가 더 클지는 CD 시장의 성장 속도에 따라 결정된다. 초기 진입자가 제3세대(3년 차) 기술을 이용해서 생산한다고 치자. 디스크당 연간 자본비용은 1.12달러로 1세대인 필립스의 2.5달러보다 1.38달러만큼 저렴하다(표7.3). 필립스의 누적 생산량이 2년간 1,000만 개를 넘어선다면 필립스의 CD당 변동비는 1.77달러로 신규 진입자의 변동비(표7.2의 3달러)보다 1.33달러가 적다. 고정비와 변동비를 합하면 최초 진입자의 득실이 0이 된다. 필립스도 3세대 기술을 쓴다면 신규 진입자와 동일한 자본비용을 지불하기에 변동비 1.33달러의 혜택을 온전히 누린다. 하지만 학습 곡선에 따르면 신규 진입자보다 변동 생산비가 낮다. 하지만 신규 진입자가 경험을 축적하고 학습 곡선이 하향되면 필립스의 경쟁우위는 줄어들고 경쟁자가 누적 5,000만 개를 생산하는 순간 우위는 완전히 사라진다. 최신 버전의 기기를 사용하기 때문에 신규 진입자의 자본비용이 필립스보다 저렴하다.

CD 시장이 매년 2억 개를 소화할 만큼 폭발적으로 성장하면 몇몇 신규 진입자는 충분히 5,000만 개 생산량을 달성한다. CD를 구매하는 고객은 거대하고 강력하며, 까다로운 주요 레코드 회사들이기에 고객 독점도 불가능하다. 결국 필립스의 가격 경쟁우위는 2년을 넘기지 못한다. 역설적으로, 필립스의 학습 곡선 혜택을 유지하려면 CD 시장이 느린 속도로 성장하면 된다. 그런 경우라면 경쟁자가 학습 효과를 완성하는 시점, 즉 5,000만 개를 누적 생산할 때까지 걸리는 시간이 길어지면서 필립스는 가격 우위를 그때까지 유지한다.

이런 관점에서 봤을 때 CD 시장의 고민거리는 시장 크기가 작아서가 아니라 너무 커서 발생한다. 너무 빨리 시장이 커지면서 초기 진입자의 경쟁우위가 채 몇 년 지속되지 않았다. 고객을 독점하지 못하면, 고객이 필립스의 CD만을 사용한다고 기대할 수 없다. 게다가 연간 200만 개만 생산하면 공장이 효율적으로 돌아가므로 규모의 경제 역시 진입장벽이 되지 못한다. 고객을 독점하지 못하고 규모의 경제도 없는 상태에서 필립스가 CD 시장에서 경쟁우위를 차지할 방법이 없다.

그렇다고 오디오 부품 생산자로서의 위치가 희망적이지도 않다. 소니와 필립스가 CD 플레이어를 처음으로 내놓았지만 다른 회사도 오래되지 않아 생산에 착수한다. 모든 시장 참여자가 동일한 기술을 사용하기에 디자인, 기타 사양과 가격 외에 차별화할 재간이 없다. 이런 요인으로는 짭짤한 이익이 나오지 않는다. 더군다나 리서치와 기술에 자부심을 가지고 간접 비용에 많은 돈을 지불한 필립스는 더 불리하다.

과거를 분명하게 알고 있는 현재 시점에서 필립스의 CD 전략을 비난하는 것은 쉽다. 하지만 빠르게 성장하는 시장에 첫 번째로 들어가서 단물을 빨아 먹겠다는 생각은 많은 제조업체들이 쉽게 내놓는 아이디어다. 상당수가 필립스와 같은 길을 걸었다. 필립스의 경험을 보면 그 이유가 명확해진다.

최초 시장 진입은 양날의 검과 같다. 누적 생산치가 늘어나면서 학습 효과 덕에 변동비가 줄어든다는 점이 장점이다. 한편 빈티지 효과—최근에 세운 공장일수록 효율성이 높아지는 현상—는 최초 진입자에게 불리하다. CD 시장처럼 거대하고 빠르게 성장하는 시장에서 누적 생산량과 학습 효과는 최초 진입자는 물론 신규 진입자에게도 눈이 핑핑 돌 만큼 빠르게 변한다. 학습효과가 줄어드는 법칙은 최초 진입자의 우위를 축소시키고 빈티지 효과가 부정적으로 빠르게 시장을 지배한다. 그 시점이 되면 CD 시장의 이익이 다른 진입자를 빠르게 끌어들인다. 필립스의 수익은 크게 떨어진다. CD를 니치 시장으로 한정시켜서 그 분야를 혼자 5~7년 동안 독식했다면 차라리 나았을 것이다. 그랬다면 그 기간 동안 필립스는 평균 수익률보다 더 높은 수익을 누렸을 테고, 초기 개발 비용을 다 회수했을지도 모른다.

시스코, 접속의 힘을 깨닫다.

　CD와 플레이어 제조 회사로서 CD 시장을 이끌고자 한 필립스의 노력은 소비자에게 더할 나위 없는 혜택이었으나 필립스 자신과 그 외 기업에게는 이렇다 할 만한 보상을 되돌려 주지 못했다. LP를 아끼는 소수의 오디오 애호가를 제외하고, 대부분의 청중은 CD의 편리성과 내구성에 환호했고 CD는 자연스럽게 LP와 LP 플레이어의 자리를 대체했다. 후일 디지털 형식의 음악과 파일 공유(해적 파일Piracy)에 의해 존재 자체를 위협받기는 하지만, CD는 기술, 엔터테인먼트 그리고 컴퓨터 저장 매체로서 역사의 한 자리를 확실하게 차지한다.

　여러 면에서 시스코Cisco의 네트워킹 사업 경험은 필립스와 CD 시장이 보여준 양상과 판이하게 달랐다. 시스코는 라우터Router를 개발했는데, 이는 한 조직 내에서 사용하는 서로 다른 컴퓨터 시스템을 하나로 묶어 주는 역할을 한다. 라우터의 최초 고객은 음악을 사는 소비자가 아니라 기업, 정부 기관, 대학, 그 외 기타 기관들이다. 시스코는 이 시장의 첫 번째 주자는 아니다. 하지만 시스코는 경쟁자 중에서 항상 가장 크고, 가장 수익성이 높고, 가장 빨리 성장하는 기업이었다.

　시스코는 경쟁우위를 성공적으로 차지하고, 이는 시스코가 커지면서 더욱 강화된다. CD의 경우 1개 공장에서 연간 효율적으로 생산 가능한 규모는 200만 개인데 CD 시장은 이보다 훨씬 컸기 때문에 필립스에게 규모의 경제는 아무런 의미가 없었다. 반면 시스코는 복잡한 소프트웨어 기술과 이에 따른 높은 고정비 덕분에 규모의 경제로 인한 경쟁우위를 누렸다. 시스코는 이를 현명하게 활용한다. 필립스와 달리 시스코는 신규 사업에서 수십억 달러를 벌어들였고, 시스코 주식을 초반에 구입했다가 2000년 중반 주가가 고꾸라지기 전에 재빨리 팔아 치운 주주 역시 한몫 단단히 벌었다.

니치 시장의 참여자

시스코는 문제를 해결해 주는 능력으로 성장한 회사다. 1970년대와 1980년대에 걸쳐 컴퓨터 제조업자들이 우후죽순으로 생겨나면서 서로 다른 언어와 프로토콜을 사용했고, 그 결과 컴퓨터 간 소통이 어려웠다. 시스코는 1984년 스탠퍼드 대학교 엔지니어들이 설립한 회사로, 대학 부서끼리 이메일을 주고받고 싶다는 소박한 욕심에서 출발한다. 비즈니스 스쿨과 컴퓨터 사이언스 학부가 똑같이 HP 기기를 사용했지만 모델과 프로토콜이 달랐기 때문에 서로의 파일을 읽어 내지 못했다. 그래서 개발된 것이 라우터다. 라우터는 한 시스템의 결과물을 변환시켜서 다른 비슷한 시스템이 읽을 수 있도록 도와주는 매개체 역할을 한다(라우터는 사실 네트워크끼리 연결해 주는데, 문맥상 크게 중요한 이야기는 아니다). 흔한 이야기지만, 고객의 가려운 등을 긁어 주는 것만큼 성공과 부를 보장해 주는 사업은 없다. 특히 그 문제가 여러 사람의 골칫거리라면 말이다. 시스코는 컴퓨터 시스템 간 장애물을 없애 주는 방식으로 기관 내 네트워킹이 가능하여지도록 만들었다.

시스코는 또 다른 기류를 빨리 알아챈 덕에 더욱 승승장구한다. 조직 내에 서로 다른 네트워크를 묶어 주는 라우터로 인터넷 연결도 가능하도록 했다. 인터넷은 초기 단계에도 급속하게 성장했다. 라우터를 사용하면 서로 호환되지 않는 컴퓨터끼리도 연결된다. 보잉 같은 회사가 시스코 라우터를 기반 삼아 회사 데이터 전달 경로로 인터넷을 사용했고, 이를 통해 모든 시스템을 하나로 묶어 버렸다. 후일 인트라넷이라고 불리는 구조다. 보잉의 업무 프로세스가 크게 개선되면서 다른 기업 역시 네트워크 기능을 향상시키기 위해 시스코의 문을 두드린다.

사용자의 삶을 향상시켜 주는 회사, 특히 그 서비스가 차별되는 회사의 지갑은 두둑해진다. 시스코의 매출은 물론 이익도 급증하고 주가는 큰 폭으로 상승한다(그림7.2). 1990년에 시스코의 매출은 7,000만 달러였다. 2000년이 되자 매출은 190억 달러가 되어서 연 누적성장률이 66퍼센트에 달했다. 영업 이익은 매년 63퍼센트만큼 증가한다. 주식의 시장가치는 3억 5,000만 달러에서 4,500억 달러로 껑충 뛰었다(시스코의 회계연도가 끝나는 7월 말 기준). 매년 성장률이 90퍼센트에 달했다는 말

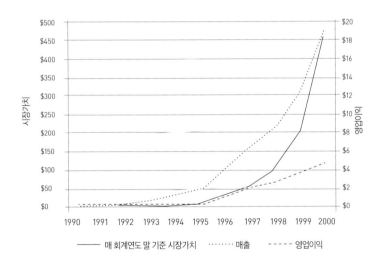

그림7.2
시스코의 시장가치, 매출, 영업 이익, 1990년~2000년 (단위 : 십억 달러)

이다. 1999년 한때 시스코는 시장 가치 기준으로 세계 1위 기업 자리를 꿰찬다. 필립스와 달리 경쟁자로부터 치명타를 입지 않았다.

매출의 급격한 성장, 높은 영업 마진, 투자 자본에 대한 예외적인 이익률 그리고 막대한 시장가치 증가의 이면에는 빠르게 확장하는 시장을 독식한 시스코의 안정적인 위치와 이러한 위치를 공고히 해 준 경쟁우위가 존재했다. 라우터를 처음 만들어 낸 시스코는 한동안 시장에 존재하는 유일한 생산자였다. 곧 웰플릿Wellfleet(미국 라우터 제조 회사로 1994년 싱크옵틱스SyncOptics와 합병되어 베이네트웍스Bay Networks가 되었고 베이네트웍스는 1998년 노던 텔레콤Northern Telecom에 매각됨)과 쓰리콤3Com(미국 네트워크 회사로 2010년 HP에게 매각됨)이 진입했다. 1989년 초 시스코의 시장점유율은 100퍼센트였다가 1994년 1분기에는 70퍼센트까지 하락한다. 하지만 2년이 지나기 전 시스코는 시장점유율을 80퍼센트까지 회복했다.

시스코의 시장에는 CD 시장에는 없는 두 가지가 있었다. 바로 상당한 수준의 고객 독점과 규모의 경제다. 라우터는 복잡한 부품으로 이루어지고 하드웨어와 소프트웨어가 섬세하게 얽혀 있다. 상당 수준의 전문 기술이 있어야 시스템을 설치하고 보수하는데, 숙련된 IT 인력이 없는 기업은 이런 설치나 보수를 건드리지 못했다. 기술을 갖추지 못한 기업은 시스코나 그 경쟁 기업에게 의존해야 한다. 어떤 회사가 내부 네트워크를 확장한다면 라우터를 설치해 준 기존 기업을 다시 찾기 마련이다. 복잡한 시스템을 감안하면 신규 공급자를 찾아 새로운 관계를 만들어가는 비용과 위험부담이 너무 크다. 친숙함 때문에 전환이 어렵기도 했지만 호환이 불가능한 라우터의 특성도 한 못했다. 시스코는 웰플릿이나 쓰리콤의 라우터와 통신이 이어지게 할 의사가 전혀 없었기 때문에 시스코의 라우터를 구입한 기업이나 기관은 계속 시스코를 사용해야 했다. 제품의 복잡성 때문에 고객은 꼼짝없이 포로가 돼버린다.*

다른 디지털 기기처럼 라우터의 성능은 빠르게 진화했다. 소프트웨어와 하드웨어 모두 개선되고, 빨라지고, 더 많은 데이터를 더욱 수월하게 다뤘다. 새로운 소프트웨어 코드를 쓰고 업그레이드된 라우터 모델을 만들어 내는 면에서도 시스코는 높은 시장점유율 덕택에 규모의 경제를 확보했다. 라우터 시장 대부분의 고객이 시스코의 라우터를 계속 사용해야 했기에 시스코는 경쟁자보다 새로운 기술을 고객에게 쉽게, 효율적으로 전파했다. 독보적인 위치 덕에 경쟁자보다 기술에 투자할 여력도 컸다. 기술에 더 많이 투자한다는 건 연구개발비를 쏟아붓거나 다른 작은 회사를 사들인다는 얘기인데 시스코는 양쪽 모두 공격적으로 추진했다. 1993년에서 1996년까지 시스코는 15개 회사를 인수하거나 일부 지분을 취득했고 그 다음 분기인 1997년 10월에는 8개 회사의 주식을 사들인다. 그 모든 시도가 다 효과적이지는 않았다. 시스코 주가가 빠르게 올라가긴 했지만 몇몇 회사의 주식은 너무 비싼 값에 매입했다(시스코는 자사 주식을 대가로 상대 회사의 주식을 사들였다). 하지만 혼자 힘으로는 얻지 못하는 기술을 사들이면서 시스코는 계속 남들보다 앞서갔다.

---

* 고객 독점이란 단순한 제품 차별화의 문제가 아니다. 가정 가전이나 PC 같은 기기조차 사양, 브랜드 이미지 그리고 인지된 품질 등에 의해 차별화된다. 하지만 IBM의 PC가 최초로 도입된 이후, 고객들이 최초 구매 회사에 얽매인 적은 없다.

스스로 쌓아 올렸든 혹은 외부에서 사들였든, 시스코는 유통, 관리, 연구 개발 측면에서 규모의 경제를 달성했고 라우터 영역 바깥으로 자신의 영토를 확장했다. 1990년대 중반 LAN_{Local Area Network}이 동일 기업 내 네트워킹 하드웨어 측면에서 라우터의 위치를 위협한다. 시스코는 LAN 시장에 진입하고자 기업을 사들였고, 이내 최대 공급자 위치를 확보한다. 1994년 1분기에 쓰리콤은 LAN 시장의 45퍼센트를 점유했고 시스코의 점유율은 35퍼센트였다. 1996년 말, 쓰리콤은 21퍼센트로 하락한 반면 시스코의 점유율은 58퍼센트까지 올라간다.

1990년에서 2000년 동안 시스코의 세전 투자자본 평균수익률은 입이 쩍 벌어질 만큼 높았다. 무려 142퍼센트였다(그림7.3).* 시스코는 스톡옵션을 대규모로 활용했고, 그 덕에 상당한 인건비가 손익계산

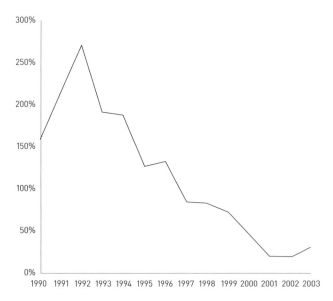

그림7.3
시스코의 세전 투자자본수익률, 1990년~2003년

서에서 제외됐다. 회의론자들은 스톡옵션을 비용으로 본다면 시스코는 수익성이 높지 않다고 주장한다. 이런 비평은 상당히 과장되어 있다. 2000년 7월, 시스코의 현금은 55억 달러(1990년에는 5,000만 달러였다)였고 현금과 유사한 증권에 투자된 금액은 140억 달러였다. 같은 기간 동안 시스코는 채권을 발행하지 않았고 새로 발행한 주식도 30억 달러가 채 되지 않았다. 인건비를 용케 숨겨서 손익계산서를 꾸몄다고 해도 1990년대 전반에 걸쳐서 시스코의 수익이 자본비용을 한참 뛰어넘었다는 사실은 부정할 수 없다.

해당 기간 동안 시스코가 얼마나 수익성이 높았는지 그림7.3을 보면 확연히 드러난다. 불황이 이미 진행 중이었고 3월 고점 이후 주식시장이 가파르게 하락하던 2000년 7월에도 시스코는 여전히 번창했다. 매출은 거의 190억 달러로 전년 대비 56퍼센트 상승했고 영업 이익은 32억 달러로 1999년보다 13퍼센트 증가했다. 어느 정도는 기업을 사들인 결과이기도 했다. 불안한 조짐은 있었다. 영업 마진이 처음으로 20퍼센트 이하로 떨어지면서 17퍼센트를 기록했다. 이는 1996년과 비교하면 절반 수준이다. 시스코의 손익계산서 곳곳에 문제점이 숨어 있었지만 주범은 연구개발이었다.

고객층을 바꾸다

'능력이 뛰어난 엔지니어들이 있으니 이들한테 일을 시켜야지!'라는

---

* 시스코 재무제표에 상당한 자산이 '투자'라는 계정으로 기재되어 있었다. 이는 만기 시점이 먼 미래여서 유동자산이라고 부르기 어려운 자산에 투자된 잉여 현금을 일컫는 말이다. 이 책에서는 이들 '투자'를 현금처럼 다루어서 투자자본수익률(ROIC)를 계산할 때 투자 자본에서 차감했다.

이유로 어느 날 갑자기 연구개발비를 늘리지는 않는다. 영업 마진이 줄어드는 이면에서 시스코의 사업이 본질적으로 크게 변하고 있었다. 초기부터 시스코는 기업 내부 네트워킹 시스템 시장을 독차지했다. 처음에는 라우터로 시장에 진입했고 라우터는 시스코가 직접 발명한 제품이다. 그러나 회사나 기관에서 필요로 하는 네트워크 규모나 대역폭이 점점 커지면서 관련 수요도 증가했고, 시스코는 LAN 같은 새로운 기술에 재빨리 적응했다. 1990년대 말이 되자 기업 네트워킹 시장은 상대적으로 성숙한 시장이 된다. 네트워크를 필요로 하는 대부분의 기관이 시스템을 보유했고, 업그레이드를 통한 혜택은 점점 줄어들었다. 시스코는 가장 큰 시장점유율을 차지했기 때문에 경쟁자의 몫을 빼앗아서 사업을 확장할 수 있는 입장이 아니었다. 하지만 시스코처럼 급격하게 성장한 기업은 현재의 매출 수준을 유지하는 정도로 만족하지 않는다. 시스코는 계속 성장하기를 원했고 그러려면 새로운 시장을 발굴해야 했다.

1990년대 말 시스코의 입장을 생각하면 기업, 대학교 그리고 기관

표7.4

시스코의 비용/매출 퍼센티지의 증가, 1996년~2000년

비용/매출	비중 변화 1996년~2000년
판매 제품 원가	1.2%
연구개발비	4.5%
판매 및 마케팅 비용	3.1%
일반 관리비	-0.6%
영업권과 매입한 무형자산의 상각	1.5%
진행중인 연구 개발비	7.3%
합계	17.0%

사용자에서 벗어나 텔레콤 서비스 제공 기업을 고객으로 끌어들이려는 시도는 극히 자연스럽다. 벨Bell 계열의 지역 운영 회사가 전통적인 텔레콤 기업이고 이들로부터 분사한 경쟁자(월드콤, 스프린트, MCI, 경쟁력 있는 지역 교환 통신 사업자들), 인터넷 서비스 제공 기업(AOL, 어스링크 그리고 그 외 수많은 회사들) 그리고 기타 음성과 데이터 통신을 본업으로 하는 회사도 텔레콤 기업 범주에 들어간다. 거의 모든 사람이 데이터 통신을 사용할 것이 예측되는 상황에서 텔레콤 서비스 제공자들은 자신만의 인프라를 구축하느라 분주했다. '캐리어-클래스Carrier-class(대규모 고속 네트워크를 위한 하드웨어와 소프트웨어들)'와 관련된 네트워크 기기 수요는 엄청났다. 시스코가 높은 수익성을 올리던 기업 대상 사업을 초라해 보이게 하고도 남을 규모였다.

시스코는 기술적 전문성, 뛰어난 마케팅 인재 그리고 엄청나게 쌓아둔 현금으로 무장한 뒤 캐리어-클래스 고객 대상 시장에 뛰어든다. 유감스럽게도 시스코는 고전을 면치 못한다. 기업을 상대하는 시장과 서비스 제공자를 상대하는 시장 간의 차이가 시스코의 예상보다 크게 벌어졌다. 첫째, 새로운 시장의 고객은 의견이 확실하고 요구가 까다로웠다. 루슨트Lucent, 노턴 텔레콤 그리고 몇몇 회사가 이미 몇십 년 동안 전화 회사에 교환 기기를 제공해 왔다. 그들은 거대했고, 오랜 기간 경험을 축적했으며, 고객과 공고한 관계를 확보했다. 물론 과거 아날로그 방식의 교환 기기에서 데이터 전송과 패킷 교환 제품으로 영역을 변경하기는 했지만, 자신들이 진지하게 업무에 임한다는 사실을 사방에 인지시켰다. 이들 유력한 경쟁자 외에도 시스코보다 젊고, 기술적 기량을 활용하고자 안달이 나 있으며, 열정적인 투자가로부터 IPO 자금을 확보한 신규 기업도 덤벼들었다. 이 시장에서 시스코는 신규 진입자에 불과했고, 기업 시장에서 누리던 결정적 경쟁우위를 갖지 못했다. 고객도 독점하지 못했다. 고객 관계 측면에서 보자면 시스코는 아무것도 없는 이방인이었다. 고객 독점이 없다면 유통, 서비스 제공 측면에서 규모의 경제를 누리지 못한다. 새로운 고객을 대상으로 새로운 상품을 만들기 때문에 연구개발비 측면에서도 당연히 규모의 경제가 존재하지 않는다.

이런 상황에서 시스코는 기껏해야 자유 경쟁에 뛰어들었을 뿐이다. 이미 자리 잡은 텔레콤 서비스 제공자는 거대했고, 강력했으며, 부유한데다가 기술적으로 능수능란했다. 새로운 시장에서 시스코는 과거 기업들과 맺었던 밀접한 관계를 만들어 내지 못한다. 기업 시장에서 시스코는 전문가였고 기업은 기술적 부담을 덜어주는 시스코에 대해 호의적이었다. 텔레콤 세계의 새로운 회사들, 즉 광 네트워크 회사들과 인터넷 서비스 제공자들은 수익성이 높지도 않았고 확실하게 자리 잡지도 않았지만 이들 역시 거대하고 기술 수준이 높았다. CD 시장의 주요 레코드 회사와 마찬가지로 이들은 단 하나의 공급자만 바라볼 이유가 없었다. 설사 단 하나의 기업과 거래하게 되더라도 수혜자는 시스코가 아니라 기존 텔레콤 기기 회사가 된다. 네트워크 회사와 관계를 이미 구축한 루슨트, 노텔(노던 텔레콤), 지멘스Siemens(독일 전자 기업), 에릭슨Erikson(미국 항공 장비 기업) 같은 기업들 말이다.

시스코는 뻔한 방법으로 캐리어-클래스 시장에 진입해서 현금을 펑펑 써댔다. 시스코는 가격을 공격적으로 낮추고 고객 융자에 대해서도 관대했다. 기기 대금을 돌려받기 위해 구매자에게 유리한 신용 조건을 제공한다. 시스코는 현금이 넘쳐났고 자금 조달 비용을 충분히 감당하는 듯 보였다. 하지만 충분한 현금을 무기로 초반의 경쟁열위를 극복하겠다고 덤빈 회사가 성공한 경우는 별로 없다. 시스코 역시 다를 바 없다. 코닥의 복사기 시장 진입, AT&T의 데이터 처리 서비스와 컴퓨터 산업으로의 이동, 제록스의 사무실 자동화 기기 산업 추구, 소프트웨어 시장에서 마이크로소프트를 축출하고 복사기 시장에서 제록스를 내쫓으려던 IBM의 시도는 모두 비참하게 실패했다. 현금이 두둑한 회사들이 명백한 경쟁열위를 무시하고 시장에 진입했다가 맞이한 운명이다. 시스코는 넉넉한 현금이 경쟁우위가 되지 못한다는 진실을 뼈저리게 깨닫는다.

당시 역사적 상황 때문에 시스코는 빠르고 잔혹하게 이 진실을 깨달았다. 하지만 너무나 명백한 사실 하나를 그 누구도 깨닫지 못했다. 지나치게 많은 인프라가 구축돼 있었다는 점이다. 인터넷 사용이 석 달마다 두 배로 증가한다는 말도 안 되는 예측에 캐리어-클래스 기업의 눈이 멀었을 뿐 아니라 다른 경쟁자 역시 똑같이 엄청난 인프라를 짓는다는 점을 염두에 두지 않았다. 1990년대 말 형성된 엄청난 주식 버블과 2000년~2002년의 주가 붕괴는 모두 텔레콤 관련 사업 분야에서 나왔다. 인터넷 서비스 제공 기업과 텔레콤 회사가 파산하기 시작한다. 시스코는 담보도 없이 (채무지가 망해서 상환되지도 않을) 엄청난 규모의 매출채권만 갖고 있었다. 회사가 청산하거나 이베이의 옥션 시장 플랫폼에 매물로 나오면서 최신판 시스코 설비가 회색시장Grey Market(생산 회사의 제품 공급 없이 형성되는 시장)으로 흘러 들어간 점도 두통을 더했다. 캐리어 부문 수요도 별로 남지 않은 상태에서 시스코는 엎친 데 덮친 격으로 자신의 상품과도 경쟁했다. 튼튼한 재무제표 덕에 너그러운 신용 정책을 고객에게 제공했는데, 재무제표가 시스코의 발목을 잡았다.

어쩌다 이렇게 되었을까? 시스코에게 최악의 해는 2001년이었는데, 세전 영업손실이 20억 달러에 달했다. 이 중 일부는 10억이 넘는 구조조정 비용에 기인한다. 돈을 긁어모으는 데 익숙하고, 매출/자산/투자 자본 대비 엄청난 이익 마진이 일상이던 시스코에게 이런 손실은 충격이었다. 2001년이 IT 기업 모두에게 힘든 해였고, 이런 현상은 비단 시스코에게만 해당되는 것은 아니었다. 시스코의 2001년 재무 실적에는 원래 분야인 기업 대상 네트워크 기기 사업과 새로운 사업인 캐리어 기기 실적이 섞여 있다. 따라서, 캐리어 부문 손실은 재무제표상의 20억 달러보다 더 컸다. 본업인 기업 대상 사업에서 얻은 이익 덕에 실제 손실의 크기가 축소되었다.

화려한 컴백

주가가 급락하고 이익이 줄어들기 전까지, 월 스트리트의 애널리스트들과 다른 산업 전문가들은 시스코 경영진의 능력을 높이 샀다. 높은 수익성을 유지하면서 성장을 지속하는 능력과 산업이 급격하게 성장하는 와중에 경쟁우위를 유지하는 능력은 쉽게 찾기 힘들다. 존 챔버스 John Chambers(시스코 회장)와 그의 팀은 이제 방침을 바꾸고, 경제와 산업이 모두 나쁜 상황에서 회사를 운영해야 했다. 급작스러운 변화에 익숙해지는 데 몇 분기가 걸리긴 했지만 시스코 경영진은 성공적으로 상황을 바꾼다. 매출 감소가 일시적, 주기적 상황이 아니라고 깨달은 경영진은 비용을 삭감하고 영업 마진을 개선하는 방향으로 움직였다. 우선 경쟁열위에 있던 캐리어 네트워킹 기기 산업에서 발을 뺀다. 해당 시장에서 입지를 다지기 위해 시스코는 현금을 펑펑 써댔다. 라우터 산업의 상당 부분은 유지된다. 쥬니퍼 네트워크가 시장을 잠식하고 시스코에 견줄 만한 경쟁자가 되었지만, 시스코는 여전히 시장 절반을 점유했다.* 수익성이 나쁜 캐리어 산업을 없애자 판매 제품 원가는 다시 줄어든다(그림7.4).

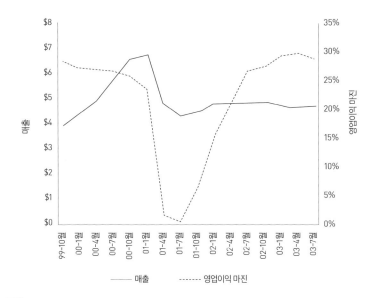

그림7.4
시스코의 분기당 매출, 영업 이익 마진, 1999년 10월~2003년 6월

---

* 쥬니퍼는 시장에서 난감한 위치에 있다. 시스코에 대항해 쥬니퍼가 시장 진입에 성공했다는 이야기는 기업 상대 라우터 시장 진입장벽이 축소된다는 의미가 된다. 그렇다면 또 다른 쥬니퍼가 나타나지 않으란 법이 없다. 또 다른 해석은 시스코의 경쟁우위가 근본적으로 타격을 입었다는 의견인데, 그렇다면 쥬니퍼의 성공은 그 규모가 미미해야 한다.

경영진들은 또한 간접 비용도 삭감했다. 2001년 4월 이후 매출이 급감하면서 간접 비용이 매출에서 차지하는 비중은 풍선처럼 불어난 상태였다. 이들 비용을 매출의 45퍼센트 이하로 절감하는 데 약 1년이 소요됐고 6분기가 지나자 40퍼센트 이하로 떨어진다. 하지만 40퍼센트 역시 한참 잘나갈 때보다는 여전히 높은 수준이다. 일시적인 비용을 감안한 영업 마진은 2000년 17퍼센트, 2001년 마이너스까지 떨어졌다가 2003년 26퍼센트까지 올라간다. 이때가 1999년 이후 시스코가 가장 실적이 좋았던 해다. 비록 시스코가 1990년 중반대의 황금시대를 다시 누릴 수 없을지는 몰라도, 시스코 경영진은 적어도 AT&T, 코닥이나 제록스보다는 험한 파도를 잘 헤쳐 나간다고 스스로 입증했다.

토스터기들?

토스터기는 아무나 만들어 낸다. 필립스 같은 대기업도 만든다(시스코는 만들지 않는다). 미국에만 약 50개 브랜드가 있다. 단순한 모델에서 레트로 스타일, 혹은 미래지향적 모델, 각종 기능이 있는 모델에서 기발한 모델까지 다양하다. 기본적으로 토스터기는 빵을 넣으면 태우지 않고 적당히 구워 주면 된다. 필립스나 GE 같은 폭넓은 제품 라인을 보유한 몇몇 대기업과 다양한 가전을 파는 회사들은 토스터기 말고도 다양한 상품을 판다. 그래서 이들의 재무제표를 봐서는 토스터가 얼마나 수익성이 높은지 알 수 없다. 하지만 진입장벽이 없기 때문에 토스터기 제조자가 높은 수익을 벌어들인다고 보기는 힘들다. 기능이나 디자인 면에서 조금씩 다르기는 하겠지만 기본적으로 큰 차이는 없다. 특정 스타일이나 특정 사양에 대한 수요가 급증한다면—예를 들어 빵이 다 구워지면 노래를 부르는 토스터기—오래지 않아 모든 제조업자들이 나지막이 노래를 부르는 토스터기를 시장에 내놓는다.

복잡하고 비싼 부품으로 이루어진 네트워크 기기—라우터, 스마트 허브Smart Hub, LAN—는 토스터기와 얼마나 다를까? 얼핏 보면 달라 보이지만 결국에는 큰 차이가 없다. 시스코가 본연의 라우터 산업에서 성공하면서 다른 회사가 시장에 진입했다. 하지만 이들 대부분은 처음 15년 동안 시스코의 성과에 흠집을 내지 못했다. 상당한 수준의 기술 지원과 관리가 없으면 구매 고객은 라우터 기기를 효율적으로 운영할 수 없다. 가전과 달리 기업은 라우터를 이리저리 짜 맞춰서 쉽게 사용하는 기술을 갖추지 못했다. 또 지속적으로 소프트웨어와 하드웨어를 업그레이드해야 하기 때문에 고정비가 상당한 비중을 차지했고, 덕택에 규모의 경제가 형성된다(이와 대조적으로 CD 제조에서는 공장과 기기 투자가 고정비를 구성하는데, 이는 단 한 번만 투자하면 된다. 규모의 경제가 가장 커지는 시점은 공장당 연간 생산 규모 200만 장일 때이다). 이런 모든 요소 덕에 시스코는 경쟁우위를 확보했고, 기업을 상대로 한 산업에서 확고한 진입장벽을 구축한다.

그러나 시간이 지나면 경쟁우위가 약해진다. 기기는 시간이 지날수록 안정화되고 사용하기 수월해진다. 지원과 서비스 비용은 줄어든다. 기기 기능이 표준화되면 제품 간 호환성이 높아진다. 제품 라인이 갖춰지면서 연구개발비 규모도 줄어든다. 기기를 쓰는 데 익숙해지면서 자신감이 붙은 고객은 새로운 저가 상품을 기꺼이 사용해 보려 한다. 이런 변화는 이미 시스코에 영향을 끼쳤다. 쥬니퍼 네트워크를 필두로 새로운 회사가 최신 기술을 제공하면서 시스코의 몫을 빼앗아 갔고, 루슨트, 알카텔Alcatel, 노텔같이 오래된 회사는 문제가 많기는 하지만 사라지지는 않았다.

시스코는 2001년의 텔레콤 폭락에서 운 좋게 살아남았지만 높은 성장률과 투자수익률을 기반으로 시장가치가 1위였던 1990년대 중반 황금시대로 돌아가지는 못한다. 다른 산업의 경험으로 미루어보건대, 위에서 나열한 추세 때문에 언젠가는 시스코의 경쟁우위가 완전히 사라질 것이다. 어떤 제품이 처음에는 독특하고 복잡할지 몰라도, 결국에는 토스터기와 같다.

CD 시장의 필립스는 시스코가 누린 황금 시절을 경험하지 못했다. 고객을 독점한 적이 없었기 때문이다. 필립스의 고객은 거대하고 까다로웠으며 CD는 A/S가 거의 필요 없었다. 필립스는 규모의 경제로 인한 혜택도 보지 못했다. 레코딩이 되지 않은 CD를 위한 서비스와 유통 문제는 극히 일부분의 비용으로 처리됐고 최초의 개발비는 높았을지 몰라도, 지속적인 연구개발비는 아주 미미했다. 비용우위를 가져오는 학습곡선이 필립스가 유일하게 기대할만한 희망이었지만, CD 시장이 급속하게 성장하는 바람에 경쟁자 역시 학습곡선 효과를 누렸다. 필립스는 CD 시장에 들어가자마자 토스터기의 세상을 마주한 셈이다.

위 두 사례에서 보듯이 시장을 매력적으로 만드는 요인이 곧 성공 요인이 되지는 않는다. 시장의 크기가 크거나 빠르게 성장해야만 성공적인 전략이 나오는 것도 아니다. 핵심 역량 역시 중요하지 않다. 필립스와 시스코는 CD와 네트워크 설비 시장에서 각각 뛰어난 기술 역량을 보유했지만 둘 중 하나만 예외적으로 높은 수익률을 잠시 동안 달성했다.

수비 가능한 경쟁우위를 확보하는 것이 중요하고, 이는 종종 시장 크기와 성장 때문에 악화된다. 캐리어-클래스 기기 시장의 크기는 경쟁우위가 없는 시스코에게 아무런 의미가 없었다. CD 시장이 빠르게 성장한 탓에 필립스는 경쟁우위를 확보할 기회를 놓쳤다. 차별화 역시 경쟁우위를 만들어 내지 못한다. 토스터기는 다양하게 차별화되지만 진입장벽도 없고 경쟁우위도 없다. 어떤 제품이라도 토스터기의 특성을 보이기 시작하면 추가 수익은 사라진다. 그리고 모든 제품은 시간이 지나면 토스터기 단계에 도달한다.

제8장

회사들이 게임을 시작하다
경쟁우위에 대한 구조적인 접근
파트 1 : 죄수의 딜레마 게임

여태까지 우리는 경쟁우위를 중점적으로 논의했다. 경쟁우위란 무엇인가? 어떤 회사가 특정 산업 내에서 경쟁우위를 누린다고 볼 수 있는가? 어떻게 경쟁우위를 이용할까?

경쟁우위가 없다면, 운영 효율을 좇아 끊임없이 집중하는 전략만이 가능하다. 1990년 이후 PC 산업과 CD 시장에서의 필립스가 운영 효율을 좇거나 혹은 추구하는 사례가 된다.

소매 산업의 월마트나 맥주 산업의 쿠어스는 지역 시장에서 경쟁우위를 누렸다. 이들의 전략적 도전은 경쟁우위를 유지하거나, 가능하다면 확장하는 것이다. 앞에서 봤듯이 그런 면에서 월마트는 쿠어스보다 성공적이다(단일 독점 기업은 그림 8.1에서 ②의 위치를 차지한다).

이제 몇 개의 회사가 동일 산업이나 시장 내에서 경쟁우위를 누리는 좀 더 흥미롭고 까다로운 상황에 눈을 돌려본다. 이런 시장에서는 한 기업이 다른 기업보다 크더라도 크기나 영향력 면에서 압도적이지 않아서 다른 경쟁자의 공격으로 영향을 받는다. 이는 은행업, 소매업, 헬스케어 시스템 같은 지역 서비스 산업과 소비재 시장, 엔터테인먼트와 미디어 분야—주요 TV 네트워크, 영화 스튜디오, 레코드 회사—에서 나타난다. 이런 상황은 분석하기도 어렵고 효율적으로 회사를 운영하기도 쉽지 않다. 경쟁과 암묵적인 협조가 혼재하는 기업 간 상호작용을 인지하고 이를 신속하게 다뤄야 전략적 성공을 거둔다 (이 상황은 그림 8.1에서 ③번이 된다. 협동/협상 요소에 대해서는 다음 장에서 다룬다).

소매업자 홈디포Home Depot와 로우스Lowe's의 경쟁을 보면 소수 경쟁자가 상호작용할 때 나타나는 문제점이 보인다. 경쟁 분야는 (특히 홈

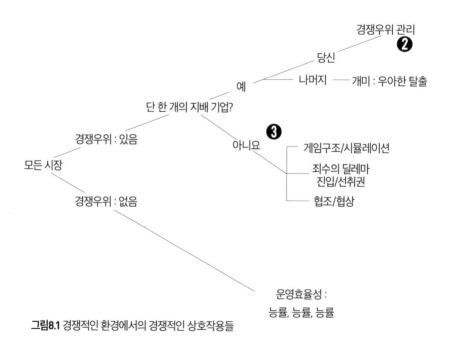

그림8.1 경쟁적인 환경에서의 경쟁적인 상호작용들

디포 매장과 로우스 매장이 가깝게 위치한 경우) 매장별 가격, 제품 라인 확장, 매장 위치, 공급자와의 관계 그리고 광고 수준 등을 포함한다. 모든 면에서 로우스의 행동에 따른 결과는 홈디포의 대응에 영향을 받고, 반대 상황 역시 같은 방식으로 일어난다.

이러한 결정을 위한 전략이 얼마나 복잡한지 이해하기 위해, 누가 봐도 명백하고 단순한 사례를 하나 들어보기로 하자. 홈디포 혼자 독점하던 지역에 로우스가 매장을 열었다. 이 상황에서 홈디포가 공격적으로 가격을 할인하면 로우스 신규 매장의 수익성은 큰 타격을 입는다. 홈디포는 로우스가 독차지하던 시장에 신규 매장을 개설하는 방식으로 맞대응할 수도 있다. 홈디포의 영토에 로우스가 슬쩍 들어간 대가를 혹독하게 치르도록 만든다. 그러나 홈디포의 반격은 홈디포 자신에게도 손해를 입힐 수 있다. 특히 로우스가 눈에는 눈, 이에는 이라며 똑같이 가격을 내리고 매장을 추가로 연다면 홈디포가 상당한 대가를 치르게 된다. 로우스가 이렇게 나올 것으로 예상된다면 홈디포는 행동을 자제할지 모른다.

그러나 이런 식으로 자제한다면 로우스가 홈디포의 시장을 더 잠식하고 그 결과 사방에서 가격과 매장이 늘어나는 전쟁이 일어나며, 종국에는 양쪽 다 크게 타격을 입는다고 계산할 수도 있다. 실제로 홈디포는 로우스의 진입에 잔뜩 신경을 곤두세우고 공격적인 경쟁을 선포하여 로우스의 초기 확장을 저지했고 그 결과 보복 수단으로 가격을 내리고 매장을 추가하는 단계까지 가지 않았다.

로우스의 입장에서는 완전히 다른 종류의 전략을 고려할 수 있다. 홈디포와 전면전을 피하고 시장이 겹치지 않는 곳에 체인점을 집중하면서 경쟁을 제한한다. 이 경우 가격 경쟁과 중복적인 매장에서 발생할 간접 비용을 피하면서 두 회사 모두 높은 이익 마진을 가져간다.

하지만 이런 상호작용을 달리 해석할 수도 있다. 홈디포가 로우스의 이런 전략을 약점이라고 보면 어떻게 될까? 로우스의 자제력을 보고 물러서기는커녕 오히려 공격적으로 로우스의 독점 시장 모든 곳에 매장을 설치한다면? 이 경우 로우스의 자제 전략은 엄청난 재앙이 되어 뒤통수를 친다.

이런 시장 전략은 너무 복잡해서 진이 빠질 지경이다. 로우스는 홈디포가 어떻게 치고 나올지 끊임없이 고민한다. 반대로 홈디포가 어떻게 나올지는 홈디포가 로우스의 행동을 어떻게 해석하느냐에 달려 있다. 다시 이 해석은 로우스가 홈디포의 행동에 대응하는 방식, 로우스가 보내는 신호들, 홈디포의 문화에 근거한 시장 해석 방식에 따라 달라진다. 엎친 데 덮친 격으로 여기서 끝나지 않는다. 홈디포가 보내는 신호를 로우스가 읽어 내는 방식은 물론 로우스의 문화에도 이런 요소들이 동일하게 영향을 미친다. 끊임없이 돌고 돌아 두 거울이 서로를 무한하게 비춰 주는 양상이 된다. 이 끊임없는 사슬을 끊으려면 명확한 집중과 쓸모 있고 단순한 가정 몇 개가 필요하다.

가격 경쟁과 죄수의 딜레마

다행히 경쟁적 상호작용에서 핵심적인 역학은 가격과 수량이라는 두 가지 쟁점 중 하나를 축으로 발생한다. 이 중에서 가격 경쟁은 소수 경쟁자 사이에서 발생하는 흔한 상호작용이다. 이런 상황 대부분에서는 친숙한 역학 관계가 존재한다. 단순화하고 도식화한 케이스를 통해 이를 살펴보자.

경쟁사의 상품이 동일하다고 가정했을 때 제품에 같은 가격을 매기면 경쟁사들은 공평하게 반반씩 시장을 나눠 가진다. 회사들이 똑같이 높은 가격을 매긴다면 이들은 모두 높은 이익을 가져간다. 똑같이 낮은 가격을 매긴다면 시장을 나누는 것은 여전하지만 수익이 낮아진다. 다른 회사가 높은 가격을 매기는데 유독 한 회사만 가격을 낮춘다면 낮은 가격을 매긴 회사의 시장점유율이 높아진다. 낮은 가격으로 인해 줄어든 이익을 늘어난 수량으로 보상받으면 가격을 내린 기업의 전체 수익은 증가한다. 높은 가격을 매긴 회사는 매출 수량이 줄어들면서 가격을 내렸을 때보다 이익이 줄어든다. 다 같이 높은 가격을 매기면 모두 이득을 누리지만 혼자서만 가격을 낮춘다면 다른 이의 몫을 가져와서 자신의 이득만 늘어나는 매력적인 동기가 있다는 점, 바로 이 점이 한정된 숫자의 회사가 참여하는 시장에서 발생하는 가격 경쟁의 핵심이다.

이런 경쟁적인 상황, 혹은 게임을 '죄수의 딜레마'라고 부른다. 같이 범죄를 저지른 둘 이상의 죄수가 따로따로 심문을 받을 때 마주하는 상황과 유사해서 붙은 이름이다. 서로 완벽하게 협조하여 자백하기를 거부하면 혐의를 벗고 가벼운 형량을 받는다. 그러나 각자가 혐의를 인정하고 공범에 대해 증언하는 대가로 형량을 줄이기로 협상을 할 수도 있다. 죄수에게 최악의 경우는 자신만 무죄를 고집하고 나머지 공범이 자백하는 경우다. 이런 경우의 수 때문에 전체의 이익을 포기하고 죄를 인정하려는 강한 유혹이 발생한다. 그 동기는 긍정적이고(자백으로 형량이 줄어든다) 방어적이다(친구들이 자백하고 당신만 하지 않는다면 입장이 곤란해진다. 따라서 자백이 현명하다). 상호 협조를 고집하기가 어렵다. 죄수든 경쟁에 참여한 회사든 말이다. 게임 이론에서 '비협조적 평형'이라고 불리는 상황이 도출된다.

경쟁적 상호 작용을 공식적으로 묘사하기

경쟁적 상호작용을 공식적으로 설명할 때 두 가지 모델이 쓰인다. 하나는 게임 이론에서 '표준' 형식이라고 불리며 매트릭스를 사용해서 설명한다. 또 다른 하나는 '확장' 형식이라고 하고 나무 구조를 이용해 경쟁적 상호작용의 요소를 그린다(나무 구조는 제11장에서 살펴본다). 죄수의 딜레마 게임은 확장 형식으로도 설명되지만 매트릭스 형식이 더 적합하다. 가격 경쟁에서 행동의 순서는 그다지 중요하지 않다. 죄수의 딜레마 상황은 장기 계획도 필요 없고 자산을 오랫동안 할애할 필요도 없다. 가격 변화는 무작위로 아무 때나 경쟁자에 의해 발생한다. 매트릭스 형식을 이용하면 동시에 반복되는 변화가 즉각적으로 쉽게 이해된다.

2차원의 매트릭스 구조는 두 회사 간의 경쟁만 보여 준다. 하나는 수평, 하나는 수직에 위치한다. 로우스와 홈디포의 상황이 그림8.2에 그려져 있다. 여기서 로우스는 위(수평 단면)에 위치하고 홈디포는 왼쪽(수직 단면)에 위치한다. 위에 쓰여진 것은 로우스가 선택할 수 있는 대안들이다. 여기서는 로우스가 상품 바구니에 매기는 가격이 된다. 선택할 수 있는 바구니 가격이 115달러와 105달러라면 그림8.2에 있는 각각의 열이 로우스가 택할 수 있는 가격이 된다.

이에 상응하는 홈디포의 선택은 매트릭스 좌측에 보인다(역시 로우스와 마찬가지로 두 개의 선택, 115달러와 105달러만 가능하다고 가정한다). 각각의 행이 홈디포가 택할 수 있는 가격이다.

매트릭스의 각 상자는 두 회사의 결정으로 발생하는 결과를 보여 준다. 로우스의 결정과 홈디포의 결정이 맞물리면서 나온 결과다. 선택지가 가격이기 때문에 선택에 따른 결과는 (여기서는 총이익) 수익 금액이 된다(위에 쓰인 참여자—여기서는 로우스—의 결과는 상자 오른쪽 상단에 보이고 좌측 참여자의 결과는 왼쪽 하단에 보인다). 다른 상자들은 각기 다른 가격 선택의 조합으로 나온 결과를 보여 준다.

총이익은 이 사업의 경제적 규모에 따라 달라진다. 제품 원가가 바구니당 75달러라고 가정하자. 두 회사가 동일하게 115달러를 받는다면, 총이익은 바구니당 40달러다. 시장을 사이좋게 나누고 시장에 10명의

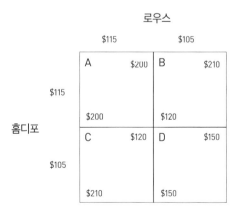

그림8.2
'죄수의 딜레마'의 매트릭스 (표준)형

고객이 있다고 가정할 때 각 회사는 5명의 고객을 확보하고 각자 총이익은 200달러가 된다. 한쪽이 105달러를 받고 다른 한쪽은 115달러를 받는다면 낮은 가격을 책정한 회사가 70퍼센트의 고객을 갖고, 높은 가격을 책정한 회사가 30퍼센트의 고객을 차지한다. 로우스의 가격이 105달러, 홈디포가 115달러라면 B 상자의 상황이 발생하고 로우스는 10명의 고객 중 7명에게 바구니를 팔고 각 바구니당 30달러, 총 210달러의 이익을 얻는다. 한편 홈디포는 30퍼센트의 고객에게서 120달러의 총이익을 번다(바구니당 40달러 × 3명). C 상자의 경우, 가격과 수익은 정반대가 되어서 홈디포의 이득이 크다. 양사 모두 105달러를 매긴다면 모두 바구니당 30달러의 이득을 보고, 5명의 고객에게 물건을 팔아서 각자 150달러의 총이익을 얻는다. D 상자의 결과다.

매트릭스에서 네 개의 상자는 두 회사의 가격 결정이 맞물리면서 나온 경제적 결과를 보여 준다. 경영에 영향을 주는 것은 이익만이 아니다. 예를 들어 매출 절대액 규모에 더 신경을 쓸 수도 있다. 혹은 홈디포를 어떻게든 이겨야 한다는 로우스의 문화(혹은 로우스를 반드시 이기겠다는 홈디포의 문화) 때문에 시장점유율이나 이익의 상대적인 성과에 초점이 쏠리기도 한다. 사람들이 핵심에만 집중한다고 믿는 태도는 너무 순진하다. 이런 다른 동기를 반영하려면 매트릭스의 결과는 가능한 한 자주 수정되어야 한다. 모든 참여자가 경제적으로 이성적이고 수익성에만 신경을 쓴다면 일이 수월하다. 유감스럽게도 사람들은 이성 말고도 다른 요소에 의해 휘둘리고, 매트릭스의 결과는 의사 결정을 조종하는 다양한 동기를 반영해서 다시 계산된다. 홈디포의 다양한 결정에 대해 가치를 따지는 것은 홈디포의 문화이고, 로우스의 성적에 대해 가치 판단을 내리는 것은 로우스의 문화이다.

앞에서 언급한 바와 같이 선택에 따른 결과가 변하지 않는다고 가정한 경우 매트릭스가 유용하다. 하지만 매트릭스는 선택의 순서를 보여 주는 데에는 약하다. 선택이 거의 동시에 이루어진다면 —원샷 상황One-shot situation이라고 부른다— 매트릭스는 유용한 모델이다. 그리고 반복적인 상황을 보여 주기에도 좋다. 예를 들어 1라운드에서 홈디포가 가격을 내리고 로우스가 대응하고 2라운드에서 로우스가 가격을 깎고 홈디포가 대응한다. 이런 상황이 계속될 때는 매트릭스가 상황을 잘 보여 준다.

죄수의 딜레마를 몇 라운드 겪고 나면 똑똑한 참여자는 경쟁자의 행동을 예상하게 되고, 이에 맞춰 자신의 행동을 수정한다. 선택의 결과에 집중하고, 참여자가 결과를 비교하도록 해 준다는 측면에서 매트릭스는 유용한 모델이다.

이 상황에서 역할은 분명하다. 공동으로 움직일 경우—둘 다 높은 가격을 매기는 것— 상당한 혜택이 존재하지만, 동시에 혼자만 가격을 내려서 추가 이익을 얻고 싶은 강력한 동기가 존재한다. 이 동기는 그다지 유쾌하지 않다. 한 회사가 협조를 계속하고 높은 가격을 유지하면 배신자는 낮은 가격으로 추가 혜택을 본다. 또한 방어적이다. 다른 회사가 가격을 낮추려고 하면 상대방은 가격을 예측하거나 똑같이 가격을 내려서 자신을 보호한다. 상호 협조로 발생하는 혜택이 약속을 깨고 시장점유율을 늘리고 싶다는 유혹으로 끊임없이 위협받는다. 이론적으로나 현실에서나 이런 게임은 상호 협력이 깨지고 산업 전반의 이익이 하락하는 상태에서 평형을 이룬다. 저가의 평형 상태에 도달하면 여기에서 도망치는 일은 거의 불가능하다. 가격을 올리는 회사는 저가의 경쟁자에게 자신의 몫을 빼앗겨서 오히려 수익이 줄어든다.

평형 상태에 도달하기

평형 상태를 살펴보기에는 매트리스 형식이 적당하다. 평형 상태란, 상태를 변화시킬 동기가 그 어떤 참여자에게도 존재하지 않아서 안정적인 상태를 말한다. 이런 상태에 도달하려면 두 가지 조건을 충족해야 한다.

- **기대의 안정화.** 각각의 참여자가 상대방이 여러 개 옵션 중에서 현재의 선택을 유지한다고 믿는다.
- **행동의 안정화.** 기대가 안정화되면 참여자가 다른 대안을 선택한다고 해서 자신의 상황이 나아지지 않아야 한다.

이 두 가지 조건은 밀접하게 맞물린다. 현재의 행동을 바꿔야 할 동기가 없다면(행동의 안정화) 아무런 변화도 발생하지 않으면서 기대의 안정화가 강화된다.

경쟁 상황에서 최종적으로 예상되는 결과를 게임 이론에서 '내쉬의 평형Nash Equilibrium'이라고 부른다. 게임 이론의 창시자, 노벨상 수상자이자 영화 <뷰티풀 마인드Beautiful Mind>의 주인공인 존 내쉬John Nash의 이름을 땄다. 로우스-홈디포 예시에서 현재 로우스의 바구니 가격은 115달러이고 홈디포는 105달러라고 치자(C 상자). 홈디포가 가격을 105

달러로 유지한다고 예상한 로우스가 홈디포의 수준으로 가격을 낮추면 로우스의 수익이 늘어난다. 105달러로 가격이 동일해지면 두 회사는 시장을 반반씩 나눠 갖고 로우스의 총수익은 120달러에서 150달러로 증가한다. 선택을 바꿔서 로우스의 상황이 유리해진다면 최초의 상황은 평형 상태가 아니다. 로우스가 115달러에서 머문다면 홈디포는 105달러에서 가격을 변경할 이유가 없다. 따라서 그 상황은 안정적으로 유지된다. 하지만 로우스가 가격을 내리지 않을 이유가 있을까? 평형 상태가 존재하려면 모든 경쟁자가 현재 상태에 만족해야 한다.

B 상자에서도 상태가 불안정하기는 마찬가지다. 홈디포는 115달러라는 가격 때문에 시장을 30퍼센트밖에 차지하지 못해서 상황을 변화시키고 싶어 한다. 상자 A에서의 상황은 좀 더 흥미롭다. 두 회사 모두 115달러의 가격으로 시장을 나눠 가졌고 총이익을 200달러씩 벌어들인다. 총이익의 합계는 400달러로 네 개의 선택 중에서 수익 규모가 크다. 그러나 상대방이 115달러의 가격을 유지한다고 믿으면 혼자 가격을 105달러로 낮춰서 70퍼센트의 시장을 가져가고 싶다. 200달러가 아니라 210달러를 자기 몫으로 챙기게 되기 때문이다. 따라서 결과가 최선임에도 불구하고 두 번째 조건인 행동의 안정화가 성립되지 않기 때문에 상자 A 역시 평형이 아니다. 평형 상태가 이루어지는 것은 상자 D 하나밖에 없다. 이 상태에서 두 회사는 105달러로 가격을 받고 10명의 고객에 대해 각자 총이익으로 150달러를 챙겨 간다. 두 회사 모두 이 상태를 벗어나서 115달러를 매길 수 없다. 그랬다간 총이익이 150달러에서 120달러로 감소하기 때문이다. 두 회사 모두 가격을 변화시킬 동기가 없기 때문에 첫 번째 조건인 기대의 안정화 역시 충족된다.

경쟁자들의 고민거리는 남보다 유리하지도 않고 네 개의 대안 중 이익이 가장 낮은 상태에 머물러야 한다는 사실이다. 더 높은 수익을 얻으려면 경쟁을 감안하지 않고 자신만의 이익만을 좇아서는 안 된다. 보다 복잡한 전략을 구사할 줄 알아야 한다. 이 책의 후반부에서 그런 전략을 다룬다. 하지만 좀 더 이익을 늘릴 방법이 있어도, 각 회사에게는 최선의 선택에서 어긋나도록 만드는 동기가 강력하게 작용한다.

경쟁 상태를 표현하는 데 매트릭스를 사용하면 현재 선택 가능한 대안이 무엇이고 그 결과들이 안정적인지를 직관적으로 파악할 수 있다. 상대해야 하는 경쟁자가 손에 꼽을 정도라면 다른 회사와 자신을 매트릭스에 집어넣고, 현 상태가 평형인지 아닌지 판단한다. 평형 상태가 아니고 누군가에게 다른 선택을 고를 동기가 있다면, 이를 분석하는 회사는 그런 변화를 예측하고 사전에 대비할 수 있다. 변화가 자신에게 불리하다면 그런 변화를 막을 방도를 찾아본다. 예를 들어 로우스-홈디포 케이스에서 홈디포가 시장점유율을 높이기 위해(상자 A에서 상자 C로) 가격을 변경한다고 로우스가 믿는다면, 로우스는 홈디포가 부르는 가격이 얼마든 자신도 그에 맞출 것이라고 선언하면 된다. 로우스에 대한 기대의 안정화가 흔들리면서 홈디포는 가격 인하 정책을 재고하게 된다.

현재 상태가 안정적이지만 바람직하지 않을 수 있다. 변화를 기대하는 대신, 회사는 경쟁자의 행동 변화를 유도해서 보다 나은 결과를 가져올 수 있다. 어느 쪽이든 그리고 일반적인 경쟁적 상황에서도 전략적 사고의 중요한 단계는 어디까지가 평형 상태인지 판단하기 위해 현재 상황을 살펴보는 것이다.

평형 상태에 대한 추가 사항들

협력하면 혜택이 크지만, 다른 행동을 하도록 만드는 강력한 동기가 여전히 존재하는 상황이 경쟁적 상호작용에서 가장 보편적인 형태다. 공식적으로 집계된 숫자는 아니지만 경쟁적 상호 작용의 80~90퍼센트가 이 범주에 들어간다. 한정된 숫자의 기업이 직접 경쟁할 때는 거의 틀림없이 이런 상황에 처한다. 가격이 낮고 마진도 작은 경우라면 추가 가격 인하가 매출 증가와 이익 증가로 이어지지 않는다. 따라서 개별 회사의 가격 인하가 그다지 현명한 전략이 아니다. 이런 경우 상대적으로 가격 협력이 손쉽고, 협조 체제가 점점 강화된다. 하지만 가격과 마진이 상승할수록 가격을 내려서 판매량을 늘릴 때 얻는 이득이 매력적이다. 특정 시점에 이르면 각 회사는 수익 증대의 유혹을 도저히 뿌리치지 못한다. 그래서 가격 협력 유지가 어려워진다. 이런 상황은 흔히 발생하고 골치 아프기 때문에, 참여자가 똑같이 높은 가격을 부르고, 모두에게 최선인 결과를 얻어내서 유지하는 것이 상호 작용하는 경쟁자에게 가장 중요한 기술이다.

이런 시장에서 일어나는 경쟁은 단순한 가격 인하 경쟁 외에도 여러 양상을 보인다. 시장점유율을 높이기 위해 회사는 광고, 판매 인원 배치, 제품 개선, 상품 보증 기간 연장, 특별 기능 추가, 그 외 판매를 늘려주는 모든 조치를 하는 데 돈을 아낌없이 쏟아붓는다. 모두 상당한 자금이 들어간다. 어느 경우든 회사는 마진을 줄여서 판매량이 늘어나면, 가격 인하나 비용 증가로 인한 감소분을 충분히 보충해 준다고 믿는다. 하지만 회사들을 통틀어 보면, 다른 회사를 희생하여 매출을 늘리겠다는 움직임을 막아야 모두에게 이롭다. 여전히 개별 회사의 동기는 현실적이고 강력하기 때문에 마진이 넉넉하다면, '경쟁적으로 돈을 펑펑 쓰지 않겠다'라는 상호 협력 상태를 유지하기 힘들다.

한정된 자원에 대한 경쟁 역시 비슷한 양상을 보인다. 계약이 종료돼도 선수가 임의로 구단을 떠날 수 없도록 하는 '보류 조항Reverse Clause(계약 종료 시점에서 연장권을 선수가 아닌 구단이 가지는 조항으로 미국 MLB에서 사용됨)'을 준수하는 것이 구단주 전체에게 이롭다. 그러나 TV 중계를 비롯해서 매출 증대 수단이 다양해지면서 조항의 효과가 약해진다. 1976년 보류 조항이 없어지기 전부터 구단주들은 선수를 확보하려고 보너스 금액을 높여가며 경쟁했다. (보류 조항이 폐지되고) '자유 계약Free Agency'이 보편화되자, 뛰어난 선수를 확보하려는 경쟁이 과열되었다. 그 결과 선수 연봉이 폭발적으로 상승했다. 스타급 선수에 대한 투자가 천문학적으로 증가하면서 구단주의 전체 수익이 줄어든다.

딜레마 다스리기

(공통의 이해에서) 벗어나려는 동기와 부정적인 평형 상태에 다다를 수밖에 없는 필연성에도 불구하고, 죄수의 딜레마 효과를 줄이는 방법은 존재한다. 다만, 완전히 없애버리지는 못한다. 다행스럽게도 경쟁적 상호작용은 시간이 지나면서 진화한다. 따라서 비협조적인 행동을 제어하고 협조를 촉진하도록 환경을 바꾸면 된다. 이런 조정을 통해 독자 행동의 대가가 줄어들고 협조의 부담도 가벼워진다.

게임의 룰, 보상금액, 참여자 등 주요 요소를 조정하는 방식은 구조적인 변화와 전술적인 변화, 크게 두 가지로 나눠진다. 구조적 변화는 다른 선택을 했을 때 나올 결과를 사전에 직접 제한한다. 전술적 변화는 한 회사가 다른 선택을 했을 때 이에 따라 자신의 선택을 바꾸는 것을 말한다. 다른 선택을 했을 때 얻는 혜택을 줄여서 참여자가 다시 상호 협조하도록 유도하는 것이 전술적 변화의 목적이다.

구조 수정하기

지역적인 지배가 중요하다는 점을 감안하면, 가장 우아한 구조 수정은 각 경쟁자들의 사업을 주의 깊게 배열해서 각자 니치 시장을 하나씩 차지하고 다른 경쟁자와 겹치지 않도록 만드는 것이다. 니치란 지리적, 부문별 전문화, 심지어 시간차일 수도 있다. 뉴욕항공의 사례는 사실상 동일한 시장을 분할한 놀라운 경우다. 뉴욕-보스턴간 에어 셔틀 사업에 뉴욕 항공이 뛰어들었을 때, 오직 이스턴 항공Eastern Airline만이 해당 노선을 운영했다. 뉴욕항공은 이스턴 항공과 매 30분의 시간 차이가 나도록 노선을 만든다. 이 노선을 사용하는 비즈니스 승객이 (자신이 아니라 회사가 지불하는) 항공 운임이 저렴하다고 30분을 추가로 기다릴 이유가 없다는 것을 알고 있기에 이스턴은 굳이 가격을 내려가면서 뉴욕 항공의 고객을 뺏지 않았다. 이스턴 항공이 요금을 내리면, 뉴욕 항공의 고객을 빼앗아서 늘어나는 수입보다 가격 할인으로 줄어드는 수입이 더 컸기 때문에 매출이 감소한다. 이후 에어 셔틀 사업에서 벌어진 전쟁은 뉴욕 항공의 뛰어난 전략에서 출발했다. 주도권은 이스턴에서 US 에어로, 뉴욕항공에서 팬암,

트럼프, 델타로 옮겨 갔지만, 여전히 요금은 높은 상태에서 안정적으로 머물렀고 출발 시간에 차이를 둔 시장 분리는 지속된다.

지역적으로 고객이 겹치지 않는 시장을 형성한 소매업자와 서비스 제공자는 서로의 길을 방해하지 않는다. 월마트는 초기 아칸소주 지역에 집중했기 때문에 규모의 경제를 일궈냈고 월마트의 시장에 존재하는 다른 소매업자와 가격 전쟁을 할 이유도 없었다.

서로 다른 상품군에 집중하는 것도 같은 목적에 부합한다. 소더비와 크리스티는 예술 경매 시장을 전문화할 기회를 놓쳐 버렸다. 말하자면, 그리스/로마 골동품과 이집트 및 중동의 골동품, 이탈리아 르네상스와 북유럽 르네상스식으로 말이다. 그렇게 시장을 나눠 갖고 각자 전문 기술, 인적 네트워크, 명성 등을 강화시켰다면, 특정 분야의 예술품을 판매하고 싶을 때는 소더비를, 혹은 크리스티를 반드시 찾아가야 한다는 생각이 통념으로 자리 잡았을지 모른다. 고객이 겹치지 않으면 가격 할인으로 챙길 이득은 작고 손실이 크므로 굳이 가격을 내리지 않아도 된다. 가격을 정하기 위해 공공연히 공모할 필요도 없고, 죄수의 딜레마에 빠지거나 명성과 수익성에 흠이 가지도 않는다(옥션 하우스에 대해서는 제15장에서 추가로 논한다).

죄수의 딜레마를 벗어나는 첫 번째 구조적 수정은 직접적인 제품 경쟁 회피다. 이런 조정은 팬암이 30분에 출발하기로 한 결정처럼 고객에게 선택의 폭 또한 넓혀 준다. 또한 옥션 하우스가 전문가를 고용하면서 들어가는 비용처럼 간접 비용 중복도 막아주고 규모의 경제를 실현해 준다. 영역을 확장하면, 월마트와 쿠어스의 사례에서 살펴봤듯이 규모의 경제는 줄어든다.

경쟁적인 가격 인하로 발생할 참사를 막아 주는 두 번째 수정은 제대로 고안된 마일리지 프로그램이다. 마일리지 프로그램은 특정 항공사를 계속 이용하여 마일리지를 쌓으면 공짜 항공권이나 업그레이드를 제공해 주는 시스템이다. 마일리지 프로그램이 제 역할을 하려면 두 가지 중요한 특성이 필요한데, 이런 특성을 갖춘 프로그램은 흔치 않다. 첫째, 보상은 일시적 구매가 아니라 누적 구매와 연결되어야 한다. 이를 통해 고객의 충성도가 높아진다. 둘째, 구매 규모가 커질수록 보상도 커진다. 두 번째 특성이 중요하다. 마일리지당 보상이 동일하면, 그 프로그램은 단순 가격 할인의 의미를 가질 뿐이다. 마일리지가 쌓일수록 보상이 증폭되면, 특정 항공사를 고집할 가능성이 높아지고 고객 충성도가 높아진다. 저가 항공사의 유혹에 덜 흔들리고 항공사들은 점차 저가 운임을 제공할 필요성을 느끼지 않는다. 저가 운임을 제공하지 않아도 우리 항공사 비행기 표를 구입할 고객이 널렸는데 왜 군이 가격을 내리겠는가? 가격을 할인하더라도 타 항공사의 고객을 가로챌 가능성이 낮으면 항공사는 전반적으로 높은 가격을 유지하고, 종국에는 높은 가격에서 얻는 이익이 마일리지 프로그램에 드는 비용을 상회한다.

하지만 실제 마일리지 프로그램은 가격 전쟁을 뿌리 뽑아버릴 정도로 효과적이지 않았다. 승객들은 여러 개의 항공사마다 상당한 마일리지를 쌓으면서, 여전히 저가 항공권을 찾아 항공사를 택한다. 설상가상으로 항공사가 마일리지 프로그램을 연합 제공하면서 상황은 항공사에게 더 불리해졌다. 항공사를 신중하게 고르지 않아도 동일한 마일리지를 얻을 가능성이 높기에 군이 특정 항공사를 고집할 필요가 없다. 로열티 프로그램이 가격 경쟁을 약화시킬 만큼 강력해지려면 충성에 대한 보상이 꽤 묵직해서 고객이 특정 회사 제품을 고집해야 한다. 항공사들은 선셋 조항Sunset Provision(일정 기간이 지나면 마일리지가 자동 소멸되는 조항)을 추가해서 일정 기간이 지나면 마일리지가 사라지도록 만들고, 이를 통해 로열티에 대한 혜택을 늘려서 상황 변화를 꾀하고 있다.

구조를 조정하는 세 번째 방법은 시장에 내놓는 생산량을 제한하는 것이다. 시장에 내놓는 양을 제한하기로 회사끼리 합의하고 이를 지킨다면, 가격을 깎는 회사에 돌아갈 혜택이 줄어들거나 아예 사라진다. 아무리 가격을 내려도 추가로 팔 수 있는 물량이 없다면 추가 이득이 전혀 발생하지 않는다. 필요 생산량 이상의 생산 설비를 갖추면서 발생하는 문제는 생산설비를 짓고 운영하는 데 드는 비용이 아니다. 진정한 문제는 추가 설비 때문에 가격을 낮춰서라도 고객을 더 확보하겠다는 생각을 할 때 발생한다. 공장, 시설, 공간, 시간, 기타 들어간 자산을 어떻게든 활용해야 하지 않겠는가. 이렇게 시작된 가격 경쟁은 새로운 진입자는 물론 기존 참여자의 수익성까지 망가뜨린다.

생산량을 제한하는 가장 성공적인 사례는 TV 방송사가 스스로에게 적용한 행동 강령이다. 방송사는 광고 시간을 자율적으로 제한했다. 토지사용제한법이나 환경 규제 역시 특정 산업에서 새로운 설비 증가를 어렵게 만든다. 영업시간을 제한하거나 새로운 건설을 막는 산업 안전 기준이나 절차는 확장 속도를 늦추기로 동의하는 효과를 낸다. 이런 조정이 제대로 작동하려면, 관련 회사가 모두 규칙을 지켜야 한다. 누군가 따로 놀기로 마음을 먹는 순간 생산 용량을 제한하며 약속을 지키던 회사가 손해를 보고, 그 손해만큼 배신자가 이득을 본다. 협조하는 분위기는 순식간에 사라지고 가격 경쟁이 일어난다. 또한 생산 제한 전략이 유효하려면 진입장벽이 존재해서 기존 참여자가 보호받아야 한다. 새로운 진입자가 들어오는 구조라면, 기존 참여자끼리의 생산량 제한은 의미가 없다. 일례로, 트럭 운전사끼리 운전 시간을 제한한다고 수송 물량이 줄어들지 않는다. 시간제한으로 수송 가격이 올라가는 순간 새로운 진입자가 우르르 몰려들기 때문이다.

네 번째 구조적인 변경 방법 역시 참여자 전체가 합의 사항을 지킬 때 효과가 발생한다. 이는 가격을 내리는 회사의 비용이 높아지도록 만드는 전략이다. 대표적인 사례가 최혜국MFN : Most-Favored-Nation 조항이다. MFN 조항을 적용하면, 한 고객에게 낮은 가격이나 유리한 조건을 제시하는 순간, 동일한 가격과 조건을 나머지 고객에게도 똑같이 제공해야 한다. 이 조항이 있으면 회사는 특정 고객층에게만 저렴한 가격을 제공할 수 없다. 새로운 고객을 추가로 얻어서 발생하는 이득보다 가격 할인에 지불하는 비용이 커진다. 심지어 과거에 높은 가격으로 구입한 고객에게 보상해 주는 강화된 MFN도 있다. 추가로 가격을 지불하는 고객이 없도록 한다는 점에서 MFN은 언뜻 보기에 고객을 배려하는 제도처럼 보인다. 하지만, 실상 이 조항 때문에 그 어떤 회사도 가격을 내리지 않고, 고객은 (가격 경쟁이 있을 때보다) 높은 가격을 계속 지불한다. 공정거래위원회에서 MFN 조항을 금지해 회사 간에 실질적 가격 경쟁이 일어나도록 독려한 사례가 있다.

또 하나의 방법은 가격과 구매에 대한 의사결정을 단기간에, 적은 선택지를 주어서 유도하는 방안이다. TV 방송사와 미디어들은 시즌이 시작되기 이삼 주 전에 광고를 판매한다. 이 기간에 광고는 해당 시즌이 시작할 때보다 암암리에 저렴한 가격에 팔린다. 시즌 전 구매 기간이 짧기 때문에 구매자가 공급자를 비교하고 저울질할 수 없다. 그 결과 가격 경쟁에 휘둘리지 않는 안정된 시장이 형성된다. 시장이 시간대로 분할되면, 끊임없는 가격 경쟁이 발생할 여지가 줄어든다.

산업 내에서의 상호 작용은 공식적인 수단은 아니지만 가격 원칙을 무시하고 경쟁하려는 시도를 효과적으로 저지한다. '공정' 가격이 산업 전반에 걸쳐 형성되었다면, 다른 가격을 매기려는 회사는 배신자로 낙인찍힌다. 그 결과 공정 가격이 엄격하게 지켜진다. 여성 속옷 산업은 몇십 년 동안 가격 정책이 유지된 것으로 유명한데, 이 산업을 주도하는 기업주나 경영진은 경력이나 출신이 비슷하다. 경제 외적인 연결고리가 경쟁 격화를 막았다. 하지만 이런 네트워크가 전 세계적인 규모로 형성되는 일은 흔하지 않기 때문에 글로벌화가 진행되면 네트워크의 힘이 약해지면서 가격 경쟁이 활발해진다.

가격과 사양 경쟁 과열을 저지하는 마지막 방법은 경쟁자 간에 기본적인 보상 시스템을 손보는 방법이다. 어떤 기업이 보너스, 승진 그리고 성과 인정 등의 측면에서 수익성보다 매출 증가를 중시한다면, 직원은 가격을 내려서라도 매출을 늘리고 싶다고 생각한다. 이런 구조에서는 산업 내에서 가격이 관리되기 힘들다. 가격 경쟁은 과열되기 쉽고, 높은 가격 수준 유지가 어렵다.

매출에 근거한 성과 제도가 극단으로 치달으면, 경쟁자와의 상대 평가에 근거해서 직원을 치하한다. 시장 확장으로 얻는 성장보다 남에게서 빼앗은 시장점유율이 더 중요해진다. 상대평가는 제로섬 게임이기 때문에 산업 내 참여자들은 끊임없이 경쟁한다. 가격과 사양 경쟁이 끊이지 않는 죄수의 딜레마 상황에서는 상호 협조를 통한 윈윈 결과가 나올 희망이 없다. 산업에 속한 기업 모두 이익을 최우선으로 하고 불필요한 위험은 피하려는 문화가 형성되어야, 모두 만족스러운 결과를 위해 상호 협조한다.

전술적인 대응들

위에서 논한 수정 방안들은 모두에게 좋은 쪽에서 나쁜 쪽으로 움직이려는 죄수의 딜레마 상황을 격파하는 가장 바람직한 경영 수단이다. 직접적인 가격 경쟁뿐 아니라, 제품 사양, 광고, 서비스 지원 그리고 자원 경쟁에 대해서도 효과적이다. 그러나 이런 구조 변경을 진행하기가 어렵다면 전술적인 대응을 차선책으로 활용해서 죄수의 딜레마 상황을 방지한다. 구조적 수정을 대체하거나 보충해 주는 수단으로 전술적 대응을 활용하면 경쟁 격화를 저지해 준다.

죄수의 딜레마나 가격 경쟁을 막으려면 두 가지 요소가 전술적 대응에 반드시 포함되어야 한다. 경쟁자가 가격을 내리면 즉각, 혹은 자동적 대응이 있어야 하고, 가격을 높이는 경우에는 기꺼이 동참하겠다는 신호를 보내야 한다. 가격 인하에 대한 즉각적인 대응이 있다면 어떤 회사도 가격을 내려서 혜택을 입지 못한다. 위협받은 경쟁자가 그 즉시 동일하게 가격을 내리기 때문이다. 가격 인하에 상대방이 즉각 대응하면 고객을 가져오지 못하고, 먼저 가격을 내린 회사는 고객 수를 늘리지도 못하면서 매출만 고스란히 줄어들어 손해를 볼 뿐이다. 한

두 번 대응이 반복되면, 가격 인하를 유도한 기업의 경영진은 이 전략이 효과가 없음을 깨닫는다. 합리적인 경영진이라면 이 방법을 포기하고 산업 전반에 걸쳐 높은 가격을 유지하는 방향으로 선회한다. 두 번째 요소, 즉 상대가 가격을 인상하면 자신도 이내 가격을 올려버리는 신속한 동참은 다른 회사들이 가격 경쟁이 심화되는 상황에 빠졌을 때 머뭇거리지 않고 신속하게 가격 인상을 꾀하도록 북돋아 준다.

'최저 가격 보상제도'는 자동적인 가격 인하 대응 전략의 하나이다. 이 제도를 시행하는 회사는 고객이 자사에 지불한 가격이 다른 경쟁자에게 지불한 금액보다 높다는 것을 입증하면 그 차액을 보상해 준다. 고객은 물론 다른 경쟁자에게도 가격 인하에 즉각 대응하겠다는 의지를 천명하는 셈이다. '(최저 가격을) 충족시켜 주거나 계약 해지하기Meet-or-Release' 조항 역시 또 하나의 자동적 대응 정책이다. 이 조항을 적용하는 기업은 가격 차이를 보상해 주지만, 이익이 날 수 없을 만큼 가격 수준이 낮으면 판매 자체를 취소한다. 경쟁자가 가격 인하를 광고하면 가격을 더 내리거나 적어도 그 수준에 맞추겠다고 공공연히 광고하는 일 또한 흔히 보여지는 자동적 가격 대응 전략이다.

자동적 대응 전술을 갖추고 있지 않다면, 경쟁자의 가격을 경계하고 신속하게 조직적으로 대응한다. 라이벌이 가격을 인하하는 데 크게 관심을 기울이지 않고 가격 인하 움직임에 동참하지 않는다면, 죄수의 딜레마 환경에서 멸망을 자초하는 셈이다. 가격을 내린 경쟁자는 매출이 증가하면서 이득을 보고, 대응하지 않은 기업은 고객을 잃으면서 이익이 줄어든다. 공격적인 가격 인하가 먹힌다는 사실을 적이 깨닫는 순간, 패턴을 바꾸기 어려워진다. 가격 정책이 확산되면서 이익을 잡아먹는다.

무조건적 반응보다 선별적 대응이 비협조적인 행동을 막는 데 더 효과적이다. 추가 고객을 확보하려고 대출 이자율을 낮춘 라이벌을 상대하는 은행이 있다고 치자. 이 은행은 모든 고객을 대상으로 이자율을 낮춰 고객을 유지할 수 있다. 하지만 이자율을 낮춰 주는 대상을 우수 신용 고객으로만 한정하고 상대적으로 신용이 좋지 않은 고객을 경쟁 은행 쪽으로 가도록 한다면, 굳이 대출 일부 상환을 통보하거나 추가 대출 신청을 거부해서 말다툼할 필요도 없이 대출 포트폴리오가 개선된다. 아울러, 신용이 좋지 않은 고객을 경쟁자에게 양보했기 때문에 경쟁 은행의 포트폴리오는 건전성이 악화되어 연체가 늘어나고 수익성이 하락한다. 전체적인 변화가 일어나기까지 시간이 걸리지만, 일련의 과정을 겪고 나면 라이벌 은행은 대출 이자율을 낮추려는 결정을 쉽게 하지 못한다.

우수한 고객만 유지하고 수익성이 낮은 고객을 포기하는 선택적 대응은 비슷한 결과를 불러온다. 가격 전쟁에서 선택적으로 대응하는 산업은 그렇지 못한 산업보다 가격이 안정적이다. 물론 긍정적인 측면만 있지는 않다. 회사들이 서로 노른자 고객만을 선택적으로 차지하려 들면, 그 고객층만을 대상으로 가격 경쟁이 일어난다.

다른 형태의 선택적 대응도 있다. 공격적인 가격 전쟁에 대응하려면 집중 공략 분야를 선택한다. 가격 전쟁에서는 비협조적인 경쟁자의 취약점을 발견해서 그 분야를 공격하는 게 효과적이고, 그럴 경우 경쟁자의 취약한 분야는 시장점유율이 낮고 유통이 제한적인 곳이다. 하지만 결정타를 날리려면 취약한 분야가 아니라 가장 견고한 분야를 공격해야 한다. 내가 장악한 시장에서 경쟁자가 가격을 할인하면 침입자에게 경고를 날리기 위해 즉각적으로 가격을 인하하며 맞대응하고 싶은 유혹을 느끼게 된다. 그러나 이런 즉각 대응은 제 살을 깎아 먹는 꼴이다. 기존 참여자가 매월 200만 개를 판매하고 있고 신규 참여자가 40만 개를 판매하는데, 제품당 1달러를 할인해 준다면 기존 참여자의 매출 감소액은 월 200만 달러지만 신규 진입자의 감소 규모는 월 40만 달러다. 누가 더 타격을 받는지는 자명하다.

따라서 침입자가 내 영역에 들어와서 가격을 인하한다면, 최고의 대응은 그 침입자의 점유율이 높고 내 점유율은 낮은 부문 시장을 찾아서 그 시장의 제품 가격을 할인하는 방법이다. 이에 침입자가 대응한다면 가격 경쟁으로 피를 흘리는 것은 내가 아니라 침입자다. 가격 전쟁의 대가를 가르치기 위해 경쟁자가 점유한 부문 시장에 새로운 상품을 출시하거나, 혹은 출시하겠다고 협박하는 방법도 꽤 유용하다. 명심할 점은 이런 식의 공격은 단순한 전술일 뿐이며, 목적이 아니라는 사실이다. 이런 전술의 목적은 가격을 안정시키고 산업 내에서 상호 협조를 강화하는 것이다.

가치 있는 것들이 흔히 그렇듯이, 상호 협력은 지키는 것보다 깨뜨리는 것이 더 쉽다. 죄수의 딜레마 상황에서 전술적 조정에 필요한 두 번째 요소, 즉, 가격을 높이면 기꺼이 곧 동참하겠다는 신호를 보내는 일은 실행하기 쉽지 않다. 모든 경영진이 이성적이고 수익성에 초점을 맞춘다면, 나의 가격 인하에 경쟁자가 가격 인하로 대응하는 즉시, 가격 전쟁을 더 확대시켜서는 안 된다고 파악한다. 하지만 항상 이렇게 이성적 대응이 일어나지 않는다. 게다가 가격을 다시 올리다가 독점금지법에 저촉되는 일은 피해야 하기 때문에 수월하지 않다. 경쟁자끼리 만나서 가격 상승을 주장하거나 협상하는 일은 물론 불법이다. 같은 목적으로 이루어지는 전화 통화도 마찬가지다. 아메리칸 항공American Airline의 사장은 브래니프Branif(미국 항공 기업)의 사장에게 같이 가격을 올리자고 전화를 걸었다가 혹독한 대가를 치렀다.

그러나 합법적이고 효과가 있는 방법도 있다. 회사의 경영진이 가격은 물론 산업 전반의 안녕에 신경 쓰겠다고 공식 선포하면, 독점금지법의 선을 넘지 않고도 산업 내 상호 협조 관계를 만들어 낼 수 있다. 정부에 대한 로비를 공동으로 진행하고 산업 전반에 걸쳐 제품 기준을 확립하며, 회사끼리 자선 행동을 함께한다면 협조적인 분위기가 강화된다. 제품의 가격과는 전혀 상관없이 말이다. 또한, 가격을 올리겠다고 공개적으로 선언하는 방식으로 가격 상승에 적극적인 태도를 보여 줄수도 있다. 가격 인하뿐 아니라 가격 인상에 대해서도 재빠르게 행동을 같이해 줘야 원칙이 자리 잡는다. 상대방이 가격 경쟁을 진정시키려는 노력을 보일 때마다 적극적으로 반응하고 용기를 북돋아 준다.

공격적인 가격 인하에 대한 대응과 마찬가지로 가격 인상에 대한 대응 역시 선택적으로 이루어질 때 그 효과가 크다. 특정 지역—예를 들어 미국의 표본이라고 여겨지는 일리노이주의 피오리아—에서 가격을 올리는 편이 금방 눈에 띄는 법이다. 경쟁사의 본사와 가까운 지역에서 가격을 올리는 것도 관심을 끌기에 안성맞춤이다. 하지만 지속적으로 그 부근에서만 가격을 올리는 것은 독점방지법을 담당하는 공무원의 시선을 끌 위험이 있다.

특정 회사가 산업에서 리더의 위치를 차지하고, 그 회사가 매출이

나 시장점유율보다 이익을 중시하는 문화를 가지고 있다면 가격은 물론이고 다른 분야에서도 산업 내 협력을 주도할 수 있다. 이런 태도를 가진 확실한 리더급 회사가 존재한다면 죄수의 딜레마에서 탈출하는 데 크게 도움이 된다. 한바탕 가격 전쟁을 치러서 같은 산업군 내에서 기업 간의 협조가 완전히 부서진 직후라면 더 유용하다. 테스토스테론으로 가득 차서 경쟁의 유혹에 반사적으로 반응하지 않도록 자신의 충동을 잘 눌러야 협조할 수 있다. 갈등을 해소할 계획도 없이 전쟁터에 나선다면 평화 상태로 돌아갈 가능성은 희박하다. "어떻게 끝낼지 알 수 없는 전쟁은 시작하지도 마라"라는 격언은 국가는 물론 기업에게도 해당되는 원칙이다.

죄수의 딜레마 상황에서 지속적인 협조를 끌어내는 구조적 혹은 전술적 대응은 동시에 존재할 수 있고 서로 효과를 강화해 준다. 구조적 원칙이 전술적 대응을 수월하게 도와주기도 한다. 예를 들어, 가격 체계가 동일하고 투명하고 공개적이라면, 가격을 비슷한 수준으로 유지하는 일이 손쉽다. 가격이 상황과 고객에 따라 천차만별이면 복잡하고 불분명할 뿐만 아니라 협상의 여지가 항상 남아 있다. 공개적으로 동일한 가격 정책이 굳어지면 고객을 더 확보하기 위해 누군가 가격을 인하했을 때 나머지 회사가 재빨리 대응하기 수월하다. 명쾌한 가격 원칙 덕분에 산업 내에서 협조가 효과적으로 움직이면 원칙은 강화된다.*

---

* 이런 가격 구조도 몇 가지 단점이 있다. 이는 가격 차별화로 얻을 수 있는 매출 증대 효과를 사전에 차단한다. 가격 차별화는 당장 내일 비행기 표가 필요한 승객처럼 상품이나 서비스에 더 높은 가치를 부여하는 고객을 따로 선별하여 더 높은 가격을 받아 내고, 몇 달 앞서 싼 항공권을 사려는 승객이나 떨이 항공권을 사는 승객처럼 높은 가치를 부여하지 않는 고객에게는 저렴한 가격으로 상품을 제공하는 방식이다.

여태까지의 논의가 가격 경쟁에 초점을 두지만, 이러한 대응은 제품 사양, 할인, 광고, 자원 등 다양한 분야의 경쟁에 대해서도 효과적이다. 모든 관련 분야에서 더 많이 제공하고 낮은 가격을 매기고, 고객을 끌어들이기 위해 혹은 희소 자원을 확보하기 위해 돈을 더 지불하기로 마음을 먹은 기업이 나타날 수 있다. 협조를 통해 얻는 이익이 크지만 단독 행동을 하려는 강한 동기 또한 동시에 존재한다. 이러한 시도는 공동의 이익에 누가 되는 법이고, 위에서 열거한 구조적이거나 전술적인 대응을 사용하면 배신자에게 돌아오는 이익이 작아진다.

마지막으로 명심해야 할 점이 하나 있다. 죄수의 딜레마가 어떤 식으로 작용하고 이를 방지하기 위한 대책이 소비자에게 어떤 가치가 있는지 이해해야 한다. 소비자는 경쟁 덕분에 혜택을 보고 상호 협조 탓에 손해를 본다. 진짜 범죄자를 다루는 검사는 각각의 범죄자를 서로 떨어뜨려 놓고 각자 협상을 진행해야 딜레마가 유지된다는 점을 잘 안다. 서로 협조하는 회사를 상대하는 고객은 협상을 비공개로, 투명하지 않게 진행해야 한다. 공급자와 개별 협상을 맺고 가격이나 사양 면에서 허점이 있는 자와 사업할 방도를 찾는다. 그리고 다른 대규모 구매자들과 손잡고 판매자 간 협력 관계를 교란시킨다. 죄수의 딜레마가 작동하는 역학을 제대로 이해한다면 공급자든 구매자이든 양방향으로 잘 써먹을 수 있다.

제9장

물고 물어뜯기는
콜라 전쟁
죄수의 딜레마에 봉착한 코크와 펩시

펩시 챌린지

1974년 펩시는 텍사스주 댈러스에서 코카콜라와 닥터 페퍼에 이어 청량음료 시장의 3인자였다. 펩시의 판매 담당자는 코카콜라와 맞짱 떠보겠다고 마음먹는다. 슈퍼마켓 고객을 대상으로 브랜드를 가린 채 펩시와 코카콜라 중 어느 쪽이 더 맛있는지 시음하도록 했다(닥터 페퍼는 고려하지 않았다). 예전 블라인드 테스트에서도 58 대 43으로 펩시의 맛이 항상 우위를 차지했기에 펩시가 코카콜라를 누를 것이라고 판매 담당자는 장담했다. 결과는 변함이 없었고 그 결과를 공개하자 해당 지역 시장에서 펩시 시장점유율이 상승했다. 이 책략이 잘 먹히자 펩시 미국 사장은 이를 전국 규모로 확대하기로 결정한다.

1975년 펩시 챌린지는 펩시가 보틀 회사Bottle company(음료의 원재료를 공급받아 병에 넣어서 유통하는 회사)를 거치지 않고 직접 판매하는 지역으로 확대된다. 전체 판매량의 약 20퍼센트를 담당하는 지역들이다. 2년 후에는 소비자들이 코카콜라보다 펩시의 맛을 더 선호한다는 결과를 공공연히 알리는 캠페인을 전국에 걸쳐 진행한다. 이에 힘입어 펩시는 식재료 판매점 매출에서 코카콜라를 제친다.

이 캠페인은 야단스럽긴 했지만 효과가 있었고 코카콜라에게는 모욕적이었다. 항상 크고, 더 수익성이 높고 튼튼한 경쟁자인 코카콜라에게 이 캠페인은 자신을 대상으로 펩시가 꾸준하게 벌인 경쟁적인 공격 중 하나에 불과했다. 하지만 펩시 챌린지는 코카콜라의 관심을 끌어냈고, 코카콜라가 이 싸움에 응하면서 콜라 전쟁이 격화된다.

이 장에서는 미국 청량음료 시장에서 일어난 코카콜라와 펩시 간 경쟁을 심도 있게 다룬다. 다른 산업을 통해 이루어진 공격—영화, 와인과 주류, 스낵, TV 프로그램, 기기 대여, 가장 밀접한 분야라고 볼 수 있는 병에 들어간 생수—은 계산에 넣지 않았다. 코카콜라와 펩시 역시 콜라 전쟁을 진행하면서 이런 분야까지 포함해서 생각하지 않았다. 또한 미국이 아닌 해외 시장의 성적 또한 제외한다. 이익의 상당 부분을 차지하고 있더라도(코카콜라의 경우 가장 큰 부분) 말이다. 미국 시장에서의 치열한 경쟁은 미국판 장미의 전쟁이라고 할 만큼 충분히 흥미롭다. 이를 통해 두 회사, 특히 코카콜라는 큰 손해를 입히지 않고 현명하게 경쟁자를 다루는 요령을 오랜 시간에 걸쳐 배운다.

콜라 : 간략한 역사

코카콜라와 펩시콜라의 시작은 상당히 유사하다. 둘 다 19세기 말 남부 도시에서 약사가 만들어냈다. 코카콜라는 1886년 애틀랜타에서, 펩시는 1893년 노스캐롤라이나주의 뉴번에서 태어났다. 둘 다 처음에는 한 개의 약국에서만 팔다가 곧 다른 곳에서도 팔리기 시작했고, 이내 보틀 회사를 통해 전국으로 판매된다. 처음 50~60년 동안은 코카콜라가 펩시보다 성공적이었다. 1919년 에드워드 우드러프Edward Woodruff가 코카콜라를 2,500만 달러에 사들이면서 상당한 자금 투자가 이루어진다. 해당 기간 동안 펩시는 한 번 이상 파산했고, 그 외에도 수시로 궁지에 몰렸다. 1950년 알프레드 스틸Alfred Steele이 펩시의 CEO로 취임했을 때 직원 중 일부는 그가 회사를 청산하러 왔다고 믿었다.

그러나 스틸은 펩시가 망하도록 내버려 두지 않았다. 오히려 스틸은 펩시를 코카콜라에 견줄 만한 경쟁자로 만들어 낸다. 스틸은 한때 코카콜라의 마케팅 담당 임원이었다. 스틸은 큰 '패밀리 사이즈' 병을 도입해서 새로이 떠오른 소매업의 강자, 슈퍼마켓을 통해 펩시를 팔기 시작한다. 당시 슈퍼마켓은 제2차 세계대전 이후 미국 전역에 걸쳐 일어난 교외화Suburbanization(주거지나 공장이 도시 외곽으로 이주, 확산되는 현상) 덕에 빠르게 세력을 확장하는 중이었다. 스틸이 취임한 후 첫 8년 동안 펩시의 매출은 세 배 이상 커졌다. 스틸의 후계자 도널드 켄달Donald Kendall은 1963년 CEO로 취임했고 코카콜라의 시장 점유율을 빼앗기 위한 캠페인을 계속한다. 펩시는 코카콜라를 습관적으로 주문하는 버릇이 아직 형성되지 않은 젊은 세대에 관심을 돌렸다. 1975년 펩시는 처음으로 식재료 판매점 채널에서 코카콜라의 판매량을 앞질렀다.

수년 동안 펩시의 존재를 무시하는 것이 코카콜라의 전략이었다. 임원들은 회의에서 펩시라는 이름을 거론하지 않았고, 펩시에 대해 보틀 회사와 이야기조차 하지 않았다.

코카콜라는 뒤늦게 1955년에서나 기본 병 사이즈를 12온즈(약 340그램)로 늘린다. 펩시가 병 크기를 늘린 지 20년 만이다. 1960년 광고 슬로건을 "정말로 상쾌해지세요Be Really Refreshed"에서 "코크가 당연히 가장 상쾌하죠No Wonder Coke Refreshed Best"로 바꾼다. 코카콜라의 현실 도피적인 태도는 일종의 점잖은 무시였다. 아무것도 안 한다면, 문제가 저절로 사라지지 않을까 하는 희망을 품은 것이다. 코카콜라에게는 안된 일이지만, 코카콜라가 무대응 방식으로 나갔기 때문에 펩시는 홀로 코카콜라의 시장을 잠식하면서 미국 청량음료 시장에서 계속 성장했다.

코카콜라는 코끝까지 창을 들이대는 건방진 라이벌을 잘 다뤘어야 했다. 어떻게 행동할지 진지하게 고려할 때나 혹은 과거의 움직임을 반성하거나, 전략을 세우는 첫 번째 단계는 산업과 경쟁 양상을 분석하는 일이다. 이는 전략을 세우는 회사 자체에게도 통하고, 과거 시점에서 이를 돌아보는 비평가에게도 똑같이 필요하다.

산업 분석

목마른 소비자에게 향과 달콤함을 제공하기까지 청량음료는 다양한 기업의 손을 거친다. 청량음료 기업은 시럽과 농축액을 제조하면서 청량음료 산업에서 가장 중요한 자리를 차지한다(그림9.1). 이들 기업이 제조 사슬 내외에 속하는 관련 기업을 운영하고 소유한다. 따라서 같은 계열사라도 어떤 것이 해당 산업에 속하고 어떤 것이 그 사슬을 벗어난 공급자이거나 소비자인지 상세히 파악을 해야 하는 것이다.

원재료 공급자는 수도 많고 다양한데다가 특정 청량음료 기업들과 깊게 연관되지 않는다. 코카콜라와 펩시 모두 1960년대부터 병을 직접 만들었다. 1990년 이후에야 포장 산업에서 손을 뗀다. 사슬

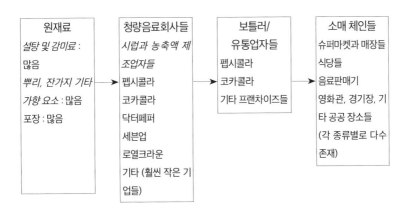

그림9.1
청량음료 산업 지도

의 다른 한 끝에는 소비자에게 음료를 파는 기업이 (공급자보다 더) 많이 존재한다. 슈퍼마켓, 식당, 주유소, 야구장까지 그 종류는 다양하고, 이들 역시 청량음료 기업과 긴밀하게 연결되어 있지 않다. 피자헛, 타코벨 그리고 그 외 청량음료를 대량으로 판매하는 대형 식당 체인점을 펩시가 소유한 기간에 대해서는 추가로 논의할 여지가 있다.

그러나 이들 식당이 후에 분사되었다는 점을 봐서는 최종 유통 시장은 별도의 산업으로 봐야 한다. 또한 그 어떤 회사도 패스트푸드 산업의 지배자인 맥도날드를 사들이지 않았다는 사실도 이런 관점을 뒷받침해 준다. 맥도날드는 청량음료 회사의 주요 고객이지만, 누군가의 자회사가 된 적은 없다.

대조적으로 보틀 회사와 유통업자는 청량음료 회사와 친밀한 관계를 유지한다. 상당수 회사를 다양한 시기에 걸쳐 청량음료 회사가 소유했거나 프랜차이즈의 관계를 맺었다. 이들은 시럽과 농축액을 공급받는 대가로 청량음료 기업에 돈을 지불했고, 이 가격은 추가 광고나 프로모션 지원 등을 이유로 가끔씩 상승한다. 광고에 대한 부담은 청량음료 기업과 보틀러가 50 대 50으로 부담하는 일이 흔했지만, 프로모션 비용의 3분의 2는 보틀 회사가 부담했다. 부담 비율이 얼마이든, 양쪽이 모두 동의한 캠페인이었다. 보틀 회사와 유통업자가 수익성이 높고 만족해야 청량음료 기업이 제대로 운영된다. 회사 소유였건 프랜차이즈였건 보틀 회사와 유통업자는 청량음료 산업에서 떼려야 뗄 수 없는 존재다.

이 산업에서 투자가 가장 필요한 것은 보틀링Bottling(청량음료를 병에 주입하는 것) 기술이다. 고속 기계는 가격이 비쌌고 전문화되어 있다. 병 라인에서 캔에다가 음료를 주입할 수 없고, 12온즈(300ml) 병은 쿼트(4분의 1갤런, 약 1리터) 라인에서 채울 수 없다. 투자 자금 때문에 농축액을 만드는 기업이 수시로 보틀 부문에 발을 들여놨다가 다시 발을 빼기도 하고, 필요한 경우 자금을 보탰으며, 이후에 보유한 보틀 기업 주식을 상장시켜 판매하기도 했다.

이 보틀러 부문에 지분 소유 형태로 관여하는 규모나 시기가 일치하지 않아서 두 회사의 재무제표를 비교하는 일이 쉽지 않다. 농축액을 파는 데 집중할수록 판매 수익률과 투자자본수익률이 높았다. 회사가 소유한 보틀 회사의 재무 성적을 합쳐버리면 항상 마진이 줄어든다.

어떤 체제가 경쟁에 유리할까?

여태까지 시장을 크게 두 가지 체제로 나눴다. 진입장벽이 있는 시장과 없는 시장. 코카콜라와 펩시는 어느 시장에서 운영될까?

진입장벽과 경쟁우위가 존재한다는 두 가지 핵심 지표—안정적인 시장점유율과 높은 투자자본수익률—는 분명히 청량음료 시장에 존재한다. 1970년대 말 펩시 챌린지가 진행될 당시, 청량음료 산업에서 주요 기업이 차지하는 시장점유율은 안정적이었다. 코크와 펩시라는 상위 두 개의 거인이 시장점유율의 60퍼센트를 차지했다. 나머지는 다른 세 개 기업과 유통업체 자체 브랜드, 지역 브랜드 그리고 그 외 하위 기업이 자잘하게 나눠 가졌다. 표9.1을 참고하기 바란다.

이 기간 동안 코카콜라 음료와 코카콜라 회사의 시장점유율은 소폭으로 하락했고 펩시콜라의 음료 시장점유율은 상승했다. 이 변화의 절대적인 크기는 크지 않지만, 코카콜라가 마침내 펩시의 존재를 인정하고 조치를 취하기에는 충분했다. 진입장벽이 없는 자유경쟁 시장이라면 이런 크기의 변화는 나오지 않는다. 시장 안정성은 작은 브랜드에도 똑같이 적용되었다. 세븐업, 닥터 페퍼, 로열크라운은 안정적인 시장점유율을 계속 유지한다. 두 거인만큼 많은 추종자를 확보하진 않았지만, 어쨌거나 추종자는 확실히 존재했다.

두 번째 지표는 진입장벽의 존재를 재확인시켜 준다. 청량음료 산업에서 코카콜라와 펩시의 수익률은 지극히 높았다(표9.2).* 1달러 매출당 자본 투자가 크게 필요 없는 사업에서 16~17퍼센트에 달하는 영업 마진은 세후 투자자본수익률이 30퍼센트에 달한다는 뜻이다. 이는 미국 상장 기업 평균 ROIC의 세 배에 달하는 수치다. 청량음료 산업에는 분명한 진입장벽이 있고 코카콜라와 펩시는 그 안에서 안전하게 보호받았다는 주장을 다시 한번 확인시켜 주는 확실한 증거다.

표9.2는 또 하나의 정보를 알려 준다. 1970년대 후반 양사의 경쟁이 심화되는 가운데 이익 마진이 똑같이 줄어든다. 펩시가 수년간 휘두르던 도끼를 코카콜라도 집는 순간, 코카콜라는 펩시 못지않게 자신에게도 상처를 입힌다. 청량음료 산업의 경쟁우위에 대한 이야기를 끝내는 대로 기업 간 전쟁에 대한 에피소드와 참여자의 전략을 논하기로 한다.

---

* 1970년 중반에 코카콜라와 펩시 모두 대기업이 되었고 해외 영업 부문이 이미 크게 성장했기에 미국 내 청량음료 산업의 수익성은 연결 재무제표에서 추출하여 계산했고 투자자본수익률 역시 영업 실적을 근거로 추정했다.

표9.1

청량음료 산업의 시장점유율, 1977년~1982년 (단위 : 판매 통 수)

	1977	1978	1980	1982
코카콜라	26.3%	25.8%	25.3%	24.6%
다이어트 코크				0.3%
스프라이트	3.0%	3.0%	3.0%	2.9%
탭	2.8%	2.9%	3.3%	4.0%
기타	4.2%	4.0%	4.3%	3.8%
코카콜라 회사 소계	36.3%	35.7%	35.9%	35.6%
펩시콜라	20.0%	20.4%	20.4%	20.3%
다이어트 펩시	2.4%	2.7%	3.0%	3.3%
마운틴듀	2.2%	2.7%	3.2%	3.2%
기타	1.4%	1.2%	1.1%	1.3%
펩시 회사 소계	26.0%	27.0%	27.7%	28.1%
세븐업	7.3%	7.0%	6.3%	6.7%
닥터페퍼	5.6%	6.0%	6.0%	5.2%
로열크라운	4.6%	4.3%	4.7%	3.9%
기타회사	20.2%	20.0%	19.4%	20.5%
비 코크/펩시 소계	37.7%	37.3%	36.4%	36.3%

표9.2

미국 청량음료 판매액과 영업이익 (단위 : 백만 달러)

	1977	1978	1980	1982
코카콜라				
미국/푸에르토 리코 청량음료 판매액	$1,178	$1,307	$1,928	$2,281
미국/푸에르토 리코 청량음료 영업이익	$201	$191	$204	$250
영업 마진	17%	15%	11%	11%
펩시(주)				
미국 청량음료 판매액	$876	$1000	$1,403	$1,867
미국 청량음료 영업 이익	$136	$159	$177	$221
영업 마진	16%	16%	13%	12%

경쟁우위의 원천

진입장벽이 있으면 기존 참여자가 경쟁우위를 누리고 잠재 진입자는 이를 따라가지 못한다. 청량음료 산업에서 이 경쟁우위의 원천은 분명했다.

첫째, 수요 측면에서 분명한 소비자 로열티가 존재한다. 네트워크 기업 임원이나 맥주 제조업자, 자동차 제조업자가 꿈속에서나 그려볼 법한 로열티가 청량음료 산업에는 굳건하게 자리 잡았다. 청량음료 소비자는 수시로 청량음료를 마실 뿐만 아니라 다양한 상황 속에서도 일관성 있게 한 가지 브랜드만을 고집한다. 버드와이저를 즐겨 마시는 사람이더라도 일식당에서는 기린을, 중식당에서는 칭타오, 멕시코 식당에서는 도스 에키스Dos Equis(멕시코 대표 맥주)를 주문해 본다. 그러나 펩시나 코카콜라 구매자는 멕시코 콜라를 주문하지 않는다. 돈을 많이 번다고 고급 콜라 버전으로 돌아서지도 않는다. 부자가 된 사람은 포드에 대한 흥미를 잃고 BMW를 선택하지만, 이런 변화는 청량음료 시장에서는 발생하지 않는다.

둘째, 청량음료 산업에서는 농축액 제조, 보틀 회사 양쪽에서 규모의 경제가 크게 존재한다. 신제품 개발과 기존 브랜드 광고는 판매량과 상관없는 고정비다. 또 한 가지 중요한 사실은, 음료 유통에서 지역적인 규모의 경제가 존재한다는 사실이다. 청량음료 회사가 제조한 농축액이 보틀 회사에게 보내지고, 보틀 회사는 여기에 물, 거품, 감미료(펩시는 계속, 코카콜라는 1980년대까지 감미료를 사용했다)를 더한 뒤 병을 막아서 다양한 소매업자에게 음료를 배달한다. 맥주와 마찬가지로 음료는 무거워서 거리가 멀수록 운반비가 높다. 그래서 해당 지역에 소비자가 많을수록 유통 측면에서 규모의 경제가 발생한다. 해당 지역 청량음료의 40~50퍼센트에 달하는 제품을 판매하는 코카콜라의 보틀 회사보다 5~6퍼센트에 불과한 닥터 페퍼의 보틀 회사가 비용이 낮아지는 게 당연하다.

고객 독점과 규모의 경제가 경쟁우위를 확보해 주지만, 다른 청량음료 회사를 모조리 없애버릴 만큼 강력하지는 않다. 나머지 기업도 독립적인 보틀 회사와 유통업자를 확보해서 자신만의 브랜드를 팔았다. 세븐업이 없다고 목말라 죽는 사람은 없다. 하지만 소규모 기업이 두 거인을 위협하지는 않았다. 설탕물을 이용해서 이전 투자자보다 많은 이익을 쥐어짜 내겠다는 야심 찬 투자자가 이들 소기업을 가끔씩 사고팔았다. 이들 투자자들은 한 가지는 제대로 파악했다. 이들 2인자 그룹도 진입장벽의 덕을 봤다. 나름의 충성 고객을 확보했고, 닥터 페퍼처럼 지역적인 집중 덕에 규모의 경제 효과를 보는 경우도 있었다. 현금 흐름은 안정적이었고, 이 때문에 쉽게 담보차입매수 Leveraged Buyout의 대상이 된다.

KO 목장의 결투 :
청량음료 제조업자들이 죄수의 딜레마에 빠지다

죄수의 딜레마는 고모라(여자 주 : 성서에 나오는 악덕과 타락의 장소)에서 하는 결혼과 비슷하다. 약속을 지키는 자에게 보상이 있지만, 속이려는 동기가 더 강렬하다. 한쪽이 속이기 시작하면 곧 쌍방이 속이게 되고,

서로 불신하면서 결혼이 와해된다. 이런 환경에서 결혼을 지켜내려면 수고, 관심, 공동의 이익을 위해 협조하려는 강한 열망이 필요하다.

코카콜라(주식 약자 KO)와 펩시의 결혼은 시작부터 악몽이었다. 코카콜라는 필요 이상으로 오랫동안 펩시의 존재를 무시했다. 1970 년까지 내부 회의에서 펩시의 이름을 언급하는 임원조차 없었다. 무시당한 배우자 펩시는 반복적으로 비뚤어진 행동을 한다. 1933년, 대공황의 한복판에서 펩시는 가격을 5센트로 유지하면서 병 사이즈는 12온즈로 바꾸며 용량을 배로 늘린다. 사실상 가격을 절반으로 인하한 셈이다. 1950년대에 펩시는 다시 공격을 재개한다. 앞서 말한 바와 같이 펩시는 일찌감치 슈퍼마켓에 집중적으로 제품을 제공하고, 눈에 보이는 대로 음료를 소비하는 소비자를 공략했다. 어리고 어느 브랜드도 고집하지 않고 돈이 있는 고객층이 타깃이 된다. 펩시는 팝뮤직 스타를 전면에 내세워 이들 고객층을 유혹해서 젊은 세대를 대표하는 현상으로 만들어 버린다. 유명한 '펩시 제너레이션'이 형성된다. 펩시는 콘서트를 후원하고 목표 시장에 적합한 여러 유형의 프로모션을 제공했다. 한술 더 떠, 펩시는 코카콜라가 노인의 음료이며 은퇴자 공동체나 양로원에서나 마실 음료라고 비웃는다.

코카콜라는 펩시의 이런 다양한 움직임에 아무런 관심도 보이지 않았다. 코카콜라의 이런 전략은 라이벌이 공격적인 행동을 하도록 부추겼다. 죄수의 딜레마에서 보자면, 펩시는 전반적으로 협조를 거부했고 코카콜라는 그 행동에 아무런 제재를 가하지 않았다. 표9.3은 1982년까지 이어진 다양한 시도와 이에 대한 대처를 정리했다. 이시기에 싸움을 시작한 쪽은 늘 펩시였다. 코카콜라의 반응은 뒤늦었고, 소소했으며 효과가 없었다. 코크가 12온즈 병을 제공하는 데까지 20년이 걸린다. 코카콜라는 이미 아이콘이 되어버린 6.5온즈짜리 스커트 모양의 병과 12온즈 병이 경쟁하는 사태가 발생할까 두려워했다. 펩시를 따라 슈퍼마켓 시장으로 진입하면서 코카콜라는 펩시의 '매장 문 앞까지 직접 배달하는Direct-Store-Door : DSD' 정책을 모방한다. 펩시보다 먼저 (하지만 세븐업보다는 늦게) 레몬-라임 맛 음료를 판매하고 펩시보다 먼저 (하지만 로얄크라운보다는 늦게) 다이어트 콜라를 선보인 것을 제외하고는 코크는 항상 뒤쫓는 전략을 취했다. 그 결과, 펩시는 1950년대 매출액을 세 배로 늘리면서 청량음료 시장에서 코카콜라의 선점을 빼앗는다. 제2차 세계대전이 끝날 무렵 코카콜라는 시장의 70퍼센트를 차지했는데, 1966년이 되자 코카콜라의 시장점유율은 30퍼센트로 줄어들었고 펩시는 20퍼센트가 되면서 2위의 자리를 차지한다.

1970년대 말, 펩시는 여전히 코카콜라를 앞서지 못했지만, 자신의 위치를 공고히 했고, 젊은 세대의 소비자와 슈퍼마켓/식음료 매장 채널에서 두각을 나타냈다. 펩시 본사에서는 축하할 만한 일이지만, 두 회사 간 갈등이 지속되면서 미래 관계는 악화 일로를 걷는다. 두 회사 모두 상호 이득과 조화를 찾기보다 상대방에게 상처를 주는 일에 신경을 곤두세웠다. 양사의 임원은 이익을 희생하더라도 판매가 늘고 시장점유율이 증가하면 상을 받았다. 전사를 우대하는 분위기가 팽배했고, 태도와 행동을 지배한다. 바로 이런 상황에서 코카콜라가 무거운 엉덩이를 들고 뒤늦게 펩시의 도전에 장기적으로 대응한다.

표9.3

코카콜라와 펩시의 경쟁적인 대응들, 1933년~1982년

연도	펩시가 먼저 시도한 움직임	코카콜라가 대응하거나 먼저 시도한 움직임	펩시의 대응
1933년	12 온즈의 가격을 5센트로 낮춤; 1939년 라디오 광고 "5센트로 두 배를 가지세요"	12 온즈 1955년 출시	
1950년	알프레드 스틸 CEO 취임 "코크 타도" 정책 시작	1955년 광고 슬로건 변경 "정말 상쾌해지세요"	
1950년대	24 온즈 병 출시; 슈퍼마켓 채널을 통한 판매 집중		
1950 ~58년	매출액 3배 성장		
1961년		스프라이트 출시	1964년 마운틴듀 출시
1963년		탭 출시	1964년 다이어트 펩시 출시
1963년	도널드 켄달 CEO 취입		
1964년	"펩시 제너레이션" 캠페인 착수		
1960년대와 70년대	DSD를 통해 슈퍼마켓을 위한 서비스를 향상시키고 매장 디스플레이를 개선시킴	펩시를 모방함	
1970년대 초반	농축액의 가격을 20% 올려 코크와 비슷한 수준으로 맞춤. 추가 마진을 광고와 프로모션에 사용	동일하게 광고와 프로모션 비용 증가시킴	
1974년	댈러스의 블라인드 테스트를 시작으로 펩시 챌린지 개시		
1975년	식재료 매장 점유율 1위		
1975년	펩시 챌린지를 매출의 20%를 차지하는 지역으로 확대		

연도			
1976년		CEO 오스틴이 코카콜라에게 미국이 성장 대상이 아니라고 선언함	
1977년	펩시 챌린지 미국 전역 확대	코크 점유율이 높고 펩시점유율이 낮은 곳에서 가격 할인 시작	
1980년	미국 펩시 사장인 존 스컬리가 음료판매기 부문에서 코크의 자리를 위협하기로 결정	미국 외 시장 매출 비중이 62% 차지(펩시는 동일 시장 매출이 20%)	
1981년		로버트 고이수에타 CEO 취임. 미국 시장 성장을 선언함	가격 할인으로 대응
1982년		"코카콜라 그것뿐"이라는 슬로건과 함께 공격적인 광고 시작	
1982년		가격 할인 시작 : 식재료 판매 매출량의 50%를 할인가에 제공	동일한 할인으로 맞대응
1982년		다이어트 코크 출시, 세컨드 브랜드에 최초로 "코크"를 사용; 1983년 다이어트 음료 1위 차지	

코카콜라의 첫 번째 대응 : 내 발에다 한 방 날리기

시장점유율은 물론 영업 마진 감소를 지켜보던 코카콜라는 마침내 펩시와 전면전을 펼치기로 한다. 1977년, 시장을 되찾기 위해 가격 경쟁이 시작된다. 진입장벽이 존재하는 시장에서 두 대기업이 가격 경쟁을 시작하면 거품이 빠지면서 소비자만 행복해진다. 무슨 일을 한들 상대 코끼리가 죽는 일은 없다. 게다가 가격 경쟁 중에서도 좀 더 나은 방법과 나쁜 방법이 있는데, 코카콜라는 최악의 선택을 한다. 미국 전역에 걸쳐 농축액 가격을 내리는 대신, 코카콜라는 자신의 시장점유율이 높

그림9.2

코카콜라 \ 펩시	협조	비협조
협조	펩시 + 코카콜라 +	펩시 + + 코카콜라 - - -
비협조	펩시 - - - 코카콜라 + +	펩시 - - 코카콜라 - -

고(80퍼센트) 펩시는 낮은(20퍼센트) 지역에서 싸움을 시작했다. 펩시 매출액이 1달러 줄 때마다 코카콜라 매출액은 4달러씩 줄어드는 지역을 골랐다. 이들 지역에서 코카콜라의 보틀 회사는 코카콜라 소유였지만 펩시의 보틀 회사는 독립적인 프랜차이즈였다.

코카콜라의 전면전에 맞서기 위해 농축액 가격을 내려서 보틀 회사를 돕거나, 없어서는 안 될 프랜차이즈들이 격하게 항의하는 모습을 멍청히 바라보기, 펩시는 두 개의 선택 중 하나를 골라야 했다. 펩시는 코카콜라의 도전에 응할 수밖에 없다. 코카콜라가 좀 더 신중했다면 예측할 수 있었을 것이다. 펩시는 농축액의 가격을 내리고 광고비를 늘린다. 결국 두 회사 모두 자신의 마진을 갉아먹었다. 더군다나 코카콜라는 이 전쟁에도 불구하고 펩시에게 계속 시장을 빼앗겼다.

비협조적인 상태에서, 최악의 경우는 양쪽 다 협조하지 않을 때 발생한다(그림9.2). 서로에게 돌아올 이익을 고려했을 때도, 이 최악의 경우가 평형 상태가 된다. 상대방이 협조하지 않는 선택을 한다고 가정할 경우 나도 협조하지 않아야 내게 최선의 결과가 나온다. 코카콜라의 가격 할인 전략은 사실상 라이벌보다 자신에게 총구를 겨눈 셈이고, 두 회사 모두 해를 입었지만, 코카콜라 자신이 가장 큰 상처를 입었다.

코카콜라의 두 번째 대응 : 제 자리를 찾다

이 기간 동안 두 회사 모두 신상품을 계속 출시한다. 다이어트, 디카페인 등 콜라의 변형 버전은 물론 다양한 향을 가미한 음료도 선보인다. 코카콜라와 펩시 모두 슈퍼마켓 선반을 조금이라도 더 차지하고, DSD 배달 서비스를 더 활용하고, 시장점유율을 늘리고자 안간힘을 썼다. 가격 전쟁과 비싼 광고 시리즈와 달리 슈퍼마켓 선반 결투는 코카콜라와 펩시보다 다른 청량음료 브랜드에게 타격을 안겨준다. 새로운 음료의 출시(개발비와 광고비)와 DSD 서비스(지역적인 규모의 경제)는 규모가 커질수록 경제적으로 유리한 분야다. 다양한 음료수를 출시하고 남보다 뛰어난 배달 서비스를 제공하면서 코카콜라와 펩시는 소규모 회사의 시장점유율을 앗아가서 자신의 영역을 넓혀간다.

세븐업, 닥터 페퍼, 그 외 유사 음료를 대상으로 시장점유율을 채가는 데 성공했지만, 코카콜라는 여전히 펩시 챌린지 때문에 바짝 따라잡혔다. 어린 소비자는 펩시의 단맛을 더 좋아했다.* 펩시와 코카콜라 중 선택이 가능한 식재료 매장 매출은 항상 펩시 쪽으로 기울었다. 머지않아 단순히 펩시의 맛이 좋다고 하는 정도를 넘어 펩시를 마시는 사람이 더 많아질 수 있다는 생각에 코카콜라는 초조해진다.

1985년, 코카콜라는 이 문제를 정면으로 받아친다. 많은 이들이 다

---

* 성공한 투자자이자 단것을 좋아하기로 유명한 (또한 코카콜라의 1위 대주주이자 오랫동안 이사로 재직했던) 워런 버핏은 블라인드 테스트 때마다 단맛이 더 강한 음료가 항상 이긴다고 말했다.

이어트 코카콜라 맛이 원조 코카콜라보다 펩시의 맛에 가깝다고 평가했다. 이에 코카콜라는 다이어트 코카콜라의 맛을 기초로, 인공 감미료를 빼고 콘 시럽으로 만든 액상과당을 잔뜩 집어넣은 새로운 음료를 만들어 낸다. 수만 번에 이르는 맛 테스트를 거친 뒤, 원조 코카콜라보다 달콤한 새 콜라를 출시했다. 상품 라인 추가에 그치지 않고 아예 대표 상품으로 전면에 내세운다. 그리고 원조 코카콜라를 시장에서 치워버린다. 뉴코크New Coke는 새로운 모양의 캔, 새로운 슬로건, 새로운 광고 캠페인을 독자적으로 진행했다. 달콤한 맛이나 일련의 마케팅 모두 젊은 세대—펩시가 그동안 견고히 지켜내던—를 타깃으로 했다. 처음에는 모든 전략이 엉망진창이었다. 뉴코크는 펩시 챌린지보다 맛에서 높은 점수를 받았지만 매출은 형편없었다. 원조 코카콜라 추종자의 항의는 격해졌고 뉴코크를 재검토해야 할 지경에 이른다. 4개월이 채 지나지 않아 원조 코카콜라는 다시 제자리를 찾았다. 돌아온 직후 원조 코카콜라는 코카콜라 클래식Coca-Cola Classic이라고 불리다가 다시 코카콜라로 명명되고 더 달콤한 신상품은 뉴코크로 굳어진다.

이 일련의 사건을 두고 몇몇 분석가들은 뉴코크 전략이 더 많은 선반 공간을 차지하게 된 기발한 전략이라고 평한다. 뉴코크가 출시되면서 코카콜라는 칼로리와 카페인이 높은 별개 상품 두 개를 선반에 같이 올렸다고 주장한다. 이 해석은 원조 코카콜라를 완전히 버리려던 최초 의도를 염두에 두지 않았다. 코카콜라가 두 개 브랜드로 나눠 매출을 낸다면 펩시가 당연히 1위 자리를 차지하고, 이는 코카콜라가 놔둘 리 없다. 하지만, 이 소란 덕에 코카콜라가 이득을 보긴 했다. 미디어의 관심은 컸고, 블라인드 테스트를 하면서 간과하던 중요한 사실 하나를 깨달

았다. 코카콜라의 많은 충성 고객이 원조 코카콜라에 거의 본능적인 애
착을 보였다. 이들은 자신의 젊음, 조국 그리고 자신의 본질과 코크를 동
일시했다. 펩시는 아주 잠시 원조 코카콜라와 뉴코크를 제치고 1위의 자
리를 차지한다. 1986년, 클래식 코크는 다시 1위 자리를 탈환하고, 클래
식 코크, 뉴코크, 다이어트 코크의 시장점유율은 29퍼센트로 펩시콜라
와 그 다이어트 버전이 차지하는 23퍼센트보다 높았다(표9.4).

표9.4
청량음료 산업의 시장점유율, 1982년~1986년 (단위 : 판매 개수)

	1982	1984	1985	1986
클래식			6.1%	19.1%
코카콜라	24.6%	22.5%	15.0%	2.4%
다이어트 코크	0.3%	5.2%	6.7%	7.3%
스프라이트/다이어트 스프라이트	3.3%	3.8%	4.3%	4.3%
탭	4.0%	1.6%	1.1%	0.6%
체리 코크			1.7%	1.9%
무 카페인/모든 브랜드		1.8%	1.7%	1.7%
기타	3.4%	2.6%	2.0%	2.5%
코카콜라 회사 소계	35.6%	37.5%	38.6%	39.8%
펩시콜라	20.3%	19.1%	18.9%	18.6%
다이어트 펩시	3.3%	3.2%	3.9%	4.4%
마운틴듀	3.2%	3.0%	3.0%	3.0%
무 카페인/모든 브랜드	0.4%	2.7%	2.4%	2.0%
기타	0.9%	0.7%	1.6%	2.7%
펩시 회사 소계	28.1%	28.7%	29.8%	30.7%
세븐업	6.7%	6.8%	6.0%	5.2%
닥터페퍼	5.2%	5.0%	4.9%	4.8%
로열크라운	3.9%	3.1%	3.0%	2.9%
기타회사	20.5%	18.9%	17.7%	16.6%
비 코크/펩시 소계	36.3%	33.8%	31.6%	29.5%

뉴코크 대소동으로 코카콜라는 달콤한 맛을 선호하는 젊은 세대를 끌어들일 잠재적 신무기를 보유하게 되었다. 이제 코카콜라는 펩시와 한 판 붙고자 한다면 펩시 구역에서 싸움을 일으키면 된다. 더 달콤한 뉴코크를 무기 삼아 펩시가 지배하는 시장으로 침입하는 전략이다. 뉴코크가 성공적이라면, 이 부문 시장의 6분의 1 정도를 점유할 수 있다. 코카콜라가 뉴코크의 '낮은 가격'을 무기로 활용한다면, 펩시의 타격이 크다. 코카콜라의 가격 공세에 밀려 펩시는 가격을 낮춰야 하고, 이 경우 코카콜라가 포기하는 1달러당 펩시가 포기하는 이익은 6달러나 된다. 펩시가 고군분투하는 동안 원조 코크는 이 전쟁 통에서 한 발 떨어져서 나이 든 코카콜라 애호가를 등에 업고 그 위치와 높은 수익성을 온전히 지켜낸다. 의도한 바는 아닐지 몰라도 코카콜라는 가격 전쟁에서 누구에게 총구를 겨눠야 할지 확실히 배웠다. 이 새로운 무기를 소유한 상태라면 코크와 펩시의 휴전이 성립된다.

현명해지다 : 가격 전쟁에서 상호 협조로

싸움을 시작한 지 십여 년, 코카콜라의 뉴코크가 펩시를 정면으로 조준하고 나서야 두 회사가 사실상 휴전 상태로 들어간다. 게임을 여러 번 치른 뒤 협조 요령을 배운 범죄자처럼, 청량음료 회사는 마침내 전략을 바꾼다(표9.5). 상호 협조하겠다는 분명한 사인을 상대방에게 보내기 시작한다. 코크는 조직을 재정비하여 새로운 시대를 연다. 보틀 회사 상당수를 사들이고 네트워크를 재정비해서 코카콜라 엔터프라이즈라는 새로운 법인을 만든 뒤, 51퍼센트의 주식을 상장시킨다. 또한 부채를 잔뜩 끌어들였다. 부채 부담 때문에 코카콜라 엔

표 9.5

코카콜라와 펩시의 경쟁적 대응들, 1984년~1992년

연도	펩시가 먼저 시도한 움직임	코카콜라가 대응하거나 먼저 시도한 움직임	펩시의 대응
1984년	다이어트 음료에 100% 아스파탐을 사용	몇 분야에서 펩시를 모방 (아스파탐 전량 확보 못 함)	
1985년 4월		'뉴코크' 도입, 원조 코크를 없애면서 엄청난 언론의 관심을 받게 됨	직원들을 위한 휴일을 제정. 새로운 광고 캠페인을 시작함 "(코카콜라가 눈싸움에서) 눈을 깜빡였다. (they blinked.)"
1985년 7월		원조 코크를 코카콜라 클래식이라는 이름으로 재도입함. 9월에 이르러 식재료매장에서 원조코크가 뉴코크의 세 배가 팔림	
1986년	웨인 캘로웨이 CEO 취임. 이익과 ROE에 집중하겠다고 선언함		
1986년		보틀 회사 중 2위를 매입함. 총량 38퍼센트에 해당	대형 프랜차이즈 두 개를 매입. 1990년까지 매입을 지속, 보틀러 총량의 51퍼센트 이상을 보유
1986년		코카콜라 엔터프라이즈라는 이름으로 보틀 회사 부문의 주식 51퍼센트를 매각함	펩시 보틀링 그룹 주식을 상장, 65퍼센트를 1999년에 매각
1989년	펩시와 코크 모두 음료 가격을 3.3퍼센트 인상 (1981년 이후 최대 규모)		
1992년		뉴코크를 코크 II로 재명명, 선택된 시장에서만 판매	코크 II의 시장을 타깃으로 TV 광고를 늘림

터프라이즈는 펩시의 시장 점유율을 뺏을 생각보다 현금 흐름 확보에 신경을 집중한다. 참여자의 수가 손에 꼽을 정도인 청량음료 시장에서 코카콜라의 이런 움직임은 뚜렷했고 의도 또한 명백했다. 펩시 역시 펩시 챌린지를 멈추고 광고의 공격 수위를 낮추면서 코카콜라의 휴전 제안을 받아들이는 제스처를 취한다. 이 상호 협조적인 관계는 가장 중요한 결과—이익 마진의 증대—를 가져왔다. 10퍼센트가 채 되지 않던 코카콜라의 영업 이익 마진이 20퍼센트로 훌쩍 올라갔다. 펩시의 상승은 그만큼 극적이지는 않았지만 역시 상당한 규모였다(그림9.3).*

수익성이 높고 조화로운 상태는 1990년대까지 지속된다.

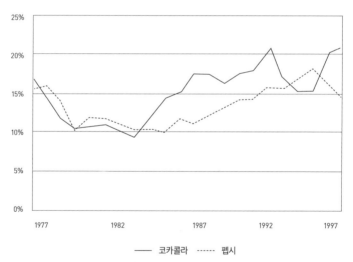

그림9.3
미국 청량음료 산업 영업 이익 마진, 1977년~1998년

---

* 1986년 코카콜라가 보틀링 부문을 분사하면서 마진이 낮은 보틀링을 분리했고, 그 결과 청량음료 마진이 올라갔다. 펩시는 1999년이 되어서야 유사한 조치를 취했고, 그때까지 펩시는 비교적 기업의 마진이 좋지 못했다.

문화란 운명인가?

불행한 결혼이 그렇듯 회사 내부 역학 관계는 쉽게 바뀌지 않는다. 투자자본수익률이 높고 평화롭더라도 바뀌지 않는 진실이다. 펩시의 웨인 캘로웨이Wayne Calloway와 코카콜라의 로버트 고이수에타Robert Goizueta는 워런 버핏 같은 이사진의 지원을 등에 업고 콜라 산업계의 평화를 어느 정도 구축한다. 고이수에타는 자신의 성적을 두 가지 요소로 가늠했다. '자기자본이익률ROI : Return on Equity'과 '주가'. 그는 매출액이 '저주 중의 저주'라고 여겼다. 16년에 걸친 재임 기간 동안 코카콜라 주가는 매년 30퍼센트씩 올랐다. 프리토레이의 사장을 역임한 후 펩시의 CEO가 된 캘로웨이 역시 시장점유율에 대해 떠들어대는 쪽보다는 자기자본이익률을 선호했다. 캘로웨이가 CEO로 재직한 십여 년 동안 펩시 주가도 올라서 연간 24퍼센트의 성장률을 기록한다. 하지만 유감스럽게도 두 사람 모두 젊은 나이에 암으로 사망한다.

그들의 후계자, 코카콜라의 더글라스 아이베스터Douglas Ivester와 펩시의 로저 엔리코Roger Enrico는 콜라 전쟁 용사 출신으로 두 회사의 문화를 점령한 세기의 전쟁에 열정적으로 참여했다. 한때 화제가 되었던 <포춘>의 글을 인용하자면, 코카콜라 차기 CEO인 아이베스터는 펩시의 고이수에타를 '핏불Pit Bull(호전적인 성향의 개로 투견으로 많이 쓰임)'이라고 불렀으며 수영장에서 허우적대는 경쟁자의 입에 빨대를 꽂아 이익을 취하는 것이 코카콜라의 정책이라고 노골적으로 말했다. 엔리코는 베트남 참전 용사로『콜라 전쟁에서 이겼다! - 펩시 사장이 밝히는 마케팅의 모든 것The Other Guy Blinked : How Pepsi Won the Cola War』을 집필하면서 고군분투 속에 발생한 뉴코크 사건을 노골적으로 조롱했다. 코카콜라 직원은 절대 그를 용서하지 않았다. 엔리코의 지휘하에 펩시는 코카콜라가 주름잡는 글로벌 시장에서 코카콜라의 시장점유율을 가로채겠다는 야심 찬 계획을 세운다.

양사의 전략은 둘 다 실패한다. 아이베스터는 펩시를 익사시키지 못했다. 오히려 펩시의 시장점유율이 증가했다. 아이베스터와 코카콜라의 경영진은 무슨 수를 쓰든 펩시의 존재를 없애지 못한다는 사실을 진작에 알았어야 했다. 게다가 아이베스터는 코카콜라의 수익을 갉아먹었다. 한편 펩시는 글로벌 시장에서 유일하게 상당한 시장점유율을 차지하던 베네수엘라를 잃었다. 코카콜라가 베네수엘라를 독점하던 펩시의 보틀 회사를 대상으로 협상을 진행한다. 코카콜라의 조건이 뿌리칠 수 없을 만큼 매력적이었는지, 펩시의 보틀 회사는 예전 동맹을 깨고 코카콜라를 병에 채워 유통시켰다. 1980년 휴전하기 전의 전쟁 전략이 얼마나 멍청했는지 이사들은 뻔히 알았을 텐데, 두 CEO가 전쟁놀음에 다시 빠지도록 내버려 둔 이유가 무엇인지 궁금하다.

아이베스터는 2년을 채우지 못한다. 유럽에서는 청량음료가 몸에 해롭다는 여론에 시달렸고, 애틀랜타에서는 인종차별 소송에 휘말리는 등 문제를 일으켰다. 이사진이 보기에 대응 방식이 지나치게 공격적이고, 중요한 자산인 회사 이미지를 망치고 있었다. 경쟁사 펩시를 익사시키려 할 만큼 단독적인 기질 탓에 결국 옷을 벗는다. 아이베스터 재임 기간 동안 펩시는 뒤늦게 코카콜라의 뒤를 이어 보틀링 사업을 1999년 분사시킨다. 산업 잡지는 이 결정에 대해 펩시를 '이성적인 시장 참여자'라고 평했다. 동시에 양사는 슈퍼마켓의 콜라 가격을 올렸다.

슈퍼마켓 콜라 가격은 지난 4년 동안 10퍼센트 이상 하락했다. 하지만 뒤늦은 결정이었다. 그 해 연말, 아이베스터는 퇴임한다.

성장하고 싶고, 경쟁자의 머리에 망치로 한 대 먹이고 발로 뻥 차서 시장에서 쫓아내고 싶은 욕심, 혹은 시장 점유율 상당 부분을 가로채고 싶다는 욕망이 앞서는 바람에 두 회사는 오랜 기간에 걸쳐 형편없는 성적을 냈다. 더할 나위 없는 경쟁우위와 프랜차이즈가 있는데도 이를 활용하지 못했다. 펩시와 코카콜라는 만족할 줄 몰랐다. 기업 사다리의 정상까지 오르려면 공격적인 성향이 필요한 법이다. 바로 이 공격적인 성향 때문에 경영자들은 그 대가가 무엇이든 경쟁에서 이기려고 안달이 나는지도 모른다. 대부분의 사람들은 경영자가 되었다고 하룻밤 사이에 전사에서 관록 있는 기업 임원으로 변하지 않는다. 그러나 매출 규모나 기타 규모에 대한 잣대 대신 이익을 최선으로 하는 성과 시스템이라면, 주주는 물론 기타 회사 이해관계자의 이익에 좀 더 신경을 쓰게 된다.

제10장

장벽 안으로
진입하기
폭스, TV 네트워크 회사가 되다

폭스 방송사

1985년 루퍼트 머독Rupert Murdoch은 미국 전역으로 방송하는 네 번째 방송국 설립을 선언한다. 방송 산업은 제2차 세계대전 직후 형성되었고, 산업이 형성된 후 10년이 지난 시점에서 세 개의 회사가 독점 체제를 구축했으며 이는 1985년까지 이어졌다. 간만에 참여자가 한 명 늘어났다. 이를 위해 머독은 미국 대도시에 있는 여섯 개 독립 방송국을 사들이고 21세기 폭스사 영화 스튜디오를 매입한다. 호주 서부지역의 자그마한 신문사로 시작한 머독의 뉴스코퍼레이션News Corporation은 거대한 미디어 기업이었고, 유럽, 호주, 북미 지역에 걸쳐 100개가 넘는 신문사와 함께 유럽과 호주 지역에 TV 방송국을 소유했다. 머독은 21세기 폭스사가 미디어 제국에서 핵심적인 엔터테인먼트 자산으로 입지를 다지고 모든 채널에서 방영할 콘텐츠를 만들어 낼 것이라고 내다봤다.

머독의 그릇이 작다고 생각하는 사람은 없다. 뉴스코퍼레이션 제국을 건설하겠다는 원대한 계획을 달성하기 위해 넘어야 할 산이 높았을 뿐이다. (수익을 내면서) 네 번째 방송국을 운영하는 일은 1950년대 이후 아무도 성공하지 못했다. 의기양양하게 방송 산업에 발을 디뎠던 이들은 이익을 내지 못하고 사업을 접었다. 하지만 머독의 목표는 단순한 방송 산업 진입 이상으로 야심 찼다. 네 번째 방송국 운영은 물론 이보다 장대한 글로벌 비전을 달성하려고 했다. 미국을 뛰어넘는 방대한 네트워크를 구축해서 다양한 전송 채널을 보유하고, 이 채널을 통해 프로그램을 보급하는 제작사를 함께 보유한다면, 창조적 파괴가 발생하고 시너지가 난다고 예상했다.

방송 산업

머독이 열성적으로 가입하고자 한 클럽에는 ABC, CBS 그리고 NBC, 세 명의 회원만이 있었다. 세 방송국 모두 1930년대 잘나가던 라디오 방송국이었고, TV라는 미디어가 새로이 출현했을 때 과거 경험을 십분 살려 새로운 시장에 성공적으로 안착했다. 이들 방송사는 광고업자, 지역 방송국 계열사, 독립적인 지역 방송국, 뉴스 관련 기관 그리고 시청자에게 상당히 중요한 엔터테인먼트 분야, 그 모든 것을 솜씨 좋게 다룰 줄 알았다. TV 세트를 제작하던 앨런 듀몽Allen Dumont

이 네 번째 방송국을 세웠지만, 1950년대를 간신히 버티고 사라졌다. 파라마운트픽처스Paramount Pictures 같은 엔터테인먼트 그룹도 방송국 산업에 발을 들였지만, 이 역시 오래가지 않았다.

방송국 산업은 제2차 세계대전 이후 30년간 발전을 거듭했지만, 뉴스, 스포츠, 엔터테인먼트 그리고 이 모든 것의 돈줄이 되는 광고를 미국 가정까지 전달하는 하나의 부문 시장에 불과했다(그림 10.1).

라디오 그리고 이후 TV 산업이 발달하는 동안, 미국 정부는 해당

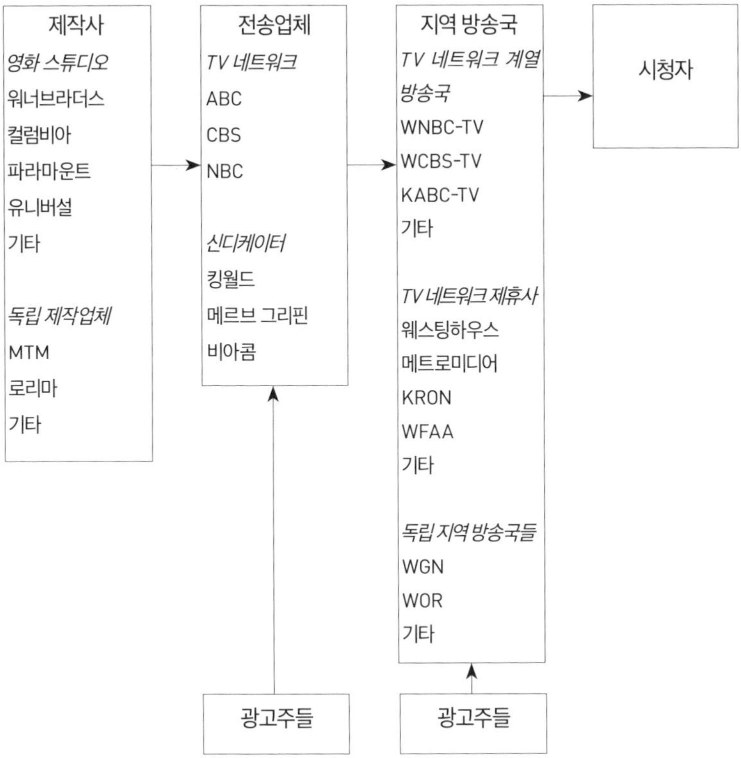

그림10.1
1985년경 TV 산업 지도

기업을 직접 보유하거나 관리하지 않았고, 바로 이 점 때문에 미국 미디어 산업은 다른 나라와 다른 양상을 보인다. 미국 미디어 산업의 최종적인 돈줄은 광고주였다. 이들은 광고 시간을 샀다. 라디오의 황금 시절과 TV 시대 초반까지 대형 광고주는 자신의 상품을 광고하는 방송 프로그램을 직접 제작했다. 1960년대에 들어서자 광고주의 영향력이 약화된다. 제작 비용이 치솟았고, 광고주는 한 프로그램에 광고를 집중하느니 다양한 쇼와 네트워크에 광고 시간을 탄력 있게 선택하는 편을 선호했다. 광고주는 TV 네트워크는 물론 계열 방송국, 혹은 독립 지역 방송국으로부터 광고 시간을 직접 구입했다.

'콘텐츠' 제작은 네트워크, 제작사, 지방 방송국이 담당했다. TV 네트워크 기업과 지역 방송국은 전국 및 지역 뉴스, 스포츠 그리고 기타 쇼 프로그램을 제작했다. 저녁 황금 시간대에 방영되는 주요 엔터테인먼트 프로그램—코미디, 드라마, TV 방영용 영화—은 스튜디오가 만들었다. 이들 영화 스튜디오는 경험은 물론 인프라도 튼튼했고, 반독점법 때문에 극장을 직접 소유하지 못하게 된 상태에서 재빨리 추가 수익 창출 기회를 거머쥐었다. 영화 산업의 번영은 비록 그 영화가 자그마한 TV 방영용일지라도, 소규모 제작 스튜디오들을 끌어들이기에 충분히 매력적이었다. 이들은 기꺼이 명망 높은 스튜디오에게 도전장을 내밀었다. TV 네트워크를 통해 자신의 아이디어를 선보이려고 안달이 난 업체는 차고 넘쳤다.

TV 네트워크 회사는 이들 제작사로부터 쇼 프로그램을 샀다. 정확히 말하면, 그 프로그램이 시청자들의 관심을 끄는지 보려고 몇 개의 에피소드만 먼저 사들였다. 시청률이 괜찮으면 나머지 에피소드에 대해 계약을 맺었다. TV 네트워크 회사는 제작비의 80~90퍼센트를 지불하면 제작사는 나머지 비용을 지불하고 이익을 챙겨줄 누군가를 찾아야 했다. 제작사는 신디케이션 시장에 눈을 돌린다. TV 네트워크 회사가 황금 시간에 방영되는 쇼 프로그램 대부분을 직접 제작하지 못하게 정부가 규제했다. 제작사가 이를 제작했고, 재방영권을 신디케이터들에게 팔았다. 신디케이터들은 이 쇼 프로그램을 패키지로 묶어서 지역 방송국이나, 그 프로그램의 인기가 높은 경우에는 다른 TV 네트워크 회사에게도 팔았다. 신디케이션 시장에 들어가려면, 적어도 60편 이상의 에피소드가 필요한데, 이를 충족시키는 프로그램은 많지 않았다. 하지만 일단 충족만 하면 제작자의 매출이 늘어났다. 1970년대, 영화 스튜디오의 전체 매출 중 절반 이상이 TV 프로그램 제작에서 나왔다. TV 네트워크 회사에게 직접 팔린 쇼 프로그램, 신디케이션 매출, TV 방영용 영화, 오래된 영화의 재방영 권이 효자 노릇을 했다.

정부 규제 때문에 TV 네트워크 회사는 지역 방송국을 제한적으로 소유했다. 규모의 경제라는 특성상 TV 네트워크 산업은 시간이 지나면서 독점이 일어나는 구조였다. 그렇게 되면 뉴스의 원천을 통제하는 강력한 힘이 몇몇 개인의 손에 넘어간다. 이를 두려워한 미국 정부는 TV 회사의 확장을 허용하되, 어느 규모 이상으로 넘어가지 못하도록 선을 그었다. VHFVery High Frequency(초단파) 방송국의 수는 5개에서 12개로 늘어났지만, TV 네트워크는 직접 소유하고 운영하는 지방 방송국을 포함해서 시청자의 25퍼센트 이상을 장악할 수 없었다. 그래서 TV 네트워크 회사는 많은 지역 방송국과 '제휴'를 맺었고, 제휴를 맺은 지역 방송국은 해당 TV 네트워크사의 프로그램으로 방송 대부분을 채웠다. 지역 방송국 입장에서는 TV 네트워크 회사의 검증된 프로그램을 내보내는 편이 저렴하고 손쉬웠다. TV 네트워크의 프로그램만큼 매력적인 대안이 없었다. 제휴 관계가 없는 독립적인 회사도 TV 네트워크 기업들과 같이 똑같이 계열사 소유 제한을 받았다. TV 네트워크 소유 회사와 제휴 방송국이 독립 업체보다 수익성이 좋았다. TV 네트워크가 소유하거나 제휴한 방송국은 뉴스나 장편 영화로 구성된 지역 프로그램을 갖췄고 시청자도 많았다. 독립 방송국은 재방송, 오래된 영화, 지역 스포츠 그리고 소수 시청자를 위한 쇼 프로그램에 의존했다.

제휴 방송국은 네트워크 회사로부터 프로그램을 사지 않았다. 매출 흐름은 오히려 정반대였다. TV 네트워크 회사는 자신의 프로그램을 방영하는 대가로 제휴 방송국에 돈을 지불했다. 대신 TV 네트워크 회사는 시간당 6분에 해당하는 황금 시간대 광고에 대한 수수료를 챙겼다. 제휴 방송국은 3분에 해당하는 광고 시간을 확보했고, 이 시간을 전국 규모의 광고주, 지역 스폰서, 공공 서비스 안내에 배분했다. 지역 방송이—특히 계열사와 제휴사를 통한 경우— TV 산업 전체의 꽃이었다. 1984년과 1985년 두 해를 합했을 때, TV 네트워크 3개 사의 영업 이익은 전체 매출의 9퍼센트였다. 계열 방송국의 영업 마진은 32퍼센트였다. 계열사가 TV 네트워크를 먹여 살렸다. 끈끈한 관계를 고려할 때, 계열 방송국과 제휴 방송국은 같은 부문, 즉 TV 네트워크 산업으로 분류하는 것이 적정하다. 그러나 나머지 제작사, 신디케이터들과 광고주는 분명하게 전체 산업의 별도 부문을 구성한다. 출판사와 서점, 과당제조업자와 음료수 제조업체가 독립적인 관계인 것처럼 말이다.

진입장벽?

앞에서 계속 논의한 바와 같이 진입장벽이 존재할 때 나타나는 두 가지 특질이 있다. 첫째, 시장점유율이 지속적으로 안정적인가? 신규 진입자의 시장 진출이 어렵고 기존 참여자의 시장점유율이 안정적이라면, 진입장벽이 존재할 가능성이 높다. 두 번째 특질은 자본수익률이다. 기존 참여자기 평균 자본수익률 이상을 벌어들인다면, 이 또한 진입장벽의 존재를 뒷받침한다. 폭스 이전에 TV 방송 산업에 들어오려던 이들은 실패했다. TV 네트워크 산업 초기 시점에 라디오 방송 경험 없이 진입하려 했던 듀몽 네트워크DuMont Network도 그런 사례에 속한다.

TV 방송산업의 시장점유율은 예외적으로 안정적이었다. 1976년부터 1986년까지 십 년 동안 3개 TV 네트워크 기업의 시장점유율 변화를 다 합해도 9퍼센트가 되지 않는다. 즉, 십 년이라는 세월 동안 시장점유율 변화가 회사당 3퍼센트 포인트 남짓에 불과하다(표10.1).

이들 세 개 회사의 점유율을 100이라고 치고 시장점유율 변화를 계산하면, 3개 회사 간 시장점유율 변화가 보인다. 하지만 한 가지 중요한 정보를 놓친다. TV 네트워크 회사의 시청률이 연 1포인트씩 계속 감소

표10.1
3개 TV 네트워크 기업들의 시장점유율 변화, 1976년 – 1986년

	시청률		3사 합계 기준		차이	절댓값
	1976년	1986년	1976년	1986년		
ABC	18.7	12.8	36%	32%	-4.2%	4.2%
NBC	16.4	14.6	31%	36%	4.6%	4.6%
CBS	17.1	13.1	33%	32%	-0.4%	0.4%
합계	52.2	40.5	100%	100%		9.2%
10년 평균						3.1%

했다. 시청률 중 일부는 독립 방송국, 일부는 1986년 당시 약 4천만 가구에게 제공되고 있던 케이블 방송국에게 흘러간다. 확실히 TV 방송 산업에는 든든한 진입장벽이 존재했고, 이 진입장벽이 신규 스타트업으로부터 기존 참여자를 보호해 주었다. 하지만, TV 네트워크 역시 불멸의 존재는 아니었고, 시청자의 관심은 전통적인 TV 네트워크가 아닌 다른 대안으로 향하는 중이었다.

진입장벽의 또 다른 증거는 높은 자본수익률이다. 1984년과 1985년, TV 네트워크 3사의 매출 합계는 158억 달러이고 영업 이익은 20억 달러로 매출의 12.6퍼센트를 차지했다. 이는 네트워크사의 실적은 물론 마진이 더 높은 계열사의 실적도 합한 성적이다. 12~13퍼센트라는 자본수익률은 필요 자본이라는 측면에서 짚고 넘어갈 필요가 있다. 최소 요구 자본 규모는 크지 않았다. 광고 대부분은 시즌 전에 팔리기에 매출채권의 규모도 크지 않다. 재고도 없다. 해당 기간에 지역 방송국으로의 송출하는 역할은 AT&T의 몫이므로 방송사 소유의 고정 자산(부동산, 공장, 설비 등을 말한다)은 스튜디오와 방송 자재 정도였다. 계열 방송국도 스튜디오, 방송 안테나, 기기 외에는 자본이 필요 없다. TV 네트워크 회사의 자산 상태는 표10.2와 비슷하다고 추정된다.

우리는 요구 자산을 매출의 15퍼센트라고 계산했다. 무이자 발생 부채Spontaneous liabilities(매입채무, 미지급 임금과 세금, 기타 이자가 발생하지 않는 채무)*가 자산의 3분의 1이면 실질적인 요구 자산은 매출의 10퍼

---

* 무이자 발생 부채는 미지급 이자, 매입 채무, 미지급 비용 등이 해당되며, 사업을 하면서 발생하는 부채다. 사실상 직원이나 기타 사업 상대로부터 잠시 돈을 빌린 셈이다. 이런 채무는 이자 발생 부담이 없다. 자금 지급이 늦춰지면 해당 금액으로 자산을 구입할 수 있어, 무이자 발생 부채의 크기만큼 필요 자본 금액이 줄어든다.

표10.2

TV 네트워크 방송사와 계열사들의 추정 재무제표, 1984년~1985년
(매출액 대비 자산 비중)

현금	1%
매출채권	4%
재고	0%
토지, 공장, 기기	10%
전체 자산	15%
무이자 발생 부채	5%
전체 필요 자본	10%

센트 정도가 된다. 영업 마진이 12~13퍼센트가 되려면, 세전 자본수익률은 120~130퍼센트라는 계산이 나온다. 필요 투자액이 예측보다 두 배가 되더라도 세전 자본수익률은 여전히 60퍼센트나 된다. 매출이 꾸준했기 때문에, TV 네트워크 회사들은 필요 자금 중 절반은 대출로, 나머지 절반은 주식으로 쉽게 충당했다. 대출은 감세 효과가 있어서 주식의 세전 수익률을 높여 준다.

진입장벽 보호를 받는 산업의 징후들이 곳곳에서 보인다. 진입장벽 내부에 자리 잡은 회사는 예외적으로 높은 수준의 자본수익률을 유지한다. 높은 수익률이 머독이나 파라마운트, 기타 야심 찬 회사를 불러들였다. 그러나 동시에 이 견고한 진입장벽은 새로운 진입자가 장벽을 기어 올라타서 내부로 들어가더라도 살아남기가 만만치 않다고 엄중하게 경고했다.

어떤 경쟁우위를 가질 것인가?

네트워크 사업의 진입장벽과 관련 없는 단 하나의 경쟁우위는 기

술이다. 방송을 하기 위해서는 미국 가정이 보유한 TV 수신기까지 신호를 잡아서 전달하는 기기가 필요하지만, TV 네트워크 회사는 이에 대한 독점 사용권이 없다. NBC의 모회사인 RCA는 듀몽처럼 TV 세트를 제작했지만, TV 세트 제작 회사는 방송 산업과 완전히 무관한 회사가 많았다. 기술은 사실상 모든 사람에게 공개되어 있었다.

시청자의 선호도는 완전히 다른 문제다. 프로그램이 성공하면 열렬한 추종자를 만들어 냈고, 이런 현상은 몇 년간 지속됐다. 인기가 높은 프로그램끼리 시간이 겹치지 않도록 방송국은 세심하게 방영 일정을 잡았다. 리모컨이 만들어지기 전까지(기술 전문 역사학자 몇몇은 20세기 후반 인류의 발명품 중에 리모컨에 필적하는 발명품은 ATM기뿐이라고 말한다) 일단 틀어놓은 프로그램이 끝나고 다음 프로그램이 시작될 때까지 채널이 고정되어 있다. TV 네트워크 임원은 차기 야심작을 인기 프로그램 뒤에 방영하도록 일정을 짜서 시청률을 높였다. 하지만 시청자는 특정 회사나 프로그램에 휩쓸리지 않았다. 채널을 돌리기도 했고 새로운 프로그램을 보려고 예전에 보던 프로그램을 포기했다. 하지만 기존 참여자는 신규 진입자보다 유리한 위치에 있었다. 신규 진입자는 프로그램으로 시청자를 누적적으로 늘려야 하는 부담을 추가로 안는다.

정부는 방송 산업에 대한 다양한 규제를 고안했다. 서로 전파를 방해하지 않도록 라디오 주파수를 제한적으로 나눠 주고, 경쟁과 자유 진입 측면에서 공공의 이익을 보장하기 위해 여러 가지 규제를 활용했다. TV 네트워크 회사든, 혹은 기타 방송 기업이든 계열사를 포함한 시장점유율이 25퍼센트를 넘지 못했다. 이런 규제 때문에 제휴 방송국이란 독특한 형태가 형성된다.

이들 제휴 방송국과 TV 네트워크사의 관계는 계열사와의 관계보다 느슨했다. 그러나 그 외 일반적인 정부 정책은 진입장벽을 강화했다. 연방통신위원회FCC : Federal Communication Commission는 지역 방송국에 라이선스를 부여했고 방송할 때 사용할 주파수를 지정해 주었다. 가장 인구가 많은 대도시 지역에서도 FCC는 VHF 허가를 7개 이상 내 주지 않았다. 더 작은 지역에서는 7개보다 적게 허가를 내 주기도 했다. 제한된 VHF는 1940년대에 이미 존재하던 라디오 네트워크 회사의 손에 들어간다. 방송국이 시청자에게 도달하는 데 결정적인 도움을 준 셈이다. 1960년대 케이블 기술이 급부상하자, FCC는 처음에는 지역적 파급을 제한하고 서비스 가입을 막아서 시청자들이 무료로 시청하도록 만든다. 시간이 지나면서 TV 시청자는 케이블이나 더욱 개선된 UHFUltra High Frequency(극초단파) 기술을 통해 더 많은 채널을 선택한다.

TV 네트워크 회사가 프로그램을 방송국에게 전달하기 위해 AT&T에 지불하는 비용도 규제 대상이었다. 애초에는 한 시간짜리 분량이나 하루짜리 분량이나 가격 차이가 별로 없었다. 몇 시간짜리 짧은 프로그램만 보내면 되는 소규모 방송국에게 불리했다. 1980년대 초반이 되어서야 가격 구조가 바뀐다. 위성 서비스 사업자를 포함한 경쟁자가 전송 사업에 뛰어들자 AT&T는 전송 분량에 따라 늘어나는 합리적인 가격 구조로 바꾼다. 1986년이 되자, 한때 강력하던 정부 차원의 진입장벽도 상당히 약해졌다.

하지만 규모의 경제야말로 TV 네트워크 산업을 지켜낸 가장 강력한 경쟁우위였고 이 사실은 변함이 없었다. 네트워크 방송은 전형적으로 고정비 비중이 높은 산업이다.

- 프로그램 비용은 고정비용이다. TV 네트워크 회사가 새로운 프로그램을 계약하는 시점은 제작자는 물론 TV 네트워크 회사 자신도 시청자 숫자를 파악하기 전이다. 정말 중요한 인기 있는 프로그램이나 그 프로그램에 출연한 스타는 계약을 갱신하면서 웃돈을 요구할 수 있다. 그런 요구가 받아들여지기도 하지만 거절당하기도 한다. 무엇보다 중요한 것은, 시청자의 숫자에 비례해서 프로그램 비용이 증가하지 않는다는 점이다.
- 네트워크의 전송 비용 역시 고정비용이다. AT&T는 TV 네트워크에서 지역 방송국으로 전송되는 프로그램의 인기가 높다고 전송 가격을 올리지 않는다. 시청자 숫자가 적은 신규 진입자의 경우 시청자당 부담 비용이 높다.
- 지역 내 전송 비용 역시 고정비다. 동일한 주파수로 전송하면 해당 지역 시청자의 50퍼센트가 타깃이든, 5퍼센트가 타깃이든 전송비는 동일하다. 신문사가 보여 주는 규모의 경제는 방송사에 비하면 초라한 수준이다.
- 뉴스 프로그램 같은 지역 프로그램의 제작비 역시 어느 정도 고정비용이다. 인기가 높은 캐스터가 돈을 더 많이 받지만, 시청자의 숫자에 비례해서 대가가 상승하지 않는다. 스튜디오 비용 역시 시청자의 숫자와 크게 관련이 없고, 카메라나 전송을 위한 기기 역시 마찬가지다.
- 광고비 역시 고정비였다. 자신의 채널을 통해서 광고를 내보내든, 신문이나 잡지, 심지어는 경쟁 방송국의 채널에 광고를 하든, 시청자 숫자는 전혀 상관없다. 마찬가지로, 광고를 판매할 때 들어

가는 비용도 시청자 숫자와 상관없이 모든 TV 네트워크 회사에게 동일하다.

네트워크 산업에 진입해서 수백만 달러를 투자할지 결정하는 시점에서, 신중한 임원이라면 경쟁우위 요소가 얼마나 강력하게 기존 참여자와 이익 마진을 보호하고 있는지 눈치채야 한다. 네트워크 산업 전체적으로 시장 크기가 점점 줄어들고 있으며, 기술의 변화(리모컨, VCR, 위성 전송 등)와 정부 규제(케이블 서비스 제한 완화)로 인해 경쟁우위가 약해진다는 사실도 꿰뚫어 봤을지 모른다. 머독이 대담하고, 현찰을 풍부하게 보유했으며 정치적 영향력도 막강한 호주의 미디어 거물이었지만, 그 역시 절대적으로 불리한 경쟁열위에서 시작해야 했다. 이런 경우 해피엔딩은 기대하기 힘들다. 시장점유율이 하락하고 있지만, 진입장벽 뒤에서 경쟁을 완화시키는 나름의 규칙이 준수된다는 사실 역시 파악했어야 했다. 이 거물이 제대로 카드를 뽑는다면, 도박판 한자리를 떡 하니 차지하고 나머지 경쟁자와 재미를 볼 가능성도 있다.

친구들과 경쟁하기

코카콜라 대 펩시 전쟁을 '애틀랜타 자손과 공격적인 북부인이 뉴욕 화이트 플레인즈White Plains(미국 뉴욕 동남부 도시로 독립전쟁 당시 전쟁터)에서 붙은 남북전쟁'이라고 친다면, TV 네트워크 기업의 싸움은 컨트리클럽에서 치는 골프 게임 같다. 모두 본사를 뉴욕에 두고, 모두 한때 라디오 방송을 하던 기업들이다. ABC는 1940년대 NBC가 강제로 분할되면서 탄생했다. 비디오 시대가 시작되면서 다 같이 TV 산업으로 옮겨 왔다. 세월이 지나면서 이들은 높은 이익을 유지하고 과한 경쟁을 하지 않는 나름의 전술을 정착시킨다. 벌어들이는 수입이나 지불하는 비용 면에서 가격 경쟁은 일어나지 않았다. 청량음료 회사들과 달리 TV 네트워크 회사는 죄수의 딜레마 상황에서 상호 이익을 최대화하는 요령을 잘 알았다.

광고 협약

네트워크 회사의 주요 수입원은 스폰서가 광고 시간을 사는 돈으로 충당된다. 이 시간은 할인가에 판매되지 않았다. 대부분의 광고 시간은 장기 계약으로 사전 판매된다. 실제 방송 날짜가 가까워지면 아직 팔리지 않은 시간이 매물로 나왔는데, 이때 가격은 사전 계약보다 훨씬 비쌌다. 게다가 이들 TV 네트워크 회사는 동일한 시기에 아주 잠깐 동안만 사전 계약을 맺는다. 광고주가 협상을 시도하기에는 시간이 부족하다. 어느 경우라도 가격 할인은 제시되지 않았다.

둘째, 공공 이익을 위한 행동 강령이라는 명목하에 황금 시간대 광고 시간을 제한한다. 사실상 공급량 조절이다. 시간을 판매하면서, 시청자 숫자를 대략 예측한다. 실제 시청자가 예상에 못 미치면, 광고주에게 추가 비용 없이 추가 광고 시간을 보상해 준다고 계약서에 명시했다. 보상 조항 때문에 황금 시간대는 더 빨리 소진된다. 특히 시청률이 저조해서 광고 수요가 떨어지더라도 보상 조항 때문에 황금 시간에 공급량이 남지 않는다. 만족스러운 가격을 지불할 광고주가 충분하지 않으면, TV 네트워크 기업은 자신의 프로그램을 광고하거나 공공 서비스 안내를 내보낸다. '헐값 판매'라는 단어는 TV 시장에서 존재하지 않는 용어였다. 그 결과 전체 시장점유율은 줄어드는데도 네트워크 광고 단가는 꾸준하게 올라갔다.

프로그램 구입

TV 네트워크 회사는 방영 프로그램을 구입할 때도 광고를 팔 때와 똑같이 신사다운 태도를 견지했다. 새로운 쇼 프로그램을 확보하기 위해 경쟁하지 않았다. 프로그램 선택은 2주 동안 이루어진다. 일단 한 회사가 관심을 보이면, 또 다른 회사가 더 많은 돈을 지불하지 않을까 기다리기에는 시간이 없다. 시청률 테스트용 에피소드가 방송되는 기간 동안, 네트워크 회사는 추가 구입을 거절할 수 있다. 그러면 제작 비용은 모두 제작사가 떠안는다. 이런 거절 또한 네트워크 회사가 방송 일정을 확정하는 2주 동안 이루어진다. 제한된 시간 동안 구입 경쟁이 이루어지면서 프로그램 가격이 올라갈 시간적 여유가 없다.

성공한 프로그램을 빼앗고 뺏기는 일도 일어나지 않았다. <택시> 시리즈가 1982년 ABC에서 NBC로 네트워크를 갈아타긴 했지만, 이는 ABC가 스스로 추가 방영을 포기했기 때문이지, NBC가 제작자에게 네트워크를 바꾸라고 권해서가 아니었다. 스포츠 경기 방영에 대해서도 네트워크 회사들은 지극히 협조적이었다. CBS는 전미 미식축구 연맹NFC : National Football League과 오랫동안 돈독한 관계를 유지했다. 해당 영역을 침범하는 대신 NBC는 아메리칸 미식축구 연맹AFL : American Football League과 관계를 맺었다. 1960년대 후반에 NFC와 AFL이 합쳐졌을 때도 CBS와 NBC의 밀접한 관계는 계속 유지된다. 시장 규칙을 어겨서는 안 된다는 것을 충분히 알지만, 인기 스포츠를 놓치고 싶지 않았기에 ABC는 먼데이 나이트 미식 축구Monday Night Football프로그램을 시작해서 자신의 몫을 챙긴다. 암묵적 약정은 20년간 지속된다.

지역 방송국과의 제휴

방송국과의 제휴 관계도 경쟁 분야가 되지 못했다. 정부 규제에 따라 네트워크 회사는 정해진 시장에서 단 한 개의 방송국과 제휴를 맺었다. 선택할 대상은 충분했기 때문에 특정 방송국과 제휴를 맺겠다고 경쟁할 이유가 없다. 정부는 제휴 상대를 바꾸는 일도 어렵게 만들어 놔서, 제휴 대상을 시시때때로 바꾸지 못했다. 규제는 물론 네트워크 회사끼리 협조적인 태도 덕에 경쟁으로 인한 유혈 사태는 일어나지 않았다.

한 회사가 추가로 끼어들 자리가 있을까?

루퍼트 머독은 신사적인 방식으로 세계 최대 글로벌 미디어 제왕 자리에 등극하진 않았다. 오히려 경쟁자, 노조는 물론 정부를 상대로 정면으로 맞서 온 사람이다. 네트워크 산업에 들어오겠다는 그의 선언은 기존 참여자의 관심을 끌기에 충분했다. 머독은 폭스 스튜디오는 물론 미국 내 큰 시장에서 지역 방송국도 보유했다. 세 대륙에 걸쳐 신문사도 보유하고 있다. 번쩍이는 최신형 무기를 들고 네트워크 산업을 침략하겠다고 결정하던 당시, 그는 과거의 침입자 누구보다도 더 많은 실탄을 장전하고 있었다.

그러나 폭스사와 기존 네트워크 회사가 전면전에 나선다면, 네트워크 회사가 여전히 유리했다. 그들은 시청자를 꽉 잡고 있었고, 쉽게 놓아 줄 기세가 아니었다. 더 많은 시청자로 무장한 상태에서라면 기존 네트워크 회사는 폭스보다 더 비싼 값에 프로그램을 살 수 있고, 광고비도 더 비싸게 부를 수 있다. 계열사 외에도 든든한 제휴 방송국을 갖고 있는 것도 한몫했다. GEGeneral Electric 소유의 NBC와 캐피탈시티즈커뮤니케이션Capital Cities Communication 소유의 ABC는 공성전을 버텨낼 자원이 넉넉했다. 반면 CBS는 독립성을 유지한 대가로 채무가 상당했기에 상대적으로 취약했지만, 그런 CBS조차 지역 방송국처럼 현금화할 만한 비싼 자산이 넉넉했고, 영업을 통합해 비용을 절감할 수도 있었다. 높은 가격을 오랫동안 유지하면서 축적한 지방의 양이 상당했다. 뼈나 근육처럼 핵심적인 부분을 건드리지 않아도 장기전을 버틸 만한 영양분을 충분히 비축한 상태였다.

하지만 일단 공성전이 시작되면, 폭스사가 패배하더라도 네트워크 회사에게 돌아갈 부담이 막대하다. 그 점에 대해서는 의심할 바가 없다. 광고 가격 경쟁이 시작되면, 네트워크 회사는 울며 겨자 먹기로 이에 응해야 한다. 그러나 폭스의 광고 매출 양은 나머지 회사보다 적으므로, 동일한 가격 하락으로 타격을 크게 입는 것은 기존 TV 네트워크 회사들이다. 프로그램에 비싼 값을 부르기 시작하면, 역시 올라간 가격을 지불할 능력은 있지만, 사들여야 할 프로그램의 양이 많은 쪽도 기존 회사들이다. 경쟁에서 나오는 손해를 최소화시킨 점잖은 게임 규칙을 포기하고 물고 뜯는 투견판에서 싸우기 시작하면 폭스사나 TV 네트워크 회사들 모두 피를 뒤집어쓰게 된다.

머독은 성문을 뚫어야 하지만, 클럽 멤버십의 가치를 낮추지 않으면서 입장권을 얻어야 한다. 머독은 피비린내 나는 싸움을 원치 않으며, 평화롭게 무혈입성하고 싶다는 의지를 경쟁자에게 알려야 했다. 모든 것을 불태워 버리는 전략보다 폭스의 입성을 허락하는 편이 현명한 선택이라는 것을 적들에게 인지시킬 필요가 있다. 게임의 룰을 자신도 알고 있다는 사실도 알려야 했다.

지역 방송국들

머독은 우선 메트로미디어Metromedia로부터 독립 방송국 여섯 개를 사들였다. 네트워크 회사와 제휴 관계에 있던 지역 방송국은 건드리지 않았다. 그랬다면 상황은 완전히 악화되었을 것이다. 지역 방송국의 현금 흐름을 봤을 때 16.5억 달러에 달하는 투자 금액은 지나치게 컸다. 폭스는 이 투자 금액의 대부분을 부채로 조달했다. 새로운 네트워크 회사가 성공한다면, 이 비용 부담이 충분히 상쇄된다고 믿었다. 제휴 방송국을 건드리지 않은 것이나, 자금 상당 부분을 채무로 조달한 것은, 기존 네트워크 회사 입장에서는 달가운 소식이다. 머독의 이런 의사 결정 때문에 폭스 방송사는 초반 몇 년 동안 적자가 난 데다가, 채무 부담이 컸다. 재무적으로 쪼들린다면 돈이 넉넉한 경쟁자를 상대로 광고 판매나 프로그램 구입 가격 전쟁을 시작할 가능성이 낮다.

메트로미디어의 지역 방송국 6개를 기반으로, 폭스사는 나머지 전국 지역에서 제휴 계약을 맺는다. 비록 미국 전역의 80퍼센트를 감당하는 지역 방송국과 계약을 맺었지만, 이들을 다 합해서 보더라도 영향력이 크다고 말하긴 어려웠다. 대부분이 상대적으로 낮은 극초단파를 사용했고 황금시간 대 시청자 수도 미미하다. 폭스는 적은 수의 시청자를 확보한 채 시장에 뛰어들었다.

광고

머독은 행동 강령을 충실하게 따라서, 프라임 타임의 30분에 해당하는 황금 시간대 광고 시간을 제한한다. 그리고 시장가보다 약 20퍼센트 낮은 가격으로 광고 시간을 팔았다. 이 정도의 할인은 공격적이라고 보기는 어려웠다. 폭스사는 신참인데다가 아직 이렇다 할 만큼 내세울 것도 없고, 규모도 작았다. 광고주를 끌어들이려면 뭔가 새로운 것을 제공해야 했다. 할인을 했지만 다른 경쟁자와도 가격을 연동시키면서 머독은 두 가지 시그널을 보냈다. 하나는 시장의 규칙을 따라 협조할 의사가 있다는 것, 또 하나는 가격 관점에서 머독을 따라잡을 수 없다는 것. 경쟁자들이 똑같이 가격을 내린다면, 머독도 현재 가격에서 20퍼센트를 내릴 기세였다. 앞으로도 오랫동안 나머지 회사의 광고 매출이 머독의 광고 매출보다 크기 때문에 가격 할인으로 인해 기존 회사가 입는 타격이 크다. 반대로 경쟁자들이 가격을 올리면, 머독은 다시 상승한 가격에서 20퍼센트 할인한 가격을 내놓으면 된다. 머독은 여태까지 지속되었던 TV 네트워크 회사의 가격 협상력을 망가뜨릴 의사가 없었다.

프로그램들

프로그램 구입 측면에서도 폭스는 네트워크 회사와 정면 대결을 피했다. 폭스가 독자적으로 제작한 프로그램은 별로 없었다. 폭스사가 고용한 첫 번째 유명 스타는 조안 리버스Joan Rivers(심야 토크쇼를 진행한 최초의 여성 진행자)로, 심야 토크쇼를 진행했다. NBC가 <투나이트쇼The Tonight Show>를 진행하던 자니 카슨Johnny Carson의 후임자로 제이 레노Jay Leno를 지명하면서 리버스를 포기했기 때문에 폭스가 선택한 카드였다. 방송 첫해에 방영한 다른 프로그램도 다른 회사들이 거절했거나, 방영할 것 같지 않은 프로그램들이었다. <스터즈Studs>, <못말리는 번디 가족Married with Children>, <심슨 가족The Simpsons>은 (21세기의 관점에서는 전혀 아니지만) 기존 회사의 눈에는 너무 상스러웠다. 만화는 토요일 오전에 아동 대상 쇼나 디즈니 특집을 틀어 주는 것으로 충분했다.

머독은 신문사를 운영하면서 자극적인 기사를 이용하여 돈을 벌어들였다. 머독에게 타블로이드지는 언어로 만든 무기나 다름없었다. 폭스 방송사도 비슷한 방식을 취했다. 저소득층을 주요 시청자 타깃으로 정하면서 폭스사는 교묘하게 경쟁을 피했다. 이런 식으로 프로그램을 짜서 시청자를 확보한다면, 경쟁자를 빼앗기는 쪽은 TV 네트워크 회사가 아니라 비슷한 프로그램들을 운영하던 독립 방송국이었다. 동시에 폭스사는 상대적으로 시청 성향이 확립되지 않아서 쉽게 끌어올 수 있는 십 대나 젊은 시청자를 타깃으로 삼을 수 있었다.

오직 한 명만 더 들어갈 수 있는 시장

폭스사가 지역 방송국을 확보한 방식, 광고 단가를 매긴 정책, 방영 프로그램을 정한 방식 모두 네트워크사에 하나의 일관된 신호를 보내는 것이었다. 폭스사는 시장에서 말썽을 일으킬 생각이 없다. 잘나가고 있는 프로그램, 인기 스타, 제휴사를 가로채겠다고 현금을 양손에 들고 뻐기지도 않았다. 광고 가격을 할인했지만, 여전히 기존 네트워크 회사의 광고 단가와 맞물려 있고, 광고 시간을 늘려서 공급을 늘리지 않았다. 네트워크에 보내는 신호는 아래와 같았다.

- 너희의 규칙은 지킬 것이다.
- 원한다면 폭스를 망가뜨릴 수 있지만, 그러려면 폭스를 시장에 들이는 것보다 몇 곱절의 대가를 치러야 한다. 그리고 폭스 방송사는 뉴스코퍼레이션의 글로벌 전략의 일부다. 우리는 쉽게, 조용히 폭스 방송사를 포기할 의사가 전혀 없다.
- 너희에게 가장 현명한 선택은 우리를 클럽 멤버로 인정하는 것이다.

죄수의 딜레마 게임으로 치자면, 폭스는 선택지 중에서 모두의 이익이 가장 큰 곳으로 가자고 암시를 주었다.

폭스를 받아들여도 다른 신규 진입자가 그 뒤를 따르지는 않는다고 확신한다면, 폭스의 신호를 받아들이는 편이 네트워크사들에게 더 나은 선택이다. 폭스사와 대결을 시작한다면, 네트워크 회사는 끝장을 볼 때까지 가야 한다. 다른 잠재 진입자가 감히 시장을 넘보지 못하게 경고하기 위해서라도 그럴 필요가 있다. 다행스럽게도 폭스사는 자신이 다른 잠재 진입자와 다르다는 것을 분명히 보여 준다. 폭스사는 메트로미디어의 지역 방송국 6개를 포함 방송국을 매입하고 그 외 지역 방송국과 제휴를 맺어서 미국 전역 대상으로 방송을 진행한다. (폭스사만큼 자본이 없는 상태에서 그 정도 규모로 사업을 진행하려는) 다른 회사라면 케이블을 선택하고, 시청자에게 높은 사용료를 부과해야 했다. 무엇보다 폭스사는 영화 스튜디오와 다수의 신문사, 잡지를 소유하고 있는 어마어마한 미디어 제국의 소유다. 아무리 폄하하더라도 무시할 수 없는 존재감이 있다. 머독의 예상보다 중요하지 않았을지 몰라도 그 존재감은 상당하다. 이런 점을 종합적으로 고려했을 때, 폭스는 똑같은 신규 진입자가 또 생겨나지 않는다는 점을 설득력 있게 어필했다.

사업 환경의 변화

폭스가 처음 진입했을 때, 네트워크 회사들은 폭스사를 제거하지 않았다. 그들은 폭스사의 시그널을 제대로 읽었다. 그리고 폭스사가 시장에서 일원으로 받아들여진 듯 행동하도록 내버려 둔다. 적어도 한동안은 말이다. 그러나 시간이 지나면서 환경 변화 때문에 경쟁이 치열해진다. 규제가 느슨해지면서 더 많은 케이블 회사가 진입하고 더 많은 프로그램이 제공된다. 케이블 채널의 매력이 증가하고 케이블 채널 가입자가 늘어난다. 위성 방송 기술 역시 지역 방송국이 지불 가능한 수준으로 가격이 낮아졌다. 네트워크 방송국과 대형 신디케이터의 차이가 점점 좁아진다. 지방 방송국에 프로그램을 직접 제공하고 방송 시간을 나눠 가질 만큼 대형 신디케이터가 성장한다. 리모컨이나 VCR이 흔해지면서 시청자는 더 이상 한 채널을 붙잡고 있지 않았고, 무엇보다 광고를 시청하는 시청자의 수가 줄어든다. 주요 수입 원천이 광고였던 것을 감안할 때 이는 TV 네트워크 회사에게는 무엇보다 곤란한 일이었다.

일련의 변화를 거치면서 네트워크 회사에게 높은 수익을 가져다 준 경쟁우위가 약해졌다. ABC, CBS, NBC의 새 소유자는 뉴스국을 비롯해 다양한 부서에서 인원을 감축하고 프로그램 비용을 절약하며 허리띠를 졸라맨다. 머독과 폭스사가 산업에 진입하던 시기에 이런 변화가 시작된다. 폭스가 자리를 잡는 동안에도 이런 변화는 계속되고 있었다.

폭스의 등장, 수익성의 하락, 기존 네트워크 회사의 소유주 교체, 모든 사건이 맞물리면서 네트워크 산업의 수익을 보호해 주던 협조 분위기가 약해졌다. 네트워크 산업은 더 이상 안락하지 않았다. 죽마고우끼리 우애를 다지는 클럽이 아니었다. 1993년 폭스사가 CBS를 누르고 NFC의 경기 방영권을 따내면서, 장기간에 걸친 동맹이 깨진다. 항상 두둑한 재미를 보게 해 주던 풋볼 방송권이 가격경쟁의 희생양이 되었다. 몇 년 후 ABC는 CBS의 데이비드 레터맨David Letterman(미국 TV 토크쇼 사회자)을 빼내려고 안간힘을 쓴다. 레너드 골든슨Leonard Goldenson(ABC 1980년대 사장)이었다면 윌리엄 페일리William Paley(CBS의 1980년대 CEO)에게 절대 그런 짓은 하지 않았다. 그것은 코카콜라와 펩시나 하는 비열한 행위였지만, 상황이 바뀌어 버렸다.

시너지가 있었을까?

머독의 폭스사 전략 핵심은 통합이었다. 21세기 폭스 스튜디오, 네트워크 회사 그리고 계열 방송국끼리 더할 나위 없는 긴밀한 관계를 유지하고, 뉴스코퍼레이션 미디어 제국의 다른 회사와도 밀접하게 일해서 추가 수익을 내는 것이 목표였다. 21세기 폭스사를 이용해 폭스 방송국의 프로그램을 만들 뿐 아니라 해외로 내다 파는 신디케이터의 역할을 하려고 했다. 자산을 살 때 프리미엄을 얹어서 사는 이유로 '시너지'가 종종 언급된다. 하지만 실행으로 옮기기에 시너지만큼 까다로운 게 없다. 공급 사슬에 있는 회사가 하나의 그룹사로 뭉쳐진다고 혜택이 늘어날까? 진입장벽이 존재한다면, 그 회사는 높은 자본수익률을 이미 확보하고 있다. 경쟁이 극심한 산업이라면, 그렇지 않아도 줄어드는 몫을 형제와 나눠야 하는 상황이 유리할 리 없다. 시장이 좋든 나쁘든, 그룹이라는 명목으로 회사를 묶는 것이 딱히 추가 수익을 가져오지 않는다.

프로그램 제작 분야에서는 진입장벽은 존재하지 않는다. 엔터테인먼트 산업은 그 자체의 매력을 가지고 있었기에, 신흥 제작자들이 항상 혜성과 같이 나타났다. 누구나 알다시피, 이쪽 회사의 투자수익률은 지극히 낮다. 다른 네트워크 회사들은 (폭스와 달리) 스튜디오를 보유하지 않았다. 규제 탓도 있었지만, 스튜디오에 창조적인 일을 의뢰하는 쪽이 비용이 절감되기 때문이기도 했다. 21세기 폭스사와 폭스 방송국의 경우, 군침을 흘릴 만한 프로그램을 폭스 방송국에 헐값으로 넘긴다고 딱히 유리할 것이 없다. 반대로 프로그램이 형편없는데, NBC나 ABC보다 더 높은 가격에 사들일 이유가 없다. 왼쪽 호주머니에서 오른쪽 호주머니로 돈을 옮긴다고 돈이 불어나는 것은 아니다. 프로그램은 공급이 충분하다. 스튜디오를 소유한들, 폭스 방송사에게는 그다지 이점이 없다. 반대로, 다른 방송국이 원하는 프로그램을 만들어 내는 능력이 충분하다면, 폭스 방송사와의 관계가 긴밀하다고 21세기 폭스사에게도 유리하지는 않다.

그렇다면 광고 시간은 어떨까? 폭스 방송국이 광고 시간을 다 팔지 못했다고 치자. 이 남는 시간을 21세기 폭스사의 영화를 선전하는 데 제공해 주면 어떨까? 공짜로? 거저 줄 만한 광고 시간은 광고주가 사지 않는 형편없는 시간대일 가능성이 높다. 21세기 폭스사가 얻는 이득이 있더라도 크지 않다. 시청률이 낮은 네트워크가 제공하는 공짜 광고가 머독의 시너지 전략이라고 보기는 어렵다.

폭스가 시너지를 낼 만한 또 다른 분야는 신디케이터로서 스튜디오의 프로그램을 해외에 내보내는 일이다. 같은 그룹사의 자매 회사끼리 신디케이션을 진행하면 시너지가 나오는지 검토해야 한다. 외부 조달과 비교했을 때 추가 이익이 날까? 국제 신디케이션 시장 경쟁은 치열했고, 내부에서 신디케이션을 해결한다고 크게 유리하지 않았다. 신디케이션 자회사는 관계회사로부터 시장가격보다 웃돈을 받지 못했고, 돈을 덜 받는다면 이익이 나지 않았다. 신디케이션의 경쟁이 치열하지 않은 해외 시장도 존재했지만, 그런 시장에서는 다른 선점자가 이미 진입장벽의 수혜를 누렸다. 폭스의 신디케이션 자회사는 경쟁열위를 헤쳐 나가야 했다. 이런 경우, 산업 내 강력한 회사와 계약을 맺는 편이 관계회사와 거래하는 쪽보다 유리했다. 스튜디오와 해외 신디케이션 회사 사이에서 그 어떤 추가 이득도 발생하지 않았다.

폭스의 경험에서 우러나온 교훈들

네트워크 산업에 진입한 폭스의 사례는 이 책에서 다루는 아이디어를 다방면에서 되짚어 준다. 세 개 네트워크 회사는 진입장벽과 경쟁우위의 혜택을 누렸다. 고객 독점, 정부 규제, 강력한 규모의 경제가 절묘하게 어우러진 결과다. 네트워크 회사는 지역 방송국에서 든든한 수익을 올렸다. 지역 방송국은, 말하자면 광고를 내보내려면 반드시 지나쳐야 하는 톨게이트였다. 이들은 죄수의 딜레마 게임을 어떻게 풀어나가야 할지 잘 알았고, 프로그램 비용에서나 광고비 수익에서나 가격 전쟁에 뛰어들지 않았다.

높은 수익성과 견고한 진입장벽에 눈독을 들인 머독은 이들 네트워크사와 경쟁하고자 뛰어든다. 그는 진입/퇴출 게임을 능수능란하게 풀었다. 진입/퇴출 게임에 대해서는 다음 장에서 상세히 논의한다. 머독은 기존 네트워크 회사에게 "초기에 내 목을 졸라 죽이는 편보다 클럽에 들여보내 주는 게 현명할 거야. 그렇지 않으면 너희들도 상당한 희생을 치르게 될 것이다."라는 분명한 메시지를 전달했다. 그렇게 폭스는 네트워크 산업의 진입장벽을 뚫고 안으로 들어온다. 폭스를 앞섰던 모든 이들은 실패했지만, 폭스만은 성공했다.

머독은 분명히 뛰어난 사람이고, 가격 경쟁이라는 참사를 피해나갈 만큼 노련했지만, 시장은 머독이 바라던 대로 움직이지 않는다. 정부 규제가 완화되고 기술이 발달하면서 네트워크 산업의 수익성을 갉아먹는다. 케이블 방송국, VCR, 리모컨 때문에 고객 독점이 약화되고 광고주도 더 이상 네트워크 방송국에 광고할 필요성을 느끼지 않았다. 광고가 주요 수입 원천인 네트워크 방송국에게는 치명적인 변화다. 네트워크 산업은 아직 살아남았고, 폭스 역시 영업을 계속하고 있지만, 예전의 영광과 든든한 수익성은 오래전에 사라졌다.

마지막으로, 서로의 이익을 높여 주는 사업을 함께 소유해서 추가 혜택을 보는 것이 폭스의 전략이었다. 스튜디오는 프로그램을 네트워크와 계열 방송국에 제공하고, 미처 판매하지 못한 광고 시간을 이용해 21세기 폭스사의 영화를 홍보하려 했다. 또한 해외에 프로그램을 판매하는 신디케이터 역할을 하면 추가 수익이 나온다고 기대했다. 머독은 글로벌 미디어의 제왕이었다. 미디어 관련 모든 기능을 제국 손아귀에 넣는다면, 시너지가 나온다고 확신하기 쉽다. 그러나 현실적으로는 시너지 역시 진입장벽에 달려 있다. 진입장벽이 없다면 생산 사슬을 수직화해서 소유해도 추가 수익이 나오지 않는다.

제11장

회사들이 게임을 시작하다
경쟁우위에 대한 구조적인 접근
파트 2 : 진입/퇴출 게임

물량 경쟁

가격 경쟁 다음으로 흔히 일어나는 경쟁은 새로운 시장에 진입하거나, 현재 시장을 확장하는 형태로 나타난다. 이 경우 경쟁에서 결정적 요소는 가격이 아니라 생산량이나 생산 시설의 크기다. 가격과 수량은 시장 경쟁에서 기본적인 변수이기 때문에 가격 경쟁 다음으로 물량 경쟁이 발생하기 마련이다.

폭스는 네트워크 산업에 진입을 하면서 가격 경쟁과 물량 경쟁 모두를 고려한 뒤에 의사결정을 내렸다. 그러나 물량 경쟁은 가격 경쟁과 비교를 했을 때 몇 가지 중요한 측면에서 서로 다른 양상을 보이고, 필수적인 전략 의사 결정 또한 동일하지 않다. 생산량이나 생산 능력 측면에서 물량 경쟁을 온전히 이해해야만 제대로 된 분석이 나온다. 이런 물량 경쟁을 설명해 주는 것이 바로 진입/퇴출 게임이다.

가격 경쟁과 수량 경쟁의 가장 큰 차이점은 타이밍이다. 생산량의 증가는 시간이 걸리고, 일단 증가한 생산량은 감축하기가 매우 어렵다. 반면 가격 변동은 쉽게 적용되고 복원도 손쉽다. 그래서 진입/퇴출 게임에서는 참여자 각각의 입장 차이가 다르다. 죄수의 딜레마 게임에서는 참여자의 입장이 엇비슷하다. 가격 변화는 어느 누구나 쉽게 시작하거나 따라 한다. 공격과 방어 사이에 차이점이 없다. 진입/퇴출 게임에서는 공격수와 수비수가 분명하게 갈린다. 대개의 경우 성공적인 기존 업체가 수비수가 되고 신규 진입자가 공격수가 된다.* 그리고 승자가 되는 데 필요한 수비전략과 공격전략은 완연히 다르다.

진입/퇴출 게임에서는 한번 내린 결정이 장기간에 걸쳐 영향을 끼친다는 점이 두 번째 중요한 차이점이다. 특히 잘못된 의사 결정일 경우 그 파급 효과가 상당하다. 죄수의 딜레마 게임에서는 불리한 결과가 지속된다면, 이는 고집스러운 아둔함의 산물이다. 어느 순간에라도 행동을 수정하거나 더 높은 이득을 위해 즉시 결정을 바꿀 수 있다. 반면, 홈디포의 본거지에 로우스가 매장을 내거나 몬산토 Monsanto(미국의 다국적 농업생물공학 기업)가 질산 비료 생산량을 늘리려고 공장을 증설하면 한번 지어진 시설은 오랫동안 유지되며, 하루아

---

* 딱히 어느 회사도 지배적인 위치를 차지하지 않은 시장에 진입하려고 검토를 하는 회사들이 있다. 모든 잠재적인 진입자는 다른 나머지 회사들 전부를 퇴출시키려고 자신 혼자만 남는 방법을 모색한다. 이런 상황은 드물지만, 진입/퇴출의 변형이 되며, 꽤 중요한 시사점을 가진다. 이에 대해서는 이 장의 후반에서 다루기로 한다.

침에 없어지지 않는다. 진입/퇴출 게임을 할 때에는 장기간에 걸친 결과를 심사숙고해야 한다.

　마지막으로, 진입/퇴출 게임의 공격수가 담당하는 역할은 죄수의 딜레마 게임과 사뭇 다르다. 어떤 회사들은 가격 전쟁을 장기화하면서 높은 비용 부담을 상당 기간 감수한다. 해당 산업에서 경쟁자를 완전히 몰아내서 끝을 보겠다는 욕심에 사로잡혀서 장기전을 정당화한다. 그러나 역사적으로 봤을 때, 오랫동안 성공적으로 운영된 회사가 가격 전쟁에 져서 스스로 걸어나가는 경우는 거의 없다. 상대방의 행동에 대응하는 경우를 제외하고, 가격 경쟁에서 공격은 스스로에게도 해를 끼친다. 단 한 가지 장점이 있다면, 공격적인 가격 인하로 인한 손실 규모는 어느 정도 한정적이라는 사실이다. 언제든지 그 의사결정을 번복할 수 있기 때문이다. 적어도 이론적으로는 그러하다.

　공격적 성향은 진입/퇴출 게임에서 다른 양상을 보인다. 첫째, 생산량 결정이라는 (장기적인) 정책이 철회될 경우 지불 비용이 엄청나기 때문에, 공격으로 얻는 보상이 현격하게 줄어든다. 가격 경쟁은 쉽게 번복되지만, 추가 생산 시설에 대한 의사 결정은 쉽게 바꾸기 어렵다. 가격 경쟁에서는 상대방이 이성적인 의사 결정을 하도록 대응할 수 있지만, 진입/퇴출 게임에서는 "내가 공격하면 상대방이 행동을 고치겠지"라는 정당화가 별로 먹히지 않는다. 적당히 타협하는 편이 현명하다. 동시에 생산량을 늘리겠다는 공격적인 결정은 상대방에게 분명한 메시지를 전달한다. 우물쭈물하는 것보다 위협적이다. "절대 물러서지 않겠다"라고 선언하는 셈이다. 한편, 진입/퇴출 게임에서는 공격적 대응이 가져오는 위험 부담이 크다. 한 회사가 생산량을 늘리기로 결정하자마자 다른 회사도 똑같이 생산량 증대로 맞대응했다고 가정하자. 공장 설비는 쉽게 줄이지 못하고, 시장 전체 생산량이 일시에 큰 규모로 급증했기 때문에 두 회사 모두 오랜 기간 그 폐해를 견뎌야 한다. 생산량 결정에서 공격은 양날의 검과 같아서 진입/퇴출 게임에서는 신중하고 조심스럽게 전략을 검토해야 한다.

신규 진입자를 위한 전략적 접근

진입/퇴출 상황에서는 일반적으로 지역 시장이나 특정 제품 시장에서 먼저 자리 잡은 회사가 다른 회사보다 실질적인 경쟁우위를 누린다. 다른 경쟁사보다 상대적 경쟁우위를 갖춘 회사가 특정 시장 진입을 고려하고 있다고 해 보자. 제13장에서 다룰 코닥의 즉석 사진 시장 진입이 적절한 사례다. 당시 즉석 사진 시장은 폴라로이드가 독식 상태였다. 공은 진입자의 손에 쥐어진다. 기존 참여자는 급습을 대비할 뿐이다. 진입하려는 자만이 시장으로 진입할지, 아니면 바깥에 머무를지 결정한다. 진입 방식에도 여러 가지 형태가 있다. 은근슬쩍 간을 보거나, 아니면 애초부터 전면전으로 시작하는 방법도 있다.

하지만 분석을 쉽게 하기 위해 선택 가능한 대안이 딱 두 개밖에 없다고 가정하자. 진입 혹은 진입 포기 두 개 중에 하나를 골라야 한다. 일단 외부자가 진입하면, 이제는 기존 참여자가 어떤 방식으로 대응할지 생각할 차례다. 진입이 실제로 발생하기 전까지는 기존 참여자가 이를 막기 위해 공격적인 태도를 취했을 수 있다.

그러나 일단 실제 진입이 발생하고, 여태까지의 저항이 허사로 돌아가는 순간, 상황은 180도 달라진다. 기존 참여자가 신규 진입자를 내쫓기 위해 공격적 대응으로 마음이 기울면 가격 할인, 광고비 증가 그리고 비용 부담이 높고 방대한 고객 대상 프로모션에 돈을 쏟아부으며 장기전을 견뎌야 한다. 진입이 이루어진 순간, 이전과는 완전히 다른 두 가지 대안을 봐야 한다. 즉, 구시렁대면서 신규 진입자를 받아들이든지, 혹은 공격하든지. 두 대안 모두 상당한 대가를 지불해야 하므로, 기존 참여자는 합리적으로 신중하게 비교하고 고려해서 결정을 내려야 한다.

트리 (확장) 구조와 진입/퇴출 게임

죄수의 딜레마(가격) 게임에 매트릭스를 반드시 써야 하는 것은 아니지만, 매트릭스 형태를 사용하면 이해가 손쉽다. 마찬가지로 진입/퇴출 게임을 설명할 때에는 트리 구조가 적합하다. 홈디포와 로우스 간에 벌어질 수 있는 상황을 살펴보기로 하자.

로우스가 이미 튼튼하게 뿌리를 내린 특정 지역에 홈디포가 매장을 하나 내려고 고민 중이다. 홈디포가 먼저 행동을 취하면서 경쟁적인 상호작용이 촉발된다. 이 상황에서 로우스는 상호작용을 시작하는 쪽이 되지 못한다. 상황을 간단하게 만들기 위해 홈디포는 시장에 진입하거나 외부에 머무르거나 둘 중 하나를 선택한다고 가정하자.

그림11.1에서 보면 트리 구조의 첫 번째 상황에 해당한다. 홈디포가 시장에 진입하지 않기로 한다면 로우스가 할 일은 당연히 없고, 게임은 사실상 끝난다. 적어도 현재로서는 그렇다. 이는 '진입하지 않음' 상황으로 그림11.1에서 D에 해당한다.

홈디포가 진격하기로 마음먹고 해당 시장에서 매장을 연다면, 로우스는 대응해야 한다. 홈디포의 존재를 받아들이고 평소와 다름없는 방식으로 영업을 계속하거나, 아니면 침입에 대항하여 경쟁적으로 대응한다. 이는 트리의 상위 절반(진입)에 해당하는 것으로 로우스의 의사 결정 상자에는 '받아들이기'와 '저항하기' 두 개의 선택 방안이 존재한다. 홈디포의 진입에도 불구하고 로우스가 아무것도 하지 않는다면-즉, 가격 수준도 유지하고 광고, 프로모션도 변화가 없으며, 고객에게 추가 보상을 제공하지 않거나, 홈디포 본거지에 매장을 열

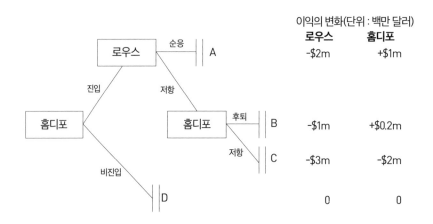

그림11.1
진입/퇴출 게임의 트리 (확장)구조

겠다고 협박하지 않으면- 이야기는 여기서 끝이 난다. 이 경우는 그림에서 A에 해당하는 경우로 게임이 끝났거나, 혹은 적어도 이번 이닝은 끝났다고 봐야 한다.

로우스가 아무런 행동을 취하지 않으면, 안심한 홈디포는 그 기세를 몰아 더 공격적으로 나올 수 있다. 로우스가 지배적인 다른 지역에 매장을 열거나 신규 매장 지역에서 가격과 프로모션을 이용해 공격적으로 로우스의 시장점유율을 떨어뜨릴 수도 있다. 두 명의 강력한 경쟁자가 한 시장에 같이 존재하는 한 상황이 어떻게 변할지 짐작할 수도 없다. 어느 경우에도 상황 종료라고 안심할 수 없다. 그러면 '받아들이기'에서 추가로 가지를 쳐야 한다.

아무런 조치도 취하지 않으면 홈디포가 자신의 영역을 추가 공격한다고 판단한 로우스가 저항하겠다고 마음먹을 수 있다. 이 경우 로우스는 가격을 내리고 광고를 늘리며 홈디포의 지역에서 매장을 추가로 설치하겠다고 선언할 수 있다. 경쟁자 홈디포가 밤잠을 설치도록 만들겠다고 작정하는 것이다. 이 단계까지 오면 결정권은 로우스가 아니라 홈디포에 다시 넘어간다. 홈디포는 가격을 내리고, 광고를 늘리며 자신의 영토에 침입하는 로우스를 저지하거나, 원래의 야심을 접고 적정한 수준에서 타협할 수도 있다. 홈디포가 저항하거나(C의 위치) 후퇴하면(B의 위치) 시장은 안정되고 적어도 상당 기간 그 상태로 유지된다. '저항'을 선택하면 두 회사 간 치열한 전투가 일어난다. 해당 시장에만 국한될 수도, 전국적 전면전이 될 수도 있다. '후퇴' 선택은 서로의 영역을 인정하면서 보다 원만한 결과를 가져다준다.

한 개의 경우를 기본값으로 보고 다른 나머지를 이와 비교해 보면 그 차이가 명확히 보인다. '비진입'을 기본값이라고 하면, 아무것도 변하지 않았기 때문에 각각의 경쟁자에게 가치는 0이 된다. 이제 나머지 세 개의 경우에 대해 홈디포와 로우스 각각의 손익이 기본값 대비 얼마나 차이가 나는지 살펴본다. 홈디포가 시장에 들어오고 로우스가 이를 용인하면(A의 위치), '비진입' 경우보다 로우스의 이익은 낮아지고 홈디포의 이익은 높아진다. 다른 시장에서의 경험에 비추어 각 결과마다 두 회사의 손익이 실제 얼마가 나올지 안다고 해 보자. A의 경우 로우스의 이익은 200만 달러가 줄어들고 홈디포의 이익은 100만 달러가 증가한다.

로우스가 반격하기로 결정하면, 최종 결과는 홈디포의 대응 방식에 달려 있다. 진입-저항-후퇴(B의 위치)가 되면 로우스의 감소 이익은 100만 달러가 되고 홈디포의 증가 이익은 고작 20만 달러가 된다. 마지막으로 홈디포가 로우스의 반격에도 불구하고 공격적으로 다시 덤빈다면(C의 위치) 결과는 양사 모두에게 최악이다. 낮아진 가격과 증가한 광고비, 프로모션 비용이 이익을 좀먹으면서 총판매가 늘어서 발생한 이익 증가분을 가뿐하게 없애 버린다. 양쪽 모두 공격적으로 대응하면 간접비도 당연히 증가한다. 이 경우 최대 수혜자는 고객이다. 더 낮은 가격에 더 다양한 선택지가 펼쳐진다. 이 경우 로우스의 이익은 300만 달러, 홈디포의 이익은 200만 달러가 감소한다고 가정하자. 가격 경쟁에서 매트릭스가 그랬듯, 경제적 이득이 아닌 다른 동기가 존재하면 트리 형태 역시 수정되어야 한다. 판매액 경쟁이나 상대 평가, 혹은 홈디포가 로우스의 모든 시장을 빼앗겠다고 작정하는 경우 등이 경제적 이득 외의 다른 동기가 된다.

진입/퇴출 게임에서는 게임이 진행되면서 선택 가능한 대안이 달라지고 행동의 순서가 중요하기 때문에 트리 형태가 더 적합하다. 매트릭스는 한눈에 보기 편하므로, 타이밍이 중요하지 않고 결정이 반복되는 경우 유용하다. 자본 투자 결정을 내릴 때, 상당한 헌신과 의사결정 순서가 중요할 때에는 트리 형태가 명료하다. 매트릭스는 가격, 마케팅, 제품 사양 등을 결정할 때 유용하다. 이런 결정은 쉽게 번복되고, 상대방의 반응에 따라 여러 번 수정된다.

나올 만한 결과 가늠해 보기

확장 형태(트리 구조)로 분석하면 역학이 분명하게 보인다. 한 단계씩 순차적으로 쫓아가면 계속 진행되는 행동과 반응에 따라 일련의 결과를 폭넓게 생각할 수 있다. 자신에게 주어진 최선책과 경쟁자가 보일 수 있는 행동을 각 단계—그림에서 보자면 각각의 결정 상자—마다 파악해야 한다. 이런 결정을 합치면 트리 전반을 통해 여러 가지 대안이 나온다. 대안은 각각 다른 결괏값을 가져다주고, 이 결괏값을 비교해서 각각의 행동을 평가한다. 대가가 형편없는 대안은 즉시 거부된다. 그림11.1에 나오는 진입-저항-저항(C의 결과)가 좋은 예다. 한편 어떤 선택안은 잠정적으로 받아들여진다. 진입-저항-후퇴(B의 결과)가 이런 케이스다. B는 적어도 홈디포에게는 잠정적으로 유리하다. 이런 트리가 그려지면, 선택에서 결과가 아니라 결과에서 선택 쪽으로 분석이 이루어진다.

위의 경우에서 로우스가 저항하면, 후퇴할 것인가 아니면 가격 할인과 추가 광고로 맞대응할 것인가, 홈디포가 결정을 내려야 한다. 홈디포의 경영진이 충분히 이성적이라면, 선택은 간단명료하다. 20만 달러라도 건지는 쪽이 200만 달러를 잃는 쪽보다 낫다. 이 앞 단계에서는 로우스가 홈디포의 진입을 묵인하고 200만 달러를 낼지, 아니면 맞대응해서 최선의 경우(홈디포가 후퇴할 때) 100만 달러의 비용을 지불하거나 최악의 경우(홈디포가 고집스럽게 후퇴하지 않는 경우) 300만 달러를 들일지 결정한다. 홈디포에게 주어진 선택지를 로우스가 알고 있다고 가정하자. 이에 근거해서 홈디포가 후퇴한다고 예측하면, 로우스는 두 개 중에서 하나의 선택을 해야 한다. 저항해서 100만 달러를 잃을까 묵인해서 200만 달러를 잃을까? 두 개 중에서는 저항 쪽이 더 나은 결정이다. 홈디포는 로우스가 이 시점에서 어떻게 나올지 충분히 예측한 뒤에 진입 결정을 내렸어야 한다. 진입 결정은 신중에 신중을 기해야 한다.

물론 현실에서는 나올 만한 모든 가정의 수에 대한 가지를 치고, 이 상자 사이를 앞뒤로 왔다 갔다 하여 계산을 하기 때문에 복잡하다. 처음부터 트리를 그리는 편보다는 시뮬레이션을 이용하는 것이 수월하다.

시뮬레이션 첫 번째 단계에서는 참여자가 누구고, 동기가 무엇이며, 게임을 시작하는 최초의 선택이 무엇인지 파악한다. 각기 다른 역할을 맡고 게임을 한 단계 한 단계씩 진행한다. 개연성 높은 길이 보이고 결과를 평가할 수 있을 때까지 게임을 계속하면 어떤 전략을 사용해야 최고 혹은 최악의 결과가 나오는지 보인다. 트리 구조가 현실적으로 복잡하게 얽혀 있는 경우, 머릿속에 떠오르는 모든 선택을 예상해서 분석하는 대신 시뮬레이션 조사를 진행하면 어떤 대안이 우월한지 쉽게 보인다. 또한 실제 경쟁자에 대한 과거 정보, 과거 비슷한 상황에서 내린 결정, 그 결정에서 보여지는 동기를 함께 짜맞출 때에도 시뮬레이션이 유용하다.

기존 참여자가 결정을 내리면, 신규 진입자가 취할 수 있는 행동은 많지 않다. 후퇴하거나 앞으로 더 나아가거나, 두 개 중 선택해야 한다. 극단적인 경우 모든 것을 다 접기도 한다. 그러나 진입/퇴출 게임에서 최초의 진입 결정은 일관적인 특징을 보인다. 진입 시점에서 진입자는 이미 상당한 자원을 쏟아 부었고 새로운 시장에서 살아남겠다고 단단히 마음을 먹었다. 따라서, 게임의 양상은 대개의 경우 기존 참여자의 결정에 따라 운명이 결정된다. 기존 참여자의 반응에 따라 게임 판도가 결정되므로, 신규 진입자는 굳이 공격적인 반응을 촉발시키지 않으려고 노력한다. 기존 참여자가 반드시 공격적으로 나오리라고 판단되면, 신규 진입자는 애초에 시장에 진입해선 안 된다. 진입으로 전투가 장기화되면, 시장 진입으로 기대했던 이익은 그 전투로 인해 전부 사라지고, 그렇게 되면 신규 진입자는 시장에 진입하는 목적 자체가 없어진다. 기존 참여자의 공격을 피하려면, 신규 진입자는 기존 참여자에게 자신을 받아들이는 편이 저항할 때보다 기존 참여자의 비용 부담이 작아지도록 전략을 짜야 한다.

진입해서 자리 잡는 비용을 최소화하는 몇 가지 방법이 있다. 첫째, 죄수의 딜레마처럼 머리끄덩이를 붙잡고 싸우는 상황을 피한다. 기존 참여자가 시장 상위의 고급 소비자만 주목한다면, 상대적으로 시장 아래쪽에 존재하며 까다롭지 않은 소비자를 목표로 삼은 신규 진입자의 존재는 그렇게 위협적이지 않다. 기존 참여자가 대중적인 시장을 목표로 대량 판매한다면 신규 진입자는 니치 시장 쪽으로 눈을 돌리면 된다. 기존 참여자에게 그다지 의미가 없는(지역적이든 인구 분포상이든) 부분 시장에 집중한다. 폭스 방송사가 네트워크 TV시장에 진입하면서 기존 방송국이라면 절대 손을 대지 않았을 <조안 리버스의 레이트 쇼The Late Show Starring Joan Rivers>, <심슨 가족>, <못 말리는 번디 가족>을 방영한 것이 그 좋은 사례다.

둘째, 신규 진입자는 조용하게, 조심스럽게 조금씩 시장을 잠식한다. "너의 시장을 다 먹어버리겠어!"라며 요란하게 공개적으로 떠들거나, 시장점유율 목표가 얼마인지 공공연하게 자랑하는 일은 공개 결투 신청이나 마찬가지다. 갑자기 뜨거운 물에 던져진 바닷가재는 살아보겠다는 일념 하나로 냄비 밖으로 나오려고 애쓴다. 찬물에 집어넣고, 물을 조금씩 데워야 바닷가재가 얌전히 냄비 안에서 익어간다. 저녁거리가 되는 순간까지 말이다.

어떤 신호는 신규 진입자가 기존 참여자에게 대적하지 않겠다는 태도를 확실히 보여 준다. 신규 진입자의 생산량이 제한적이면, 기존 참여자는 밤에 두 발 뻗고 편안하게 잠을 잔다. 다섯 개의 매장보다는 한 개의 매장, 시장 전체의 소비량 100퍼센트가 아니라 10퍼센트만 생산하는 공장이면 기존 참여자가 상대적으로 위협을 덜 느낀다. 일시적이고 제한적이며, 흔하지 않은 형태로 자금을 조달하면 위협이 제한적이라는 암시를 준다. 풍부한 자금이 있다고 자랑하면 기존 참여자를 전장으로 끌어내게 된다. 광고나 제품 생산 라인의 제한 역시 기존 참여자의 심기를 덜 건드린다. 신규 진입자를 시장에 허용해 주는 편이 전면전보다 훨씬 경제적으로 현명하다고 신호를 보내기 때문이다. 폭스의 시장 진입 전략은 제한적인 프로그램 스케줄로 시작을 했다. 경제적 능력의 한계 또한 인정하고, 기존 네트워크사에게 폭스사가 공격적으로 나서지 않겠다는 신호를 보낸 셈이다.

셋째, 신규 진입자는 기존 참여자가 차지하고 있는 모든 시장이 아니라, 한 개의 시장에만 들어설 것이며 진입을 고려하는 잠재적 경쟁자와 자신이 다르다는 사실을 각인시켜야 한다. 다른 많은 회사도 이 신규 진입자를 따라 시장에 진입한다고 예상된다면, 기존 참여자는 반드시 저항하여 본때를 보여야 한다. 그래야 다른 이들이 시장에 들어오려고 엄두를 내지 못한다. 이 점에서도 폭스는 현명했다. 폭스는 오직 자신만이 기존 네트워크 회사에게 도전장을 던질 수 있다고 확실하게 알렸다. 폭스의 프로그램이 향하는 시청자는 저소득층이었다. 기존 네트워크 회사의 시청자들과 확실히 달랐다. 폭스의 프로그램 스타일은 주류로 올라오기는 힘들었고, 따라서 기존 회사에게 덜 위협적이었다. 게다가 진입하기에 앞서 폭스는 기존에 자신이 보유하거나 제휴 관계를 이미 맺은 지역 방송국을 하나로 묶었다. 다른 후발주자가 폭스의 전략을 그대로 따라 하기는 쉽지 않다. 따라서 기존 참여자는 폭스는 성공할 수 있어도 다른 이들이 추가로 들어올 가능성은 낮다고 봤다.

넷째, TV 네트워크처럼 기존 참여자가 여럿이라면, 신규 진입자는 진입으로 인한 영향이 특정 회사에 집중되지 않아야 한다. 한 놈만 집중적으로 패는 것보다 각자에게 조금씩 영향을 끼치는 쪽이 덜 자극적이고, 공격적인 반응을 야기할 가능성도 낮다. 자신만 얻어터진다고 생각하면 더 적극적으로 대응하기 마련이다. 이런 면에서도 폭스의 전략은 훌륭했다. 첫 번째 프로그램인 심야 토크쇼 분야에서 NBC와 자니 카슨과 경쟁했지만, 두 번째 프로그램은 코미디와 젊은 시청자를 목표로 하는 프로그램이어서 ABC와 경쟁했다. NBC는 목요일 야간 프로그램의 시청률이 높았는데, 폭스는 그쪽은 굳이 건드리지 않았다. 1986년이 되어서야 폭스는 <코스비 쇼Cosby Show>를 선보인다.

공격적인 대응을 하기에는 대가가 현저히 높도록 만드는 방법도 있다. 신규 진입자가 되돌리기 어려운 결정을 실행에 옮겼다면, 이는 "(신규 진입자인 나를) 뭉개버리려고 한다면, 당신 역시 엄청난 대가를 치르면서 장기전을 버텨야 한다"라고 신호를 보내는 꼴이다. 초기 투자 비용이 엄청나고 고정 비용이 하늘을 찌를 듯 높다면, 특히 고정비와 변동비 중에서 어느 쪽의 비중을 높일지 선택 가능한 상황에서도 그런 결정을 내렸다면, 이는 신규 진입자가 "나는 절대 물러서지 않겠다"라고 선언한 것과 마찬가지다. 반대로 생산, 판매, 기타 기능을 하청을 통해 해결하는 경우, 특히 계약 기간이 짧고 계약을 취소하더라도 내야 하는 벌금의 금액이 크지 않다면, 이는 정반대의 신호를 보낸다. 이러한 경우에는 신규 진입자는 언제든지 사용 가능한 퇴출 카드를 손에 쥐고 조심스럽게 행동을 취한다고 분석해야 한다.

기존 참여자가 여러 명인 상태에서 영향이 고루 분산되도록 전략을 행한다면, 신규 진입자를 제거하기가 어려워진다. 기존 참여자 중 그 누구도 치명타를 날릴 수 없기 때문이다. 게다가, 굳이 싸우겠다고 나선다면 이 기존 참여자는 다른 기존 참여자와 싸움을 일으키는 꼴이 되기 때문이다. 이는 다 같이 손해 보게 될 뿐만 아니라, 그 대가로 어마어마한 장기전을 시작해야 한다. 예를 들어, NBC, CBS, ABC 중 그 어느 하나가 폭스사를 제지해야겠다고 생각해서 광고비를 낮춰 폭스를 공격한다면 이는 과거에 신사적으로 공고하게 맺은 가격 원칙을 공격하게 되고 네트워크 시장 전반의 수익성을 파괴해버린다. 일단 총이 발사되면, 폭스만이 아니라 나머지 기존 참여자 그리고 자신의 발까지 쏴버리는 형세가 된다. 나머지 기존 참여자까지 똑같이 대응하면, 상황은 더욱 악화된다. 폭스의 경우, 네트워크 회사들은 총을 꺼내지 않았고, 광고비 가격 경쟁은 일어나지 않았다.

마지막으로, 신규 진입자는 성공하겠다, 혹은 살아남겠다는 의지를 공공연히 강하게 피력할 수 있다. 행동 자체의 규모가 크지 않고 특정 시장에 집중하더라도 상관없다. 기존 참여자의 보복을 최소화하려는 목적이지만, 상당히 위험한 전략이다. 진입/퇴출 게임에서 발생하는 최악의 경우는 장기적으로 질질 끄는 경쟁이다. 성공하겠다고 공개적으로 선언하면, 후퇴가 최선의 선택인 상황에서도 신규 진입자는 자신의 말 때문에 후퇴할 수 없다. 이때 기존 참여자가 저항하면 자연스럽게 경쟁이 격화된다. 즉석 사진 시장에서 코닥과 폴라로이드가 바로 이런 과정을 겪었다.

기존 참여자의 갈등 조정

진입/퇴출 게임에서 기존 참여자는 신규 진입자보다 잃을 것이 많기 때문에 더 신중하다. 잠재 진입자가 보이기도 전에, 누구도 감히 진입할 꿈도 꾸지 못하도록 못 박으려고 한다. 평소 태도와 공격적인 조치로 사전 경고를 미리 던진다. 어떤 도전이든 공격적으로 대응하겠다고 암시하는, 되돌릴 수 없는 의사 결정을 내리면, 조금이라도 생각이 있는 잠재 진입자는 방향을 틀어 다른 시장을 모색한다. 이론적으로 봤을 때, 이 제지 전략은 성공하기만 하면 저렴하게 효과를 볼 수 있다. 제대로만 작동한다면 기존 참여자에게 추가 발생 비용이 하나도 없다. 굳이 손을 대서 파괴하지 않았는데 파괴 정책이 먹힌 경우다. 하지만 현실에서는 이런 의사 결정은 내리기도, 지키기도 어렵다. 비이성적으로 진입하는 자가 단 한 명만 있어도, 치러야 할 대가가 너무 크다.

기존 회사가 추가 생산능력을 대량으로 확보해 놓고, 그 어떤 가격 전쟁에도 맞서겠다고 암시를 줄 수 있다. 고정비가 높고 변동비가 낮은 비용 구조라면 추가 생산 부담이 낮아서 그 시그널에 힘이 더 실린다. 광고 및 판매 조직이 그 어떤 경쟁 침략에도 대응할 준비가 되어 있고, 제품 라인이나 지역적으로 확보한 범위가 넓어서 신규 진입자가 끼어들 니치 시장의 범위가 작다면 이 역시 위협적이다. 넉넉한 자금력 역시 비슷한 목적을 달성해 준다.

기업 문화 혹은 시장에서의 해당 기업의 위치 역시 이런 경제적 조치를 강화시킨다. 특정 제품에 집중을 해서, 그 제품의 성공과 실패에 따라서 생존이 결정되는 회사는 잠재적 경쟁자로부터 시장을 보호하는 데 필사적이다. 예를 들어, 폴라로이드사는 즉석 사진 시장이 전부인 회사였다. 정반대로 바구니에 여러 개의 알을 담아놓은 회사, 관련 사업이 분산된 회사는 경영진의 관심 또한 분산이 된다. 따라서 한 번의 도전에 열을 올려 싸움에 뛰어들 가능성이 낮다는 것이다. 특정 제품 라인이 단순히 이익의 원천이 아니라 인류를 구할 선물이라고 여기면서 자신이 구세주라도 된 양 헌신을 보이는 회사라면 단 한 번의 도전에도 덥석 싸움에 응한다. 제품을 투자수익률로만 평가하는 냉정하고 이성적이며 실리를 따지는 회사와 경쟁하는 경우와 비교했을 때 형세가 똑같을 리 없다. 자신의 사업에 헌신적일수록 경쟁자의 진입을 사전에 막아버린다.

사전 경고 차원에서 적의를 보이는 전략은 나름대로의 단점도 존재한다.

첫째, 고정비가 높은 상태에서 추가 생산 설비를 유지하거나, 보이지도 않는 도전을 미리 막겠다고 마케팅 회사와 계약을 유지하거나, 신규 진입자가 들어올 틈이 없도록 모든 니치 시장에 진입하려면 비용 부담이 크다. 비용과 진입 방지의 혜택을 상호 비교해 봐야 하는데, 이들을 계산하기 쉽지 않다. 들어오지 못한 잠재 진입자의 숫자를 무슨 수로 센단 말인가?

둘째, 이러한 장애물을 무릅쓰고 새로운 진입자가 들어온다면 공격적 대응보다는 존재를 인정하는 쪽이 기존 참여자에게 나은 선택이다. 장기적으로 가격과 제품 사양을 놓고 경쟁하면 그 누구도 이롭지 않기 때문이다. 혼자 모든 것을 차지하려고 드는 선구자적,

적대적인 문화는 양날의 검과 같아서, 어떤 경우에는 칼집 안에 얌전히 머무르는 쪽이 최선에 선택일 수 있다. 기존 회사는 그 어느 순간에도 이성을 한 조각이라도 붙잡고 극단적 대응을 피해야 한다. 진입이 이루어지는 순간, 기존 회사의 전략은 경제적 부담은 최소화하면서 진입자에게 최대 부담을 지우는 방향으로 신속하게 전환되어야 한다.

죄수의 딜레마에서와 마찬가지로, 진입자의 본거지에서 처벌이 이루어져야 효과가 확실하다. 가격 전쟁은 기존 참여자에게 끼치는 손해가 크기 때문에, 기존 참여자의 점유율은 낮고 신규 진입자가 차지한 비중이 큰 부분 시장을 찾아 전쟁을 시작한다. 그래야 자신에게 오는 부담을 최소화하면서 신규 진입자에게 끼치는 영향을 극대화한다. 이런 식으로 본거지를 찾아 대응하는 것이 기존 참여자에게 가장 강력한 무기다. 그리고 초기 단계에 이를 사용할수록 효과가 크다. 로우스가 자신의 본거지에서 홈디포가 매장 위치를 물색한다는 사실을 인지했다면, 홈디포가 자신의 대응을 알아채도록 충분히 가시적으로, 즉각 움직여야 한다. 홈디포의 본거지에 부동산 담당 직원을 보내거나 부동산 중개인을 연락해서 소문이 퍼지도록 만든다. 이런 암시적 협박은 저렴하게 자신의 의중을 전달한다는 이점이 있다.

아무도 차지하지 않은 영역에 대한 전략

진입/퇴출 게임을 고려할 때 주의 깊게 접근해야 하는 특수 상황이 존재한다. 인구 분포상, 혹은 지리상 아직 아무도 진입하지 않은 영역이 있는 경우다. 진입/퇴출 게임에서 이런 상황을 잠정적으로 고려해야 하지만, 이 영역에서 기존 참여자나 신규 진입자가 어떻게 나올지 예측하기란 쉽지 않다. 비슷한 영향력을 가진 경쟁자들이 해당 영역을 차지하려고 나설 수 있다. 일반적으로 제일 먼저 도착한 자가 자기 몫을 챙기면서, 완력을 써서라도 이 시장을 차지하겠다는 마음을 자연스럽게 먹게 되고, 이성적이지만 느리게 움직이는 다른 경쟁자를 저지한다. 그러나 현실에서는, 단지 겨우 한발 앞서서 미약한 경쟁우위를 가진 고참이 협박한다고 다른 회사가 매력적인 먹이를 쉽게 포기하지 않는다.

한 예로, 로우스가 들어서지 않은 영역에 매장을 열겠다고 홈디포가 선언하면, 로우스는 자신이 모르는 비밀 정보를 홈디포가 가지고 있거나, 혹은 로우스의 진입을 사전에 막으려 한다고 생각한다. 그런데도 로우스가 진입하지 않고 홈디포만 혼자 매장을 개설해서 뛰어난 성공을 거두면, 로우스 매니저는 상당히 심각한 심문을 당한다. 매니저의 입장에서는 일단 그 시장에 들어가서 로우스와 홈디포 모두 고만고만한 이득을 얻는 편이 현명한 선택이다. 아무도 들어가지 않던 야생지를 먼저 선점하려는 노력은 첫 번째 진입자나 이를 바짝 좋는 경쟁자 그 누구에게도 행운을 안겨주지 않는다. 일반적으로 진입/퇴출 상황에서 중요한 요소는 조심성이지 용기가 아니다. 그리고 야생지에 대해서는 더 신중을 기해야 한다. 아무도 차지하지 않은 영역에 발을 딛는 순간, 이 지역은 곧 무법천지가 되는 경우가 종종 발생한다.

경쟁적인 상호작용을 분석하는 일반적인 원칙들

직접적으로 경쟁하는 상호작용을 살펴보면서 크게 두 가지 형태의 경쟁에 집중했다. 가격 경쟁에 대한 죄수의 딜레마 게임, 생산량에 대한 진입/퇴출 게임. 이렇게 제한적으로 접근한 이유는 간단하다. 비슷한 영향력을 가진 소수의 경쟁자와 대적하는 회사가 처하게 되는 전략적인 상황 중 상당 부분이 이 두 가지 게임으로 설명된다. 따라서 상호 대응하는 경쟁 상황에서 효율적으로 전략을 짜려면, 현재 상황에서 이 두 가지 게임의 성격이 보이는지 먼저 살펴본다. 둘 중 하나의 특징이 보인다면, 이들 게임의 전개 방식에 대해 이미 알고 있는 조언과 지혜를 최대한 활용한다.

현실적으로 봤을 때, 경쟁적인 상호작용을 '누가 보기에도 분명한 최선의 전략'을 만들어서 '해결'할 수는 없다. 겨우 두 개의 특정 게임을 사용해서 정보를 수집하고 행동을 취하면 된다는 말은 그 이론이 엉성하다는 이야기다. 이 두 가지 모델로 경쟁 상황을 제대로 잡아내지 못한다면, 두 게임의 용어와 사고방식으로 현상을 바라봐도 소용없다. 다행스럽게도, 전략적 분석에는 다양한 방법이 존재한다. 중요한 대안 중 하나는 협조적인 시각으로 현상을 바라보는 방법이다. 이에 대해서는 제14장에서 자세히 다루기로 하자. 하지만 협조를 언급하기에 앞서, 그 게임의 유형이 어떻든 반드시 명심해야 할 일반 원칙이 있다.

첫째, 경쟁자는 누구인가, 그들이 선택 가능한 조치에는 무엇이 있는가, 동기는 무엇인가, 그들의 의사 결정은 어떤 결과를 불러오는가 등 관련 정보를 체계적으로 수집한다. 죄수의 딜레마 게임에서 이미 존재하는 경쟁자이든 혹은 진입/퇴출 게임에서의 잠재 진입자이든 이들의 행동이 회사의 수익성에 어떤 영향을 미칠지 확실하게 파악한다. 이 필수불가결한 일을 잊는 회사는 전략적으로 허를 찔려서 괴로운 입장에 처한다.

각각의 참여자에 대해, 아래의 사항을 파악할 필요가 있다.

- **각각의 참여자가 취할 수 있는 행동들.** 경쟁업체가 전혀 예상하지 못한 방향으로 움직인다면 분석은 확실히 실패한 셈이다.
- **모든 참여자의 행동이 엮이면서 나올 수 있는 결과들.** 결과는 무엇이고 모든 관계자가 어떤 보상을 받는가?
- **각각의 참여자가 어떤 관점에서 결과를 평가할 것인가?** 즉, 이들에게 동기를 부여하는 것은 무엇인가?

또한, 참여자가 취할 수 있는 행동에 제약이 있는지, 회사가 어떤 정보를 갖고 결정을 내리는지 파악하면 큰 도움이 된다. 정보를 충분히 모으고 온전히 이해해야 로우스-홈디포의 사례처럼 모든 시나리오를 요점만 간추려서 앞에 늘어놓고 꼼꼼하게 검토할 수 있다.

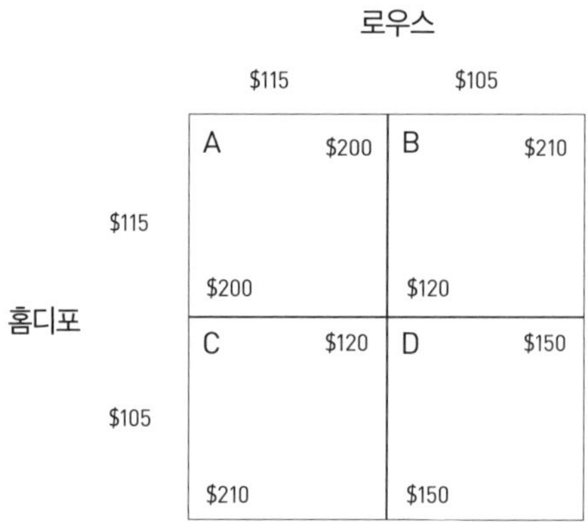

로우스

	로우스 $115	로우스 $105
홈디포 $115	A　$200 / $200	B　$210 / $120
홈디포 $105	C　$120 / $210	D　$150 / $150

그림11.2

'죄수의 딜레마'의 매트릭스 (표준)형

표11.1

죄수의 딜레마 게임에서 개별 보상과 총 보상

상자	로우스		홈디포		총합
	가격	보상	가격	보상	보상
A	$115	$200	$115	$200	$400
B	$105	$210	$115	$120	$330
C	$115	$120	$105	$210	$330
D	$105	$150	$105	$150	$300

표11.2

진입/퇴출 게임에서 개별 보상과 총 보상

이익의 변화 (단위 : 백만 달러)		로우스	홈디포	총합
HD 진입 - 로우스 인정		$ (2)	$ 1	$ (1)
- 로우스 저항　- HD 후퇴		$ (1)	$ 0.2	$ (0.8)
HD 저항		$ (3)	$ (2)	$ (5)
HD 비진입	$0	$ 0	$ 0	$ 0

이런 정보를 활용하는 방법에는 두 가지가 있다. 하나는 정보를 트리 형식(그림11.1)이나 매트릭스 형식(그림11.2)을 이용해서 구조적으로 늘어놓은 다음 게임의 '해결책'을 찾고자 고심하는 방법이다. 상황이 간단하면 이런 접근 방식이 유용하다. 그러나 복잡한 현실 상황에서 이성 하나만으로는 최선의 방식을 꼭 집어내지 못한다. 어떻게 진행해야 할지 일반적인 방향성 정도는 보인다. 예를 들어 로우스와 홈디포가 가격 전쟁을 진행하는 죄수의 딜레마 상황을 다시 들여다보자. 각각의 선택에 대해 로우스와 홈디포에게 돌아가는 대가를 계산한다. 즉, 네 개의 상자 각각에 대해 로우스와 홈디포의 이익이 —비재무적인 요소까지 고려해서— 합쳐서 얼마가 될지 알아낸다. 합계, 즉 로우스와 홈디포의 이익을 합한 값이 그림11.1에서 보여지는 것처럼 상자마다 다르다면 로우스와 홈디포는 두 회사의 이익을 합쳐서 가장 높은 값이 산출되는 상자 상태에 도달하기 위해 협조할 수 있다. 이 경우 보상의 합이 가장 큰 경우는 두 회사가 모두 115달러에 상품을 팔면서 시장을 반반 나눠 가졌을 때다. 이익이 가장 작을 때는 두 회사가 모두 105달러 가격표를 매겼을 때가 된다. 두 회사 모두 경쟁을 제한하고 가장 보상이 높은 대안을 선택하면 이익이 극대화된다. 이런 상황에서는 어느 정도 협조하는 편이 타당하다.

진입/퇴출 게임에 대해서도 비슷한 계산을 할 수 있다. 이 경우 보상의 합이 가장 큰 경우는 홈디포가 아예 시장 진입을 하지 않는 경우다. 들어가야 한다면, 최선의 선택은 (홈디포에게는 최선은 아니겠지만) 전면적인 가격 경쟁에 뛰어들지 않는 결정이다. 보상의 총합이 각 상자마다 달라지기 때문에, 진입/퇴출 게임에서도 협상의 여지가 남아 있다.

대조적으로, 모든 결과에 대해 보상의 합이 동일하다면, 협상의 여지는 전혀 없다. 협상을 한들 얻는 것이 없기 때문이다. 이 경우 경쟁이 끝나지 않는다. 이런 경쟁적인 상황을 보통 '제로섬' 게임이라고 부른다(사실은 '합이 일정한' 게임이라는 표현이 더 정확하다). 한 경쟁자가 이득을 추가로 얻으려면 상대방의 몫을 빼앗는 것 외에 대안이 없다. 사람들이 상대적인 성과에 집중하면 이런 상황이 발생한다. 매출이 아니라 시장점유율에, 이익의 절대 금액이 아니라 경쟁자 대비 이익에, 잘하는 것보다 이기는 것에 신경을 쏟을 때 제로섬 게임이 된다. 최악의 경우에 이기느냐 지느냐가 단 하나의 목적이 되어 버리면서 각각의 결과에 따른 승자는 오직 한 명만이 존재하고, 가차 없는 제로섬이 반복된다. 기업 문화가 상대적 성과를 강조한다면, 이익이나 주주들에 대한 수익률, 직원의 복지 등이 무시된다. 불행하게도, 나 혼자만 이성적이라고 자신할 때 이런 위험한 일반화와 그 외 다른 현상이 발생한다.

현실에서 잘 먹히는 두 번째 방법은 '전쟁 게임War Game(합리적인 전략 결정의 훈련을 위해 미 육군에서 사용되던 전쟁 시뮬레이션 프로그램으로, 2차 대전 중 이것에 게임 이론이 도입되어 OROperation Research 이론의 기초가 되었다. 오늘날에는 주로 전자 오락의 형태나 기업에서의 비즈니스 전략 훈련용의 시뮬레이션 게임으로 사용된다)'—경쟁자끼리 상호 작용을 시뮬레이션하는 것—이다. 시뮬레이션하려면 모든 경쟁자에 대한 자세한 정보, 그들이 취할 수 있는 행동, 다양한 결과에 따라 그들이 얻어낼 수익, 동기 등 상세 내역을 파악해야 한다. 경쟁자의 상세 이력을 바탕으로 각각의 역할을 수행하고 시뮬레이션에서 의사결정을 내리는 참여자를 정한다. 반복적으로 대안을 만들어 내고, 이를 과거 수치와 비교하면 시뮬레이션의 효율성이 높아진다. 다양한 사업을 진행하는 회사가 시장에 신규 진입자가 들어올 때마다 가격을 인하한 과거가 있다면, 미래에 그 기업이 어떻게 나올지 충분히 예측 가능하다.

시뮬레이션의 또 다른 장점은 이성적 판단보다 더 복잡한 상황을 가뿐하게 다뤄내지만 경쟁자 프로파일 숫자가 지나치게 방대해지는 시점이 존재한다는 점이다. 그 시점(보통 경쟁자 수가 여섯 이상이 되었을 때)이 되면 시뮬레이션 역시 산만해지고 방대해진다. 이는 해당 시장에 분명한 경쟁우위가 존재하지 않으므로 직접적으로 경쟁하는 상호 작용을 분석하는 게 불필요하다는 명백한 신호이다.

직접적인 상호 경쟁 작용에 대해서는 복수의 접근 방법을 고려하는 것이 최선이다. 죄수의 딜레마나 진입/퇴출 게임 분석이 적당하다면, 그 방법으로 접근한다. 시뮬레이션을 잘 계획해서 반복적으로 실행해 본다. 연관성 있는 과거 사례도 고려한다. (제14장에서 나오는) 협상이나 협조 관점도 적용해보고 어떤 결과가 나오는지 살펴보라. 경쟁 시장에 대한 전략 분석은 과학이 아니라 예술에 가깝고, 다양한 관점에서 사물을 바라보는 예술가가 뛰어난 작품을 만든다.

제12장

날지 못할까
두려운 새
키위*가 항공 산업에 진입하다

블랙홀 : 항공 산업과 투자자 수익

투자자들에게 항공 산업은 죽음의 계곡이다. 『벤자민 그레이엄의
현명한 투자자Intelligent Investor』 1판에서 그레이엄은 특정 산업의 성장
가능성에 운을 걸고 주식을 사는 사람에게 자신의 저서가 경고가 되
길 바란다고 적었다.

비행기 산업의 미래가 현재 기대치보다 좋으리라는 예측 때문에 항공
사 주식을 사들이는 이들이 좋은 예다. 긍정적인 투자 기술을 알려 주
는 것보다 이런 방식의 투자에 숨어 있는 위험에 대해 경고한다는 점에

---

*역자 주 : 키위는 미국 항공사 이름이자 과일 이름이지만, 뉴질랜드에 서식하는 날지 못하는 조류의 이름이기도
하다.

서 이 책은 그런 투자자들에게 값진 존재다.

*   *   *

1949년부터 1970년까지 항공 산업의 역사는 그레이엄의 예측을 빗나가지 않았다. 매출이 예상보다 빨리 성장했지만 '기술 문제와 생산량이 과다 확충되면서 항공 산업은 불안정했고 수익은 절망적일 정도였다'.

그러나 항공 산업의 매력은 여전히 치명적이었다. 그레이엄의 뛰어난 수제자이자 뛰어난 사업 감각, 솔직 담백한 태도로 잘 알려진 워런 버핏조차 항공사 벌레에게 한 번 크게 물어뜯겼다고 고백했다. 그레이엄이 가르쳐 준 모든 교훈을 깡그리 까먹고 말이다. 1989년 US 에어의 우선주를 대량 매입한 이유에 대해 그가 할 수 있는 설명은 '일시적인 광기' 하나뿐이었다. 더 현명하게 행동할 여지가 있었는데 말이다. 버핏은 다음과 같이 말했다. (비행기를 발명한) 라이트 형제 이후, "항공 산업 전체를 소유하고 수억 불, 수억 불, 또다시 수억 불을 투자한 사람이 있다면, 그의 순수익률은 마이너스다."

투자자들은 반복적으로 투자 자금을 마련해서 항공사를 살려낸다. 반대급부로 새로운 회사, 파산에서 막 벗어난 기존 회사가 투자자에게 (투자 대상으로) 끊임없이 제공된다. 새로운 항공사를 창업하는 사업가들이나 항공사에 끊임없이 자금을 주는 투자자에 대해 '광기' 외에 달리 마땅한 설명이 없다면, 이 광기는 일시적인 현상이 아니다. 혹은, 광기라는 설명 외에 다른 이유가 존재한다. 항공 산업이 나타난 이후 총기간에 걸쳐 항공 사업의 총수익률만 파악하면 산업이 강세를 보이던 기간과 수익성이 있는 니치 시장을 간과하게 된다. 2003년, 불황, 테러와 전쟁의 위협, 과잉 설비로 허덕이며 몇몇 항공사가 파산을 선언한 그 어두운 시기에도 어떤 항공사는 돈을 벌었다.

키위 인터내셔널 에어라인Kiwi International Airlines의 창시자가 항공 사업을 시작하겠다고 결정했을 때, 그 결정은 분명 위험이 컸지만, 스스로 기름을 지고 불구덩이에 뛰어드는 행동까지는 아니었다. 신중하게 분야를 고르고, 거대하고 성공적인 항공사와 직접 대적하지 않고, 몸집이 큰 선수들 사이에서 자그마하게 사업을 꾸려나가기 위해 필요한 일을 제대로 해낸다면, 성공할 가능성이 있었다. 과거 시장에 들어섰다가 결국 무너지고 타버린 신규 진입자의 리스트는 말도 못 하게 길었지만, 몇몇은 성공했다. 사우스웨스트Southwest가 좋은 예다. 그러나 키위의 창시자는 항공 산업은 전략이나 실행 면에서 한 치의 실수도 용납하지 않는다는 사실을 명심해야 했다.

황금 시대는 없다 : 정부가 규제하는 산업

초기부터 항공 산업은 정부 지원을 필요로 했다. 1920년대, 켈리 항공우편법Kelly Airmail Act이 발효되면서 민간 항공사도 우편물 배달 계약을 맺게 된다. 상업적으로 고객을 실어 나르기 시작하던 이들 민간 항공사에게 꾸준한 수입원 확보는 중요한 문제였다. 아무나 싸움판에 뛰어들 수 있었기에 경쟁은 치열했고 항공 루트 역시 혼란 그 자체였다. 1930년대에는 우정 장관이 재량에 따라 우편 계약을 맺어서 시스템을 개편하려고 시도한다. 경쟁적인 입찰 제도가 남아 있도록 의회가 지시하긴 했지만, 우정 장관은 결론적으로 유나이티드, TWA, 아메리칸 세 항공사에게 물량을 몰아준다. 이들 3개 회사는 전국 시장을 지역별로 나눠서 독차지한다. 이들은 소규모 경쟁자를 사들이면서 점점 세력을 확장했다. 1934년 항공우편 계약이 이들 세 회사에게 사실상 든든한 정부 원조를 제공한 셈이란 사실을 알게 된 루스벨트 대통령은 이런 관행을 끝내기로 마음먹는다. 한시적으로 군부대 비행기와 조종사가 우편물을 실어 나르는 끔찍한 상황이 벌어지긴 했지만, 항공우편 시스템은 경쟁 시장 체제로 돌아선다. 합법적인 경쟁이 일어났고, 여태까지 놀면서 돈을 벌었던 세 회사는 델타, 컨티넨탈, 그 외 다수의 신규 업체와 가격 경쟁을 해야 했다. 참여자 모두 공격적으로 가격을 내려서 계약에 참여하면서 그 이후 수년간 적자를 맛봤다.

문제가 심각해지자 이를 해결하기 위해 의회는 1938년 민간항공법 Civil Aeronautics Act을 통과시킨다. 뉴딜 규제가 거의 마무리되던 시기였다. 민간항공위원회CAB : Civil Aeronautics Board가 설립되고, 항공노선의 진입과 퇴출, 가격, M&A, 기업 간의 합의, 항공 우편 가격 등을 관장하게 된다. 이 규제 구조가 자리 잡으면서 항공 산업에 질서가 돌아왔고, 1938년부터 1978년까지 장거리 노선이 하나도 추가되지 않을 만큼 안정적인 상태로 들어선다. 수익이 좋고 비행 횟수가 잦은 장기 노선과 짧고 횟수도 많지 않으며 수익이 나지 않는 단기 노선이 적절히 섞여서 배분되었다. 가격 경쟁은 허락되지 않았고 비용이 증가해야 항공권 가격을 올릴 수 있었다. 한동안 장기 노선이 번성한다. CAB이 지역 항공사에게 시장 진입을 권유할 정도였지만, 4개의 대형 항공사가 1960년대까지 시장의 70%를 점유했다.

규제 기관이 제공한 모든 보호 수단에도 불구하고 항공사 사업은 계속 번창하지 못했다. 1950년대 말 제트기가 도입되었고 이후 10년 동안 비약적으로 성장한다. 그 결과 장거리 노선 공급량이 엄청나게 늘었다. 비행기는 더 많은 고객을 싣고서 더 빨리 날았다. 모든 항공사에 빈 좌석이 넘쳐났고, 경쟁적으로 최신 비행기를 구입하면서 빚만 늘었다. 1973년에서 1974년 사이에 발생한 1차 오일 쇼크와 인건비 상승 때문에 영업 비용이 급증한다. 경제가 악화되면서 빈 좌석은 더욱 늘어난다. 상황이 최악이다 보니, CAB가 항공사끼리 협조해서 특정 노선의 수송량을 줄이라고 허용할 정도였다. 도움이 되는 것은 하나도 없었다. 좌석은 남아돌았고, 비행 승객은 부족했다. 규제에도 문제의 원인이 있었다. CAB의 가격 관리 규제에 해당되지 않는 주(州)내 항공사들은 마일당 적은 가격에 항공권을 제공하면서 좀 더 많은 좌석을 팔았고, 주와 주 사이에 노선을 제공하는 항공사보다 많은 돈을 벌었다.

모든 이들이 경쟁에 뛰어들다 : 규제의 끝

1978년, 공화당과 민주당은 항공산업에 대한 규제를 없애기로 뜻을 모은다. 특정 지역 노선을 제공하는 항공사가 하나밖에 없다면 고객에게 피해가 간다는 인식이 있었지만, 진입장벽이 높지 않기 때문에 지금 가격이 높은 수준이라면 벌써 다른 경쟁자가 나타났다고 경제학자들이 주장했다. 카터 대통령은 경제학자 알프레드 칸Alfred Kahn을 CAB의 회장으로 임명했고, 칸은 규제를 무너뜨리려는 의지가 굳었다. 1978년 10월 의회가 항공사 규제철폐법Airline Deregulation Act을 승인하고 카터 대통령이 서명한다. 법 조항에 따르면 CAB는 더 이상 항공권 가격이나 노선을 규제하지 않았고, 항공사들은 어디든지 원하는 곳에 노선을 신설하고 원하는 가격을 부를 수 있었다. 초기 계획은 규제를 수년간에 걸쳐 조금씩 풀어갈 의도였지만, 규제는 사실상 거의 즉각 무용지물이 된다. 가격 규제는 1980년에 사라지고, 항공 노선 제한 역시 비슷한 시기에 완전히 풀린다.

규제가 사라지면서 항공 산업은 극심한 경쟁 상태로 들어선다. 지배 지역 바깥으로 확장하려는 지역 항공사들과 몇몇 수익성이 높은 항공노선을 저가에 제공해서 한몫하려는 신규 진입자가 나타났다. 이들은 규제 덕에 똬리를 틀고 있던 대형 항공사를 위협하기 시작한다. 규제 시절에 관습으로 굳어진 제한적이고 비용이 많이 드는 고용 계약은 대형 항공사에게 짐이 되었지만, 신규 참여자에게는 그런 제약이 없었다. 비용이 오르면 그만큼 항공권 가격을 올리던 시절에 이런 고용 계약은 문제가 되지 않았지만 자유 경쟁 시장이 되자 대표적인 골칫덩이가 된다. 새로운 도전을 받으면서 기존 참여자는 울며 겨자 먹기로 가격 경쟁에 뛰어들었고 수익성이 엉망이 되었다. 몇몇 취약한 항공사는 파산법 제11장에 명기된 파산 수속으로 비싼 인건비 문제를 풀어보려고도 시도했다. 이를 통해 그들은 기존의 노조 계약 의무로부터 자유로워졌고, 똑같은 직원을 저렴한 가격에 재고용했다. 항공기 산업의 임금 수준은 1980년대 내내 하락했지만, 회사 상태는 크게 나아지지 않았다. 혜택을 본 것은 고객뿐이다.

규제가 풀리면서 미처 예상하지 못한 변화도 생겼는데, 가장 파급 효과가 컸던 것은 대도시 터미널 집중 방식의 노선 시스템Hub-and Spoke Route System이다. 경쟁이 격화되면서 장기 노선 항공사는 중점Hub 도시를 거점으로 장기 노선과 단기 노선을 집중하면 비용이 절감되고 더 많은 좌석이 채워진다는 사실을 깨닫는다. 한 개의 중점 도시에서 40개의 도시로 노선을 확보하면, 한 번 다른 공항을 경유하거나 비행기를 갈아타는 방식으로 440쌍의 도시가 연결될 수 있었다. 이 거점 공항에 유지 비용과 탑승객 서비스 시설을 집중시키고, 항공 노선이 많은 지역을 대상으로 광고도 집중했다. 거점 공항을 장악한 항공사에게는 지역적인 규모의 경제가 상당한 크기로 발생하고, 항공 노선에 투입하는 비행기 수도 줄어들었다.

그러나 대도시 터미널 집중 방식이 가져다주는 비용 절감과 매출 증대 효과는 좌석을 채우기 위해 원가 이하 수준으로 가격을 낮추는 소규모 항공사와 경쟁하면서 잠식된다. 한 개의 항공사가 중점 공항을 독식하면 이익이 발생한다. 자리를 잘 잡은 항공사 두 개가 한 개의 중점 공항을 나눠 가져도 가격이 안정적이고 이익이 날 수 있다. 하지만 세 번째 항공사가 들어서면, 특히 이 항공사가 새로운 시장으로 진입하려고 안달이 난 데다가 고정비용이나 인건비 부담도 별로 없고, 어떻게든 한 자리를 차지하려는 공격적인 경영진이 이끄는 회사라면, 기존 참여자의 손익 계산서를 사정없이 망가뜨린다. 한 경제학자가 계산하기를, 저가 진입자가 시장에 들어왔을 때 기존 참여자의 주식 가치에 끼치는 손해를 계산하면, 기존 참여자가 무려 4개월 동안 탑승자가 한

명도 없이 노선을 유지했을 때의 손해에 버금간다고 주장했다.

기존 참여자들은 진퇴양난에 빠진다. 가격 수준을 맞춰서 항공권을 팔 때마다 손해를 보거나, 가격을 높은 수준으로 유지하면서 고객을 잃거나. 마일리지 프로그램을 활용한 고객 독점은 큰 의미가 없었다. 신규 참여자의 도전은 지독할 정도였고 기존 항공사들은 탑승객을 빼앗기지 않는 것은 물론이거니와 엉뚱한 놈이 더 이상 시장에 뛰어들지 않도록 최대한 적대적으로 대응해야 했다.

더 전략적인 대응 방법은 1978년부터 수년이 지난 뒤에 모습을 드러냈다. '일드Yield(유상승객 1인당 1.6킬로미터를 수송하여 벌어들인 수입)'와 '로드Load(항공기의 적재 가능한 탑승자 수 혹은 화물중량 대비 실제 수송한 탑승자 수 또는 화물중량의 비율. 좌석 이용률, 중량 이용률이라고 부르기도 한다)'를 관리하는 복잡하고 기회주의적인 항공권 가격 시스템을 사용하기 시작한다. 항공업계에서는 매출을 유상고객 마일(실제로 판매된 탑승권 좌석 마일수의 총합)로 나눠서 '일드'를 계산하고, 매출이 일어난 고객의 마일을 사용 가능한 좌석 마일로 나눠서 '로드(혹은 로드팩터Load Factor)'를 계산한다. 컴퓨터로 처리되는 예약 시스템을 활용해서 똑같은 좌석들에 다양한 가격을 매길 수 있었다. 항공 제한, 구매 시간, 잔여 좌석 등 다양한 요소를 고려하면 가격은 천차만별로 달라졌다. 뛰어난 프로그램과 경험이 축적되면서 주요 항공사는 항공권 판매에서 최대한 많은 매출을 짜내기 위해 지속적으로 가격 구조를 조정할 수 있었다. 소규모 신규 참여자에게는 과거 기록도 없고, 그만큼의 매출 규모도 없었으며, 대형 항공사에 필적할 만한 복잡한 정보 기술도 없었다. 당연히 소규모 항공사는 단순한 방식을 취할 수밖에 없었다. 한 개 항공 노선에 대해 동일한 가격으로 제공하는 것 외에는 뾰족한 수가 없었다.

대도시 터미널 집중 방식과 더불어 복잡한 가격 구조를 통해 일드가 개선되면서, 튼튼한 항공사는 한숨을 돌렸다. 가격을 내려서 한 자리라도 더 채우려는 공격적인 경쟁자를 한때나마 따돌려 놓고 숨고를 시간을 벌었다. 그러나 대도시 터미널 집중 방식이나 복잡한 가격 구조를 확보했더라도 과거 좋은 시절에 간신히 손익을 맞추던 산업이 현금을 양산하는 황금 거위로 변할 리 없다. 1990년이 되자, 유나이티드와 아메리칸, 델타가 상위 세 자리를 차지했고 이들은 모두 강력한 거점 도시 시스템을 확보했다. 이스턴이나 팬암처럼 과거에

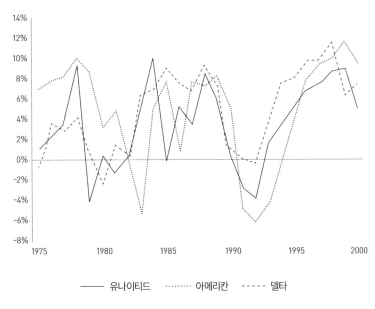

그림12.1
유나이티드, 아메리칸, 델타의 영업 이익 마진, 1975년~2000년

한몫하던 회사는 거의 사라지다시피 했고, TWA처럼 버틴 회사도 있지만 그 수가 많지 않았다. 그러나 가장 성공적인 회사조차도 실속은 없었다. 근근이 먹고 사는 수준 이상을 벗어나지 못했다. 1975년부터 2000년까지 26년에 이르는 기간 동안 이들 세 개 회사의 세전 영업이익 수익률은 4퍼센트에 못 미쳤고, 세전 투자자본수익률은 7퍼센트 정도였다. 수익률이 이 정도인데도, 어떻게 그리고 왜 그렇게 많은 사람들—회사 소유주들과 투자자들—이 항공 산업에 마음을 빼앗기는지 의아스러울 뿐이다.

1990년대의 항공 산업

항공 산업의 구조는 간단하다(그림12.2). 산업의 핵심에 항공사들이 있다. 어떤 회사는 장거리 노선을 제공하는 대기업이고 어떤 회사는 더 작고 지역적인 노선을 제공한다. 이들 소수의 제작사가 이들에게 비행기를 공급한다. 1990년에는 대형 비행기를 생산하는 회사는 전 세계에 오직 세 개뿐이었다. 보잉, 맥도넬 더글라스McDonnell Douglas, 에어버스 세 회사가 대형 비행기 제작 산업을 독차지했다. 엠브라에나 봄바디어, 포커Fokker를 비롯한 몇몇 항공기 제작사는 단거리 비행을 위한 소형 비행기를 생산하는 또 다른 그룹을 구성했다. 때때로 항공사들이 제조사로부터 재정적 지원을 받기도 했지만, 항공사와 제조사의 관계는 기본적으로 유기적이지 않은 편이었다. 1980년 에어버스가 등장하면서 항공사는 예전보다는 유리한 위치를 차지하고 과거 시장을 독

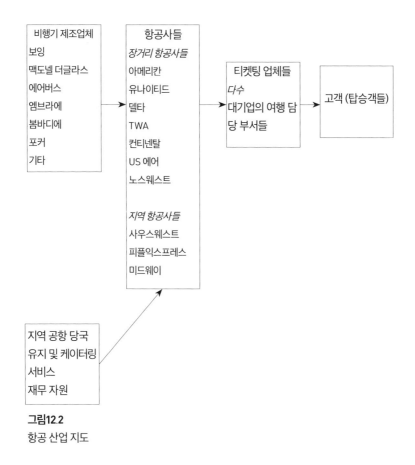

| 비행기 제조업체 | 항공사들 | 티켓팅 업체들 | 고객 (탑승객들) |

비행기 제조업체
보잉
맥도넬 더글라스
에어버스
엠브라에
봄바디에
포커
기타

항공사들
장거리 항공사들
아메리칸
유나이티드
델타
TWA
컨티넨탈
US 에어
노스웨스트

지역 항공사들
사우스웨스트
피플익스프레스
미드웨이

티켓팅 업체들
다수
대기업의 여행 담당 부서들

고객 (탑승객들)

지역 공항 당국
유지 및 케이터링
서비스
재무 자원

그림12.2
항공 산업 지도

식했던 보잉과 협상을 진행했다. 케이터링, 제빙, 연료 등은 전문 회사의 몫이다. 그 외 항공기 유지 보수, 화물 관리, 티켓팅 등 중요한 기능 대부분을 주요 항공사는 자신이 직접 처리했고, 소형 항공사는 외부 계약을 통해 해결했다. 대형 항공사들은 재무제표가 튼튼할 때에는 자체적으로 자금을 조달했고, 그렇지 않을 때에는 비행기를 빌려주거나 리스해 주는 제삼자에게 도움을 받았다. 키위 같은 신규 참여자도 비행기를 리스해 주는 회사를 손쉽게 찾았다.

산업 내 항공사의 비중을 살펴보면, 항공사들은 여러 개 겹치는 카테고리에 중복해서 발을 담그고 있다. 유나이티드, 아메리칸, 델타는 가장 크고 노련한 회사들이고, 이들의 역사는 규제 시대까지 한참을 올라간다. 이들 세 회사가 대형 항공사 중에서 가장 성공적인 케이스였지만, 위에서 살펴봤듯 이들조차 항상 수익이 좋지는 않았다. 그러나 자신의 영역에서, 즉 가장 큰 거점 도시 지역에서, 이들 셋 모두 돈을 벌었고 시장점유율도 꾸준하게 유지했다. 다른 오래된 회사는 규제가 풀리면서 휘청거렸다. 팬암처럼 완전히 사라진 경우도 있었고, 컨티넨탈과 TWA처럼 파산하거나, 흡수되거나, 혹은 매각되어 구조 조정을 겪은 회사도 있었다. 신규 진입자 중 하나인 사우스웨스트는 니치 시장을 차지하고 높은 수익성을 자랑하면서 텍사스와 남서부 지역에서 몇 개 노선을 선택적으로 제공했다. 사우스웨스트의 거점 공항은 댈러스의 러브필드였고, 거의 대부분의 노선이 러브필드를 거점으로 운행됐다. 사우스웨스트는 매우 효율적으로 운영됐다. 다른 신규 참여자들, 미드웨이Midway, 피플익스프레스People Express, 뉴욕 에어New York Air는 한정된 자산을 잘 집중시켜 한때 반짝 빛을 보기는 했지만, 곧 흡수되거나 파산했다.

항공사들은 다수의 여행사, 여행사에 버금가는 수준의 할인율을 확보한 기업 출장 담당 부서와 거래하거나 탑승객과 직거래 형식으로 항공권을 유통한다. 몇몇 항공사들, 특히 유나이티드, 아메리칸, TWA는 여행사에 컴퓨터 예약 시스템을 제공해 주는 대신 자사 항공권이 첫 번째 페이지에 나오도록 프로그래밍을 짜서 그 덕을 쏠쏠하게 봤다. 게다가 다른 항공사들은 그 프로그램에 자신의 항공권이 뜨게 하거나, 컴퓨터 스크린에서 좋은 자리를 차지하기 위해 프로그램을 소유한 항공사에게 돈을 지불했다. 아울러 프로그램을 소유한 항공사는 경쟁자의 가격과 비행 일정도 꿰뚫어 봤다. 인기 있는 컴퓨터 예약 시스템을 보유한 항공사의 입장이 돈을 내고 (모니터 스크린에서) 자리를 빌려야 하는 항공사보다 유리한 건 두말할 필요도 없다.

항공 산업의 마지막 참여자는 지역 공항을 통제하고 게이트를 배분하는 공항 관리 당국이다. 전체 항공 산업의 생산 사슬을 살펴보자면 비행기 트래픽이 많은 공항의 게이트야말로 유일하게 공급이 부족한 자원이다. 제한적으로 공급되면 당연히 경쟁이 치열해진다. 마음만 먹으면 지역 당국은 이를 이용해서 경제적 이득을 취할 수 있다. 그러나 당국에게는 지역의 경제 개발이 더 중요한 사명이다. 그들의 주요 관심사는 공항의 트래픽을 최대한 증가시키고 강력한 항공사로 하여금 최대한 자주, 가장 편리한 비행기로 그들의 도시를 다른 여러 도시들과 연결하도록 만드는 일이다. 서비스가 줄어들지 모른다는 두려움에 마지막 달러까지 짜낼 생각은 별로 하지 않았다.

전반적으로 봤을 때 항공 산업을 보호해 주는 진입장벽은 없다. 항공 산업에서 기존 회사가 퇴출되고 새로운 회사가 들어오는 유형을 관찰하면 기존 참여자가 경쟁우위를 확보한 시장에서 보이는 패턴이 없다. 상위 세 개 회사의 영업 마진과 투자수익률을 살펴봐도 기존 참여자나 신규 진입자 모두 격심한 경쟁 상황에 빠져 있다. 요약하자면, 규제가 해제되면서 탑승객, 특히 가격에 민감한 사람만 덕을 봤다. 항공사는 수익성 면에서 극심한 어려움을 겪는다.

격변하는 경쟁 속에서도 확실한 강점을 갖춘 안정적인 회사는 살아남는다. 쉽게 예상되듯이 지역적 독점이 중요한 역할을 한다. 유나이티드, 아메리칸, 델타, 컨티넨탈, TWA는 모두 독점적인 거점 공항을 확보했다. 거점 공함을 중심으로 보면, 이들 항공사는 모두 안정적인 시장점유율을 유지하고, 때때로 수익성도 괜찮았다. 어느 정도 수준의 고객 독점과 지역적인 규모의 경제가 함께 작용하면서 경쟁 우위가 확보됐다. 여행자는 가장 많은 목적지에, 가장 많은 항공편과 가장 편리한 게이트를 제공하는 항공사에 먼저 연락할 가능성이 높다. 규모가 클수록 거래를 불러온다. 특정 거점 공항을 점유한 대형 항공사가 누리는 규모의 경제는 상당하다. 유지 보수가 집중되고, 승무원과 지상 근무 직원 그리고 항공기를 좀 더 쉽게 확보하며, 프로모션과 광고의 타깃이 집중된다. 거점 항공을 차지하는 순간, 고정비를 나눌 탑승객 베이스가 넓어진다. 특정 항공사가 거점 항공을 독점해서 소비자가 티켓을 구매할 때 해당 항공사를 먼저 떠올린다면, 한 항공사에게 충성한 대가를 보상해 주는 마일리지 프로그램이 빛을 발한다.

키위, 이륙하다

키위 인터내셔널 에어라인은 보잉 727 중고 두 대를 가지고 야심차게 서비스를 제공한다. 키위의 창업주는 항공산업이 어렵던 1980년대 말 해고된 파일럿들이다. 그들의 동기는 단순했다. 자신은 물론 자신과 비슷하게 해고된 사람들을 조종실과 비행기 객실로 불러서 그들이 사랑하던 일을 다시 할 수 있게 해 주자는 것이었다. 경험과 열정이 있다면, 자신들을 해고한 골칫덩어리 대형 항공사보다 효율적이고 뛰어나게 항공사를 운영할 수 있다고 생각했다. 그들은 자신의 역량을 입증해야 했다. 복수라는 야망을 포함해서 이런 식의 동기는 현실적인 사업 계획이나 경영 전략을 만들어 내기에는 턱없이 부족한 경우가 대부분이다. 그러나 그 동기가 무엇이든 간에, 키위가 시장에 진입하려고 취한 접근 방법은 기발했다.

1990년, 이스턴 항공사의 파일럿이었던 로버트 아이버슨Robert Iverson의 지휘 아래 키위의 핵심이 될 팀이 꾸려지고, 당시 어려움을 겪고 있던 팬암으로부터 뉴욕-보스턴-워싱턴 정기 왕복 항공기를 매입하려는 계획이 세워진다. 일 년이 채 되지 않아 1억 달러에 달하는 자금을 확보했지만, 유감스럽게도 델타가 해당 항공기를 거머쥔다. 델타는 이를 포함해 팬암의 다른 노선과 17억 달러에 달하는 자산도 사들였다. 키위는 앞서 팬암 때와는 다른 재정 지원을 등에 업고 미드웨이의 정기 왕복 항공기 경매에도 참여하지만, 이 또한 노스웨스트가 가져갔다. 그렇지만 팀은 해체되지 않았고, 열 명의 파일럿이 각각 5,000달러씩 갹출하면서 간신히 유지하였다. 이후 경영난에 빠진 캘리포니아와 플로리다 지역의 항공사로부터 연방 항공 관리국FAA : Federal Aeronautics Administration 면허를 사려고 검토하지만, 이 역시 무산되었다. 하지만 키위 팀의 전문성과 결단력을 높이 산 FAA와 교통부 관리들이 키위에게 직접 면허를 받으라고 권고했다.

46명의 파일럿들이 각각 5만 달러, 승무원은 각각 5,000달러씩, 여기에 과거 항공사 임원들이 조금씩 모은 돈을 보태면서 키위는 어렵게 자금을 마련했다. 이렇게 모은 돈이 약 700만 달러로, 큰돈은 아니지만 회사를 시작할 정도는 되었다. 상대적으로 경쟁이 덜 치열한 뉴어크Newark(미국 뉴저지 주 북동부 지역)를 본거지로 선택하면서 키위는 뉴저지주에 본사를 차려서 정규 노선을 운항하는 첫 번째 항공사가 된다. 1992년 9월 첫 비행을 시작할 무렵, 키위는 두 대의 중고 비행기를 빌려 세 개의 노선을 운행했다. 뉴어크와 시카고, 뉴어크에서 애틀랜타, 뉴어크에서 올랜도를 잇는 세 개의 노선이었다. 자금이 부족한 데다가 시장에 막 진입한, 작디작은 신참 항공사가 유나이티드, 아메리칸, 델타 등 강력한 항공사를 상대로 성공은 고사하고 살아남을 가능성이나 있을까?

어떤 면에서 봤을 때, 키위의 입장은 폭스사를 내세워 기존 TV 네트워크사들에게 도전장을 내밀었던 루퍼트 머독과 상당히 유사했다. 네트워크 회사들은 이미 거대했고, 규모의 경제와 고객 독점으로 안전망을 갖췄다. 머독은 확실히 경쟁열위 입장에서 게임을 시작했다. 하지만 한편으로, 네트워크 산업은 진입장벽이 견고했고, 참여자들이 죄수의 딜레마 게임을 능수능란하게 다루면서 평화롭게 공존하는 요령을 알았기 때문에 높은 수익성을 유지했다.

항공 산업의 진입장벽은 낮고, 거점 공항을 꿰차고 있는 몇몇 항공사가 시장을 독점했다. 한마디로 말해서, 항공사들은 조화롭게 살아가는 요령을 몰랐다. 항공 산업의 역사를 살펴보면, 규제가 있던 시절이나 없던 시절이나 과다 생산 시설을 제어하는 일이 얼마나 어려우며, 생산 시설 초과는 필연적으로 잔혹한 가격 경쟁을 일으킨다는 사실을 확실히 보여 준다. 진입장벽이 낮기 때문에 키위는 손쉽게 진입했다. 사실, 여기에서 던져야 할 질문은 "왜 들어오려고 했을까?"가 된다.

키위는 이미 자리 잡은 항공사를 전면 공격해서는 안 된다는 점을 충분히 이해했다. 아이버슨은 포브스 잡지 인터뷰에서 "우리의 임무는 그들의 핵심 영역에서 최대한 멀리 떨어지는 것"이라고 말했다. 즉, 키위는 위협적이지 않은 작은 존재로 남아 있어야 했다. 그래야 항공사에게 키위를 살려두는 편이 없애 버리는 편—아이버슨의 말에 따르면 '등에 붙은 파리를 찰싹 때려죽이는'—보다 비용 측면에서 현명했다. 키위의 항공 노선은 그런 전략을 따라 선택된다. 뉴어크-시카고 노선은 유나이티드와 아메리칸의 노선에 크게 영향을 주지 않았다. 뉴어크-애틀랜타 노선은 델타 입장에서 보자면, 가벼운 생채기 정도의 손해를 줄 수준이었다. 올랜도 노선은 델타와 컨티넨탈의 탑승객을 좀 가져왔다. 주요 항공사에게 입히는 손해를 배분하면서, 키위는 특정 항공사가 입을 손실을 최소화한다. 게다가 노선을 세 개를 마련하면서 사업 리스크도 줄였다. 주요 항공사 중 하나라도 키위를 제거하려고 가격 경쟁을 하더라도, 키위에게는 경쟁으로부터 자유로운 두 개의 노선이 있다.

또한 키위는 가격으로 기존 항공사와 직접 맞붙지 않았다. 키위는 경쟁자가 한시적으로 제공하는 최저가 가격에 연동해서 항공권 가격을 매겼다. 그 대신 서비스를 개선했다. 티켓팅 제한도 없고 선구입을 요구하지 않았다. 항공기를 수리해서 좌석 수를 170개에서 150개로 줄였고 모든 좌석을 비즈니스 클래스 수준으로 끌어올렸다. 스낵보다는 뜨거운 식사를 제공한 셈이다.

키위에게는 공공 미디어에서 광고할 만큼 충분한 예산이 없었고 덕택에 기존 항공사를 자극하는 또 하나의 직접적인 도전을 피했다. 그 대신 키위의 임원은 낮은 가격과 뛰어난 서비스를 무기로 소기업 임원을 대상으로 직접 타깃 마케팅을 시도한다. 뛰어난 서비스와 낮은 가격은 이들에게 충분히 매력적이었다. 아이버슨과 동료들은 로터리 클럽과 키위 클럽 오찬 모임을 만들어서 키위 스토리를 소개했다. 다른 키위 직원은 여행사와 회사들을 직접 방문해서 좋은 인상을 남겼다. '작지만 강한 항공사'의 이야기는 사람들의 관심을 끌었고 최초 비행을 시작하기도 전에 부족한 광고 예산을 대신할 만큼 충분히 언론에 노출되었다.

키위는 기존 항공사에서 파일럿, 승무원을 비롯한 직원들을 빼오지도 않았다. 키위가 존재하는 가장 중요한 목적은 항공 관련 일을 사랑하는 사람을 다시 불러 모아, 그들을 해고한 회사보다 수익이 나도록 현명하게 회사를 운영하는 것이다. 키위는 기존 항공사보다 낮은 비용 구조를 구축하면 돈을 벌 수 있다고 생각했다. 항공 산업이 이미 충분히 어려운 상태여서 중고 비행기는 시장에 넘쳤다. 그 덕에 키위는 할인가에 비행기들을 리스했다. 그들은 관록 있게 PR을 진행하면서 비싼 광고비를 절약했다. 가장 핵심적인 강점은 낮은 인건비였다. 키위의 파일럿과 승무원의 월급은 시장 평균보다 낮았지만, 직원은 이를 즐겁게 받아들였다. 직원과 소유주는 기존 항공사에게 큰 부담이던 엄격한 근무 수칙을 가볍게 벗어 버리고, '할 수 있다'라는 마음가짐으로 충만했다. 이런 태도 역시 회사 운영에 크게 도움이 된다. 파일럿, 승무원, 기타 직원보다 하위 직원은 없었다. 배정된 파일럿이 아프다던가, 기타 사정이 생기면 매니저로 일하던 파일럿이 대신 운행에 나섰다. 비행을 시작하기 전 키위는 약 50퍼센트의 좌석을 채우면 적어도 비용은 보전된다고 계산했다. 유상 고객 마일 기준으로 봤을 때 키위의 비용 구조는 유나이티드의 비용 구조보다 약 20퍼센트 저렴했다. 이런 절감 규모는 상당했지만, 사우스웨스트의 비용은 키위보다 18퍼센트 낮았다. 그러나 저렴한 비용 구조의 소규모 항공사는 광고를 쏟아붓는 저가 항공사보다 위험해 보이지 않았다. 키위는 굳이 곤하게 자고 있는 거인을 깨워서 성질을 건드릴 생각이 없었다.

기존 참여자의 시각

초반에 유나이티드, 아메리칸, 델타, 컨티넨탈은 키위를 별생각 없이 무시했다. 각 노선에서 가져가는 승객 수가 얼마 되지 않아서 키위가 모든 좌석을 팔더라도 대형 항공사에 끼치는 영향은 미미했다. 게다가 목표 고객도 소기업의 비즈니스 출장 고객이다. 이들은 대형 항공사에게 중요한 고객층이 아니다. 키위는 가격 전쟁 역시 하지 않았다. 똑같은 가격에 추가 서비스와 편의를 제공했지만 큰 문제는 아니었다. 파일럿을 훔쳐 가지도 않았고, 성장하겠다는 원대한 야망을 품고 있지도 않았다. 주식 상장도 없고, 직원 돈을 모아 자금을 마련했기에 모집 금액에도 한계가 있다. 벌레 한 마리가 아니라 제대로 된 위협이 되려고 한다면, 사업 계획을 대폭 수정해야 한다. 게다가 키위는 모든 항공사에서 일하던 파일럿을 모아서 설립되었기 때문에, 후발 주자가 키위의 전략을 손쉽게 따라 하지 못했다. 조종석으로 돌아가고 싶은 파일럿이 아니고서야 저축자금을 쏟아붓고 수화물을 싣겠다고 소매를 걷어붙이지 않는다. 키위가 성공하더라도, 비슷한 회사가 한꺼번에 열 개씩 생겨나기는 어려웠다.

키위의 사업 전략은 기존 항공사가 자신을 어떻게 바라볼지 염두에 둔 것이었다. 아이버슨은 한 비즈니스 잡지와의 인터뷰에서 말했다. "대형 항공사들로부터 떨어져서 키위가 위협적이라고 느끼지 않도록 시스템을 만듭니다. 키위의 승객은 그들에게 그다지 중요하지 않은 고객이고, 우리가 존재한다고 해서 그들의 일드에 크게 영향을 미치는 일은 없습니다."

한편 키위를 제거하는 일은 쉽지 않아 보였다. 파일럿, 승무원 그리고 항공사에서 오랫동안 근무한 직원들은 튼튼한 공동체를 구축했다. 목숨이나 재산, 명예 등을 걸고 맹세한 사이는 아니지만, 마음가짐은 그런 상태였다. 5만 달러는 파일럿에게 상당한 재정 부담이다. 일부는 집을 담보 삼아 돈을 마련했다. 모든 파일럿은 계속 파일럿으로 일하기를 원했지만, 주요 항공사에서 일자리를 찾지 못했다. 한참 수준이 떨어지는 항공사에서 일자리를 찾아야 했다. 창업자들이 키위를 포기하려고 한다면, 지불하는 대가가 컸다. 기존 항공사 중 어느 하나라도 키위와 정면 대결하기로 결정하면, 키위는 그렇게 쉽게 물러나지 않겠다고 분명하게 선언했을 것이다.

키위를 타깃으로 가격 전쟁을 시작한다면, 그 전쟁은 장기화되고 그 비용도 높으며, 상당 부분 기존 항공사의 손해로 돌아온다. 뉴어크-시카고 노선에서 유나이티드가 키위와 대적하고자 하면, 유나이티드는 아메리칸 역시 자극하게 되고 아메리칸 항공의 맞대응을 불러온다. 그들 모두 키위보다 탑승객 수가 많았기 때문에 가격 경쟁으로 입는 손해가 자그마한 신출내기인 키위보다 크다. 기존 항공사 가격에 자사 항공권 가격을 연동시켜 놓았기 때문에 가격이 하락하는 경우 그에 맞춰 키위 가격도 내리겠다고 공개적으로 밝힌 셈이다. 뉴어크-시카고 노선이 시끄러워도 키위는 애틀랜타와 올랜도 노선에서 계속 이익이 나온다. 결국 가격 전쟁은 쉽게 종식되지 않고, 싸움이 길어질수록 피를 보는 쪽은 키위가 아니라 기존 항공사다. 키위를 내버려 둬서 고객을 잃는 것보다 가격 전쟁으로 인한 경제적 손해 쪽이 크다. 차라리 탑승객 몇몇을 키위에게 빼앗기는 편이 속 편하다.

키위의 진입 전략은 전반적으로 큰 무리 없이 잘 받아들여졌다. 기존 회사를 위협하지 않고도 키위는 쉽게 죽일 수 없는 존재가 되었다. 초기에 이런 전략이 잘 먹혀들어 간다. 키위가 처음으로 영업을 개시한 3개월 동안 주요 항공사는 키위를 내버려 둔다. 그러나 1993년 초반, 뉴어크에 역시 허브를 가지고 있어서 직접적인 위협을 받는다고 느낀 컨티넨탈은 마침내 키위의 성공에 눈을 돌리게 되고, 결국 항공권 가격을 키위보다 할인해 버린다. 키위 직원들은 키위를 살리기 위해 자신의 임금을 삭감하면서까지 강하게 대응한다. 컨티넨탈은 한 발짝 뒤로 물러섰고, 그 다음해에는 키위를 홀로 내버려 둔다. 키위의 눈앞에 규모가 크지는 않지만 수익이 충분히 만져지는 미래가 놓여 있었다.

키위의 발이 묶이다

불행하게도 키위는 잘 짜인 접근 방식을 계속 유지하지 못한다. 1992년 9월, 키위는 200명이 넘는 직원, 두 대의 리스 비행기 그리고 매일 운항하는 6개의 노선을 갖고 있었다. 1994년 9월에 이르자, 키위는 1천여 명의 직원, 12개의 항공기 그리고 47개의 운항 노선을 보유한 항공사로 성장한다. 키위는 뉴어크, 시카고, 애틀랜타, 올랜도로 이루어진 운항 노선에 탐파Tampa와 웨스트팜비치West Palm Beach를 추가했다. 도시 간 직항 노선을 두 배 이상 늘리면서 항공 노선이 복잡해진다. 다른 회사를 사들이지 않았는데도 키위는 빠르게 성장한다. 1995년 3월, 키위는 비행기 15대를 보유하고 매일 62개 노선을 운행했으며, 버뮤다Bermuda, 머틀비치Myrtle Beach, 롤리-더햄Raleigh-Durham], 리치몬드Richmond와 샬롯Charlotte 운항 노선을 준비 중이었다. 초기 키위의 전략—기존 항공사를 자극할 만큼 크지 않고, 하나의 거점 도시를 중심으로 운항 노선을 단순하게 유지하고, 목표 고객을 집중적으로 공략하는 전략—은 생산시설 역사의 뒤안길에 묻혔다.

"물고기는 헤엄쳐야 하는 법이다"라고 오스카 해머스타인Oscar Hammerstein(20세기 미국의 뮤지컬 대본 작가)이 말했다. "그리고 파일럿은 날아야 한다"도 꽤 그럴싸하다. 키위의 사명을 위해 자금을 대준 파일럿만 해도 46명이었다. 매일 6개 항공노선은 왕복운행이어도 파일럿 46명이 나눠 갖기에는 턱없이 부족했다. 게다가 이들은 자신을 해고한 항공사에게 "항공사를 수익이 나도록 운영하려면 이렇게 해야지!"라며 본때를 보여 주고 싶었다.

게다가 키위는 다른 진입자가 겪은 저주로부터 완전히 벗어나지 못한다. 키위와 거의 비슷한 시기에 웨스턴 퍼시픽Western Pacific, 밸루제트Valujet, 리노 항공Reno Air, 미드웨이, 트란 항공Air Tran, 프론티어Frontier, 뱅가드Vanguard, 사우스 항공Air South, 스피릿Spirit 등 많은 신참내기 항공사가 시장에 진입했다. 저렴하게 리스되는 비행기, 대량 해고되어 넘쳐나던 파일럿 그리고 기존 항공사가 높은 인건비에 허덕이는 점 등이 많은 이를 유혹했다. 신규 회사가 우후죽순처럼 생겨나면서 기존 항공사는 조치를 취해야 했다. 1994년 봄, 주요 항공사들은 가격 전쟁에 돌입한다. 심지어 컨티넨탈과 유나이티드는 저가 항공사를 계열사로 설립했다. 컨티넨탈 라이트Continental Lite와 유나이티드의 셔틀(Shuttle)이 바로 그들이다. 한참 전에 포기한 전략이긴 했지만, 시장에서 남의 몫을 슬쩍 빼앗아 성공하기에는 시장이 너무 왁자지껄했다.

규모가 커지고 운항편이 늘어났지만, 규모의 경제 덕을 보기에는 턱없이 모자랐다. 주요 항공사와 비교했을 때 키위의 규모는 작았다. 고객을 온전하게 훔쳐 와서 독점하지도 못했다. 그러기엔 대형 항공사들이 항공편도 많고 마일리지 프로그램도 훌륭할 뿐만 아니라 1996년 봄 밸루제트의 비행기 사고 이후로 높아진 안전 의식 때문에 대형 항공사에 대한 선호도는 더 커졌다. 엎친 데 덮친 격으로, 노선 구조도 과거보다 거대해지고 복잡해지면서 고객이 느끼는 개선점은 없고 비용만 지속 상승한다.

성장은 키위의 영업 효율도 악화시켰다. 199년 CEO 로버트 아이버슨은 키위의 야심 찬 초기 단계를 되돌아보면서 "어떻게 이런 기적이 일어났을까?"라고 되물었다. 그는 이렇게 답했다. "그때 키위 임직원은 자기희생적인 사명감을 가지고 (기존 항공사 같은) 적대적인 거대 기업에서는 찾지 못할 해결책을 찾아냈다." 자신의 운명이 달려 있기에 임직원들은 '회사를 어떻게 좀 더 개선시킬지 끊임없이 궁리했다'. 그러나 회사가 빠르게 성장하면서 직원 수가 늘었고, 어느 순간 이런 정신이 사라진다. 새로운 직원은 초창기 직원만큼 헌신적이지 않았다. 초창기 멤버는 키위가 열정과 자발적인 태도만으로는 굴러가지 않는, 비인간적인 거대 조직이 되어버렸다고 느낀다.

1995년 2월 자리에서 물러난 아이버슨은 회사와 사내 문화가 달라졌다는 사실을 깨닫는다. 직원을 다루기가 쉽지 않았다. 키위는 정규 노선만 운행한다고 믿었기 때문에, 파일럿은 (비정기적) 임차 비행기를 운행하지 않으려고 했다. 어떤 승무원은 품위가 없다는 이유로 프로모션 안내 방송을 하지 않겠다고 버텼다. 심지어 어떤 직원은 직원 전용의 공짜 항공권을 회사 허락도 없이 기부했다. 모두 한 마디씩 의견을 내세우는 바람에 회의는 끝이 없었다. 직원의 행동이 어처구니없을 만큼 엉망진창이다 보니 어떤 임원은 초등학교 수준이라며 빈정거렸다. '작은 항공사' 전략에 맞춰졌던 영업 구조는 급속히 커진 규모에 적합하지 않았다.

1995년 말, 키위의 손실은 3,500만 달러에 달한다. 아이버슨이 퇴임한 후 수개월 동안 무려 세 명의 CEO가 임명되었다. 그리고 러셀 테이어Russell Thayer가 CEO로 임명된다. 항공 업계에서 관록을 쌓은 인물이다. 브라니프가 1982년 파산 신청하던 당시 사장이었고, 1992년 팬암이 망가지기 직전 나름 회사를 구해 보려고 시도한 당사자였다.

키위의 구원자 역할도 성공적이지 않았다. 1996년 10월 키위는 파산법 제11장에 따라 파산 신청하고, 얼마 지나지 않아 운행을 중단한다. 그 당시 실패한 회사는 키위만이 아니었다. 규제가 해제되면서 항공기 산업에 뛰어든 수많은 회사 중에 사우스웨스트만이 살아남았고 게다가 꽤 성공적으로 번영했다. 사우스웨스트는 유동 인구도 많고 공항도 잘 개발된 댈러스를 거점 공항으로 삼았고, 운영 효율성 측면에서 꽤 유명하다(젯블루Jet Blue와 기타 신규 참여자의 운명이 어떻게 될지는 더 기다려야 한다*). 시작부터 경쟁열위에 있었고 항공 산업 경쟁이 치열했기 때문에, 키위는 현실적으로 성공 가능성이 애당초 없었을 수도 있다. 하지만 키위는 초기 단계에서 잘 먹혔던 치밀한 전략을 포기하면서 스스로 자신의 발등을 찍었다. 전략은 실행을 위한 가이드가 되어야 한다. 비현실적인 사업 목표를 합리화해 주는 것은 전략의 역할이 아니다.

---

* 역자 주 : 2022년 12월, 젯블루는 아직까지 주요 저가 항공사로 존재한다.

제13장

즉석 만족은 없다
코닥, 폴라로이드와 한판 붙다

시장 문 앞에 들이닥친 코끼리

조지 이스트먼George Eastman은 미국 산업 역사에서 입지전적인 인물이다. 그가 창업한 회사 이스트먼 코닥Eastman Kodak은 창립 후 오랫동안 오점 하나 없는 성공 스토리를 만들어 냈다. 1880년 건판(乾板, 사진에 쓰는 감광판)을 생산하다가 필름 생산으로 넘어가는 동안 코닥은 미국은 물론 세계 전역에서 아마추어 사진 시장을 독식한다. 거의 1세기 동안 코닥은 순풍을 달고 앞으로 나아갔다. 가정의 사진 수요는 꾸준하게 빠른 속도로 증가했으며, 이 기간 대부분 코닥은 '코닥 모멘트Kodak Moment(사진을 찍어야 할 때를 의미함)'를 공급해 주는 거의 유일한 존재였다. 1958년부터 1967년까지 코닥의 핵심 시장은 인플레이션 영향을 제거하고도 무려 13퍼센트의 성장률을 보였다.

1970년대가 되자, 시장이 포화된다. 전통적으로 코닥은 혁신에 강한 회사였지만 이번만큼은 혁신이 매출 신장에 도움을 주지 못했다. 1967년부터 1972년까지 물가 상승을 반영한 미국 시장 성장률은 연간 5.6퍼센트까지 떨어진다. 1972년부터 1977년까지는 연간 3.5퍼센트까지 하락했다. 코닥의 경영진은 유사한 시장을 찾아 코닥의 시장을 확장하려는 생각을 품는다. 그들은 두 개의 시장에 눈을 돌린다. 복사기와 즉석 사진. 이 시장은 이미 확실하게 자리 잡은 기존 참여자가 독식 중이었다. 복사기 시장은 제록스가, 즉석 사진은 폴라로이드가 꽉 잡고 있었다. 두 시장에 진입하면서 코닥은 어리석게도 이들의 경쟁우위를 물리쳐낼 만한 논리 정연한 전략을 세우지 못한다. 투자가 엉망이 된 것은 물론이다. 특히 폴라로이드에게 도전장을 낸 것은 그 결과가 참담할 지경이었다. 코닥과 폴라로이드의 싸움은 시장을 진입할 때 '하면 안 되는 일'이 무엇인지 (그리고 그 일을 하면 결과가 어떻게 되는지) 온몸으로 보여 준 유명한 사례가 된다.

CEO 랜드의 목적 : 폴라로이드의 사명

사명 선언문을 가진 회사는 많다. 폴라로이드는 사명에 사운을 건 회사였다. 에드윈 랜드Edwin Land는 1930년대 편광 필터를 생산하려고 폴라로이드를 설립했지만, 이내 거의 신앙에 가까운 사명감을 갖고 즉석 사진기 개발에 매진한다. 1981년 인터뷰에서 랜드는 이렇게 말했다. "폴라로이드의 사명은 사람들의 마음속 깊은 곳에 있는 소망

을 발견해서, 기술과 과학을 이용해 그것을 이뤄 주는 것이다." 랜드
는 '연결'되고 싶다는 사람의 소망을 충족시키기 위해 노력했다. 손쉽
게 즉각 현상되는 사진이야말로 이에 가장 적합한 도구라고 믿었다.
랜드의 사명은 더할 나위 없이 명확했고 온전했다. 1947년 즉석 사진
기를 시장에 내놓은 이후부터 폴라로이드는 온전히 즉석 사진기 사업
에만 몰두한다. 회사의 모든 자원을 즉석 사진에 쓸어 넣었다.

첫 모델인 폴라로이드 랜드 카메라는 약 2.3킬로그램의 무게에
가격은 90달러로, 약 60초 만에 세피아 (먹물 잉크) 색감의 사진을 인
화했다. 이 제품으로 폴라로이드는 아마추어 사진 시장에 발을 디뎠
고, 즉석 사진기와 필름 시장을 독식한다. 첫 번째 상품은 진기함 때
문에 사람들의 이목을 끌었다. 회사가 성장하려면, 뿌연 먹색 사진
그 이상이 필요했다. 폴라로이드는 연구 개발에 적극적으로 상당한
금액을 쏟아 부었고, 꾸준하게 제품을 혁신했다. 1947년 이후 폴라로
이드는 지속적으로 사진기와 필름을 개선했다. 사진 현상 시간은 점
점 단축되고, 먹빛은 흑백이 되었다가 컬러 사진이 되었다. 사진의 해
상도도 개선되었으며 사진기를 손쉽고 간편하게 다루도록 그립감과
포장도 수정했다. 처음에는 필름을 현상하는 데 60초가 걸렸지만 나
중에는 흑백 사진 현상에 10초밖에 걸리지 않았다. 처리하기 거추장
스러운 음화의 잔여 물질도 덜어내고 이미지를 고정하기 위해 손으
로 코팅하던 번거로움도 없었다. 사진기도 자동화되고 사용이 손쉬
워졌다. 음파 탐지기를 이용해 렌즈의 초점도 개선했다. 1975년에 이
르자 폴라로이드의 즉석 사진 시스템은 기술로 이루어 낸 경이로움
그 자체가 되었다.

랜드가 즉석 사진기에 오롯이 매달린 결과, 폴라로이드는 섭섭지 않게 돈을 벌었다(그림13.1). 폴라로이드 매출은 1950년 600만 달러였다가 1960년 9,800만 달러까지 증가했고, 10년이 지나자 매출액은 4억 2,000만 달러에 도달한다. 1975년에 이르자 매출은 8억 달러를 넘어섰다. 1960년대 후반부터 영업 이익 성장률은 매출액 성장세를 앞질렀다. 1974년 한때 연구개발비가 급작스럽게 증가하면서 영업 이익이 한시적으로 크게 하향했지만, 1975년 가파른 회복세로 돌아선다.

성장률이 꾸준하게 높은 데다가 이익도 계속 발생하니, 월 스트리트는 폴라로이드를 더할 나위 없이 사랑했다. 이 기간 동안 폴라로이드의 주가는 액면가와 이익 대비 수 배 가격에 거래된다. 폴라로이드는 '니프티 피프티Nifty Fifty(미국 50대 인기 주식)' 클럽의 정규 멤버였다. 이들

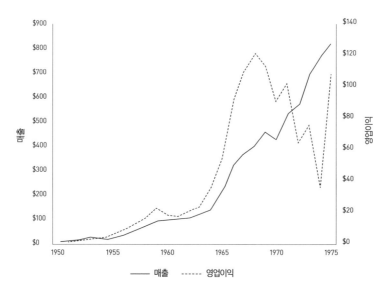

그림13.1
폴라로이드의 매출과 영업 이익, 1950년~1975년 (백만 달러)

은 1960년대 후반 전문 투자자의 사랑을 듬뿍 받았다. 이 회사들은 경기에 상관없이, 경쟁이 아무리 치열해도 거뜬히 살아남는다고 생각했다. 불행하게도 1973년에서 1974년, 주식 시장 불황으로 다른 니프티 피프티와 함께 폴라로이드의 주가도 큰 폭으로 하락한다. 그러나 1969년 신주 발행을 비롯, 폴라로이드는 운 좋게 주식을 적시에 상장했고, 그 결과 폴라로이드의 재무는 탄탄했다. 1975년 말, 폴라로이드의 현금은 1억 8,000만 달러였고 채무는 1,200만 달러에 불과했다.

CEO 랜드의 천재성에서 비롯된 탁월한 기술, 연구개발비에 대한 아낌없는 투자 그리고 즉석 사진 시장에서의 독점적인 시장 위치 덕분에 폴라로이드는 융성했다. 1962년부터 1971년까지 연구개발비는 매출의 7퍼센트 규모였다가 이후 현격한 규모로 증가한다. 1962년부터 1975년까지 폴라로이드는 연구개발에 6억 달러를 투자했다. 폴라로이드가 계속적으로 내놓은 차세대 버전의 즉석카메라와 필름은 특허권의 보호를 받았고, 폴라로이드는 엄청난 연구비를 쏟아부은 대가를 후하게 보상받는다. 랜드는 이에 대해 이렇게 말했다. "회사가 살아남은 이유는 단 한 가지, 우리가 탁월했기 때문이다. 계속 탁월한 유일한 이유는 특허의 보호 덕분이다." 특허 때문에 즉석카메라 시장에서 폴라로이드의 입장은 충분히 우월했다. 거기에 폴라로이드가 수년에 걸쳐 축적한 (비록 특허 대상은 아니었지만) 생산 공정과 제조 노하우가 더해지면서 폴라로이드는 천하무적의 존재가 되었다.

생산 초기 단계에 폴라로이드는 카메라 제조와 필름용 인화 재료를 코닥으로부터 구입했다. 그러나 개발되는 제품이 복잡해지면서 외부 구입품이 성에 차지 않았다. 1969년 폴라로이드는 생산 공정에서 비

핵심적인 부품까지 최대한 자체 생산하기로 결정한다. 품질과 기술 보안을 문제로 생산 공정을 혼자 온전히 부담한다.

폴라로이드의 마케팅 기량은 훌륭하다고 말하기에는 아쉬운 점이 많다. 새로운 제품이 개발되어 소개되는 과정은 최초의 폴라로이드 랜드 카메라를 시장에 내놓았을 때와 크게 다르지 않았다. 판매 초기 신규 모델은 가격도 비쌌고, 사양이 불편한 경우가 많았다. 하지만 판매를 시작한 뒤에도 폴라로이드는 제품을 꾸준히 개선시키는 동시에 가격을 내렸다. 어느 정도 안정적인 단계에 들어서면 소비자의 전폭적인 호응을 얻었기 때문에 조금씩 늘어나던 매출이 어느 순간 급격하게 팽창한다. 하지만 매출이 급증하는 그 시점이 될 즈음이면 폴라로이드는 과거 제품과 호환되지 않는 혁신적인 새로운 제품을 선보이고, 앞의 과정이 또다시 반복되었다. 카메라 단가를 낮춤으로써 매출을 급증시켜 소비자를 일단 확보한 뒤에 필름을 비싸게 팔아 돈을 만드는 전략은 이때까지는 활용되지 않았다.

1960년 말, 폴라로이드의 1세대 카메라가 시장에 널리 받아들여졌을 때 폴라로이드는 이전과는 180도 다른 카메라와 필름 시스템을 개발하는 데 착수했다. 1963년, 1세대 카메라에 대한 마지막 개선 조치로 컬러 필름을 선보이면서 감소하던 1세대 카메라 매출이 다시 증가했다. 그러나 채 6개월이 지나지 않아 폴라로이드는 컬러 사진과 흑백 사진 모두 가능한 완전히 다른 카메라와 필름을 시장에 내놓았다. 새 제품은 필름이 롤이 아니라 하나의 팩으로 되어 있었고, 1세대 카메라보다 편리했고, 예전 카메라와 호환되지 않았다. 컬러팩Colorpack이라고 명명된 이 제품은 초반 가격이 100달러였다. 이제까지 그래왔듯, 새 카메라의 매출 규모는 회사의 기대에 한참 못 미쳤다. 최초 도입 후 1년이 지나자 좀 더 저렴한 버전이 나온다. 컬러팩 제품이 대중들에게 널리 퍼진 1969년, 컬러팩의 소매가격은 29.95달러였다.

그즈음에서 폴라로이드는 다시 차세대 카메라를 구상하고 있었다. SX-70는 랜드가 오랫동안 꿈꿔온 '한 번으로 끝나는 사진'의 결정체였다. SX-70은 필름 팩과 함께 배터리가 내장되어 있다. 자동 포커스 기능 외에도 플래시가 내장되어 있고, 해상도도 이전보다 선명했으며 색감도 우수했다. 버튼을 한 번 누르기만 하면 사진 찍기와 인화가 끝났다. 내장된 배터리가 모터를 움직여서 사진을 인화해 주는 구조였다.

다른 혁신 제품과 마찬가지로 SX-70이 시장에서 팔리기 시작한 1972년에는 매출이 불안정했다. 최초 가격은 180달러로, 이전 버전인 컬러 팩보다 무려 여섯 배나 비쌌다. 카메라나 필름 팩의 품질도 뛰어나지 않은 데다가 배터리가 말썽이었다. 매출은 회사의 예상보다 처참할 정도로 낮았다. 문제점이 개선되고 가격이 저렴한 새 버전 SX-70이 시장에 나온 뒤 매출이 기대하던 수준을 따라잡는 데 3~4년 정도 걸렸다. 1976년 기준으로 전 세계에 걸쳐 SX-70은 고작 200만 대가 팔렸다. 참고로, 컬러 팩은 무려 2,500만 대가 팔렸다.

고객에게 직접 상품을 전달하는 중간 거래처와의 관계는 좋지 않았다. 도매업자나 소매업자에 대한 폴라로이드의 관심은 전무했다. 폴라로이드는 최대한 다양한 통로를 통해 제품을 판매했다. 카메라 전문 매장, 백화점, 할인 매장, 대형 판매장, 드럭스토어 등 팔 수만 있다면 그 어느 채널도 마다하지 않았다. 소매가격을 통제하지 않았고, 새 모델이 나올 때 유통업자를 보호하지도 않았다. 그 결과 새 모델이 출시되면 유통업자는 구모델을 손에 들고 멍하니 하늘만 쳐다봐야 했다. 재고를 없앨 방법이 없었다. 그 결과 채널과의 유대 관계는 빈약하기 짝이 없었고, 종종 적대적으로 악화되었다. 에드윈 랜드의 안중에 있는 것은 고객뿐이었고, 이들에 대한 폴라로이드의 노력은 가상할 지경이었다. 폴라로이드의 광고는 어마어마했고, 곧 폴라로이드는 '즉석 사진 카메라'를 뜻하는 일반 명사가 된다.

폴라로이드의 경쟁우위

1975년 즉석 사진 시장에서 폴라로이드의 경쟁우위는 상당했다. 폴라로이드는 1976년까지 즉석 사진 시장을 독식했다. 즉석카메라와 필름을 파는 단 하나의 회사였기 때문에 당연한 결과다. 사진을 즉시 인화하고 싶은 사람은 폴라로이드 제품을 사야 했다. 시장 독점과 점유율 안정성 측면에서 봤을 때 폴라로이드는 시장을 오롯이 혼자 차지했고 1947년부터 1975년까지 시장점유율은 소수점 한자리의 변화조차 없었다. 당연히 폴라로이드의 투자수익률은 높았다(그림13.2). 1960년부터 1975년까지 폴라로이드의 평균 세전 투자자본수익률은 42퍼센트로 두말할 것도 없이 자본비용을 훌쩍 뛰어넘었다. 연간 세전 투자자본수익률은 1966년에 75퍼센트로 최고점을 찍은 후 하락했다. 1970년부터 1975년까지의 평균은 20퍼센트에 불과했다.

수익률 하락의 원인은 경쟁이 아니었다. 경쟁자는 애초에 존재하지 않았다. SX-70 라인을 출시하면서 에드윈 랜드가 독특한 고집을 부렸기 때문에 수익률이 하락했다는 말이 더 정확하다. SX-70을 개발하면서 연구개발비가 증가했고, 공장과 시설에 돈을 쏟아부으면서 수익률

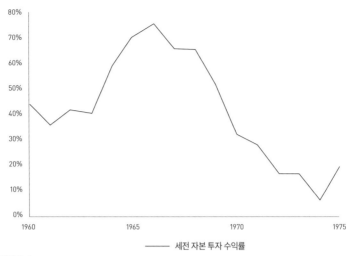

그림13.2

폴라로이드의 세전 자본 투자 수익률, 1960년~1975년

이 하락했다. 그리고 1975년이 되어도 SX-70에서 이익이 나지 않았다. 1970년대 폴라로이드의 수익률이 과거보다 낮아졌다는 사실은 랜드가 상대적으로 재무 성적에 소홀했다는 사실을 반영하지, 경쟁우위가 약해진 반증이라고 보기는 어렵다.

폴라로이드의 경쟁우위 원천은 다양했다. 폴라로이드는 고객을 확실하게 독점했고, 독점 기술에 규모의 경제도 가졌지만, 이들 강점이 다 동일하게 강력하지는 않았다. 일단 폴라로이드 카메라를 구매한 고객은 계속해서 폴라로이드의 필름을 사야 사진을 찍을 수 있었다. 일종의 고객 독점이지만, 강력하거나 지속성이 강하다고 보긴 어렵다. 새로운 카메라 구입에 들어가는 재정 부담이 크지 않기 때문에, 더 뛰어난 새 모델과 필름을 사려는 고객은 얼마든지 존재했다. 폴라로이드가 1963년 컬러팩을, 1972년 SX-70을 선보였을 때, 폴라로이드는 소비자들이 새 모델로 쉽게 업그레이드할 것으로 예상했다. 즉석카메라는 손쉽게 사용할 수 있다. 이 점이 즉석카메라의 핵심 장점이었다. 경험이 많은 사용자는 새로운 모델로 바뀌어도 예전의 사진 찍기 요령을 잘 써먹었다.

두 번째 경쟁우위, 제품과 생산 프로세스에 대한 독점 기술은 첫 번째 우위보다 강력했다. 1966년 카메라 디자인 관련 최초 특허 기한이 만료되자, 폴라로이드는 선두 위치를 고수하기 위해 추가로 특허를 출원한다. 그리고 카메라, 즉석 필름 도안 및 제조에 대해서 경험을 축적했다. 신상품이 나올 때마다 폴라로이드는 신제품을 더 좋게 만들고 문제점을 제거하는 데 몇 년을 보냈다. SX-70은 앞서 나온 제품보다 까다로웠다. 카메라와 필름 모두 상당히 복잡하기 때문에 폴라로이드의 특허를 침범하지 않고 폴라로이드와 경쟁하려면 신규 진입자에게는 상당한 규모의 돈과 인적 자원, 인내심이 필요했다. 즉석 사진기와 필름을 만들려면 상당한 금액을 써서 공장을 짓고 기기를 확보해야 했다.

세 번째 우위인 규모의 경제 역시 폴라로이드의 편이었다. 즉석카메라와 즉석 필름을 생산하려면 공장과 설비에 꽤 많은 투자가 필요하다. 연구개발비 역시 만만치 않았다. 1962년부터 1975년까지 폴라로이드는 14년 동안 6억 달러 이상을 연구개발에 쏟아 부었고, 이 중 2억 달러 이상이 2년 동안 SX-70에 사용됐다. 게다가 폴라로이드는 광고 캠페인에도 상당한 자금을 지불했다. 1975년에 사용한 광고비는 5,200만 달러로 순 매출의 6퍼센트에 해당하는 규모였다. 폴라로이드 매출 규모의 절반 정도를 1~2년 사이에 달성하려는 야심 찬 신규 진입자가 있다면, 폴라로이드의 광고비 수준을 맞추기 위해 순매출의 12퍼센트에 달하는 금액을 광고에 투자해야 한다. 그 상태로는 이익이 나오기 힘들다. 규모의 경제, 소소하지만 분명히 존재하는 고객 독점 덕에 폴라로이드는 확실한 진입장벽을 갖췄다. 이들 세 가지 경쟁우위, 즉석카메라에 대한 폴라로이드의 광신적인 헌신 때문에 신규 진입자는 쉽사리 시장에 들어올 엄두를 내지 못했다. 이 시장은 아예 진입을 하지 않는 편이 최선의 방책이다.

돌격 : 코닥이 장벽을 넘기로 결정하다

폴라로이드가 즉석 사진을 장악하고 있지만, 아마추어 사진 시장 전체를 하나의 시장으로 봤을 때 폴라로이드를 위협하는 존재는 분명히 있었다. 전통 필름 사진으로 눈을 돌리기만 해도 선택의 폭이 넓어진다. 코닥은 필름 사진 시장에서 부동의 1위 자리를 차지했고, 동시에 카메라 제조 분야에서도 앞서가는 회사였다. 조지 이스트먼은 1880년대에 필름 롤과 카메라를 처음으로 생산한 이후, 코닥이란 이름은 아무나 찍을 수 있는 손쉬운 사진을 뜻하는 대명사로 쓰였다. 코닥의 필름 롤 포장은 노란색이었는데, 이는 사진을 찍어본 사람이라면 다들 기억할 만큼 확실한 브랜드 이미지를 확보했다. 코닥은 단순한 가정용뿐만 아니라 전문가용, 과학용과 의료용 사진 시장도 확실하게 잡고 있었다. 1954년 법무부가 필름 판매와 사진 인화 과정을 강제로 분리시키기 전까지 코닥은 사실상 사진 산업의 가치 사슬을 처음부터 끝까지 손아귀에 넣고 주물렀다. 필름을 독자적으로 인화하는 회사들이 출현했지만, 이들 역시 인화지, 화학 물질, 설비 등 상당 부분을 코닥으로부터 조달한다. 법원의 분리 명령이 시행된 지 20년이 지난 1976년, 원재료 공급품의 가치로 환산했을 때 인화 시장의 절반을 코닥이 여전히 독식했다.

코닥은 난공불락의 경쟁자였고 폴라로이드와 마찬가지로 끊임없이 혁신을 위해 노력했다. 필름 시장점유율이 가장 높았기 때문에 코닥은 필름 품질을 높이기 위해 다른 경쟁자보다 많은 돈을 연구개발비로 사용했다. 폴라로이드와 마찬가지로 코닥은 사진 촬영을 손쉽게 만들어서 돈을 벌었다. 코닥의 인스터매틱Instamatic 카메라는 1963년 처음 출시된다. 2년이 채 되지 않아 약 천만 개의 인스터매틱 카메라가 팔렸다. 10년 뒤 나온 더 작은 사이즈의 포켓 인스터매틱Pocket Instamatic도 성공했다. 둘 다 카메라에 필름을 손쉽게 집어넣도록 카트리지를 이용했다. 포켓 인스터매틱을 만들면서 코닥은 필름과 매거진Magazine, 카메라에 새 필름을 장착하는 필름 롤 통)의 크기를 줄여서 모든 것이 호주머니 크기가 되도록 맞췄다. 노출도 자동으로 세팅되게 만들고 플래시 작동도 개선시켰다. 처음에는 네 번 플래시가 터지도록 정육면체의 전구를 장착했지만 나중에는 계속 사용 가능한 플래시를 카메라에 내장했다. 조지 이스트먼이 몹시 자랑스러워하지 않았을까. 모든 것이 간결했고, 포켓 인스터매틱은 날개 돋친 듯 팔렸다. 필름 사이즈를 줄이면서 코닥의 시장점유율은 올라갔고, 경쟁자들은 울며 겨자 먹기로 (작아진 필름을 인화해 주는) 새로운 기기를 사들였다.

폴라로이드 못지않게 코닥도 높은 이익을 자랑했다. 1950년부터

1975년까지 코닥의 세전 영업마진은 25퍼센트로 같은 기간 폴라로이드의 19퍼센트보다 높았다. 1975년, 코닥의 세전 투자자본수익률은 33퍼센트로, 폴라로이드의 20퍼센트 세전 투자자본수익률이나 자신의 자본비용을 한참 상회했다. 매출과 이익은 빠르게 성장한다(그림 13.3). 1950년부터 1975년까지 매출은 약 5억 달러에서 50억 달러로 늘어났다. 매년 10퍼센트씩 증가한 셈이다.* 1975년 영업 이익은 거의 11억 달러로 폴라로이드의 열 배 수준이었다. 역시 폴라로이드처럼 코닥은 니프티 피프티의 정규 회원이었고 자금은 넘쳐났다. 1975년 말, 코닥의 현금과 현금 등가물은 7억 4,700만 달러 규모였고, 부채는 1억 2,600만 달러에 불과했다.

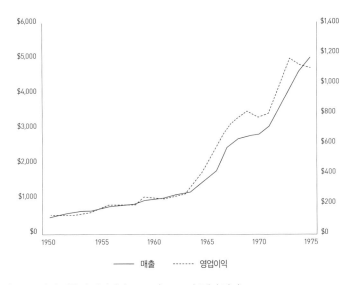

그림13.3 코닥의 매출과 영업이익, 1950년~1975년 (백만 달러)

---

* 이 수치에는 코닥의 화학재 사업이 포함된다. 1975년 필름과 카메라의 매출액은 적어도 20억 달러 이상이고, 이는 폴라로이드의 매출보다 2.5배 이상 큰 규모다.

그러나 1970년대 중반이 이르러 코닥의 경영진은 전례 없는 압박에 시달린다. 인플레이션이 1~2퍼센트일 때 매출이 10퍼센트씩 성장한다면 상황이 나쁘지 않다. 하지만 인플레이션이 6퍼센트가 되면 이야기가 달라진다. 게다가 코닥이 오랫동안 독식해 온 컬러 프린터용 인화지 같은 부분 시장에서 점유율이 점차 하락했다. 그런 상황에서 코닥의 핵심 사업만큼 빠르게 성장하는 즉석 사진 시장에 코닥의 관심이 쏠린다.

코닥이 폴라로이드의 영토에 관심을 보인다는 소문이 널리 퍼진다. 1969년, 폴라로이드가 자신의 제품과 호환 가능한 컬러 필름을 코닥이 판매하도록 허용한다는 소문이 무성했다. 하지만 실제로 실현되지는 않았다. 코닥은 폴라로이드와 직접 붙을 제품을 개발하면서 독자적인 길을 걷는다. 코닥은 이런 사실을 숨기지 않고 공공연히 언급했다. 1973년과 1974년 연차 보고서에 대놓고 관련 프로젝트를 논할 정도로 노골적이었다. 코닥의 필름은 폐기물이 나오지 않았고 다양한 사양의 카메라를 다양한 가격에 판매할 계획이었다. 인스터매틱을 개발한 팀에게 이미 인스턴트Instant라는 이름을 써먹었기 때문에 코닥은 이 프로젝트를 '고속 접근 사진Rapid Access Photography'이라고 명명했다.

코끼리와 호랑이

즉석 사진에 대해 코닥은 자신의 진입 전략을 어떻게 예측했을까? 이 프로젝트를 책임진 임원이자 후에 코닥의 CEO가 된 월터 팰런Walter Fallon이 폴라로이드의 강력한 경쟁우위를 간과했을 리 없다. 폴라로이드라는 회사 이름이 즉석 사진을 뜻하는 일반 명사로 쓰였다. 즉석카메라와 필름을 만들어내는 경력만 해도 수십 년이었다. 규모의 경제도 확실했고, 이미 상당수의 소비자가 폴라로이드 카메라를 보유했다. 신제품 SX-70을 견고하게 지켜 주는 특허도 잔뜩 확보한 상태다. 물론, 약점이 없지 않았다. 유통업자와의 관계가 취약했고, 1975년 말까지만 해도 SX-70은 기술적으로 미비했다. 그러나 팰런은 전반적으로 평가했을 때 코닥에게 형세가 유리하리라고 예상하지 않았다.

코닥의 시장 진입에 폴라로이드가 공격적으로 대응한다면, 코닥이 어떤 조치를 취하든 폴라로이드는 그에 상응하거나 그 이상으로 똑같은 조치를 취하게 된다. 코닥이 낮은 가격으로 고객을 끌어들이면, 폴라로이드는 그보다 낮은 가격을 제시한다. 폴라로이드는 이미 규모의 경제를 갖고 기술 측면에서도 상당한 경험을 축적했으므로 코닥보다 낮은 가격을 충분히 감당했다. 코닥이 폴라로이드보다 뛰어난 제품을 내놓으려면, 폴라로이드의 특허를 피하면서도 뛰어난 제품을 내놓는 방법을 찾아야 했다. 제품 품질을 개선하려면 기술과 생산과정 측면에서 오랫동안 쌓아 올린 폴라로이드의 경험을 웃도는 무언가를 선보여야 한다. 코닥이 광고로 폴라로이드를 이기려고 하면, 폴라로이드는 거의 틀림없이 광고 비용을 올려서 코닥과 붙을 것이다. 고객 숫자가 많았기 때문에, 폴라로이드가 쓰는 고객당 광고 비용은 코닥의 비용보다 낮았다.

적어도 이론적으로 봤을 때, 공격적인 경쟁이 폴라로이드에 미칠 부정적인 영향을 에드윈 랜드가 깨달았을 가능성도 있다. 폴라로이드는 즉석 사진 시장에서 많은 카메라와 필름을 팔기 때문에, 가격 할인이 장기화되면 피해의 규모는 폴라로이드 쪽이 압도적으로 크다.

한편, 광고비나 제품 개발 때문에 고정비가 추가로 발생한다면 이는 생산량이 상대적으로 작은 코닥에게 부담이 커진다. 두 회사 모두 재무적으로 튼튼했기 때문에 현금이 부족해서 경쟁을 포기할 가능성은 희박했다. 폴라로이드는 코닥 못지않게 강한 회사였기 때문에 자원이 부족해서 코닥의 진입을 감내할 가능성은 낮았다. 상대적 경쟁 우위를 감안하면 폴라로이드가 과감한 행동을 자제하리라는 주장은 힘이 실리지 않았다. 이미 충분히 강력한 경쟁우위 덕에 폴라로이드가 유리했다. 경쟁이 격화되어서 두 회사 모두 재무적인 치명타를 맞는 사태를 막는 것은 폴라로이드의 CEO 랜드의 손에 전적으로 달려 있었다. 폴라로이드나 에드윈 랜드의 과거를 봤을 때, 우호적인 과정을 선택한다고 보기는 어려웠다. 즉석 사진 시장에 대한 정신적, 경제적 헌신을 생각하면 신성한 사명을 실현하는 데 방해가 되는 코닥을 방치할 리 없었다. 그 존재가 이스트먼 코닥 같은 코끼리라고 할지라도 상황은 크게 달라지지 않았다. 게다가, 폴라로이드의 강점은 즉석 사진 시장 말고는 아무것도 없었다. 코닥은 사진 시장 말고도 다양한 분야에 발을 담근 상태이고, 특히 화학 분야가 꽤 큰 비중을 차지했다. 폴라로이드는 순수하게 즉석 사진 산업에만 종사했다. 달걀을 담은 바구니라고는 즉석 사진 시장 하나밖에 없는 상태에서 싸움도 없이 그 시장의 아주 작은 일부분이라도 순순히 내줄 리 없다. 마지막으로, 랜드는 재무 상태를 크게 개의치 않는 사람이었다. 코닥이 즉석 사진에 들어오기도 전에 이미 SX-70 개발에 상당한 금액을 오랜 기간 동안 투자한 전력이 있었다. '연결되고 싶다는 열망'을 만족시켜 준다는 회사 사명에 얼마나 매달리고 있는지는 그 전력만 봐도 충분히 짐작된다. 폴라로이드를 조금이라도 깊게 들여다본 사람이라면 시장으로 들어오는 상대가 누구든 상관없이 폴라로이드가 그 상대의 동작 하나하나 일일이 적대적으로 맞받아 치리라는 것을 쉽게 예측했다.

코닥이 폭스나 키위처럼 시장 진입을 제한적으로 시도했다고 보기 힘들다. 폴라로이드를 안심시키면서 조용히 진입하는 대신, 코닥은 전쟁을 알리는 나팔 소리를 요란하게 울려댔다. 1973년 연례 보고서를 통해 즉석 사진 시장에 진입하겠다고 선언했다. 1974년과 1975년 연례 보고서를 보면 즉석 사진 시장에 대한 분량이 늘어나 있다. 펠론처럼 핵심 권력에 가까운 임원이 그 프로젝트에 깊이 관여했다는 사실 역시 코닥이 즉석 사진 시장의 일부분으로 만족하지 않는다는 의지를 확인시켜 준다. 랜드의 입장에서 보자면 코닥은 "일부러 내 땅에 들어와서는 나라는 존재가 보이지도 않는 듯 굴었다." 기반이 튼튼한 기존 참여자의 심기를 노골적으로 건드리면서 들어오는 코닥의 행동은 그다지 건설적이지 않았다.

이루어지지 않은 즉석 (사진의 즉석) 성공

그럼에도 불구하고 1976년 2월 코닥은 즉석카메라와 필름을 5월 1일 캐나다에서, 두 달 후에는 미국에서 출시한다고 공식 발표한다. 코닥은 기간을 잘 지킨다. 카메라와 필름을 내놓으면서 대대적인 광고 캠페인도 함께 시작했고 고객이 상품을 쉽게 이해하도록 지원할 소매 판매 직원을 위해 교육 프로그램도 병행한다. 출시된 카메라는 EK4와 EK6 두 가지로 가격대가 달랐고, 같이 출시한 칼라 필름도 품질과 안정성 면에서 폴라로이드와 견줄 만큼 뛰어났다. 코닥의 가격대는 폴라로이드의 가격대와 같은 선상에 있었다.

폴라로이드가 사업의 핵심 부분을 아무 생각 없이 순순히 포기할 거라고 생각했다면 펠론은 완전히 틀렸다. 코닥의 상품이 폴라로이드보다 더 뛰어나다고 예상했다면, 이 역시 착각이다. 에드윈 랜드가 처음 코닥의 즉석카메라를 손에 넣었을 때 그는 (비꼬면서) '황홀하다'라고 말했다. 폴라로이드의 SX-70은 접혀서 휴대가 손쉬웠는데 EK4나 EK6는 그에 비하면 딱딱하고 커다란 상자 느낌이었다. 물론, 폴라로이드의 저렴한 모델도 접히지 않았다. 하지만 코닥은 폴라로이드의 고객을 가로채야 했고, 그러려면 폴라로이드 제품보다 뛰어나야 했다. 코닥보다 폴라로이드의 제품이 우수했기 때문에 폴라로이드는 반격할 필요조차 없었다. 독립적인 평론가들 역시 코닥의 카메라나 필름이 폴라로이드보다 못하다고 입을 모았다.

코닥은 생산 측면에서도 어려움을 겪었는데, 이는 사전에 충분히 예측 가능한 문제였다. 필름의 생산 속도가 예상보다 느렸다. 필름이 없어서 카메라를 실어 내보내지 못했다. 이와 별개로 카메라 생산에도 차질이 생기면서 새로운 카메라 모델을 제때 선보이지 못한다. 광고와 프로모션은 대규모로 뿌려 놨는데 정작 내다 팔 상품이 없는 형국이었다. 이는 폴라로이드에게 유리하게 돌아간다. 코닥의 광고에 현혹되어서 가게를 일부러 방문했는데 선반이 비어 있자 고객은 당연히 실망했고, 그런 고객에게 가게 주인은 폴라로이드를 대신 권한다. 즉석 사진 카메라에 흥미가 생겨 매장을 방문했기 때문에 굳이 코닥 카메라를 사겠다고 기다릴 이유가 없다.

코닥이 오래전부터 공공연하게 진입하겠다고 떠드는 동안 폴라로이드가 두 손 놓고 기다렸을 리 없다. 1975년 8월, 폴라로이드는 두 개의 새로운 SX-70 카메라 모델을 출시한다. 하나는 제품 라인의 상위에, 하나는 중간에 위치하는 모델이었다. 이들을 출시하면서 폴라로이드는 이미 상당한 규모였던 광고 예산에 1975년 크리스마스를 위한 광고 예산 1,600만 달러가 추가한다. 또한 유통업자와의 관계 개선을 시도한다. 코닥이 시장에 진입하기 전, 폴라로이드 판매 사원은 주문을 받을 때 말고는 매장에 나타나지 않았고, 다른 대안이 없는 판매점이 전화할 때까지 수동적으로 기다렸다. 코닥이 시장에 진입한 이후 판매 사원의 태도가 180도 달라진다. 매장에 전화하는 횟수도 늘고, 배달 속도와 서비스도 향상되었을 뿐 아니라 광고에 대해서도 협조적이었다.

동시에 폴라로이드는 코닥을 법정으로 끌고 가서 끝장을 내려고 시도한다. 미국, 캐나다, 영국에서 코닥이 폴라로이드의 카메라 관련 특허를 침범했다고 소송을 제기했다. 코닥을 즉석 사진 시장에서 내쫓기 위해 금지명령구제(법원이 당사자에게 특정 행동을 금지하거나 특정 조치를 수행할 것을 명하는 법정 명령)를 신청했다. 영국 법원은 폴라로이드에게 유리한 판결을 내렸지만 이는 재심에서 뒤집어졌다. 재판은 계속된다. 폴라로이드는 코닥을 당장 시장에서 제거하는 데 실패했지만, 코닥은 시장에서뿐만 아니라 다른 곳에서도 방어해야 했다. 그뿐 아니라, 이 법정 소송은 엄청난 규모의 손해배상을 걱정하고 강제로 즉석 시장에서 발을 빼야 하는 최악의 시나리오를 코닥이 고려하도록 몰아갔다.

비록 경영진은 판매업자의 주문이 예상치를 넘어섰다고 주장했지만, 초반 코닥의 판매 규모는 실망스러웠다. 1976년 말까지 코닥은 110만 개의 즉석카메라를 팔았다고 발표한다. 불행하게도 이들 대부분이 소비자의 손까지 넘어가지 못하고 판매업자들의 선반에 덩그러니 놓여 있었다. 1976년 연례 보고서에서 코닥은 "연말 기준으로 이들 대부분이 실제 사용자의 손에 있다"라고 주장했다. 코닥은 전년에 진행한 공격적인 연말 시즌 광고 캠페인을 1월과 2월에도 계속 진행했다. 일반적으로 프로모션을 진행하지 않는 기간이다. 즉석 사진 시장에 진입한 첫 해, 코닥은 실제 소비자에게 약 60만 개에서 70만 개의 카메라를 팔았다. 동일한 기간 동안 폴라로이드가 판매한 카메라의 수는 400만 개였다. 이런 상황에서도 펠론은 여전히 생산 문제를 해결하면 시장 조사에서 예측한 규모의 수요를 충족할 수 있다고 믿었다.

이후 몇 년 동안 코닥은 실제로 폴라로이드와의 차이를 좁혀간다. 1978년 코닥은 550만 개의 카메라를 팔았다. 1976년에는 고작 110만 개를 팔았다는 사실을 감안하면 상황이 크게 개선된 편이다. 1978년 당시 코닥의 시장점유율은 15퍼센트에서 35퍼센트까지 올라갔다. 그러나 이 프로젝트에서는 이익이 나지 않았다. 새 모델을 선보일 때마다 폴라로이드가 똑같이 새 모델을 선보였다. 특히 저가 모델의 경우는 예외 없이 폴라로이드가 그 뒤를 바짝 쫓아왔다. 코닥이 가격을 깎거나 리베이트를 제공하면, 초반에 좀 머뭇거리기는 했지만 폴라로이드 역시 똑같은 할인을 제공했다. 하지만 코닥 덕분에 질레트가 면도기를 싸게 팔고 면도날을 비싸게 파는 전략을 구사하듯이 코닥이나 폴라로이드 역시 카메라를 싸게 팔고 필름으로 이득을 보는 구조가 굳어졌다. 가격은 낮아지고 품질은 향상되었으며, 두 기업의 치열한 광고 캠페인이 진행되면서 즉석 사진에 좀 더 관심이 쏠린다. 즉석 사진 시장의 크기 자체가 커졌다. 1975년, 아마추어 스틸 카메라 시장의 25퍼센트를 즉석 사진 시장이 차지한다. 1978년이 되자, 비중은 45퍼센트까지 높아졌다. 코닥의 입장에서는 이는 축복이자 저주였다. 코닥은 일반적인 카메라와 필름 시장의 지배적인 공급업체였기 때문에 다른 시장의 규모가 작아지는 것은 전혀 달가운 일이 아니었다.

불행하게도 1978년이 즉석 사진 산업은 물론 코닥에게도 최고점을 찍은 해가 된다. 더 나은 품질에 더 저렴하고, 사용하기 쉬운 35밀리미터 필름이 일본에서 나온다. 인화 비용을 포함해도 35밀리미터 필름이 즉석 사진보다 저렴했다. 1시간이면 인화가 끝나버리면서 즉석 사진의 매력이 급감한다. 1980년에 들어서자, 즉석 사진의 반짝 성장이 끝났다는 사실이 명확해졌다. 1975년에 5백만 개의 카메라를 팔고 40퍼센트까지 시장을 점유한 것으로 코닥의 운이 다한다. 1981년이 되자 코닥의 시장점유율은 예전의 3분의 1 수준으로 하락하고, 카메라는 고작 300만 개가 팔린다. 상황은 점점 더 악화된다. 코닥의 재무제표는 즉석 사진 부문을 따로 보여 주진 않지만 산업 분석가들은 코닥의 성적이 가장 좋았던 때에도 간신히 본전치기를 했다고 분석한다. 1976년부터 1983년까지 세후 영업손실은 약 3억 달러에 달한다고 추정하는데 이때 개발 비용은 포함되지 않았다.

마지막 결정타는 법원에서 나왔다. 수년에 걸친 법정 분쟁 끝에 폴라로이드의 특허 침해 소송은 1981년 10월 연방 법원의 손으로 넘어간다. 최종 판결이 나오기까지 무려 4년이라는 시간이 걸렸다. 1985년 9월, 리아 조벨Rya Zobel 판사는 코닥이 폴라로이드의 특허 7개를 위반했다고 결론짓는다. 대부분 SX-70와 관련된 특허였다. 그해 10월, 조벨 판사는 1986년 1월 9일까지 즉석 카메라와 필름의 생산 및 판매를 중지하라고 코닥에게 명령했다. 대법원에서 항소심을 진행했지만 판결은 뒤집어지지 않았다. 1986년 1월 코닥은 즉석 사진 사업을 정리할 예정이며 800명의 정규직과 그보다 많은 시간제 직원을 해고한다고 밝혔다. 즉석 사진 시장에서 퇴출된다면 재정적으로 타격이 크다고 코닥은 주장했다. 하지만, 코닥의 즉석 사진 프로젝트는 이미 손실을 보고 있었다. 뿐만 아니라 경영진의 관심을 무한대로 소모하고 성과가 없었기 때문에 재무 상태가 힘들어진다는 주장은 그다지 설득력이 없었다.

1990년 모든 법정 다툼이 마무리되면서 코닥은 폴라로이드에게 9억 달러에 달하는 손해 배상액을 지불했다. 이는 특허 침해 소송 역사상 가장 큰 규모였다. 폴라로이드가 코닥 때문에 겪은 모든 골칫거리에 대해 주장한 보상액 57억 달러보다는 한참 모자랐지만 말이다. 또한 전문가가 예측한 25억 달러보다도 작았다. 그래도 폴라로이드에게 보상치고는 최고의 금액이었고 그 덕에 1991년 세후 이익 6억 7,500만 달러가 늘어난다. 코닥의 입장에서는 거의 재난에 가까운 실수로 감내해야 했던 마지막 치욕이었다.

특허 보호야말로 코닥을 즉석 사진 시장에서 몰아낸 경쟁우위였던 셈이다. 진입한 지 9년이 지나서야 퇴출되었다는 사실은 코닥의 자금력, 기술적인 재능 그리고 결단력이 얼마나 굉장했는지 말해 준다. 하지만 전략적인 계획이 뛰어나진 않았다. 즉석 사진에서 돈을 잃기만 했으며, 폴라로이드를 이긴 적도 없고, 시장의 전체 규모가 줄어가는 상황에서도 시장점유율이 늘어나기는커녕 지속적으로 감소했다. 1985년 10월 조벨 판사가 시장에서 나가라고 명령한 시점에서는 코닥이 엄청난 실수를 저질렀다는 사실이 명백해졌다.

1972년 혹은 그 비슷한 즈음에도 즉석 사진 시장에서 코닥이 이익을 내기는 어렵다는 사실은 분명했다. 폴라로이드는 누릴 수 있는 모든 경쟁우위—고객, 독점 기술, 규모의 경제—를 가졌다. 죽을 때까지 싸우고자 하는 의지도 확실했다. 코닥은 시장에 진입할 만큼 크고 강력한 회사였지만, 폴라로이드는 물론 코닥도 값비싼 대가를 치렀다. 진입한 지 얼마 되지 않아 코닥이 무엇을 하든 —프로모션, 가격 할인, 신규 모델, 기술적인 진보, 비싼 광고— 폴라로이드는 이를 똑같이, 혹은 더 뛰어나게 해냈다. 한 개의 회사가 존재했을 때 그럭저럭 이익이 괜찮던 산업이었지만 코닥이 진입하면서 신규 참여자는 돈을 잃었고 기존 회사는 수익성이 감소한다.

여파

1970년대 코닥이 잘못 시작한 사업은 즉석 사진뿐만이 아니다. 폴라로이드와 전면전으로 붙던 비슷한 시기에 코닥은 복사기 시장에서 제록스와도 한 판 붙었다. 경영진이 생각하기에 코닥은 복사기 기술은 물론 이를 판매할 인력도 보유했다. 기존에 보유한 마이크로필름 기기 산업이 하향세를 걸으면서 코닥은 그 인프라를 이용해 복사기를 팔고 A/S를 제공하려고 머리를 굴린다. 시작은 하이엔드 모델이었다. 코닥의 가장 저렴한 엑타프린트Ektaprint는 4만 5,000달러에 팔렸다. 코닥은 일단 시장에 진입하면 이보다 저렴하고 편리한 복사기를 판매하기로 계획을 세웠다. 복사기는 지속적인 A/S가 필요하기 때문에 최초에는 50개의 주요 도시만을 대상으로 영업을 시작한다. 코닥의 마케팅 문구는 다음과 같았다. '배달하는 그날, 이미 두 명의 서비스 담당자가 배치됩니다The day we deliver, we have two servicemen already in place.'

복사기 산업에서 코닥의 경험은 즉석 사진 산업에서의 경험과 크게 다를 바 없었다. 복사기의 경우 법원 명령이나 8억 7,300만 달러에 달하는 벌금이 없었다는 점이 차이라면 차이였다. 복사기 시장에 코닥이 진입할 무렵, 이미 제록스는 시장을 꽉 쥐고 있었다. 코닥은 시간과 돈, 인력을 어마어마하게 투자해서 필적할 만한 제품을 만들어 내려 노력했다. 1975년 처음 시장에 선보였을 무렵 코닥의 엑타프린트는 제록스 모델보다 뛰어났다. 그러나 제록스가 이내 코닥을 따라잡았고 앞서 나간다. 코닥이 엑타프린트를 내놓는 데 9년이 걸렸고, 개선된 모델을 내놓을 때까지는 추가로 7년이 걸렸다. 제록스가 개선된 모델을 내놓기에 충분한 시간이다. 즉석 사진 산업에서와 마찬가지로 코닥은 초반에 성공을 거두고 상당한 시장점유율을 차지했지만 기존 참여자가 대응하면서 자리를 잃는다. 코닥은 복사기 시장에서 (즉석 사진 시장보다) 더 오랜 기간을 머무른다. 캐논을 통해 소형 복사기를 생산했으며 데스크톱 편집과 인쇄 전에 사용하는 시스템을 복사기와 연동시키는 소프트웨어도 개발했다. 하지만 그 어떤 것을 시도하든, 코닥은 따라잡기 게임에서 벗어나지 못한다. 1990년 제록스는 대형 디지털복사기를 내놓는다. 코닥은 1994년이나 되어서야 대형 디지털복사기 제작을 고민하기 시작했다. 1996년 판매와 서비스 산업을 단카Danka(미국 캘리포니아 소재 복사기 기업)에게 매각하고도 코닥은 3년 동안 복사기를 생산하다가 이마저도 독일계 프린팅 프레스 제조업체인 하이델버거 드럭마쉬넨Heidelberger Druckmaschinen에게 팔아버린다.

경영진의 관심과 자원이 비생산적인 신규 사업들로 소모되는 동안 코닥은 핵심 사업도 방어하지 못했다. 후지 및 기타 신규 진입자의 침입에 두 손 놓고 있었다. 1970년대 후지는 저가 전략으로 인화지 산업에 성공적으로 진입하지만 코닥은 한참 뒤에서야 가격을 인하했다. 후지는 코닥이 독점하다시피 하던 기본 필름 산업에도 진입했다. 1970년대 40퍼센트에 달했던 코닥의 자본수익률은 1990년대 초반에는 무려 10퍼센트까지 하락한다(그림13.4). 1990년대에 어느 정도 회복되지

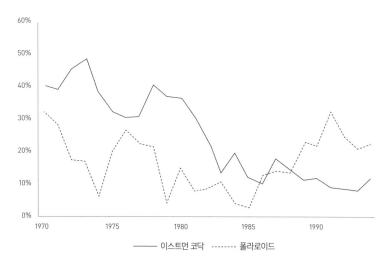

그림13.4
이스트먼 코닥과 폴라로이드의 세전 투자자본수익률, 1970년~1994년

만 여전히 20퍼센트 미만에 머무른다. 즉석 사진 시장과 복사기 시장에서 고군분투하는 동안 코닥은 상위 미국 기업이라는 타이틀조차 잃는다.

폴라로이드의 운명은 더 가혹했다. 코닥이 진입하면서 가차 없이 떨어진 수익성은 코닥이 퇴출되면서 어느 정도 회복했다가 디지털사진이 개발되면서 무너져 버린다. 최종적으로 폴라로이드는 파산한다.

좋지 않은 결말 앞에서 두 가지 "만약…"이란 질문이 나온다. 첫째, 코닥이 즉석 사진 시장에 들어오지 못하도록 폴라로이드가 무엇을 해야 했을까? 이에 대한 대답은 '없다'다. 폴라로이드가 코닥의 진입에 어떻게 행동할지는 답이 명확했다. 그리고 심각한 경쟁으로 코닥이 어떤 손해를 입을지도 분명하게 보였다. 상황을 이성적으로 읽어내는 사람이면 분명히 코닥에게 진입해선 안 된다고 충고했을 것이다. 폴라로이드는 실제 보인 행동으로 자신의 입장을 분명하게 밝혔다.

둘째, 코닥이 키위나 폭스처럼 성공적으로, 작은 규모로 즉석 사진 시장에 진입할 수 없었나? 여기에서도 대답은 마찬가지로 '없었다'가 나온다. 항공사나 TV 네트워크 사업과 달리, 즉석 사진 시장은 부분 시장으로 나누어지지 않는다. 시장에 진입하려면 개발 비용이 만만치 않은 상황에서 전체 시장을 타깃으로 삼는 것이 코닥에게는 타당한 선택이었다. 한편, 폴라로이드의 태도와 사명감을 고려했을 때, 폴라로이드는 코닥이 하는 모든 행동에 대해 아무리 사소한 것이라도 하나하나 맞대응을 하고 나섰을 것이다. 아무리 살짝 발을 내디뎌도 코끼리는 코끼리다. 코닥에게 경제적으로 합당한 선택은 단 하나뿐이었다. 아예 시장에 들어설 생각을 하지 말았어야 했다.

마지막으로, 코닥은 자신의 경쟁우위는 물론 상대방의 경쟁우위를 처음부터 끝까지 완전히 잘못 이해했다. 코닥은 즉석 사진과 복사기 산업을 근접 시장이라고 보고, 코닥의 전문성, 고객 관계 및 브랜드 가치를 쉽게 확장할 수 있는 분야라고 여겼다. 하지만 두 시장에서 필요한 기술은 코닥의 핵심 기술과 많이 달랐고, 기존 진입자는 코닥이 제공하는 제품 수준을 쉽게 뛰어넘었다. 코닥의 영업 인력은 복사기 판매에 도움이 되지 않았고 서비스 부서는 현금을 허비했다. 무엇보다 두 분야 모두 강력한 기존 참여자가 존재했고, 싸움 없이 자신의 영토를 내주지 않았다. 그 결과 코닥은 두 시장 모두에서 영역을 확장하는 데 실패한다.

　　그동안 코닥은 독식하던 인화지와 필름 시장을 제대로 방어하지 못한다. 미국 시장에 후지필름이 진입했을 때도 충분히 공격적으로 맞서지 않았고, 대응하던 시점에 이미 후지는 단순한 진입자 이상의 위치를 차지하고 있었다. 이스트먼 코닥은 글로벌 회사이긴 했지만, 시장 영역의 관점에서 자신의 위치가 얼마나 지엽적인지, 자신의 경쟁우위가 무엇인지 제대로 이해하지 못했다.

제14장

왕따 없이
이루어지는 협조
보다 커진 파이를 공평하게 배분하기

온전한 시각으로 경쟁 상황 이해하기

전략을 짜다 보면 자유 경쟁을 살펴보고, 그 이후에 경쟁과 협조가 점철된 상태로 눈이 가며, 그 단계를 거친 후에 협조가 이루어지는 상황을 떠올린다. 이 책도 그 순서에 따라 쓰였다. 초반에 경쟁우위를 분석하면서 이야기를 시작했다. 그 다음에는 자신의 역량은 고려했지만 경쟁자의 반응이나 행동은 전혀 고민하지 않는 회사를 다뤘다. 앞서 이런 회사가 나타나는 상황은 단 두 가지뿐이라고 말한 바 있다.

하나는 경쟁자의 수가 너무 많아서 이들 간 상호작용 관리가 불가능할 뿐 아니라 전혀 쓸모가 없는 경우다. 이들은 진입장벽이 없는 시장이다. 다른 하나는 작은 개미가 거대한 코끼리 한 마리를 둘러싸고 있는 상황이다. 월마트, 데스크톱 시장의 인텔과 마이크로소프트가 코끼리가 된다. 진입장벽이 분명히 존재하고, 경쟁우위 혜택을 보는 회사는 돈을 번다. 경쟁우위를 잘 활용하는 회사일수록 탁월하다. 이 두 가지 상황에서 참가자는 공동 이익의 여지를 조금도 고려하지 않는다.

진입장벽 내에 다수의 회사가 각자 경쟁우위를 확보하고 있다면, 상호 이익을 위해 상황을 현명하게 활용하는 요령이 전략상 중요한 주제가 된다. 경쟁의 여지는 물론 남아 있지만, 상대방의 대응과 상호 작용을 고려하면 보다 유리할 위치를 차지할 가능성이 생긴다. 전통적인 게임 이론을 통해 이런 대응과 상호 작용을 살펴보면서, 경쟁이 일어날 가능성이 높은 상황—죄수의 딜레마 게임과 진입/퇴출 게임 같은—에서 경쟁과 협조를 적절하게 섞는 효과적인 방법을 짚어봤다. 이 장에서는 전혀 다른 관점을 채택해 보기로 하자. 내재적으로 복잡한 상황을 협조 가능한 기회로 바라본다.

직접적 상호작용만을 다룬 기존 분석에 협조 관점을 더하면, 미처 보지 못한 포인트가 드러난다. 첫째, 협동의 여지가 있을 때 특정 상호 작용이 발생한다. 데이터 프로세싱 분야의 소프트웨어와 하드웨어 회사에게 가장 중요한 일은 최고의 시스템 생산이고, 이 목적에 시장 참여자들이 기꺼이 동참한다. 이런 시스템을 만든 대가를 배분하는 시점에서는 당연히 경쟁이 일어나지만 이는 어디까지나 부차적인 문제다. 그 기업이 공급자이든, 유통업자이든, 제공하는 제품이 물리적인 상품이든 미디어처럼 무형이든 크게 다르지 않다. 한 시장의 극과 극에 존재하는 생산업자나 최종 사용자나 그 상품으로 사용자가 혜택을 봐야 한다는 점은 공통 관심사다. 이런 경우를 생각할 때, 협조적인 관점을 반드시 포함해야 효과적인 전략이 나온다.

둘째, 일반적 경쟁 상황에서는 직접 얼굴을 마주 보고 이루어지는 협상이 가장 일반적인 상호 작용 형태이며, 이는 독점금지법에 저촉되지 않는다. 노조와 고용주의 관계가 좋은 예다. 가치 사슬의 한 부분을 차지하는 대형 조직에서 발생하는 일반적인 상호 작용—원재료에서부터 고객의 손에 들어가는 제품, 혹은 소비자의 마음에 심어지는 인상까지—은 직접 대면 협상이다. 협상에 관한 최근 이론들이 말해주듯, 이런 상호 작용은 적대 방식보다 협조 방식이 효과적이다.

마지막으로, 경쟁으로 점철된 상황일지라도 상호협조적 관점으로 상황을 관찰하면 유용한 전략적 통찰력이 종종 나온다. 이론적인 이야기지만 가장 효율적인 형태로 협조가 이루어지면 그 산업이 어떤 형태로 움직일지 모델을 만들 수 있다. 이런 모델에서는 모든 참여자가 이성적으로 행동하고 그 덕에 가장 바람직한 결과가 나온다. 이 분석을 통해 몇 가지 핵심 팁을 알아보면 고비용 생산 구조로 허덕이는 생산업체는 협동이 진행될 경우 자신이 가장 곤란한 위치에 처한다는 사실을 깨닫고 다른 효율적인 경쟁자의 비이성적인 행동 패턴을 찾아 협조가 이루어지지 않도록 궁리한다. 이 분석을 활용한다면 어떤 회사들은 사업 단위를 서로 맞바꿔서 강점을 최대한 활용하고 직접적인 경쟁을 최소화하기로 합의할 수 있다. 전지전능에 가까워 보이는 이런 최상의 시나리오는 이상적—모든 사람이 합리적이고, 앞을 멀리 내다보며 공정할 때에만 가능하다—이지만 시궁창 같은 현실에서도 유용한 측면이 있다. 바로 이런 이유 때문에 전략을 짤 때 협조적인 관점도 포함해야 한다.

이 책의 전체 구성에서 봤을 때, 경쟁우위가 존재하고 한 명 이상의 경쟁자가 경쟁우위를 갖춘 상황(그림14.1에서 ③의 상황)에서 협조적 관점이 유용하다. 이는 제8장에서 논의한 죄수의 딜레마와 제11장의 진입/퇴출 게임 이론처럼 전통적인 게임 이론을 보충해 준다.

결과를 먼저 바라보기

협조적인 관점을 택하면 여태까지 진행한 분석의 초점이 다른 방향으로 틀어진다. 여태까지 회사의 능력(경쟁우위)과 그들의 행동(경쟁전략)에 집중해 왔다. 성과—보상을 회사끼리 나눠 갖기—는 이런 주요 능력과 행동에 따른 결과에 불과했다. 협조적인 관점은 우선순위를 180도 뒤집어 버린다. 이제 성과에 눈이 쏠린다. 보상의 크기가 (산업 최적화 덕분에) 얼마나 커지는지, (공정이라는 기준에 입각해서) 참여자 사이에서 어떻게 보상이 배분되는지가 중요해진다. 전술적이거나 전략적인 고려, 그 밑에 깔려 있는 회사의 능력은 부차적인 요소가 된다.

협조적인 환경이 형성되어 참여자가 목적지를 함께 결정하면, 어떻게 그곳에 가야 할지—즉, 누가 어떤 행동을 취해야 할지—결정하기가 쉬워지므로 중점을 두는 곳이 예전과는 정반대가 된다. 모든 참여자가 동의한 성과를 얻기 위해 '해야 할 일'이 참여자에게 각각 주어진다. 협조라는 단어 자체가 말해 주듯, 협조 상황에서는 능력 차이로 인해 결과가 달라지면서 유발되는 갈등이 사전 차단된다. 따라서, 공동 보상의 크기와 이 보상을 어떻게 적절히 나눠가질지 결정할

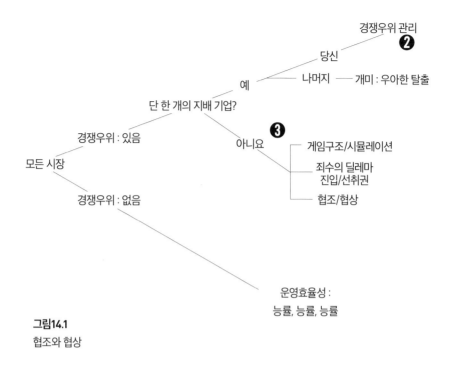

그림14.1
협조와 협상

때에만 각자의 역량이 중요하다.

공동 보상의 크기를 결정짓는 두 가지 제약 조건이 있다. 첫째, 현실적인 경제 상황이나 기술 수준을 살펴봤을 때 실현 불가능한 성과가 존재한다. 필요할 때 수소를 공급해 주는 시설이 부족하면, 연료 전지가 교통수단 엔진으로 사용되는 데 한계가 있다. 아무리 자동차 업계, 규제 당국과 연료 전지 회사가 머리를 쥐어 짜내도 불가능하다. 따라서 공동 보상은 실제로 실현 가능한 대안의 결과로만 한정된다. 둘째, 공동 보상은 협조가 이루어지지 않았을 때 각각의 참여자가 얻는 보상의 크기에도 제약을 받는다. 협조를 거부했을 때 더 큰 보상을 받는 참여자가 존재하면 이들은 자발적으로 협조하지 않는다.

협조 전략을 분석하면서 두 가지 주요 특성, 즉 공동 보상의 최대화와 보상의 공평한 배분을 자세히 살펴보자.

- **공동 보상 최대화하기.** 어떻게 파이를 나눌지(누가 가장 큰 조각을 차지할지) 고민하기 전에 어떻게 파이의 크기를 최대한 크게 할지(함께 얻는 보상의 크기를 어떻게 극대화할지) 고민한다. 협상으로 치자면 윈-윈 가능성을 찾으면서 시작하는 셈이다. 이에 대해 충분히 논한 다음에야 협상자 간 득실을 따진다. 가능한 결과 중에서 최고의 결과를 먼저 골라낸다. 참여자 누군가의 희생 없이는 어떻게 해도 전체 파이 크기를 늘리지 못하는 그 지점이 상한선이다. 모든 사람들이 혜택을 보는 지점까지 올라가지만, 누군가의 입장이 악화되는 지점 이상으로는 올라가지 않는다. 모두 최대한 이득을 보고, 누군가의 상황이 악화되지 않는 한 나아지지 않는다. 공동 이득을 최대한 활용하는 것이 협조의 핵심이기 때문에 산업 자체의 수익성을 높이기 위해 회사들이 선택할 수 있는 중요한 단계를 모두 검토한다.
- **'공평'이라는 원칙에 따라 이득 배분하기.** 결과가 안정적인 상태를 유지하려면 공평해야 한다. 장기간에 걸쳐 경제적 이득을 좇는 참여자 간 협조 관계가 유지되려면 보상이 공평하게 배분된다는 공감대가 필수적이다. 불만족스러운 상태가 되면, 특히 불공평하다는 주장이 정당할 때 협조 관계가 무너지는 것은 시간문제다. 애당초 정당한 보상을 받을 수 없다고 판단되면 협조하지도 않는다. 다양한 협조 상황에서 어떤 방식이 파

이를 '공정하게' 나눠 주는지 상세하게 살펴본다. 공평한 조건에 대해 합리적인 생각을 가진 회사라면 자신이 얻을 것이 무엇인지 현실적인 감각을 가지고 협조한다. 이들은 쉽게 이용당할 만큼 호락호락하지도 않고 보장되지 않은 욕망이 충족되지 않는다고 실망할 만큼 멍청하지도 않다.

전체 보상을 극대화하기 위해 산업을 최적화하다

산업의 수익성 극대화, 혹은 최고의 공동 성과 도출이 첫 번째 목표라면 어디에서 시작해야 할까? 제공하는 제품이나 서비스 영역을 확장할 수 있고, 다른 산업이 우리의 영토를 침해하지 못하도록 방어할 수 있고, 투입하는 재료의 원가를 낮출 수도 있으며, 구매자들이 우리 물건을 저렴하게 구매하기 위해 공모하지 않도록 예방할 수 있다. 하나의 회사를 운영할 때도 이런 일들을 하지만 공동으로 움직일 경우 그 규모가 커지고 개별 회사가 아닌 전체 그룹을 위한 전술이 사용된다는 점에서 차이가 있다.

산업 전체로 봤을 때 효율을 극대화하고, 필요한 공정을 형편없이 디자인하거나 자원을 중복해서 낭비하는 일이 없어야 한다. 개별 회사도 효율적으로 운영하려고 노력하지만, 한 개 회사가 취하는 행동의 범주는 산업 전체가 움직일 때보다 간단하다. 다른 회사와 함께 움직일 필요가 없기 때문이다. 산업 전반적 수준에서 효율을 극대화하려면, 참여 회사 모두를 관장하는 한 개의 기관이 산업을 돌본다고 생각하면 된다. 이런 방식으로 사고하면 조직화된 독점 산업일 경우 나오는 모델과 비슷한 결과가 나온다.

독점이라고 하면 가장 높은 가격, 즉 이익을 극대화하는 가격에만 기업이 집중한다고 생각하기 쉽다. 이는 독점적 행동을 제대로 설명하기에는 지나치게 편협한 관점이다. 산업 전반의 수익을 증가시키는 수단을 생각해 보면, 가격 못지않게 중요한 영향을 끼치는 다양한 방법이 존재한다. 바로 이런 부문에서 협조가 충분히 발생한다. 그리고 가격을 감안할 때도, 단 한 개의 독점 가격을 결정짓는 일 이상의 다양한 맥락에서 가격을 이해해야 한다. 효율적인 협조가 일어나려면, 아래 사항에 대한 적절한 관리가 필요하다.

- 전체 산업을 구성하는 하위 부분별 가격 수준
- 산업 전반 생산량의 수준과 각 생산 시설의 지리적 위치
- 가장 효율적인 시설에 생산량을 배분하는 요령
- 자원 구입 시 지켜야 할 비용 원칙
- 중복 자원을 줄이거나 비용 절감 목적으로 진행되는 유통/서비스 시설에 대한 조정
- 중복을 피하고 혁신을 적절하게 전파하며, 산업 전반 운영에 대해 지속적 개선이 일어나도록 연구개발 기능을 체계화하는 일
- 과잉 재고 발생을 사전에 방지하고, 관련 니치 시장을 모두 소화하도록 제품 라인을 관리하는 일
- 경쟁이나 상대방을 헐뜯는 메시지를 자제하고, 산업을 최대로 활성화하도록 광고와 프로모션을 조정하는 일

- IT 시스템을 동기화하여 영업 자본을 절감하고 관련된 운영 단위에게 정보를 확실하게 배포하는 일
- 비효율적인 중복을 막고 규모의 경제를 극대화하기 위해 간접 비용을 합리적으로 유지하는 일
- 개별 회사 제품에 대한 수요 변동 폭이 커서 발생하는 재무/기타 비용을 절감하기 위한 리스크 협동 관리

협력이 가능한 분야는 다양하고, 많은 경우 반독점법에 위배되지 않는다. 하지만 경쟁적인 시장 환경에서 긴밀한 협조가 쉽게 형성되고 계속된다고 믿는 태도는 지나치게 낙관적이다. 다시 한번 말하지만, 지금은 극단적인 상황을 논하고 있다. 물론 이들 중 일부는 (완전히 협조적인 상황이 아니더라도) 분명히 달성 가능하고, 일부는 실제로 일어난다.

반독점법과 별로 상관이 없는 분야에서 경쟁을 자제하면 많은 일이 이루어진다. 예를 들어, 직접적인 경쟁자가 몇 안 되는 니치 시장에 참여하면 이익 마진이 늘어난다. 모든 니치 시장에서 맞붙는 대신, 각각의 회사가 자신의 영역을 하나씩 차지하고 그 시장을 독점하는 편이 모두에게 이롭다. 여기에서 영역은 지역적 구분, 상품 유형이나 서비스 특화, 혹은 특정 고객의 특성 등으로 구분된다. 각 구분이 긴밀하게 연관되지 않는 한, 가격 경쟁이 일어날 필요성이 없다.* 각자의 니치 영역을 하나씩 꿰차면, 그 산업은 효율적인 일드Yield 경영이 가능하다.

---

* 시장 간에 상당한 수요 탄력성이 존재해서 특정 니치에서 제품을 구입할 때 다른 니치 시장에 대한 수요도 증가한다면, 죄수의 딜레마에서 보여지듯이 가격 조정 전술을 사용해서 서로에게 파괴적인 간섭이 일어나지 않도록 조정할 수 있다.

이런 시장에서는 특정 물품에 추가 가격을 지불할 의향을 가진 고객은 원하는 바를 얻는다. 이들의 선택이 특정 니치에 한정되고, 다른 니치 시장에서 낮은 가격의 대안 상품을 찾으려고 하지 않는다면 그들은 특정 니치 시장에 만족할 수밖에 없다. 다른 사람의 눈에는 두 개의 시장이 동일해 보여도 특정 고객에게는 분명한 차이가 존재한다면, 이들은 다른 시장에서 대안을 찾지 않는다.* 협조의 관점에서 봤을 때, 가격 조정은 산업 내 부분 시장에 걸쳐 참여자를 효율적으로 포지셔닝하는 문제가 된다. 경쟁의 문제가 아니다.

산업 전반의 생산량 관리는 공급 과잉 때문에 공장이나 다른 시설을 폐쇄하는 일 이상의 문제다. 산업 전반적인 관점에서 비용 효율이 가장 뛰어난 공장이 계속 돌아가야 한다. 산업이 팽창하고 있다면 가장 효율적인 회사와 전략적으로 유리한 자리에 위치한 회사의 생산량을 늘려야 한다. 하락세를 보이는 산업이라면, 가장 고비용인 생산업체와 위치가 나쁜 회사를 먼저 폐쇄하는 전략을 실행해야 한다. 수익성이 떨어지는 공장이나 회사를 솎아내는 결정은 지극히 당연하며, 협조가 일어나지 않더라도 경쟁적인 상황이라면 먼저 문을 닫는 회사가 생길 수밖에 없다. 단, 협조 상황이라면 이런 결정이 고통을 최소화하면서 빨리 실행된다. 판매나 생산 기능을 독립적으로 분리하면 생산 비용이 높은 기업은 저가 생산 기업, 최적의 지리적 입지에 위치한 기업으로부터 제품을 사서 파는 마케팅이나 판매 전문 기

---

* 효율적인 일드(Yield) 관리의 최고 사례는 사실상 같은 좌석을 다른 가격에 판매하는 항공사의 능력이다. 이때 가격은 탑승자가 얼마나 많은 좌석을 미리 예약하는지, 항공사에 따라 오는 환불조건이나 교환권 내용에 따라 천차만별로 달라진다. 이런 차이는 제품—특정 비행 루트의 좌석 한 개—이 아무리 비슷해 보여도 고객 수요 간의 차이점이 발생하고 이 차이점이 구별된다는 점을 보여 준다.

업으로 살아남는다. 자신의 분야에서 뛰어난 전문가가 되어야 하지만, 그렇게만 된다면 협조적인 세상에서는 비효율적인 기업도 살아남을 여지가 있다.

이를 바꿔 말하면 효율적인 아웃소싱이 된다. 이는 저비용 기업의 손에 생산을 맡겨서 산업 전반의 비용을 절감하는 강력한 방법이다. 이런 전환이 추가 비용이나 고통 없이 이루어지면 산업 내 비용을 최소화려고 추가 조치를 취할 필요가 없다. 이런저런 이유로 생산 전환의 비용이 커진다면, 효율적 회사가 적절한 조건으로 경쟁력이 달리는 경쟁자에게 생산 기술을 라이선스해 주면 된다. 어느 선택이든, 전체 산업에 걸쳐 공급 사슬에서 비용이 절감된다.

가장 효율적인 회사가 전체 생산을 떠안으면 자원 확보 경쟁 역시 제한된다. 뛰어난 인력, 에너지처럼 널리 쓰이는 원자재, 금융처럼 반드시 필요한 일반적인 자원에 대해서는 어느 특정 산업이 강력한 영향력을 행사하지 못한다. 산업 내 경쟁이 치열해지면 특정 기술을 가진 전문가에 대한 인건비가 상승한다. 그러나 공격적인 성향을 컨트롤할 만큼 죄수의 딜레마 전략에 능통하거나, 협조적인 관점에 충실한 소수 기업만 자원을 구입하면 자원에 대한 수요 경쟁이 과열되기 어렵다. 적어도 이론상으로는 그렇다.

유통과 서비스 시설을 효율적으로 조정할 때도 니치 마켓이 주요 이슈가 된다. 지리학적이나 제품 영역 관점에서 특정 니치에 집중하는 회사는 광범위한 지역을 관장하는 회사보다 효율적이다. 유통 사업이나 서비스 제공 사업은 상당한 규모의 고정비를 투자하며, 그 회사가 차지한 시장의 영토가 얼마나 큰지에 따라 투자 규모가 결정된다. 이런 기능은 자연적인 독점 구조의 비용 특징을 보여 준다. 고정 비용이 높고 변동비가 낮아서 규모의 경제 효과가 강력하며, 어느 정도 수준의 고객 독점까지 발생하면 서열 2위의 공급자는 불리한 위치에 놓인다.

자연적 독점이 특정 지역 안에서, 혹은 특정 제품에 대해 발생하면, 독점의 범위는 규모의 경제가 존재하는 수준까지 확장되며, 그 이상의 선을 넘어가지 않는다. 현재의 인프라로 확장 가능한 모든 지역으로 유통 채널을 확장하면 그 이상의 선을 넘어가는 순간 그 업체는 자유 경쟁 시장으로 뛰어드는 셈이다. 이는 IT 관리 기업 같은 서비스 제공자에게도 동일하게 적용된다. 완전히 다른 수요를 갖고 있거나 별개 설비가 필요한 고객에게 서비스를 제공하려고 전문가를 추가 고용하는 순간, 그 업체는 규모의 경제 측면에서 한계점에 서 있다. 그러나 그 경계선 안에서라면, 특정 분야를 독점하는 회사와 협조적인 환경을 구축하는 편이 효율적이며 안정적이다. 기존 회사는 어느 정도 수준으로 고객을 독점하면, 잠재 진입자에 비해 경쟁우위를 누리기 때문이다.

연구개발 협조는 말하기 쉽지만 실행에 옮기기는 어려운 분야다. 이론적으로 봤을 때 연구개발을 공동으로 진행할 경우 효율성은 확실히 발생한다. 중복 비용이 일어나지 않는다. 즉, 여러 회사가 똑같은 연구 프로그램을 돌리지 않아도 된다. 참여자 간에 정보가 고르게 공유되면 특정 분야를 깊게 파고든 연구일지라도 파급 효과 덕분에 다양한 혜택이 생겨난다. 연구 결과를 서로 자유롭게 사용하도록 계약하면, 서로 다른 (그래서 겹치지 않아 경쟁할 필요가 없는) 전문 분야를 보유한 회사가 연구 결과를 제품 개발에 사용한다. 연구 개발로 직접적 혜택을 보는 회사와 간접적 혜택을 입는 회사 모두 연구개발비용을 적정 수준에서 부담해야 한다. 함께 연구를 진행하면, 산업 외부 분야도 덕을 보는 경우가 있고, 이를 감안해서 비용 분담이 이루어져야 한다. 완전 경쟁일 때 발생하는 연구개발비와 비교했을 때 비용이 더 높거나 낮을지 사전에 파악하기는 불가능하다. 중복 연구를 피하므로 비용이 낮아지지만, 혜택이 널리 퍼지다 보면 정반대의 방향으로 가기도 한다. 연구 범위가 넓어지면서 연구비가 급증할 위험이 있다.

제품군과 광고를 조정하는 일도 협조적인 산업에서나 개별 회사에서나 똑같은 성격을 가진다. 좋은 점과 나쁜 점이 공존하므로, 적절하게 조정해야 한다. 한편으로는 다양한 상품군과 메시지를 소개하는 장점이 있지만, 다른 한편에서는 제품군과 프로모션 캠페인을 차지하려는 경쟁이 발생하면서 필연적으로 자기잠식효과Cannibalization가 일어난다. 상품이나 프로모션을 추가하면, 부분적으로 해당 제품 매출이 증가하지만 기존 산업의 전체 매출이 감소하는 위험이 존재한다. 산업 내 존재하는 회사가 자기잠식을 막으려면 서로 다른 하위 부문에 집중해서 중복을 피해야 한다. 특히 한 회사가 유사한 제품이나 관련 분야를 들고 있는 경우 이런 전략이 중요하다. 광고나 판매 인력을 운용하면서 "우리 제품이 저 회사 제품보다 낫습니다"라는 식의 광고나 경쟁자의 고객에게 직접 전화를 걸어 고객을 빼앗아오는 판매 행위는 피해야 한다.

정보 시스템의 공유, 특히 같은 공급 사슬에 존재하는 회사끼리의 정보 시스템 공유는 반독점법에 저촉되지 않으며, 증가 추세다. 이와 유사하게, 같은 정보 기준과 형식을 사용하자는 회사 간 동의 역시 반독점법을 위반하지 않는다. 디지털 오디오 기기의 MP3나 무선 통신 관련 Wifi의 IEEE802.11x*가 좋은 예다. 이들은 광범위하게 사용되며, 적어도 현재까지는 반독점법과 관련하여 논란의 대상에서 제외되었다. 많은 사람들이 비디오테이프와 관련하여 베타맥스 Betamax와 VHS의 혈투를 익히 알고 있다. 이 때문에 두 회사는 물론 (표준으로 채택되지 않은) 잘못된 선택을 한 소비자도 상당한 대가를 치렀다. 이런 일은 피해야 한다.**

간접 비용 역시 전문가 아웃소싱을 통해 효율을 얻는다. ADPAutomatic Data Processing LLC(미국의 HR 소프트웨어 및 서비스 기업)는 다양한 사업으로 돈을 버는데, 그중 하나는 월급 지불 대행이고 또 다른 하나는 투자회사를 위한 백 오피스 업무 대행이다. ADP는 다양한 회사의 대량 거래를 한꺼번에 다루면서 괄목할 만한 규모의 경제를 달성했다. 각각의 회사가 거래를 각자 처리하면, ADP만큼 비용을 낮추지 못한다. 제삼자가 아니라 같은 산업 내의 상위 기업이 유사한 형태로 대행 서비스를 제공하기도 한다. 큰 은행이 작은 은행을 위해

---

* 역자 주 : 미국전자학회(IEEE : Institute of Electrical and Electronics Engineers)에서 내놓은 LAN선과 MAN선 (Metropolitan Area Network)의 표준 중 한 형태
** 형식과 기준에 대한 경쟁은 지금(2000년대 초반)도 진행 중이다. DVD 플레이어를 이을 차세대 플레이어의 기준 경쟁은 현재 진행형이고 디지털 오디오테이프도 일반에게 널리 받아들여지지 않았는데, 이는 형식에 대한 논쟁이 지나치게 분분한 탓도 있다. 그러나 대개의 경우 이런 형식 논쟁은 대다수의 회사들이 시장에 진입하기 전 종식된다. (역자 주 : 2022년 현재, 스마트폰이 보편화되면서 디지털 오디오 플레이어 시장 규모 자체가 급격하게 축소되었다. 비디오 포맷의 승자는 VHS로 베타맥스의 마지막 생산 시점은 2002년이었으며, 소니의 VHS는 아직 생산 중이다.)

신용 카드 자금과 기타 거래를 처리해 주는 경우가 좋은 사례다. 이런 규모의 경제는 이론상 생각해내기도 쉽고 실행도 수월하다. 효율을 추구하기 위해 전면적인 협조 체제가 반드시 필요하지도 않다.

마지막으로, 확실한 형태는 없지만 여전히 중요한 문제인 위험 배분이 있다. 보험업계는 개인이나 회사로부터 적정한 대가를 받고 위험을 떠안아서 돈을 번다. 그러나 전통적인 방식으로는 보험으로 예방하지 못하는 위험이 다양한 형태로 남아 있다. 모든 산업은 제품에 대한 수요 변동을 겪는다. 수요가 줄어들면서 가격 전쟁이 일어나기도 한다. 자신의 이익을 위해 자연스럽게 대응하다 보면 가격 전쟁처럼 참여자 모두에게 손해가 되는 상황이 발생한다. 특히 사업 상황이 좋지 않을수록 이런 상황까지 쉽게 전개된다. 추가 수요에 대한 보장도 없는데 무작정 생산량을 늘리면서 수요와 공급이 불균형 상태가 된다. 이런 상황에서 가격과 생산량을 조정하려면, 경쟁을 제한해서 폐해가 최소화하고 위험을 적정선에서 관리해야 한다.

공급자와 소비자간 가격 변동을 부담하는 계약이 존재하고, 산업 내 회사마다 가격 변동이 주는 파급효과가 천차만별이기 때문에, 생산재 가격의 변동—전 세계적으로 발생하든 혹은 특정 지역에서만 발생하든—은 참여자에게 어느 정도 약화된 강도로 충격을 가한다. 최근에는 헷징Hedging—위험을 한쪽에서 다른 쪽으로 옮기는 파생 계약의 활용—을 통해 사실상 일종의 보험이 제공된다. 서로 협조하고 조정하는 산업에서는 이런 종류의 협약이 널리 사용된다.

전략적 관점에서 봤을 때, 가장 효율적으로 운영될 때 이 산업이 어떤 형태를 보일지 고민한 뒤 이를 상세하고 폭넓게 그려내면 어떤 방향으로 협조 조약을 맺을지 일종의 가이드라인이 형성된다. 이때 노골적인 협상이나 기타 다른 방식이 활용된다. 또한, 경영진이 어떤 목적을 가지고 회사를 운영해야 하는지도 보인다. 다음 장에서 논의할 사례를 보면, 협조적인 접근이 한 개의 산업을 어디까지 끌고 가는지 깨닫게 된다. 협조가 실행 불가능하더라도, 협조적인 관점에서 산업을 바라보면 특정 회사의 장점이 쉽게 파악된다. 협조적인 상황에서 그 회사의 역할, 시장 위치 등을 파악하면, 그 회사가 산업에 가져다주는 기능이 무엇이며 그 회사가 집중해야 할 분야가 어디인지 분명하게 보인다. 이런 결정을 내리고 난 뒤에서야 공조 활동에 집중했을 때 함께 얻는 보상에 눈을 돌려야 한다.

'공평'이라는 원칙에 따라
협력 관계를 유지하고 전리품 나눠 갖기

협조가 안정적으로 이루어지는 상황(협조적인 평형 상태)에서 보상을 나눌 때 '공평' 원칙을 적용한 연구로 존 내쉬는 노벨 경제학상을 받았다. 다른 경제학자들이 내쉬의 이론에 살을 붙이면서 이 이론은 단단한 뿌리를 내린다. 이 책에서는 세 가지 요소에 주목한다. 개인적 합리성, (정보의) 대칭 그리고 선형 불변성이 바로 그것이다.

내쉬의 이론 자체와 이론을 현실에 대입하는 요령을 살펴보기 전에 도대체 '공평'이 무엇을 의미하는지 확실히 해 둘 필요가 있다. 이는 단순한 정의(定義) 이상의 문제다. 협조가 지속적으로 유지되려면, 협조하는 모든 참가자가 보상에 대해 만족해야 한다. 참을 수 없을 만큼 불만스러운 상태가 되면, 어느 순간 그 참가자는 협조적인 태도를 취하지 않는다. 한 명이라도 협조하지 않으면, 다른 이들도 태도를 바꾸면서 협조 체제가 한순간에 허물어지는 위험에 노출된다.

불만 상태의 위험이 표출되는 흔한 사례가 바로 가격 경쟁이다. 협조 상태에서 높은 가격이 유지되는데, 자신의 시장점유율이 못내 아쉬운 회사가 있다면, 이 회사는 기꺼이 가격을 낮춘다. 고객이 빠져나가는 것을 경쟁사가 그냥 놔두지 않을 것이다. 다른 이도 가격을 낮춰서 자신을 보호하려 든다. 머지않아 가격 인하가 줄을 잇는다. 시작부터 이런 사태가 일어나지 않으려면, 모든 회사가 불만이 없고 현재 상황에서 자신이 공평하게 대접받는다고 믿어야 한다. 공평하다는 인식이 모두에게 퍼져 있어야 협조 상태가 유지된다.

개인적 합리성

협조 약정에 동의했을 때 얻는 대가가 약정에 동의하지 않았을 때보다 커야 공평하다는 것이 첫 번째 조건이다. 단 한 개의 회사도 예외가 되어서는 안 된다. 협조에 동참하지 않을 때 더 많은 돈을 번다면, 어떤 회사도 협조하지 않는다. 게임 이론의 용어를 빌리자면, '개인적 합리성Individual Rationality'에 해당한다. 협조가 어리석은 행동이 되면, 즉 협조보다 단독 행동이 유리하다면, 협조 상태는 유지되지 않는다. 애초에 전리품이 공평하게 분배되지 않았다.

공평 조건이 존재하기 때문에 비협조 상태에서 자신이 얼마나 이득을 볼 수 있는지 명확하게 알아야 한다. 존 내쉬의 말을 빌리자면, 이들은 '위협점Threat Point' 성과다. '위협'은 근시안적으로 자신의 이익만을 쫓으면서 비협조적으로 행동하는 것을 뜻한다. 협상 이론에서는 이를 바트나BATNA : Best Alternative To a Negotiated Agreement(협정 내용에 대한 차선책)라고 부른다. 어떻게 부르든 상관없이, 이는 협조 약정을 평가할 때 협상자의 보상을 평가하는 잣대가 된다. 전리품을 공평하게 나누려면 비협조적인 상태에서 참여자가 얻는 성과를 고려해야 한다.

개인적 합리성이 필요하다는 것은 중요한 의미를 가진다. 많은 경우 개인적 합리성은 협조로 얻은 성과를 나누는 유일한 잣대가 된다. IT 분야에서 최종 소비자에게 상품이 도달하는 사슬 내에 여러 개기업이 존재한다고 가정하자. 어떤 회사는 부품을 생산한다. 또 다른 회사는 부품을 조립해서 다양한 기기를 만든다. 또 어떤 기업은 기기, 소프트웨어, 기술 지원을 묶어서 최종 소비자에게 응용 시스템을 제공한다. 이 가치 사슬의 각 단계에 종사하는 회사는 최종 소비가격을 높이고 총생산 비용을 낮추려는 동일한 동기가 있다. 이런 동기는 모든 회사에게 득이 되지만, 반독점법 위반 행위는 아니다. 해당 제품에 대한 수익률을 최대로 높이는 것이 하나의 그룹으로서 이들 회사모두의 관심사이기는 하지만, 각각의 생산 단계—부품, 기기, 시스템, 지원—에 속한 회사에게 이익이 어떻게 배분될지는 별도로 다루어야한다.

개인적 합리성 요건 그 자체가 해결 방안을 제시해 주기도 한다. 부품 생산과 설비 시장이 진입장벽이나 경쟁우위가 전혀 없다고 생각해 보자. 반면 시스템 통합 부분은 소프트웨어 생산과 서비스 지원 분야에서 규모의 경제가 존재하며, 이를 유지해 주는 적정 수준의 고객 독점도 존재한다. 부품과 설비 생산 기업 간 협조 체제가 전혀 없다면, 새로운 신규 진입자의 존재와 내부 경쟁 때문에 참여자의 경제적 이익은 0이 된다. 즉, 투자자본수익이 자본비용으로 소진된다. 위협점 혹은 바트나, 혹은 전혀 협조가 없는 경우 얻는 보상 수준이 바로 이 지점이다. 이 지점에서 수익은 비용을 초과하지 못한다.

한편 시스템을 통합하는 주요 참여자는 아주 다른 위치에 있다. 경쟁우위의 혜택을 누리고 협조하지 않아도 이미 자본비용 이상을 벌어들인다. 부품/설비 공급자 중에 협조하지 않는 자가 있다면 같은 가격에 똑같은 부품을 생산하는 신규 진입자로 쉽게 대체된다. 그 결과 시스템 통합 기업에게 바트나는 완전 협조가 이루어질 때의 이익이다. 그들은 협조로 발생하는 모든 혜택을 긁어모은다. 그 이익을 부품과 설비 생산업자와 나눠 가질 필요도 없다. 부품과 설비 기업에게 차선책은 없다. 부품과 설비 제조업자 간의 경쟁으로 인해 협조 체제를 고민하는 이들이 생겨난다. 협조를 고려하는 주체는 추가 수익을 얻지 못하는 회사들이다.

이와 관련한 원칙은 상당히 일반적이다. 산업 환경이 상호 협조적이더라도 경쟁우위가 없는 회사는 자본비용을 뛰어넘는 추가 이익을 기대해선 안 된다. 월마트, 스테이플즈, 마이크로소프트, 인텔 등 기타 시장을 지배하는 거대 기업과 거래 관계가 있으니 우리 회사도 오랫동안 수익을 낼 수 있다고 믿는다면 이들은 스스로를 기만하는 셈이다. 그들은 딱 자신의 자본비용만큼을 벌고, 그만큼의 돈을 갖고 회사를 꾸려야 한다. 동시에 월마트, 스테이플즈, 마이크로소프트 혹은 인텔 등 대기업은 자신과 거래하는 유통업자, 공급업자, 그 외 협력업체가 장기간에 걸쳐 자본비용 이하의 수익률을 참고 견딘다고 기대해선 안 된다. 대기업이 협력 업체에게 자본비용 이하의 수익을 종용하면, 협력 업체는 결국 문을 닫고 종국에는 공급업체의 씨가 말라버린다. 개인적 합리성 원칙은 협상 테이블 양쪽에서 작동한다. 아무것도 가져온 것이 없으면 무엇인가를 들고 가겠다고 기대해선 안 된다. 마이너스 상태로 돌아가라는 강요를 견딜 필요도 없다.

개인적 합리성 원칙은 협조로 나오는 순 이득(협조로 인한 결과와 협조가 없을 때 나오는 결괏값의 차이)을 나눠 가진 값이 협조의 혜택이라고 암시한다. 여러 회사가 협조하더라도 단 하나의 회사만이 경쟁우위를 누린다면, 이 회사가 협조로 인한 혜택을 독차지한다. 그러나 많은 경우 한 개 이상의 회사가 경쟁우위를 가졌고, 이들 모두 협조를 통해 추가 수익을 가져간다. PC 산업의 공급 사슬을 살펴보자면, 마이크로소프트와 인텔이 강력한 경쟁우위를 확보했다. 이런 경우 전리품을 어떻게 '공평하게' 나눠 가질까? 다행스럽게도, 이런 배분을 결정하는 또 하나의 '공평' 조건이 존재한다.

대칭

내쉬는 두 번째 공평 조건에 대해 '대칭'이라는 용어를 사용했다. 대칭 원칙하에서는 경쟁우위를 확보했고, 경쟁 압력 때문에 협조하기로 억지로 동의하지 않았다면 모든 참가자는 동일하며, 이들은 협조의 혜택을 공평하게 나눠 가진다. 개인적 합리성과 마찬가지로 대칭 조건이 충족되어야 협조 체제가 유지된다. 동일한 수준으로 협조하는 회사 중에 혜택을 더 가져가는 회사가 나오면, 덜 받는 쪽은 당연히 불만족스럽다. 불만을 품은 회사는 무한정 협조하지 않는다. 정당한 몫보다 많이 가져간 회사는 단기적으로 만족하지만, 시간이 지나면서 이들의 탐욕이 협조 체제를 약화시키고 전체에게 악영향을 끼친다. 협조적인 평형 상태를 유지하는 데 대칭 조건이 얼마나 중요한지 모든 참여자가 깨달으면, 좀 더 많이 가져보겠다고 불필요하게 티격태격하는 일을 미연에 방지할 수 있다.

경쟁우위를 누리는 회사가 두 개 존재하면, 두 회사 모두 협조에 참여할 필요가 있다. 한 회사가 1달러의 혜택을 추가로 가져가기 위해 다른 회사가 1달러를 포기해야 하는 상황이라면, 두 회사가 가져가는 몫의 크기는 같아야 한다. 크기나 영향력, 그 외 다른 특징에 상관없이 협조로 인한 이득—'협조가 존재할 때 발생하는 전체 이득'에서 '협조가 없을 때 두 회사 이득의 합계'를 뺀 값—에 대한 공헌도가 동일하기 때문이다. 손뼉이 마주쳐야 소리가 나는 법이라면, 양쪽 손(두 회사들)이 가져가는 보상도 똑같아야 한다. 누구 하나가 그 이상의 몫을 가져가면 협조 체제가 무너지면서 양쪽 모두 손해를 입는다. 다른 사업 전략에서도 동일하게 적용되는 이야기지만, 지나치게 공격적으로 나서지 않아야 성공이 지속된다.

원재료부터 최종 소비자까지 이르는 가치 사슬 중에서 특정 부분에서만 경쟁우위가 존재할 때 대칭 조건이 많이 적용된다. 경쟁우위가 없는 부문에 속하는 회사는 자본비용 이상을 벌어들이지 못한다. 특정 부문에서 독점적으로 경쟁우위를 누리는 회사는 전체적인 수익을 극대화하기 위해 협조한다. 이들은 제품을 다음 사슬로 내보낼 때 적용되는 가격을 이용해서 자신의 몫을 결정한다. 가치 사슬 초기 단계의 독점 기업이 가격을 깎아서 매달 매출액과 이익을 10만 달러씩 줄여 버리면, 이 금액은 고스란히 다음 단계의 독점업자에게 돌아간다. 이때, 최종 소비자들에게 도달하는 가격과 수량은 이미 결정된 수준에서 변하지 않는다는 가정이 깔려 있다.

최종 제품이 제공하는 경제적 이익 규모가 매달 최대 1,000만 달러라고 가정하자. 부문별로 이루어지는 거래 역학에 따라 이 이익은 최종 생산품의 부속품을 조달하는 기업 중 경쟁우위를 가진 두세 기업에게 배분된다. 이때 배분 방식은 자신의 최종 가공품을 다음 단계로 전달할 때 매기는 가격에 따라 결정된다. 개인적 합리성이 분배에 대한 현실적인 제약 조건이 된다. 협조 체제가 붕괴되었을 때, 앞 단계에 속한 회사가 벌어들이는 경제적 이익이 200만 달러이고 다른 단계의 회사가 벌어들이는 이익이 400만 달러라고 해 보자. 이때 협조로 인한 이득 400만 달러(1000 빼기 200 빼기 400)는 두 회사 동일하게 공헌했다고 봐야 한다. 총이익이 위협점(200 더하기 400) 이상이 되면, 초과 이익에 대한 두 회사의 기여도가 동일하고, 동등한 권리가 있다. 대칭 조건에 따르면 두 회사는 400만 달러를 똑같이 나눠야 하고, 이때 초기 단계 회사의 이익은 400만 달러(200 더하기 200), 다음 단계 회사의 이익은 600만 달러(400 더하기 200)가 된다. 모두에게 유리한 협조 체제를 유지하려는 두 회사는 독립적으로 '평등한' 대가를 요구한다. 공평한 배분이 이루어지지 않으면 누군가는 불공정한 대접을 받는다고 여기고 협조 체제를 무너뜨리는 행동을 취할 가능성이 높아진다. 협조 체제가 붕괴되면 두 회사 모두에게 불리하다.

가치 사슬 안에 서로 대체재 역할을 하는 회사가 두 개 이상 존재하면 이 원칙이 적용된다. 협조 체제가 유지되려면, 모두 만족하는 방식으로 이득이 배분되어야 한다. 마이크로소프트와 인텔은 PC 산업에서 얻어지는 협조 이득을 많이 가져가려고 대놓고 싸우지 않는다. 그들은 위협점에 근거한 공평 원칙에 따라 이익을 나눠 가진다. 현재까지는 마이크로소프트가 인텔보다 더 많은 이득을 가져갔다. 마이크로소프트는 사실상 경쟁자가 전무한 반면 인텔은 AMD를 비롯한 CPU 제조업자들이 다수 존재한다. 리눅스 같은 회사로 인해 마이크로소프트가 더 이상 시장을 독점하지 못하면, 현재 이익 배분 구조는 달라진다. 반면, 다음 장의 사례에서 보듯 닌텐도는 비디오 게임 산업의 이익을 혼자 쓸어가면서 다른 회사의 불만을 키웠다. 결국 닌텐도의 경쟁자가 나타나면서 닌텐도의 시장점유율이 낮아진다.

선형 불변성

가치 사슬의 특정 부분 내에서 경쟁우위를 가진 회사들이 여러 개 존재하면서 시장을 수평적으로 나눠 가지고 있을 때 평등이라는 조건이 요구된다. 특정 부문에 두 개의 회사가 존재하고 하나의 크기가 다른 회사의 두 배라면, 협조로 발생한 추가 이익을 가져가는 비율도 똑같이 두 배가 되어야 평등 조건이 충족된다. 내쉬는 이 평등 충족 요건을 '선형 불변성'이라고 불렀다. 이는 협조로 인해 추가된 몫을 나누는 배율이 참여자의 상대적인 경제 위치에 따라 결정되는 방식으로 움직인다. 다음 장에서 생산량이 만성적 초과 상태이며 달이 기울고 있는 산업에 대해 논한다. 이 산업 참여자들은 장기간 평등 원칙에 따라 선형 불변성을 고수하면서 수익성을 유지했다. 다음 장의 사례는 평등하게 수익을 나누고 협조 체제를 유지하는 태도가 전반적 산업 이익 개선에 얼마나 도움이 되는지 명백하게 보여 준다.*이는 장기간 파괴적 경쟁에 시달려온 산업에게 하나의 모델로 제시될 법하다.

오직 가상현실에서만 존재할까?

특정 산업에서 서로 화해하고 같이 일할 가능성이 희박해도 협조를 염두에 두고 산업을 바라보는 관점은 꽤 유용하다. 이를 통해 다양한 교훈을 얻는다. 어느 분야에서 협동이 가능한지 파악할 수 있다. 협조가 가능한 분야가 기껏해야 연구개발 등 전문화 과정에서 중복 비용을 막는 수준에 한정되더라도 말이다. 여태까지 논한 협조 방법이 다 먹혀야 할 필요는 없다. 산업 전체가 협조 구도로 움직일 때 우리 회사가 어떤 방식으로 참여할지 생각해 보면 자신의 강점이 무엇인지 분명하게 보인다. 막연한 예상을 구체화할 수 있고 전략적 동맹의 조

---

* 내쉬는 최종적으로 평등 조건을 만들면서 협조에 참여한 회사의 상대적 위치가 비선형인 경우도 고려했다. 그는 이런 상황을 '관련성이 없는 대안의 독립성'이라고 칭했다. 개인적 합리성, 대칭, 선형 불변성과 더불어 이 조건은 협조로 발생하는 추가 이득을 '공평하게' 나누는 요건을 정의한다. '평형' 상태에서는 참여자가 가져가는 몫이 달라지면, 누군가 얻어가는 만큼 동일한 양을 빼앗기는 다른 누군가가 존재한다는 점이 가장 큰 특징이다. 즉, B 회사가 이익 25퍼센트를 포기하면 A사는 딱 그만큼의 이익을 추가로 가져간다. 이론적으로는 딱 맞아떨어지는 아름다운 공식이지만 현실에서는 찾기 힘들다.

건, 혹은 공급자와 구매자 간 관계를 분명하게 바라보게 된다.

마지막으로, 협조적인 상황에서 회사의 미래 전망이 밝지 않다면 —비용 구조가 비효율적이어서 협조적인 분위기에서는 살아남을 이유조차 없는 극단적인 경우— 그 정보를 통해 회사의 미래에 대한 전략적 통찰을 얻는다. 이런 회사가 생존하려면 그 산업 내에서 회사 간 협조가 실패해야 된다. 살아남고 싶다면 협조 체제가 구축되기 전에 상황을 개선한다. 다른 이들이 협동하는 순간 자신이 처할 위치를 미리 알아낸다면 경영진은 그 회사가 얼마나 오랫동안 살아남을지, 살아남으려면 어떤 행동을 취해야 하는지 자연스럽게 깨닫는다. 경쟁열위에 있는 회사가 생존 전략을 제대로 짜려면 이런 정보가 중요하다. 이런 통찰력은 협조적인 관점의 가치를 전체적으로 높여 주며 협조적 관점은 경쟁력 분석에서 필수 불가결한 과정이다. 경쟁우위 분석에서 다루는 문제들이 얼마나 복잡한지 항상 명심하라. 명확하게 문제를 보려면, 시야를 단순화해서 큰 그림을 주의 깊게 그릴 필요가 있다. 현실적으로 협조가 불가능한 듯 보여도 협조적인 시각으로 세상을 바라보면 시야가 분명해지는 데 도움이 된다.

●

제15장

●

협조
해야 할 일과 해서는 안 되는 일

●

●

●

회사 간 협조가 성공하는 경우는 흔하지도, 수월하지도 않다. 경쟁사끼리 공동 이익을 좇아 조화롭게 일해야 하고 '자유 무역의 수호자'라고 자처하는 정부 기관의 노여움을 사는 일이 없도록 합법적으로 움직여야 한다. 이 장에서 풀어갈 세 개의 에피소드는 협조 약정이 맺어졌을 때 나오는 결과를 대표적으로 보여 준다.

첫 번째 에피소드에서는 시장을 독점하려는 열망과 불멸의 존재라는 자신감에 휩싸인 닌텐도가 공급자 및 고객과 좀 더 상호호혜적 관계를 맺지 못한다. 그 결과 닌텐도의 경쟁자가 어느 순간 닌텐도의 영토를 침범하여 시장을 앗아가자, 공급자와 고객 모두 만족한 에피소드다. 두 번째 에피소드는 납 추출 휘발유 첨가제(연료 효율을 높이는 첨가제) 제작자들이 이루어낸 성공적 협조 관계에 대한 이야기다. 휘발유 산업은 환경보호 규제 때문에 천천히 쇠락하고 있지만 이들은 그 산업 환경을 최대한 활용한다. 마지막은 유명한 경매 회사, 소더비와 크리스티에 대한 에피소드다. 소더비와 크리스티는 가격을 인하해 끊임없이 경쟁하던 과거의 행태를 종식하고 평화로운 공존을 모색한다. 하지만 불행하게도 이 '공존'은 공공연한 불법 결탁 형태로 이루어져 한 회사의 수장은 철창신세를 져야 했고 나머지 임원은 조기 은퇴당한다. 굳이 그렇게 파멸적인 결과를 걷지 않아도 충분히 상생이 가능했는데도 말이다.

선순환 고리를 끊어내다 : 닌텐도의 게임 방식

1980년대 중반 닌텐도가 홈 비디오 게임 시장에 진입했을 때, 홈 비디오 시장은 길지 않은 역사 속에서 이미 두 번의 호황과 두 번의 불황을 겪은 상태였다. 1982년, 미국 소비자들은 콘솔과 게임에 무려 30억 달러의 돈을 썼다. 1985년 판매액은 1억 달러 수준으로 급감했다. 일본에서도 사정은 크게 다르지 않았다. 하지만 닌텐도가 슈퍼마리오에게 생명을 불어넣으면서 전세가 역전되었다. 1983년 일본 시장에 처음 선보인 뒤 1986년 미국 대륙에 발을 내디딘 작은 배관공 덕택에 수백만 가구가 8비트 게임 콘솔을 사들였다. 게임 콘솔은 질레트로 치자면 면도기에 해당한다. 닌텐도는 게임기가 아니라 게임을 팔아서 돈을 벌었다. 일본 콘솔 소유자는 평균 12개의 게임 카트리지를 샀고, 미국 '소년들'은 평균 8개를 구입했다('소년들'이라고 의도적으로 표현한 이유는 전형적인 게이머가 8세에서 14세 사이의 소년이기 때문이다).

1989년 북미 게임 시장 매출 규모는 다시 30억 달러 수준이 되었다. 닌텐도는 그 게임 시장을 거의 독식했다. 일본 시장 95퍼센트, 미국 시장 90퍼센트가 닌텐도의 손안에 있었다. 콘솔, 게임, 로열티, 그 외 기타 수입원을 모두 합했을 때 닌텐도의 전 세계 매출 규모는 1992년 40억 달러에 달했다.

닌텐도의 성공 비밀은 게임의 품질 향상에 있었다. 1970년대 후반 닌텐도는 아케이드 게임Arcade Game(과거 오락기기를 갖춘 전문업소에서 제공하는 게임을 통칭하여 일컫는 용어) 산업에 발을 들였고, 이때 선보인 동키콩Donkey Kong으로 인기를 끌었다. 동전을 집어넣어서 작동시키는 아케이드 게임 산업은 가정용 콘솔 시장과 달리 1980년대에 큰 타격을 입지 않았다. 1980년대 중반 아케이드게임 시장의 총매출이 50억 달러 규모였다는 사실은 고품질 게임에 대한 수요가 존재함을 암시한다. 아케이드 게임기는 가정용 콘솔보다 강력하고 가격이 비쌌다. 그리고 게임 선택권은 주인에게 있었다. 아타리Atari(미국 가정용, 오락용 컴퓨터 개발 회사)와 1세대 콘솔 제작사는 물밀듯이 쳐들어오는 저품질 게임에 골머리를 썩었다. 라이선스도 없고, 모조품인 경우도 있었다. 이들은 원제작자인 아타리를 비롯한 1세대 콘솔 제작자에게 돈을 지불하지 않았고, 조악한 품질은 —아예 작동조차 안 하는 경우도 있었다— 시장 전반을 갉아 먹었다.

닌텐도는 바로 이런 문제를 해결했다. 가정용 콘솔의 첫 히트작 슈퍼마리오 형제는 닌텐도가 직접 만든 게임이었고, 닌텐도의 초기 성공작이 으레 그렇듯 자체 제작되었다. 닌텐도는 기술을 향상시켜서 공인받지 않은 저가의 게임으로 콘솔을 사용할 수 없도록 막았고,

아케이드 게임과 비슷한 수준의 경험을 제공할 만큼 시스템 수준을 높였다. 그리고 지속적인 개선에도 불구하고 가격은 소폭 인상시키는 데 그쳤다. 각각의 게임 카트리지는 두 개의 마이크로 칩을 내장했는데, 하나는 게임을 담았고 다른 하나는 암호화된 보안 칩을 담았다. 이 보안 칩 없이는 닌텐도 콘솔로 게임을 할 수 없다. 게임 칩에는 콘솔에서 작동되는 게임에 공통적으로 사용되는 코드가 들어갔다. 콘솔의 몇몇 기능을 카트리지 쪽으로 옮기면서 닌텐도는 콘솔 생산 비용을 낮췄고, 그 결과 하드웨어의 단가가 내려간다. 그 대신 닌텐도는 게임 소프트웨어 가격을 올렸다. 1983년 닌텐도가 일본 시장에 내놓은 콘솔의 도매가는 100달러였는데 게임 카트리지의 가격은 대략 40달러 선이다.

닌텐도의 이런 접근 방법은 초반부터 대성공을 가져온다. 1983년 일본에서만 100만 개의 콘솔이 팔렸고, 그 이듬해에는 200만 개, 1985년 300만 개, 1986년에는 거의 400만 개가 팔렸다. 미국 시장에 진입하기 위해 닌텐도는 콘솔의 디자인을 수정한다. 수정된 콘솔은 장난감이라기보다는 컴퓨터 같아 보였다. 미국 시장 진입 초반 소매업자 쪽에서 머뭇거리긴 했지만, 콘솔은 곧 날개 돋친 듯 팔렸고 이내 일본보다 더 빠른 속도로 판매된다. 1989년 미국에서만 900만 명 이상의 소비자가 콘솔을 사들였고 5,000만 개에 달하는 게임 카트리지도 구입했다. 1990년에 이르자 8세에서 14세 사이의 소년이 있는 미국 가정 중 70퍼센트가 비디오 게임 시스템을 보유했고 이 중 90퍼센트 이상이 닌텐도였다.

닌텐도 시스템

닌텐도의 경영진은 초반부터 고품질 게임을 다양하게 제공하는 일이 핵심임을 깨달았다. 수요를 만족시킬 뛰어난 게임을 만드는 능력이 자신에게 없다는 사실도 잘 알았다. 게임 한 개를 만들려면 약 50만 달러의 비용이 든다. 모든 게임을 자가 제조하기엔 비용 부담과 위험 부담이 컸다. 게임은 영화와 같아서, 모든 게임이 청중의 관심을 끌어내는 데 성공하리란 법이 없다. 그래서 닌텐도는 라이센싱이라는 방식으로 해결점을 찾았다. 다른 회사가 게임을 개발하도록 했다. 일본에서 여섯 개 회사가 최초 라이선스를 받았는데 이들은 직간접적으로 게임 산업에 경험이 있었다. 라이선스 조건에 따라 닌텐도는 게임 도매가의 20퍼센트에 달하는 로열티를 받았다. 게임 카트리지의 도매가는 약 30달러였기 때문에, 게임 카트리지가 하나 팔릴 때마다 닌텐도는 6달러씩 번 셈이다.

개발회사는 게임 개발에 거금을 들였고 20퍼센트나 되는 로열티를 닌텐도가 챙겨갔지만 그 이후 닌텐도가 맺은 라이선스 계약을 보면 최초 회사들과의 계약 조건은 오히려 관대한 편이다. 1988년 라이선스 계약을 맺은 40여 개 회사 역시 20퍼센트 로열티를 지불했다. 게다가 닌텐도에게 생산을 맡겨야 했고, 1개당 생산 가격은 14달러였다. 초기 주문은 최소 1만 개인 데다가 선불이었다. 미국에서 동일한 프로그램을 시작했을 때는 초기 주문 규모가 3만 개로 훌쩍 뛰었고 생산된 카트리지는 (미국이 아니라) 일본 고베에서 FOB_{Free on Board}(배가 항구를 떠나는 시점에 구매자가 소유권을 갖는 배달 조건. 배에 적재되는 순간 구매자가 운반비는 물론 운반에 대한 위험 부담을 진다.) 조건으로 배달된다. 이는 미국 내에서 게임 유통에 대한 책임 또한 게임 제작사에게 고스란히 넘어갔다는 뜻이다.* 한편 닌텐도는 게임 생산을 리코Ricoh에게 맡기고 카트리지 당 약 4달러의 가격을 지불했다. 14달러와 리코에게 지불하는 가격 사이의 마진은 닌텐도의 손으로 들어간다. 최초 여섯 개 회사의 라이선스 계약이 1989년 만료되자, 그들 역시 생산을 닌텐도에게 넘긴다는 조건으로 재계약을 맺는다. 몇몇 회사가 불평했지만 결국 닌텐도와의 거래 관계를 유지했다. 달리 갈 곳이 없었다.

이걸로 끝이 아니었다. 닌텐도는 각 게임 개발사가 만드는 게임 숫자를 연 다섯 개로 한정시키면서 영향력을 키웠다. 닌텐도는 게임 품질을 테스트했고 게임 내용도 규제했다. 폭력적이거나 선정적인 게임에 대해서는 라이선스를 주지 않았다. 그리고 라이선스 계약에는 계약 만료 후 2년 동안 다른 비디오 콘솔 시스템용 게임을 제작할 수 없다는 내용도 포함되었다. 꼼짝없이 닌텐도에 묶인 셈이다. 닌텐도가 차지한 시장점유율을 생각하면, 개발사에게 다른 선택은 없었다. 히트 상품이 나온다는 가능성을 보고 90퍼센트의 시장을 위해 닌텐도용 게임을 제작하느냐, 아니면 닌텐도가 차지하지 않은 10퍼센트를 가져가는 여러 콘솔 제작자 중 고작 하나를 위해 게임을 제작하느냐, 답은 정해져 있었다.

게임 소매업자 역시 을의 입장이었다. 1985년 닌텐도가 미국 시장에서 게임을 선보였을 때, 장난감 소매업자의 반응은 미적지근했다. 이전 세대의 게임기들이 힘없이 몰락하는 바람에 곤경에 빠진 경험이

---

* 이 상세 내역은 하버드 비즈니스 케이스(Harvard Business Case)에서 인용한 자료다. 개당 14달러의 가격은 미국 게임 개발자에게 해당하는 내용으로 일본에서 부과된 가격은 이보다 낮았을 가능성이 높다.

있었고, 심지어 그때까지도 아타리 VCR 시스템 재고를 없애려고 안간힘을 쓰고 있는 기업도 있었다. 이에 닌텐도는 기계 디자인을 바꾸고 전자제품 소매업자를 통해 제품을 공급하기로 마음먹는다. 영향력이 미미하던 이 시절, 닌텐도는 위탁 판매 계약을 맺고 소매업자는 실제로 판매한 기계에 대해서만 대금을 지불했다. 닌텐도 게임이 인기를 얻으면서 파워 구조가 180도 달라진다. 닌텐도가 시장 구조를 주무르는 큰손이 되었다.

월마트, 케이마트Kmart, 토이저러스Toys "R" Us 같은 소매 대기업조차 제품을 받자마자 대금을 지불했다. 장난감 업계에 만연하던 지급 기간 연장 방식은 닌텐도에게 먹히지 않았다. 월마트는 닌텐도 시스템을 독점 판매했고, 나머지 소매업자는 닌텐도가 요구하는 대로 시스템과 게임 카트리지 가격을 정했다. 닌텐도는 심지어 소매업자의 매장 한가운데에 닌텐도 게임 센터를 설치하라고 요구하고, 소매업자는 이 요구에 순순히 응한다. 닌텐도가 배달하는 카트리지의 숫자는 소매업자가 실제 주문한 숫자보다 적었고 당연히 소비자의 수요에도 한참 못 미쳤다. 닌텐도의 말을 듣지 않는 업자에게 돌아가는 몫이 줄어든다는 사실은 누구나 쉽게 눈치챘다. 무언의 협박은 더할 나위 없이 강력했다.

닌텐도의 성공이 커지면서 게임 개발사와 소매업자에 대한 닌텐도의 태도를 비판하는 목소리도 거세진다. 미국 하원의 '독점 금지, 규제 완화, 민영화 분과 위원회House of Subcommittee on Antitrust, Deregulations, and Privatization' 의장 역시 닌텐도의 영업 방식에 관심을 보였다. 1989년 그는 미국 법무부에 닌텐도의 영업 방식에 대한 조사를 요청하기에 이른다. 2년 뒤 닌텐도는 소매 가격을 고정하지 않겠다는 합의서에 서명한다.

연방 거래 위원회 그리고 몇 개 주 법무장관의 작품이었다. 그러나 이 합의도 닌텐도의 영향력을 약화시키지 못했고, 소매업자와 게임 제작 업체에게 돌아간 혜택은 없었다. 닌텐도의 영향력이 계속되는 현상은 구조적인 원인이었기 때문에 쉽사리 손댈 문제가 아니었다.

1980년대 말, 비디오 게임 산업은 그림15.1의 형태로 굳어진다. 게임 콘솔 제공자가 이 산업에서 중요한 위치를 차지했다. 이들은 게임을 구동시키는 콘솔을 디자인하고 유통했으며, 홍보했다. 칩과 다른 부품을 직접 구입해서 콘솔 제작에 나서는 업체도 있었지만 닌텐도처럼 제조 위탁하는 업체도 많았다. 콘솔 제작자 중에는 게임을 직접 만드는 기업도 존재했지만 자체 제작 게임의 수는 전체 시장에서 큰 비중을 차지하지 못했다.

정상까지 올라가면서 닌텐도는 아타리, 액티비전, 세가 등 경쟁자와 맞부딪친다. 이미 콜레코Coleco(1989년 폐업), 마텔Mattel(모회사 마텔은 디즈니 인형 등을 제작하였으며 자회사는 마텔 일렉트로닉스Mattel Electronics 가 비디오 게임을 생산했다. 1983년 마텔 일렉트로닉스는 약 4억 달러의 손실을 내면서 파산할 뻔한다), 마그나복스Magnavox(최초의 비디오 콘솔 게임을 제작한 미국 기업, 현재 일본 후나이 소유) 등 초기 제작자는 사라지고 소니와 마이크로소프트 등 신규 진입자가 시장에 막 발을 내디딘 시점이다. 1990년 초반까지 닌텐도가 시장을 독식했다. (컴퓨터) 부품과 칩 제작자는 게임 콘솔 회사에 맞는 시스템을 만들어 주기도 했는데, 이들 중에는 잘 알려진 전자 회사와 칩 회사도 있지만 잘 알려지지 않은 소규모 전자제품 제조업체도 있다. 이 분야는 경쟁이 심한 편이었고 콘솔 회사들이 이들의 주요 고객은 아니었다. 콘솔 제작은 어디

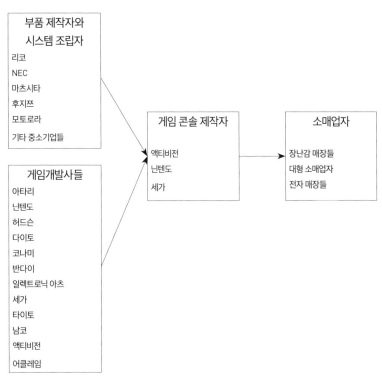

그림15.1
비디오 게임 산업 지도, 1980년대 후반

까지나 부업에 지나지 않았다. 게임 디자인과 제작은 창조성이 뛰어난 회사 여럿이 담당했는데 이들 중에는 콘솔 제작사도 있었다. 허드슨Hudson(일본 기업으로 2012년 코나미에 매각됨), 일렉트로닉 아츠Electronic Arts(미국 게임 회사로 2021년 현재 액티비전에 이어 미국 및 유럽 시장 2위), 타이토Taito(일본 비디오 게임 회사), 코나미Konami(일본 엔터테인먼트 기업), 반다이Bandai(일본 장난감 기업), 남코Namko(일본 다국적 게임 기업으로 현재 반다이 소유), 타이노Taino 등이 이 분야에서 명성을 날렸다. 마지막으로 콘솔과 게임 카트리지를 시장에 유통하는 일은 토이저러스 같은 장난감 매장, 월마트 같은 대형 소매업자 그리고 서킷시티Circuit City (미국 전자제품 판매 기업, 2009년 폐업) 등의 전자제품 매장, 기타 전문 소매업자가 담당했다.

제조 분야에서 경쟁이 극심했지만 제조업체들이 홈 비디오 게임에만 크게 의존하지 않았기에 비디오 게임 산업의 주요 분야는 게임 제작사, 콘솔 제작사 그리고 소매업자가 된다. 1980년대 후반부터 1990년 초 중반까지 닌텐도가 시장을 독식했다. 협조적 관점에서 봤을 때, 시장 중심에 단 하나의 시스템이 존재해야 가장 효율적인 협조가 이루어진다. 게임 개발사는 단 한 개의 게임 버전만 제작하면서 중복 비용을 막고, 단 한 개의 버전만으로도 전체 고객층에게 접근한다. 소매업자도 단 하나의 콘솔 시스템 재고만 비축해 놓으면 된다. 여러 개의 콘솔을 구비할 필요가 없으면 비용 부담이 줄어들고 제공하는 게임 폭이 넓어진다. 게임 소비자도 단 하나의 시스템에만 익숙해지면 여러 게임을 할 수 있어 편리하다.

한 명이 시장을 독식하면 지속적으로 혁신할 필요가 없어져서 재빠르게 변화하는 기술 변화를 좇아오지 못한다는 반대도 먹히지 않는다. 차세대 기술 개발에 들어가는 개발비용이 고정되어 있으면, 여러 명이 똑같은 기술을 개발하는 것보다 한 명이 개발하는 쪽이 효율적이다. 그래야 중복 비용이 발생하지 않는다. PC에 사용하는 CPU를 업그레이드하던 인텔처럼 성능이 개선된 콘솔 역시 순차적으로 업그레이드되는 쪽이 모양새가 좋다. 새로운 제품이 자리를 잡기도 전에 구버전 게임이 무용지물이 되는 편보다 낫다. 마지막으로, 손해가 나지 않는 수준에서 콘솔 가격을 책정하고 게임 카트리지로 돈을 벌어들이는 전략은 전체 산업의 이익 극대화에도 바람직하다.

닌텐도가 산업 전반의 이익을 게임 개발사나 소매업자와 사이좋게 나눠 가졌다면, 몇 세대에 걸쳐 기술이 진화하더라도 그 전략은 오랫동안 살아남았을 것이다. 한편, 닌텐도가 계속해서 많은 몫의 이익을 혼자 챙기면 닌텐도는 경쟁우위가 있는 바로 그 시기까지만 독보적인 위치를 유지한다.

어떤 경쟁우위를 가졌는가?

독자적인 콘솔 시스템을 갖고 시장에 진입한 당시부터 닌텐도가 혁혁한 성공을 거뒀다는 사실 자체가 경쟁우위의 확실한 존재를 반증한다. 오랜 기간에 걸쳐 닌텐도의 시장점유율은 압도적인 데다가 안정적이었다. 일본 시장의 95퍼센트, 미국 시장의 90퍼센트를 꽉 잡았다. 사업 수익성이 높을 수밖에 없었다. 1984년부터 1992년까지 닌텐도의 평균 자기자본수익률은 23퍼센트에 달했다. 앞서 논한 두 가지 기준으로 봤을 때, 적어도 1992년까지의 기간 동안 닌텐도는 수월하게 경쟁우위 테스트를 통과한다. 투자자들은 닌텐도가 강력한 특허라도 가진 양 열광했다. 1991년 닌텐도의 시장 가치는 2조 4,000억 엔으로(1991년 환율로 계산하면 160억 달러) 주식 장부가의 10배에 달한다. 더 크고 튼튼한 회사였던 소니나 닛산보다 시장 가치가 컸다. 그러나 누군가 1991년에 이 경쟁우위의 원천을 상세히 살펴봤다면, 이 경쟁우위가 미래에도 계속될지 확실하지 않았다.

고객 독점?

닌텐도의 8비트 콘솔이 널리 퍼졌기 때문에 닌텐도가 일정 수준으로 고객을 독점했다고 볼 수 있다. 일단 게임기를 구입한 순간, 전환비용이 발생하기 때문이다. 닌텐도 게임기를 가졌으면 호환 불가능한 다른 게임 카트리지나, 대안으로 떠오르던 CD롬을 구입하지 않는다. 그러나 비디오 게임 산업의 특성상, 고객을 계속 독점하기란 무리가 있다.

우선, 고객층이 쉽게 바뀌었다. 14세 소년이 15세가 되면 게임을 사는 빈도가 줄어들고 주 고객의 자리를 8~9세의 아이들에게 넘겨주지만 이들 어린 소년들은 특정 게임에 대한 선호도가 아직 없고 굳이 닌텐도를 고집할 이유도 없다.

게임 카트리지와 비교했을 때 게임 콘솔의 가격은 낮은 편이다. 다른 콘솔 구입이 엄두도 내지 못할 정도의 수준이 아니다. 카트리지는 40달러 이상의 가격에 팔렸는데, 콘솔의 가격은 100달러에서 150달러로 게임 카트리지 몇 개를 살 수 있는 정도의 가격이었다.

더 많은 양의 데이터를 소화해내는 (16, 32, 64, 128비트의) 빠른 칩을 사용하는 신기술이 개발되고, 이들 칩을 사용한 게임기도 닌텐도의 8비트 게임기보다 많이 비싸지 않았다. 마이크로프로세서가 개선되고 빨라졌다는 의미는 게임의 현실성이 높아졌다는 뜻이다. 어느 시점이 되자, 새로운 기기와 닌텐도 사이의 기술력 차이가 상당한 수준으로 벌어졌고 첫 게임기를 선물로 받으면서 게임 시장에 발을 내딛는 새로운 고객이나 또래와 비슷한 물건을 가지려 드는 나이가 든 아이들 모두 기꺼이 다른 게임기로 갈아탔다. 닌텐도의 쟁쟁한 제품 라인이 무력해지는 순간이다. 게다가 같은 게임을 계속하다 보면 지루해진다. 새로운 게임에 대한 갈망은 팩맨Pac-Man(1980년 출시된 일본 남코—현 반다이 남코 게임스—의 아케이드 게임. 입을 살짝 벌린 모양의 주인공 '팩맨'을 조종해 유령들의 방해를 피하며 미로에 떨어져 있는 쿠키를 주워 먹는 것이 목표) 같다. 새로운 게임이 기존 게임의 가치를 갉아먹는다.

더 나은 기술?

닌텐도가 생산하는 카트리지마다 보안 칩을 심은 것은 뛰어난 선택이긴 했지만, 이 칩은 기준 문제에 불과하다. 칩 기술은 독점적이지 않았고 특허도 없다. 콘솔 가격을 낮추기 위해 닌텐도는 일반 부품을 리코 등의 외부 공급자로부터 구입한다. 보안 칩의 허점을 발견해서 라이선스가 없는 게임을 만들어 내는 회사에 대해 닌텐도는 게임 잡지에 압력을 가하는 방식으로 대응한다. 이들 라이선스가 없는 게임은 광고를 하지 못했다. 닌텐도는 표준화된 부품을 이용해서 게임기를 만드는 회사이고 부품을 결합하는 일조차 다른 회사에게 용역을 줬다. 우월한 기술 덕에 수익을 낸다고 보기는 힘들었다.

규모의 경제?

잠재적 라이선스 회사는 게임당 약 50만 달러를 써야 한다. 닌텐도에게 라이선스 대가를 줘야 하므로 게임 개발사가 게임 복사본 한 개당 벌어들이는 돈이 10달러라고 치면, 게임을 5만 개를 팔아야 초기 투자 비용이 회수된다. 5만 개는 매년 총판매량의 극히 일부에 지나지 않았다. 매년 게임 카트리지는 5,000만 개씩 팔렸고, 비용을 회수하려면 고작 천분의 일에 해당하는 고객을 잡으면 된다. 게임 콘솔 디자인과 제작도 규모의 경제가 크게 없었다. 연구개발비는 상대적으로 낮았고 제작은 부품을 조립하는 수준이어서 규모의 경제를 기대하기 힘들다. 1987년부터 1992년까지 닌텐도가 100엔의 매출을 일으킬 때마다 고정자산 비용의 부담은 14엔 정도였다. 그리고 이 비율은 닌텐도의 생산 규모가 커진다고 떨어지지 않았다.

선순환

네트워크 외부성Network Eternality(특정 제품을 사용하는 소비자가 많아질수록 해당 상품의 가치가 높아지는 현상)에 따른 선순환은 닌텐도에게 유리하게 작용했다. 닌텐도가 게임 산업에서 입지를 단단히 굳히자 외부 소프트웨어 회사들은 더욱더 닌텐도용 게임을 제작하려 들었고 그 결과 게임의 종류가 다양해지면서 닌텐도 콘솔의 인기가 다시 높아진다. 그 명성에 더 많은 회사가 닌텐도용 게임을 제작하길 원하는 식으로 선순환이 계속된다. 이 선순환은 게임 개발사뿐 아니라 소매업자에게도 동일하게 작용한다. 소매업자에게는 경쟁사의 콘솔과 게임을 진열해놓을 동기가 딱히 없었고 고객들은 다른 게임기보다 닌텐도의 콘솔과 게임을 손쉽게 찾을 수 있었다. 마케팅의 대가였던 닌텐도는 콘솔과 시스템 체험 시설을 약 1만 개의 소매 매장에 설치한다. 소매 업체의 매장에 단독 코너를 설치하는 것은 모든 제조업체가 꿈꾸는 환상적인 일이다. 반면 소매업자는 자신들의 가장 중요한 자산, '판매 공간'을 특정 제품에게 쉬이 내주지 않는다. 그 결과 매장 공간을 특정 브랜드에게 내주는 일은 그 제조업체가 시장을 독식한 때에만 일어난다. 그리고 공간을 좌지우지하는 업체는 독식 구조를 손쉽게 강화한다.

워낙 시장을 휘어잡았기 때문에 닌텐도는 게임 매출 신장을 위해 닌텐도 게임을 위한 전용 잡지를 발간한다. 이 잡지에는 광고가 전혀 없고, 게임에 점수를 매기고, 신작 게임을 출시 전에 리뷰하고, 게임 팁도 알려 줬다. 가격은 비용을 겨우 감당하는 수준으로 낮았다. 1990년이 되자 이 닌텐도 잡지는 매월 약 600만 부가 팔려나갔고 아동 대상 잡지 중에 판매 부수가 가장 높았다.

선순환 고리의 파괴

단 한 명이 콘솔을 제공할 때 시장 구조가 최적화되는 점을 비롯, 시장에서 닌텐도의 위치를 강화하는 이 모든 혜택에도 불구하고 닌텐도의 위치는 불안했다. 두 가지 경쟁우위가 닌텐도의 선순환을 떠받쳐 줬는데, 이들은 닌텐도의 생각보다 취약했다. 하나는 닌텐도의 콘솔이 광범위하게 판매된 점, 다른 하나는 게임 개발사 및 소매업자와의 협조적 관계다.

첫 번째 강점은 차세대 기술이 개발되면 쉽게 사라진다. 칩이 8비트에서 16, 32, 64, 128비트, 심지어 256비트까지 진화하면서 신제품의 그래프 품질과 성능이 구제품을 한참 뛰어넘었다. 게임 개발사나 항상 최신 상품을 판매하는 소매업자에게 닌텐도의 8비트 콘솔은 매력이 떨어졌다.

두 번째 장점, 가치 사슬의 상하 양방향에 있는 업체와의 관계를 잘 이용하면, 닌텐도는 차세대 시스템을 개발해서 시장을 다시 장악할 시간을 확보할 수 있다. 그러나 그런 관계가 유지되려면 제작자나 소매업자가 닌텐도와의 관계 덕분에 자신도 덕을 보고 있다고 믿어야 한다. 자신도 혜택을 입고 있다고 느끼는 게임 개발사는 가장 뛰어난 차세대 게임을 닌텐도를 위해 아껴두고 소매업자는 닌텐도에게 독점 코너를 계속 제공한다. 그러나 닌텐도가 이들의 헌신을 이용만 하고 발생 이익을 불공평하게 착취해서 게임 제작자나 소매업자가 닌텐도 손아귀에서 벗어나는 날만 고대하고 있다면 정반대의 현상이 발생한다. 게임 개발사는 가장 뛰어난 차세대 게임을 닌텐도의 경쟁업자에게 내어 주고, 소매업자 역시 닌텐도에 버금가는 판매 공간을 경쟁업자에게 기꺼이 제공한다.*

하지만 닌텐도가 이들과 잘 어울리지 않았다. 산업에서 나오는 이익을 공평하게 나누지도 않았다. 게임 개발사와 소매업자에게 다양한 제약을 가해서 돈을 긁어모았지만 가치 사슬의 이웃에게 돌아가는 이득은 적었다. 닌텐도는 특히 게임 개발사에게 야박하게 굴었다. 일반적으로 게임 카트리지가 하나 팔리면 제작비가 4달러, 소매가가 30달러로 26달러의 마진이 남는데 닌텐도는 이 중 16달러, 매출의 60퍼센트를 가져갔다. 개발과 유통 비용 그리고 성공 위험을 짊어진 게임 개발사에게 돌아가는 돈은 고작 10달러, 즉 40퍼센트가 채 되지 않았다.

게임 개발사에게 마음의 상처가 되는 일은 그뿐만이 아니었다. 매년 다섯 개 이상의 게임을 만들 수 없었다. 이 제한 덕분에 닌텐도는 특정 제작자에 크게 의존하지 않았고 제작자 중 누구도 독립적인 콘

---

* 닌텐도는 게임 개발사와 계약하면서 계약 만료 후 2년 동안 다른 콘솔 제작자를 위해 게임을 제작하지 못하도록 명시했지만, 해당 부문을 분사하거나 초기 디자인 작업만 진행하는 등 계약서 조항을 비껴가는 방법은 얼마든지 존재했다.

솔 제작자가 될 만큼 큰 성공을 거두지 못한다. 이 제약 때문에 게임 개발사가 받는 스트레스는 엄청났다. 뛰어난 회사일수록 그 제약 탓에 입는 손해가 크고 잠재력이 제한된다고 믿었다. 게다가 닌텐도는 폭력성과 선정성에 대해 게임 내용을 검열했다. 그리고 미국에서 무엇보다 중요한 성탄절 휴가 시기에도 소매업자의 주문량보다 훨씬 적은 수량을 시장에 공급했다. 제품이 항상 부족했기 때문에 닌텐도에 대한 열망은 커졌을지 모르지만 게임 개발사와 소매업자의 매출과 이익이 줄어들었다. 게다가 이들은 닌텐도의 공격적인 (그리고 자신에게 불리한) 자금 지불 방식도 불만이었고 소매업자의 경우 단독 코너에 대한 부담까지 짊어졌다.

1988년 세가가 일본에서 16비트 콘솔을 선보인다. 이 콘솔의 그래픽과 사운드는 닌텐도보다 성능이 우수했다. 그러나 출시 초반 세가는 게임 개발사를 포섭하는 데 어려움을 겪는다. 세가는 아케이드 게임을 손봐서 16비트 콘솔용으로 내놨지만 매출은 여전히 제자리였다. 세가는 물러서지 않았고 1989년 16비트 콘솔을 미국 시장에 선보인다. 콘솔 가격은 190달러였고 게임 소매가격은 40달러에서 70달러 수준이었다. 또한 세가는 닌텐도의 검열 정책 때문에 버려진 콘텐츠를 공략한다. 그러나 닌텐도가 초기에 어려움을 겪었듯 세가도 콘솔 판매에 난항을 겪는다. 닌텐도의 주요 판매 매장이 월마트와 토이저러스였던 반면 세가는 배비지Babbage's 같은 소프트웨어 매장에 의존한다.

1991년 세가의 새 임원이 인기 게임인 소닉Sonic, the Hedgehog을 콘솔과 묶어서 150달러에 팔기로 하면서 큰 전환점을 겪는다. 이 간단한 전략이 먹혔다. 세가 게임기는 곧 순조롭게 판매되고, 게임 개발사가 앞다퉈 세가용 게임을 제작한다. 닌텐도는 8비트 게임기가 잠식당하지 않도록 16비트 게임기 출시를 늦췄다. 닌텐도는 결국 세가의 뒤를 따라 16비트 시장에 들어서지만 때는 이미 늦었다. 세가는 신규 진입자임에도 불구하고 게임 제작이나 유통 면에서 전혀 어려움을 겪지 않을 만큼 든든하게 자리 잡는다.

1992년부터 1994년까지 닌텐도와 세가는 1위 자리를 두고 치열하게 싸운다. 마케팅에서 쓸 수 있는 수단은 모두 동원된다. 가격을 크게 깎고 엄청난 광고를 쏟아 부었음은 물론이다. 한 신문은 이를 두고 당시 유행하던 게임 '모탈 컴뱃Mortal Combat'에 비유해서 '마케팅 컴뱃Marketing Combat'이라고 묘사했다. 자신이 일인자라고 서로 주장했지만 실제 누구의 시장점유율이 컸는지는 그다지 중요하지 않았다. 두말할 것도 없이 패자는 닌텐도였다. 선순환의 한가운데에서 오랫동안 달콤한 과실을 독식했던 닌텐도는 세가와 1대 1로 붙으면서 수익성이 크게 하락한다. 1995년 소니가 32비트 게임을 들고 시장에 들어서자 시장은 난장판이 된다. 1995년에만 32비트 혹은 그 이상의 게임 콘솔을 들고 시장에 진입한 회사가 8~9개나 되었다.

닌텐도 자신의 결정 때문에 과거 막강했던 위치가 무너졌다. 세가의 16비트 게임을 따라가는 대신 8비트 게임의 화려한 과거만 믿고 최대한 이익을 짜내려 했다. 그리고 수요보다 적은 콘솔을 공급하는 바람에 고객을 제 손으로 세가에게 넘겨준 꼴이 되었다. 사실, 세가의 고슴도치 소닉이 출시되기 한참 전부터 닌텐도는 세가와 그 뒤를 잇는 경쟁자에게 시장을 내줄 준비를 했다고 보는 게 맞다. 세가가 신뢰를 구축하자마자 소매업자와 게임 개발사는 기다렸다는 듯 세가의 편에 섰다. 특히 게임 개발사는 앞장서서 세가를 도와준다. 게임 개발사야말로 닌텐도에게 치명타를 날린 존재였다. 비디오 게임 산업에서 차별화를 가져다주는 요소는 소프트웨어의 콘텐츠다. 특정 광고를 언급하자면, "게임에 모든 것이 있다It's in the game". 게임 개발사의 심기를 불편하게 만든 대가로 닌텐도는 '게임'을 세가와 소니에게 스스로 바쳤다.

설사 협조적인 전략을 취했던들 소프트웨어 회사가 세가와 소니를 위해 앞장서서 게임을 개발하지 않았을 것이라는 보장은 없다. 세가의 16비트 게임이 성공할 조짐이 보이자마자 게임 개발사들이 세가용 게임을 열정적으로 만들었다는 사실만 분명할 뿐이다. 개발사는 게임 콘솔을 제작하는 또 다른 회사가 나타나자 기뻐했다. 두 개의 게임 시스템이면 추가 비용이 드는데도 말이다. 오히려 그들의 협상력이 강해졌다. 사실상 이때 닌텐도에서 개발사 쪽으로 권력이 넘어간다. < 비즈니스위크>의 기사에 따르면, "게임 산업에서는 콘텐츠가 왕이다. 콘솔 기술이 아무리 뛰어나도 제대로 된 게임이 없으면 망한다." 세가, 소니, 닌텐도, 나중에는 마이크로소프트까지 게임 콘솔 제작자로 나서면서 이들은 개발사에게 CD(플레이스테이션은 게임 카트리지보다는 CD 를 이용했다) 제작 비용에 대해 보다 좋은 조건을 제시했고 로열티 부담도 낮춰 준다. 또한 개발 비용에도 도움의 손길을 뻗는다. 그래픽이 복잡해지면서 개발비용이 게임당 1,000만 달러까지 올라갔다. 닌텐도의 8비트 게임을 만들 때보다 무려 20배 이상 상승했다.

홀로 군림하면서 높은 자본수익률을 뽐내던 닌텐도가 군중 속의 평범한 하나로 순식간에 전락하면서 수익률 역시 평균 수준으로 떨어진다. 남들과 잘 어울리지 못한 대가를 혹독하게 치러야 했다. 닌텐도가 혼자 이익을 독식하면서 개발사는 물론 소매업자까지 다른 콘솔 제작자의 출현을 오매불망 고대했다. 이와 정반대로 영리한 회사가 협조를 통해 성공을 거둔 사례를 살펴보기 위해 암울한 산업을 하나 살펴본다. 납에서 추출한 휘발유 첨가제 산업은 게임 산업과 비교했을 때 미래도 유망하지 않고 암울한 산업이다.

납을 황금으로 만들기 :
휘발유 첨가제 산업에서 성공적으로 어울리는 방법

아래와 같은 특징을 가진 산업이 있다고 치자.

- 제품은 원자재.
- 생산 용량은 과잉 상태.
- 수요는 줄어들 수밖에 없는 구조.
- 언론의 공격 대상임은 물론, 정부 기관이나 공공 이익에 관여하는 단체들로부터 항상 지탄의 대상이다.

상황이 이 정도로 나쁘면 이 산업에 종사하는 기업이 추가 이득은 고사하고 수익은 낼 수 있는지 걱정스럽다.

납에서 추출한 첨가물을 생산하는 회사의 경영진은 이 어려운 상황을 타개하는 해답을 상호 협조 구조에서 찾았다. 납에서 추출한 첨가물은 휘발유의 옥탄가Octane Rating을 높이고 노킹Knocking(내연 기관의 실린더 안에서 연료가 비정상적으로 연소되면서 생기는 폭발)을 줄여 준다. 연방통상위원회Federal Trade Commission가 사업 방식에 제재를 가한 이후에도 이들은 용케 협조하고 부를 지켜내는 방도를 찾아냈다. 수요가 줄어들자, 생산 규모를 줄이는 방식으로 대응한다. 최종적으로는 회사가 하나둘씩 그 산업을 떠나갔다. 어떤 회사는 남아 있는 회사에게 매각되고 어떤 회사들은 단순하게 공장을 폐쇄한다. 1990년 말 마지막 기업이 문을 닫을 때까지 그들은 무려 20여 년 넘게 몰락해 가는 산업에서 돈을 벌어들였다.

1974년 당시 납에서 추출한 첨가물을 제조하는 미국 회사는 네 개였다. 에틸Ethyl, 듀폰DuPont, PPG 그리고 날코Nalco가 그들이다. 이들 네 기업이 함께 약 4만 5,000톤이 넘는 화학물질을 생산했다. 에틸은 1924년부터 이 산업에 종사했고 애초에는 GM과 뉴저지의 스탠더드 오일Standard Oil의 조인트 벤처로 사업을 시작했다. 에틸은 1948년까지 특허로 보호받았다. 특허가 만료된 그해 에틸의 매력적인 수익이 탐난 듀폰이 산업에 진입한다(사실 듀폰은 특허가 만료될 때까지 에틸의 생산을 담당하던 회사다). PPG는 휴스턴케미컬Houston Chemical Company을 구입해서, 날코는 모빌Mobil과 아모코Amoco의 도움을 받아서 납 첨가물 산업에 발을 내디뎠다. 모빌과 아모코는 첨가물을 사용하는 대표적인 구매자로, 참여자를 늘려서 경쟁을 촉진시켜 가격을 낮춰볼 심산이었다. 그러나 모든 노력은 수포로 돌아간다. 에틸은 새로운 기업이 진입할 때마다 기꺼이 그들과 협조 관계를 형성하면서 경쟁을 제한하고 산업 전체의 수익성을 거뜬히 지켜냈다.

환경보건국EPA : Environmental Protection Agency은 1970년 발효한 청정공기법Clean Air Act의 일환으로 1973년부터 규제를 시행했다. 그와 동시에 산업 전반의 환경이 급격하게 바뀐다. 이 규제를 통해서 납에서 추출한 첨가물 사용을 점진적으로 줄이려 했다. 이를 실행에 옮기기 위해 환경보건국은 두 가지 정책을 시행했다. 첫째, 1975년을 기점으로 미국에서 판매되는 모든 새로운 자동차는 유해가스 배출을 줄이도록 고안된 촉매 변환기를 장착해야 했다. 납에서 추출한 첨가물이 휘발유에 들어 있으면 변환기가 제대로 작동하지 않으므로 정유업체는 납이 들어가지 않은 휘발유를 생산해야 한다. 두 번째, EPA는 휘발유에 첨가하는 납의 양 자체를 규제하는 방식으로 문제를 해결하려 했다. 에틸은 이 규제를 1976년까지 연기시키는 데 성공하지만, 그 이후 휘발유에 들어갈 납의 양은 제한될 수밖에 없었고 산업 전체가 몰락하는 것은 시간문제였다. 1970년대 중반 수십만 톤씩 생산되었던 첨가제는 10년이 지나자 고작 9만 톤으로 생산량이 현저하게 줄었고 1996년이 되자 생산량은 거의 0에 가까워졌다. 1975년 이전에 생산된 자동차를 운전하는 사람 수가 줄고 휘발유당 납 첨가량이 제한되면서 시장은 순식간에 기울어진다.

납의 부작용에 대한 논란은 한동안 분분했지만 첨가제가 위험한 물질이라는 사실은 분명했다. 불도 잘 붙는 데다가 폭발적이고 몸에 닿으면 극히 해로웠다. 흡입 역시 위험했다. 정유업체들은 위험을 최소화하기 위해 고작 열흘 치에 해당하는 첨가제 재고만을 보유했다. 첨가제를 수송하거나 저장하는 데에는 특별한 시설이 필요하다. 그러나 회사는 액체를 일반 수송차량으로 실어 날랐다. 회사가 보유한 전용 수화시설을 사용하는 게 아니라 일반 수송시설을 사용한다는 사실은 첨가제가 원자재적 성격을 띤다는 의미다.

납 첨가제 산업

납 첨가제 산업 구조는 단순하다. 화학 회사 몇 개가 납을 비롯한 원자재를 구입해서 두 개의 다른 첨가제, 테트라에틸납TEL : Tetraethyl Lead과 테트라메틸납TML : Tetramethyl Lead을 만들어 정유업자에게 팔았다. 날코는 다른 회사들과 좀 다른 방식으로 TML을 만들었지만, 여전히 다른 회사 제품과 호환 가능했다. 생산업체들은 사업 분야가 다양했다. 사업 다각화가 특히 두드러진 회사는 듀퐁사와 PPG였다. 산업의 선구자이자 가장 높은 시장점유율을 차지하는 에틸조차 첨가제 시장 매출이 전체 매출에서 차지하는 비중은 17퍼센트에 불과했다. 납 첨가제를 사들이는 고객은 국내외 휘발유 정유업체. 특히 대형 정유회사가 납 첨가제를 구입하는 큰손이었다. EPA가 미국 내 납 사용을 제한하자 첨가제 제조업자들은 해외로 눈을 돌려 매출 규모를 유지하려 했다. 해외 판매가 발생했지만 워낙 운송 비용이 비싸고 제품 자체가 위험했기 때문에 해외 판매용 제품 생산은 해외에 위치한 공장이 주로 담당했다. 해외 시장에는 당연히 미국 회사가 아닌 회사도 있었다.

생산비용의 대부분을 차지한 것은 원재료 비용이다. 모든 생산자가 납을 구입해야 했다. 에틸과 듀퐁은 납을 대부분 자체 조달했다. PPG와 날코는 외부 공급자로부터 납을 구입했다. 당연히 회사 간에 비용 차이가 났지만 누군가 가격을 낮추는 것만으로 시장을 채갈 만큼 비용우위가 크게 차이 나지 않았다.

특정 기업 하나가 독보적으로 유리한 경쟁우위는 없었다. 1940년 대 에틸의 특허권이 만료된 이후 독점 기술을 보유한 이도 없었다. 구입자, 특히 대형 정유사는 여러 회사들로부터 첨가제를 구입했다. 계약은 보통 1년 만기였다. 계약을 연장할 시점이 되면 정유업체는 가격 할인을 하도록 압력을 가했다.

에틸이나 듀퐁이 만든 첨가제를 넣는 걸로 차별화를 시도하는 정유사도 없다. 판매자와 구매자 간 관계는 안정적이고 생산 방식이 달랐다면 어느 정도 전환 비용도 존재했을 테지만 판매자가 고객을 독점할 만큼 강력한 무언가는 없었다. 가격을 낮게 부르는 제조업체가 언제든 사업을 확장하는 단순한 구조였다.

전체 첨가제 산업의 공급을 담당하는 공장의 숫자는 일정했다. 공장 전체의 수가 7개 이상을 넘어가지 않았으므로, 어느 수준의 규모의 경제가 있었을지 모른다. 하지만 큰 공장이 규모가 작은 공장을 쓸어버리지 않은 점을 미루어볼 때 규모의 경제 효과는 제한적이었다. 그리고 무엇보다 고객을 독점하지 않은 상태에서 규모의 경제는 경쟁우위로서 크게 의미가 없다.

진입장벽은 완전히 다른 이야기다. 진입장벽은 철옹성같이 이들 네 회사를 둘러쌌다. EPA가 1973년 가한 제재는 다른 회사를 납 첨가제 산업으로부터 멀리 떼어 놓았다. 설사 주 정부로부터 허가를 받더라도 ―당시 납 첨가제에 대한 우려를 생각하면 그럴 일은 없었을 테지만― 곧 사라질 제품을 생산할 공장을 누가 짓고 싶겠는가? 산업 자체가 사라지도록 만든 EPA는 사실상 이들 네 개 회사에 납 첨가제 산업을 고스란히 넘겨준 거나 다름없다. 그리고 그 산업이 사라질 때까지 이들은 최대한 이익을 짜냈다.

죽마고우끼리 협조하기

납 첨가제 산업에서 경쟁을 촉진시켜 구매 가격을 떨어뜨리려는 대형 정유회사의 시도는 매번 수포로 돌아갔다. 신규 진입자는 들어서자마자 곧 기존 구조에 익숙해진다. 빠르게 기존 진입자와 어깨를 나란히 하고 같이 이익을 내면서 후원자를 좌절에 빠뜨렸다. 신규 진입자가 다른 경쟁자들과 빠르게 융화하는 데에는 이들 회사의 위치가 지역적으로 가까웠다는 사실이 한몫했을 수도 있다. 뉴저지와 캘리포니아에 있는 듀퐁의 시설을 제외하고는 모든 공장이 루이지애나와 텍사스 걸프만에 집중되었다. 생산 공장, 제품을 배달해 주는 정유 시설 모두 반경 500킬로미터 안에 존재했다. 공장을 운영하는 기술자는 비슷한 환경에서 자라나 근접 지역에서 살았다. 산업을 사라지게 만든 규제가 효력을 발휘하기 전이나 후에나 이들은 기꺼이 협조에 동참했다. 그렇지 않았더라면 경쟁은 참혹할 정도로 치열했을지 모른다.

그들은 스스로를 검열해서 가격 할인이나 그 외 가격을 교란시키는 행동이 일어나기 어렵도록 만들었다.

- **동일한 가격**. 가격은 화학 물질의 가격뿐만 아니라 운송비도 포함했다. 운송비가 고시 가격에 포함됐기 때문에, 운송비를 할인해 주는 은폐된 방식으로 할인을 제공하지 못했다.
- **가격 변동 사전통지**. 공급업체가 첨가제 가격을 바꾸고 싶다면

—주로 올리는 경우— 계약서 조항에 따라 공급업자는 고객에게 30일 전에 사전통지하고 그 30일 동안 고객은 예전 가격으로 첨가제를 주문할 수 있다. 원래 첨가제 제조업자는 보도자료로 가격 변화를 알렸는데 변호사의 조언에 따라 1977년 이후 그 관행을 멈춘다. 일단 한 회사가 가격을 올리면 다른 회사도 따라 하지 않도록 정유회사가 노력을 기울였지만 효과는 거의 없었다. 1974년부터 약 5년 동안 30번 이상 가격이 상승했고 그 모든 상승이 먹혔다. 에틸과 듀퐁이 가격 상승을 주도했고, PPG와 날코가 뒤를 따랐다. 보도자료 관행을 멈춘 후에도 견고한 결속은 변하지 않는다. 가격을 올리기 30일 전에 사전 통지한다는 사실은 누군가 가격을 올리고 싶지 않으면 다른 회사의 가격이 올라가기 30일 전에 자신의 뜻을 남들에게 알린다는 말이다. 가격을 유지하려는 회사가 있으면 나머지 업체는 가격 상승 결정을 철회하면 된다. 그러면 따로 놀려던 업체는 어떤 이득도 보지 못한다. 고객만 이득을 보는 것이다. 굳이 전체의 뜻을 거스를 이유가 없다.

- **최혜국 가격.** 수입 관세를 말하는 게 아니라, 화학제의 실제 가격에 대해서 최혜국 가격 원칙이 적용되었다. 그 결과 모든 구매자는 동일하게 가장 좋은 가격으로 제품을 구입한다. 이 정책은 공급자가 스스로를 구속한 것이나 마찬가지였다. 특정 고객에게만 할인을 제시할 수 없다. 에틸과 듀퐁이 이를 계약서에 먼저 명시했고, 날코도 상당히 많은 계약에 최혜국 가격 조항을 넣었다.

이런 가격 전술에 맞물려서 이들 네 회사는 함께 생산하고 배달하는 방식으로 가격을 공고하게 다졌다. 간단하게 말해서 A라는 업체에게 주문했더라도 정작 B 회사가 제품을 배달해 준다. 누가 그 시점에서 제품을 제공할 수 있는지, 어디로 배달해야 하는지 그리고 상대적인 생산성 등 다양한 요소에 따라 배달 시스템은 탄력적으로 운용됐다. 이들 네 회사는 자기들끼리의 자금 결제 시스템을 구축해서 오직 차액만 결제했다. 1977년의 생산능력, 생산량, 판매액을 살펴보면 이 공동 생산 프로그램은 실제 작동했다(표15.1).

생산 시설이 가장 큰 쪽은 듀퐁이지만, 생산량에서 듀퐁은 항상 에틸보다 한발 뒤졌다. 하지만 판매량은 두 회사가 비슷했다. 에틸이 자신의 판매량보다 더 많이 생산해서 듀퐁과 PPG의 고객에게 판매했기 때문이다. 생산량을 나눠 팔면 가격 차별화의 의미가 퇴색된다. 생산자 모두 에틸의 뛰어난 생산 효율을 누렸다. 비용 차별화가 무용지물이 되고 가격 인하로 다른 회사의 매출을 가져올 수 없으며 산업 전체 비용이 최소화된다. 매출 면에서 시장점유율은 거의 변화가 없었다. 1974년 에틸의 시장점유율은 33.5퍼센트였고 1977년에는 미미

표15.1
납 추출물 회사의 생산능력, 생산량, 매출량, 1977년 (단위 : 천 톤)

	생산능력		생산량		매출량	
에틸	215	37%	196	48%	141	35%
듀퐁	246	43%	113	28%	144	35%
PPG	51	9%	44	11%	68	17%
날코	62	11%	55	14%	55	13%
	575	100%	408	100%	408	100%

하게 증가해서 34.6퍼센트였다. 시장점유율은 패턴이 일정했다. 시장 점유율이 35퍼센트에 못 미치는 회사는 시장점유율을 늘렸고 35퍼센 트를 넘는 회사는 조금씩 시장점유율이 줄였다. 날코나 PPG처럼 규 모가 작은 경쟁자에게 기준 숫자는 15퍼센트다. 그 어떤 회사도 시장 점유율을 영구적으로 늘리지 않았다.

시장점유율이 안정적이고 제품을 공동 생산하면서 생산량은 지 극히 합리적으로 관리된다. 비용이 높은 공장은 아무래도 생산량이 적고 수요가 줄어들자 제일 먼저 폐쇄되었다. 1980년 에틸이 휴스턴 에 있던 가장 오래된 공장 문을 닫는다. 1년 후, 듀퐁은 캘리포니아 안티오크에 있는 공장을 폐쇄한다. PPG는 1982년 납 첨가제 산업에 서 완전하게 발을 뺀다. 공동 생산 덕에 가장 비효율적인 시설부터 사라졌다. 그 결과 납 첨가제 산업은 산업 전체의 비용을 줄인다.

연방거래위원회가 들이닥치다

네 회사의 행동이 무엇 때문에 시선을 끌었는지 모르지만 납 첨 가제 산업에서 반(反)경쟁적인 관행이 존재한다고 판단한 연방거래위 원회가 개입한다. 1979년 위원회는 이들 회사의 마케팅 관행 네 가지 가 연방거래법의 5조를 위반했다며 기소했다.

- 가격이 변하기 30일 전에 사전 공지
- 언론 보도로 알려지는 가격 변화
- 배송비를 포함한 동일한 가격으로 이루어지는 제품 판매
- 계약서에 들어간 최혜국 조항

이런 관행 때문에 '경쟁자 가격에 대한 불확실성'이 없어졌으며, 그 덕에 납 첨가제 산업에서 가격 경쟁이 약화되었거나 혹은 사라졌다고 연방거래위원회는 주장했다. 이런 관행 자체는 불법이 아니지만 이들을 이용해서 가격을 통일시켜 안정적으로 유지하면 위법이 된다. 기소 내용에 공동 생산에 대한 말은 한마디도 없었다.

2년 후 행정 판사는 연방거래위원회의 기소 내용을 대부분 지지한다. 가격 변경을 사전에 알리는 대신 제조업체는 가격을 변경 후 30일 동안 그 변경을 공시했다. 최혜국 조항은 금지된다. '가격 인하를 저지하고 단일 가격을 조장한다'라는 이유였다. 거래 상대자에 따라 가격을 차별하는 행위를 금지하는 로빈슨-패트맨법Robinson-Patman Act은 언급조차 되지 않았다. 판사는 이들 네 생산자가 '과점'을 형성하기 때문에 앞서 기소된 관행이 그 자체로는 불법이 아니더라도 그런 관행을 중지하라고 판결한다. 판사의 판결 대부분을 연방거래위원회가 다시 한번 확인하는 데 2년이 추가로 소요된다. 비록 가격을 고정하려는 공모는 없었지만, 경쟁을 암묵적으로 자제했다는 것이 연방거래위원회의 결론이었다. 연방거래위원회는 에틸과 듀퐁에게 아래의 관행을 멈추라고 요구한다.

- 회사와 구매자가 동의한 약정이 만료되기 전에 가격 변화를 알리는 행위
- 거리에 상관없이 배달 비용을 포함한 단일 가격을 제시하는 행위
- 다른 고객과 동일하게 최저가로 제품을 구입할 수 있다고 보장하는 행위

위원회는 기자회견을 통한 가격 변화 공지를 금지하지 않았다. 또한 날코는 제재받지 않았다. 날코가 다른 회사의 가격을 좇아 가격을 올린다는 것이 공공연한 사실이었기 때문이다. 1983년 PPG는 납 첨가제 산업에서 이미 자취를 감췄다.

선고가 내려질 무렵 회사들은 사전 공지 관행을 오래전에 멈춘 상태였다. 거리에 상관없이 배송비를 포함한 단일 가격을 제공하는 대신 FOB 가격(짐 싣는 곳에서부터 구매자가 소유권을 가지고 배송비도 구매자가 부담하는)으로 갈아 탔다. 어느 방식이든 제조자는 배송비를 지원해 주는 형식으로 남모르게 할인해 줄 수 없다. 최혜국 조항은 계약서에서는 자취를 감췄을지 모르지만 현실에서는 계속 살아남았다. 최저 가격을 보장받는데 이를 마다할 구매자가 있을 리 없다.

경쟁으로 인해 수익이 줄어들지 않도록 고안한 관행이 금지되었지만 이들은 죄수의 딜레마 게임을 훌륭하게 해냈다. 연방거래위원회가 최종 판결을 내릴 시점에 이들 제조업자들은 이미 수년 동안 효율적으로 협조 체제를 구축한 경험을 보유했다. 연방거래위원회가 개입했다고 상황이 달라지지 않았다. 산업은 종말의 날을 향해 나아가고 있었지만 판매량이 줄어드는 가운데에서도 제조업자들은 이익을 짜냈다. 1981년, 에틸의 첨가제 산업은 에틸 전체 매출의 17퍼센트를 차지했지만 이익은 33퍼센트를 가져왔다. 첨가제 산업 시설을 청산해도 가치가 거의 없다는 사실을 감안하면 이 수익률은 그야말로 놀라운 수준이다.

출구전략

비록 납 첨가제 제조업자의 공공연한 협조 체제가 연방거래위원회의 판결에 휘둘리지는 않았지만 미국은 물론 해외의 환경 규제 때문에 납 첨가제의 수요는 지속적으로 감소했다. 제조업자는 공장을 닫고 납 첨가제에서 얻은 현금을 다른 제품에 투자하면서 모두의 이익을 극대화하려고 노력했다. 날코는 산업에서 손을 뗐지만 에틸과 듀폰은 생산을 계속했다. 에틸은 캐나다 온타리오, 듀폰은 뉴저지에 생산 시설을 갖고 있었다. 또 다른 해외 제조업자로는 어소시에이티드 옥텔Associated Octel이 있었는데 이 회사는 영국 출신이긴 했지만 미국 회사 그레이트레이크스케미컬Great Lakes Chemical이 옥텔의 대주주였다. 그레이트레이크스케미컬의 본사는 미국 인디애나주에 있었다. 1994년 7월까지 듀폰은 생산량 대부분을 에틸에게 판매했다. 듀폰이 공장 문을 닫자, 에틸은 옥텔에게 접근해서 1996년 계약을 체결한다. 계약에 따르면 에틸은 옥텔의 생산량 일정 부분을 자신의 판매 채널을 통해 판매한다. 에틸은 곧이어 온타리오 공장의 생산을 중지한다. 두 회사들은 납 녹킹 방지 제품의 판매와 마케팅에서 서로 경쟁한다고 공언했다.

옥텔이 시장에 남은 이유는 단 한 가지이다. 수익성이 거부할 수 없을 정도로 높았다. 1994년, 옥텔은 5억 2,000만 달러의 첨가제를 팔아서 2억 4,000만 달러의 영업 이익을 남겼다. 약 47퍼센트의 마진을 남긴 셈이다. 그레이트레이크스케미컬의 나머지 사업은 14억 8,000만 달러 매출에서 1억 6,200만 달러의 돈을 벌었다. 마진은 약 11퍼센트에 불과했다. 그레이트레이크스는 납 첨가제의 이익을 이용해 다른 회사를 사들여 납 사업이 끝나는 때를 대비한다.

에틸 역시 납 첨가제 사업과 다른 사업의 매출과 이익을 보면 비숫한 양상을 보인다. 에틸이 옥텔 혹은 듀퐁의 제품을 사서 되파는 입장이라고 해서 상황이 크게 다르지 않았다. 1994년에서 1996년까지 첨가제는 에틸 판매량의 23퍼센트, 이익의 63퍼센트를 차지했다. 1998년, 첨가제 판매 규모는 1억 1,700만 달러까지 떨어졌지만, 영업이익은 5,100만 달러로 수익률이 44퍼센트에 달했다. 에틸의 나머지 사업의 영업 마진은 11퍼센트였다.

작아지는 시장에서 에틸과 옥텔이 얼마나 치열하게 경쟁했는지 알려진 것은 연방거래위원회가 다시 얼굴을 들이민 1998년이다. 연방거래위원회는 양사 간의 약정이 반독점법을 위반했다고 기소했다. 옥텔과 에틸은 계약 내용을 수정하기로 위원회와 합의한다. 새로운 약정에 따르면 에틸은 옥텔 생산량의 일정량 이상을 구입할 수 있고 옥텔은 미국 내의 기존 고객 및 신규 고객에게 공급할 목적으로 에틸이 요구하는 양을 모두 제공해야 한다. 표면적으로 봤을 때 이 새로운 약정은 경쟁을 촉진할 것처럼 보였다. 에틸이 지불하는 가격은 옥텔이 정한 소매가와 연동되지 않았다. 그리고 서로 가격을 공개하지 않기로 했다. 또한 미국 내 혹은 해외에서 제품 유통을 위해 추가 자산을 구입하거나 해외에서 제조시설을 구입할 때 위원회에게 사전통지를 해야 했다. 마지막으로 납 베이스의 노킹 억제 첨가제를 다른 경쟁자게 판매할 때도 계약 체결 전 위원회에 알릴 의무가 있었다.

이 모든 조치가 미국 소비자를 보호할 의도였다면 연방거래위원회는 차라리 다른 분야에 신경을 쓰는 편이 나았다. 납 첨가제는 미국은 물론 전 세계에서도 점점 죽어가는 시장이었다. 판결이 어떻게 나든 이 산업에서 경쟁이 활성화될 조짐은 보이지 않았다. 에틸이나 옥텔은 점점 사라져가는 그렇지만 이익이 높은 사업에서 점유율을 높이겠다고 가격을 내릴 의향은 손톱만큼도 없었다. 옥텔은 전 세계 납 첨가제 시장을 손에 쥐고 높은 수익률을 누렸다(표15.2). 2000년이 좀 험난했지만 이후 매출 규모가 감소하는 가운데에서도 영업 이익은 크게 증가한다. 에틸과 날코가 과거에 그러했듯 옥텔 역시 TEL(납 첨가제 중의 하나)에서 짜낸 현금으로 특수 화학 제품 사업을 확장했다. 하지만 특수 화학제의 수익률은 납 첨가제 수익률보다 한참 아래였다.

옥텔은 납 첨가제 산업의 마지막 생존자다(역자 주 : 2021년 11월, 옥텔은 여전히 TEL을 생산 중이며 이는 전 세계에 걸쳐 독점 생산이다). 그러나 이 산업을 떠난 모든 회사처럼 적어도 수익성을 보자면 옥텔의 출구전략은 더할 나위 없이 우아할 것이다. 반독점법을 지키면서도 상호 협조했기 때문에 이들 회사는 오랜 기간 동안 납으로 금을 만드는 신묘한 재주를 부렸다.

표15.2
옥텔의 사업 부문별 매출과 영업 이익, 2000년~2002년 (단위 : 백만 달러)

	2000	2001	2002
TEL			
매출	$300	$265	$257
영업이익	$59	$69	$118
마진	20%	26%	46%
특수 화학재			
매출	$122	$156	$181
영업이익	$11	$13	$10
마진	9%	8%	6%

멀리 떨어져 있기 :
협조를 외면해서 죄수의 딜레마 나락에 떨어진
소더비와 크리스티

위대한 유산, 명성 그리고 뛰어난 특질 그 모든 것에도 불구하고 굴지의 옥션 하우스 소더비와 크리스티는 별 매력 없는 기업이다. 1990년까지 두 옥션 하우스는 미국과 영국에서 미술품과 고가품 경매 시장을 독점했다. 소더비와 크리스티는 수집가에게 제품을 직접 판매하면서 딜러의 영역을 잠식한다. 고가 미술품과 사치품의 경매 시장은 유동성이 큰 편이고 고정 비용이 높은 사업이 늘 그렇듯이 매출이 줄어들면 실적이 취약해진다. 1974년 오일 쇼크와 그로 인한 불황 탓에 크게 어려움을 겪은 뒤 소더비와 크리스티는 구매자 프리미엄이라는 이름으로 구매자에게도 비용을 부담시키기로 결정한다. 이전에는 판매자만 소더비와 크리스티에게 판매비용을 지불했다. 소더비와 크리스티는 석유 때문에 부유해진 페르시아만 산유국 수장의 돈을 좀 만져 보려는 생각을 하지 않았을까? 당시 이들은 그림을 트로피처럼 수집했다.

구매자 프리미엄으로 소더비와 크리스티는 수입원을 추가 확보하고 그 덕에 판매자에게 할인을 제공해서 경쟁할 여력이 생겼다. 그리고 그들은 실제 가격 경쟁에 들어간다. 1980년대 말까지 샴페인에 흥청망청 취해 있던 예술품 시장은 1990년대에 불황세로 돌아선다. 비싼 그림을 구입하던 일본인이 자취를 감췄다. 심지어 구입하기로 약속한 그림 값을 지불하지 않는 일도 발생했다. 미국 경제 역시 눈에 띄게 둔화되었고, 엎친 데 덮친 격으로 걸프 전쟁이 발발하면서 (페르시아만 수장을 비롯한) 구매자가 몸을 사리게 된다. 옥션 하우스는 줄어드는 시장을 바라보면서 가장 오래된 마케팅 전술, 가격 할인으로 눈을 돌린다.

상품을 경매에 내놓도록 판매자를 유혹하고 상대방의 거래를 뺏기 위해 소더비와 크리스티는 판매자의 판매 부담을 낮춘다. 아예 판매비용이 0인 경우도 발생했다. 다음 옥션에 내놓을 상품이 팔리지도 않았는데 낮은 이자로 선불금을 대출해 주기도 한다. 판매자의 눈을 현혹하려고 화려한 카탈로그도 만들어 냈다. 호화로운 파티는 덤이었다. 판매자가 선호하는 자선단체에 기부까지 했다. 그러나 이 모든 노력도 1989년의 호시절을 되돌리지 못했고 옥션 하우스의 수입은 전혀 개선되지 않았다(그림15.2).

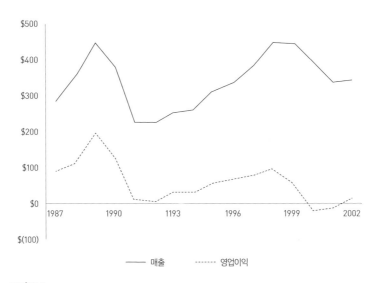

그림15.2
소더비의 매출과 영업 이익, 1987년~2002년 (단위 : 백만 달러)

상황이 계속 심각해지자 상류사회의 두 거물은 서로 손을 잡기로 한다. 과거에는 판매자 수수료가 판매액의 10퍼센트로 요율이 정해져 있었는데 1992년 소더비는 판매 금액에 따라 수수료율을 낮춰서 매출을 늘리기로 결정한다. 정확히 7주 후 크리스티도 똑같은 결정을 내린다. 이 시기가 흥미롭다. 법정 증언에 따르면 두 하우스의 수장, 소더비의 A. 알프레드 터브먼A. Alfred Taubman과 크리스티의 안토니 테넌트Anthony Tennent 경이 최초로 만난 것은 1993년이다. 터브먼은 쇼핑몰로 돈을 번 재벌로 1983년 마샬 코건Marshall Cogan과 스티븐 스위드Steven Swid가 소더비를 상대로 적대적 인수를 시도했을 때 백기사로 나서 소더비의 지배지분을 사들인 바 있다. 터브먼은 런던으로 와서 A경(터브먼은 증언에서 안토니 테넌트 경을 A경이라고 지칭했다)을 만났다. 두 회사의 2인자, 소더비의 다이애너 디디 브룩스Diana Dede Brooks와 크리스티의 크리스토퍼 데이비즈Christopher Davidge의 증언에 따르면 터브먼과 테넌트는 브룩스와 데이비즈에게 계약서의 세세한 내용을 작성하라고 지시한다. 판매자에게 부과하는 수수료를 깎아서 서로를 공격하지 말자는 게 주요 골자였다.

1995년 크리스티는 판매자의 수수료를 판매액의 10퍼센트라는 단일 구조에서 판매액의 크기에 따라 낮게는 2퍼센트에서 20퍼센트까지 구간을 두겠다고 밝힌다. 시간이 흐르면서 두 회사 간 약정은 상대 회사 핵심 직원을 스카우트하지 않겠다는 내용과 선급금에 대해 시장 이자율보다 더 낮은 이자율을 제공하지 않겠다는 내용까지 포함된다. 또한 두 회사는 '기득권' 명부를 교환한다. 기득권 명부는 수수료를 할인받거나 면제받은 고객 명단이다.

두 회사는 상대방의 명단에 있는 고객을 섭외하지 않아야 했고 명단에 없는 고객을 대상으로 좋은 조건을 제공해서도 안 되었다. 브룩스에 따르면 터브먼은 옥션에서 판매자에게 제공하는 예상 감정가격도 공모하려 했지만 브룩스는 그것은 전문가 직원이 결정할 분야이며 이들 직원을 조종하는 것은 불가능하다고 터브먼에게 말했다.

(두 회사가 공모한다는) 소문도 통제되지 않았다. 1997년, 반독점법 위반으로 법무부가 두 옥션 하우스를 조사한다는 소문이 파다하게 퍼졌다. 1990년 중반 할인 수수료를 제공받을 수 없게 되자 공모 없이 이런 일이 발생할 리 없다고 믿은 고객이 법무부에 힌트를 줬을지도 모른다. 1999년 말 크리스토퍼 데이비즈는 정부와 거래를 한다. 그 자신과 크리스티의 다른 직원이 감옥에 가지 않는 조건으로 데이비즈는 터브먼, 테넌트 그 외 공모자의 불법 행위를 증명하는 서류를 제출한다.

2000년, 법무부는 다이애너 브룩스에게 예전 상사 알프레드 터브먼을 포기하라고 압력을 가한다. 데이비즈와 동일하게 감옥행 면죄가 법무부의 카드였다. 브룩스는 법무부의 제안을 받아들이고 유죄를 인정했다. 결국 형을 받은 것은 터브먼 혼자였다. 2001년 터브먼은 1년 형을 받았지만 9개월 복역한 뒤 풀려났다. 두 회사는 각각 2억 5,600만 달러의 벌금을 냈다. 1995년부터 1998년까지 소더비의 평균 세전 이익에 달하는 규모다. 안토니 테넌트 경은 계속 결백을 주장했지만 혹시 모를 일을 대비하고자 영국에서 한 발자국도 나가지 않았다. 영국은 반독점법 위반 관련으로 범죄인 인도 조항이 적용되지 않기 때문이다.

불법적인 협약에도 불구하고 수익성을 개선하려는 크리스티와 소더비의 노력은 전혀 소용 없었다는 점이 이 이야기의 반전이다. 소더비의 이익 마진은 1992년부터 1996년까지 개선되기는 했다. 미술품 시장이 1990년대 초반의 몰락으로부터 회복하던 시기였다. 1996년 이후 미술품 시장 상황이 나아졌는데도 소더비의 이익은 제자리였다. 1998년 매출은 공모하기 이전 1989년의 최고점과 비슷했지만 영업 이익은 1989년의 절반이었다. 그리고 1999년 매출이 소폭 감소하자 소더비의 영업 이익은 거의 50퍼센트 이상 하락한다.

소더비의 데이비즈와 동료들, 크리스티의 브룩스는 법 위반 없이 협조하는 방법을 몰랐을지 몰라도 죄수의 딜레마 게임은 확실하게 알았다. 적어도 1라운드에서는 말이다. <뉴욕 옵저버>는 기소에 대한 기사에서 이렇게 썼다. "그들은 미국정부로부터 조건부 사면을 받기 위해 데이비즈의 증언과 기록을 필요로 했다. 이런 공모에서는 제일 먼저 고백하는 사기꾼이 면죄부를 받아내는 법이다." 협상으로 항상 면죄부를 받지는 않지만 먼저 고백하는 쪽이 혜택을 본다. 그렇지 않으면 누가 고백하려고 할까? 더욱 흥미로운 질문은 두 옥션 하우스가 불법 공모를 하는 대신에 가격이나 특전에 대한 고통스러운 전쟁을 피할 수 있는 다른 방법이 있었을까 하는 것이다.

크리스티와 소더비는 상류 옥션 시장의 90~95퍼센트를 독점했으므로 규모의 경제나 고객 독점으로 혜택을 볼 수 있었다. 소규모 신참 옥션 하우스는 수년 동안 상류 옥션 시장에 명함도 내밀지 못한다. 그리고 극심한 경쟁에 들어서기 전에는 소더비와 크리스티 둘 다

수익성이 높았다. 성공을 계속하려면 경쟁을 자제해야 한다. 그러려면 서로의 시장을 침해하지 말았어야 했다. 지리적인 측면으로는 영토를 나누기 쉽지 않다. 둘 다 뉴욕과 런던에 주요 사무소가 있다. 영국은 미술품 경매 역사가 오래되었고 미국에서는 신흥 수요가 강했기 때문이다. 또한 이들은 주요 지역에 지국을 두었고 전 세계 주요 도시에 판매 사무소를 갖고 있다. 하지만 이들 사무 공간은 판매보다는 물건 구입용이다. 고가의 경매품을 구하려면 구매자가 대도시에 위치한 경매장을 방문한다. 그래서 소더비와 크리스티는 뉴욕과 런던 모두에 경매장이 필요했다. 사실 비슷한 시기에 같이 경매를 진행해야 더 많은 구매자를 확보한다는 장점이 있다.

지역적 구분이 시장을 나누는 데 별 쓸모가 없는 상태이므로 전문 분야 구분이 확실한 방안처럼 보인다. 키클라데스Cyclades(에게해에 있는 그리스군도. 초기 청동기시대에 크레타 문명에 앞서서 독특한 문명을 이루었음) 시대 골동품, 고대 수메르 도자기에서부터 로이 리히텐슈타인Roy Lichtenstein(20세기 뉴욕 출신 팝 아티스트)와 키스 해링Keith Haring(20세기 미국 그라피티 아티스트)의 작품까지 모두 취급하는 대신 특정한 유형의 미술품과 특정 시기에 집중한다. 또한 페르시아산(産) 카펫, 보석, 혹은 루이 16세 시대의 시계나 기압기처럼 다양한 범주 중 특정 전문 분야를 선택해도 된다.

적어도 이론상으로 보자면 옥션 하우스가 다루는 상품 범위가 방대하므로 서로 겹치지 않는 영역을 분리하기가 생각 외로 간단하다. 각각의 분야는 이를 지원하는 고정 인원이 필요하다. 특히 진품인지를 파악하고 기원을 조사하며 경매품의 가치를 측정하는 전문 인력은 필수 요소이다. 소더비가 18세기 프랑스 그림과 장식 예술 분야를 전문화하고 크리스티는 색면 추상 분야Color Field Abstraction에서 군림하면 판매자는 판매 대상에 따라 옥션 하우스를 선택한다. 이런 전문화로 산업 전반의 고정 비용이 감소하면서 추가 혜택도 발생한다. 산업 전체로 봤을 때 똑같은 노력을 두 번 일어나지 않는다.

실제 이런 식으로 영역을 나누려고 하면 두 가지 문제가 남아 있다. 첫째, 부동산 판매는 딱히 옥션 하우스 한 개의 전문 분야가 되기에는 너무 광범위하다. 둘째, 17세기 네덜란드 미술 작품은 후기 인상파의 작품보다 인기가 높지만 미술관이 아닌 개인 소유주가 소장한 작품 수가 별로 없다(따라서 해당 분야에 전문화된 옥션 하우스에게 불리하다). 전문 분야가 제공하는 가치에 집중해서 전문 분야를 공평하게 나눠야 한다. 쉽지 않다. 그럼에도 불구하고 공모 없이 비공식적으로 현명하게 전술을 실행하는 방법은 얼마든지 있다.

1992년, 터브먼과 테넌트의 첫 미팅이 있기 전 소더비는 구매자에게 받는 수수료를 늘리겠다고 발표했고 크리스티는 점잖게 7주를 기다렸다가 소더비의 뒤를 따랐다. 소더비가 이집트와 고대 중동 부분을 포기하고 그리스, 로마 골동품과 13세기 유럽 시대 골동품에 집중하겠다고 공표했으면 어땠을까? 그리고 크리스티가 일정 기간 기다렸다가 이집트 분야에 대한 전문성을 강화하고 르네상스 초기 시대에 집중하겠다고 발표한다면? 그리고 서서히 오랜 시간에 걸쳐 지금 묘사하는 것보다 은밀하게 두 경매 회사가 미술품과 골동품 시장을 사이좋게 나눠 갖는다. 19세기 유럽 제국주의자가 아프리카를 나눠 가졌듯이 말이다. 그랬다면 더 좋은 결과가 나오지 않았을까? 부동산 문제도 각각의 강점에 따라 분야를 나누기로 자연스럽게 결정되었을지 모른다. 부동산이 경매에서 순차적으로 팔리지 말란 법도 없다.

*　　*　　*

닌텐도와 경매 하우스, 또 이와 정반대의 양상을 보인 납으로 만든 휘발유 첨가제 산업을 비교해 보면 제대로 작용하는 협조 관계가 얼마나 큰 혜택을 가져오는지 명확하게 보인다. 또한 법망을 아슬아슬하게 타고 넘는 서투른 협조가 가져오는 위험도 뚜렷하게 드러난다. 신중하게 쌓아 올린 전략은 협조 하나만으로 모두 해결되지 않는다. 그러나 납 첨가제 산업의 이야기가 보여주듯 적정한 조건에서 이루어진 협조 관계는 강력하다. 다수의 회사가 든든한 장벽 안에서 공존할 때 최적의 환경이 조성된다.

제16장
전략적 측면에서의
가치 평가
더 나은 투자 결정하기

전략과 가치

투자 결정이 전략적 결정이라는 말에 대부분 동의하지만 투자 결정을 뒷받침하는 재무 분석은 종종 전략적 이슈를 간과한다. 초기 투자액은 마이너스, 수확 시점에는 플러스로 이루어지는 미래 현금흐름을 계산해서 재무 분석을 한다. 현금흐름을 적정한 자본비용으로 할인하고 이 할인된 현금흐름을 더해서 투자의 순현재가치Net Present Value가 나온다.

미래의 매출, 이익 마진, 세율, 자본 투자액 그리고 자본비용에 대한 예측에 근거해서 현금흐름을 계산한다. 이 뒤에는 시장의 크기, 성장률, 획득 가능한 시장점유율, 총마진, 간접경비 비율, 운전자본과 고정자본 비율, 레버리지(부채 대 자본 비율) 그리고 전반적인 자본 구조에 따른 비용(부채 비용과 자본비용) 등 다양한 요소가 있다. 이들 중 많은 요소, 특히 시장점유율, 마진, 간접 비용 그리고 필요 자본은 미래 시점에서 경쟁이 얼마나 치열한가에 따라 영향을 받는다. 그러나 어떻게 얼마나 영향을 미칠지 정확하게 예측하기는 어렵다. 무엇보다 경쟁 상황은 특정 요소 하나에만 영향을 주지 않고 동시다발적으로 다양한 요소에 영향을 끼친다.

이렇게 어렵다 보니 투자 결정 프로세스를 거치면서 전략적 요소를 맞물리기가 쉽지 않다. 그러나 경쟁 환경을 평가한 결과가 재무 모델 속으로 깔끔하게 들어갈 수 없다고 평가조차 하지 않는 것은 중요한 정보를 놓치는 일이며 분석의 품질조차 떨어뜨린다. 이 책에서 논하고 있는 전략적 관점—특히 경쟁우위와 진입장벽에 중점을 두는—을 활용하면 단순히 순현재가치를 고려하는 방법보다 뛰어난 투자 계획이 나온다.

순현재가치법의 가치

투자를 결정하는 핵심은 여러 프로젝트의 가치를 계산해서 순위를 매긴 후 어디에 투자할지 결정하는 방법이다. 이때 회사 전체의 가치를 계산하는 방법을 써야 한다. 회사 구입 자체가 하나의 프로젝트가 된다. 이론적으로 봤을 때 프로젝트의 정확한 가치는 미래 이익 금액을 적정한 자본비용으로 할인한 뒤 미래의 비용을 똑같은 자본비용으로 할인한 값을 차감해서 나온다. 이렇게 계산된 값이 순현금흐름을 할인한 값과 같아야 한다. 잘 알려진 재무 분석의 순현재가치 평가NPV : Net Present Value 방법이다. 이론상으로 더할 나위 없는 이 방법이 실제 현실에서는 심각한 결함이 있다.

NPV 접근 방법은 근본적으로 크게 세 가지 결함이 있다. 첫째, 프로젝트의 가치를 측정하면서 믿을 만한 정보와 신뢰성이 떨어지는 정보를 모조리 합쳐 버린다. 전형적인 NPV 모델은 프로젝트가 시작하는 날부터 수년에 걸친 미래의 순현금흐름을 추정하면서 초기 투자 비용을 마이너스로 계산한다. 그리고 보통 5년에서 10년까지의 현금흐름은 상세하게 예측하지만 그 이후의 현금흐름은 '잔여 가치Terminal Value'라고 해서 한 뭉텅이로 묶어 계산한다. 잔여 가치를 계산하는 보편적인 방법은 상세히 계산한 마지막 연도의 현금흐름에서 회계상 이익을 추출해서 그 값에 적절한 비율(예를 들자면 주가수익비율P/E Ratio)을 곱해서 값을 도출한다. 회계상 이익이 약 1,200만 달러로 예측되고 적절한 비율이 15라는 주가수익비율이라면 잔여 가치는 1억 8,000만 달러가 된다.

어떤 논리로 적정한 요소, 즉 타당한 주가수익비율을 도출해야 할까? 이는 잔여 가치의 기준 날짜에 그 사업이 어떤 특성을 갖고 있느냐에 따라 달라진다. 보통 현재 주식시장에서 거래되며 피평가 회사와 유사한 형태로 운영되는 회사를 골라서 주식 시장에서 그 회사의 미래 수익을 어떻게 바라보고 있는지 살펴본다. 즉, 유사 회사의 주가수익비율을 바라본다. 유사 회사를 선정할 때 중요한 특성은 성장률, 수익성, 자본 집중도 그리고 위험이다.

상세하기는 하지만 이 접근 방법 역시 추정치에 불과하다. 7~8년

후의 회사를 예측하는 일은 불확실성이 높다. 100퍼센트 동일한 회사란 없기 때문에 비교 대상을 고르는 일 또한 주관적이다. 7년 뒤의 가치 평가 요소를 선택하려고 주사위를 굴린다고 해도 비슷한 값이 나올 가능성이 높다.

비율 가치 평가 방법을 사용하는 대신 잔여 연도 이후에 프로젝트가 안정기에 들어선다고 가정하는 방법도 있다. 수익성, 자본 집중도, 위험, 자본비용 그리고 무엇보다 중요한 매출, 이익, 투자의 연간 성장률이 잔여 연도 이후에 동일한 수준에서 머무른다고 본다. 이런 가정을 만들고 나면 잔여 연도 이후, 즉 8년 이후의 현금흐름이 나온다. 그러면 그 현금흐름의 현재가치 역시 아래의 익숙한 공식을 사용해서 산출된다.

$$\text{잔여 가치} = CF_{t+1} \div (R-G)$$

여기서 CF_{t+1}은 잔여 연도 이후 첫 번째 해의 순현금흐름이 되고 R은 잔여 연도 이후의 자본비용, G는 동일한 기간 동안의 성장률이 된다(표 16.1).

표16.1
현금흐름과 잔여 가치

연도	1	2	3	4	5	6	7	8 이후
현금흐름	상세계산	상세계산	상세계산	상세계산	상세계산	상세계산	상세계산	7년도 값 + 성장
계산된 가치	NPV	NPV	NPV	NPV	NPV	NPV	NPV	$CF_{t+1} \div (R-G)$ (위 현금흐름의 NVP)

잔여 가치는 현금흐름값(CFt+1)에 가치 요소(1/(R-G))를 곱해서 계산되기 때문에 이는 위에서 다룬 (P/E) 요소를 사용하는 접근 방법의 변형이 된다. 가치 요소를 좀 더 상세하게 계산한다는 장점이 있지만 부정확하기는 마찬가지다.

여덟째 해, 즉 마지막으로 상세히 현금흐름을 예측한 해의 다음 해, 예측되는 순현금흐름이 1억 2,000만 달러라고 치자. 예측되는 자본비용이 10퍼센트이고 7년 이후 예측 성장률은 6퍼센트라고 하면 이 기업의 잔여 가치, 즉 여덟째 해 이후의 현금흐름의 합계는 30억 달러가 된다(1억 2,000만 달러 ÷ (0.10 - 0.06)).* 계산은 간단하다. 하지만 자본비용과 성장률이 1퍼센트씩 달라진다고 가정하면(이는 얼마든지 발생하고 그다지 큰 편차도 아니다) 잔여 가치는 순식간에 60억 달러(1억 2,000만 달러 ÷ (0.09 - 0.07))가 되거나 20억 달러(1억 2,000만 달러 ÷ (0.11 - 0.05))가 된다. 작은 변화에도 잔여가치가 크게 달라진다는 사실은 이 방식의 불확실성을 여실하게 보여 준다.

계산되는 가치의 변동 폭이 넓다면 NPV 법을 사용해서 투자 결정을 내리는 방식이 적정하지 않다. 경험상 비용 감축처럼 간단한 프로젝트를 제외하고는 미래 가치에서 잔여 가치가 가장 큰 비중을 차지한다. 그런데 이 잔여 가치가 부정확하면 NPV의 전반적인 신뢰성이 크게 떨어진다. NPV에 근거한 투자 결정에 대해서는 말할 것도 없다.

잔여 가치 계산 방식이 문제가 아니다. 더 나은 대안은 존재하지 않는다. NPV 방식에 내재된 문제점이다. NPV는 믿을 만한 정보, 즉 가

---

* 이 잔여 가치를 전체 순현재가치 계산에 포함하려면 이 값을 자본비용으로 할인해서 현재 시점의 가치로 환산해야 한다.

까운 미래의 현금흐름 추정치와 아주 먼 미래의 현금흐름 추정치처럼 신뢰성이 떨어지는 정보를 섞어서 잔여 가치를 산출한 뒤 할인율로 할인해서 하나로 합해 버린다. 믿을 만한 정보와 엉터리 정보를 섞었다고 중간 수준의 결과가 나오지 않는다는 격언이 있다. 오히려 믿을 수 없는 정보가 나온다. 나쁜 정보가 전체 계산값을 지배하기 때문이다. 프로젝트의 가치를 계산하면서 정보의 질에 따라 구분하지 않고 다 받아들인다는 점이 NPV 계산 방식의 근본적인 문제다.

두 번째, NPV의 실질적 단점에 대해서는 이미 암시한 바 있다. 가치 계산 방법은 미래를 바라보며 가정을 세운 뒤 미래에 펼쳐질 프로젝트의 가치를 계산하는 방법이다. 이상적으로 봤을 때 미래에 대한 가치 측정은 현재 시점에서 봤을 때 믿을 만하고 분별 있는 가정을 근거로 시작해야 한다. 그렇지 않으면 크게 쓸모가 없다.

예를 들어 앞으로 20년이 지난 시점에서 자동차 산업이 여전히 경제적으로 살아남을지 어느 정도 예측할 수 있다. 또한 포드 같은 특정 자동차 기업이 20년이 지난 미래에서도 여전히 경쟁우위를 누리고 있을지(그럴 가능성은 낮다)도 꽤 이론적으로 예측된다. 현재 상당한 경쟁우위를 누리는 마이크로소프트에 대해서도 이런 경쟁우위가 앞으로 20년 동안 남아 있을지, 그 경쟁우위가 증가할지, 줄어들지 혹은 현재 상태를 유지할지도 예측이 어느 정도까지는 가능하다.

하지만 포드의 매출이 20년 동안 얼마나 성장할지, 이익 마진 숫자가 어떻게 될지 그리고 매출 1달러당 얼마를 투자해야 할지를 정확히 예측하기란 쉽지 않다. 마찬가지로 마이크로소프트의 매출 성장률이나 이익마진을 알기란 불가능하다. 현재 제품은 물론 미래에 내놓을 상품에 대해서도 예측해야 하는데 이런 숫자는 정확히 알 수 없다. 그럼에도 불구하고 NPV 분석은 이런 숫자가 있어야 계산값이 나온다.

경쟁우위에 대해 전략적 가정을 세우기는 가능하지만 NPV 계산에 이런 가정을 포함시키기란 쉽지 않다. 쉽지 않은 예측을 근거로 하면서 정작 좀 더 확실하게 예측되는 요소를 간과하는 것, 이것이 NPV 방식의 두 번째 단점이다.

NPV 방식의 세 번째 문제점은 회사의 경제적 가치를 계산할 때 정말 필요한 정보를 고려하지 않는다는 점이다. 가치를 창출하는 데에는 두 가지 요소가 있다. 첫 번째는 가치를 창출할 때 쓰이는 자원, 즉 자산이다. 두 번째는 자원이 투자되면서 창출되는 현금흐름이다. NPV는 오로지 현금흐름에만 신경을 집중한다. 경쟁 환경에서 이들 두 요소는 밀접하게 맞물려 있다. 자산은 자본비용에 필적하는 수익을 가져다준다. 그렇기 때문에 자원이 무엇인지를 제대로 파악하면 미래 현금흐름이 꽤 정확하게 예측된다.

이 자원을 효율적으로 사용하지 못하면 미래 현금흐름은 투자 금액보다 가치가 작아진다. 같은 자원을 효율적으로 사용하는 다른 회사가 존재하면 비효율적인 회사는 경쟁에서 패배한다. 자원을 효율적으로 사용하는 회사라도 (자본비용을 뛰어넘는) 추가 현금흐름을 만들어 내지 못할 수 있다. 시장 내에서 비슷하게 효율적인 회사들이 치열하게 경쟁하는 상황이라면 추가 수익이 나오지 않는다. 경쟁이 격심한 상황이라면 자원 확보가 미래 현금흐름에 큰 영향을 끼치는데도 NPV는 이런 유용한 정보를 눈 뜨고 놓친다.

아무리 NPV의 단점을 늘어놓는다 한들 NPV를 대체할 만한 다른 방법이 없다면 의미가 없다. 그러나 대체안이 존재한다. 이 방식은 믿을 만한 정보와 불확실한 정보를 분리해서 사용한다. 현재와 미래 경쟁 구도를 감안한 전략적 결정도 포함된다. 회사의 자원에 대해서도 고려한다. 시장성 유가증권을 평가하는 방법에서 이 방식을 도출했다. 벤자민 그레이엄에서 시작해서 워런 버핏을 비롯한 많은 사람들이 사용해 온 방법이다. 이 대체 방법론을 이용해 회사를 하나로 평가하는 요령을 설명한다. 다른 투자 프로젝트 유형에도 동일한 가치 평가 방법을 적용하는 방법도 살펴본다.

가치 평가에 대한 전략적 접근

첫 번째 계산 대상 : 자산

회사 가치를 계산할 때 가장 믿을 만한 정보는 재무제표 정보다. 자산과 부채는 현재 존재하며 어느 순간에라도 당장 조사해서 가치를 알 수 있는 항목이다. 무형자산이라고 해도 다르지 않다. 굳이 회사의 미래를 예측하지 않아도 이들 가치는 쉽게 확인된다. 재무제표 항목 중에 자산 쪽의 현금이나 시장성 유가증권, 부채 쪽의 단기성 부채는 가치를 계산할 때 불확실성이 존재하지 않는다. 다른 항목에는 주관적인 판단이 들어간다. 하지만 판단력이 개입되더라도 자산과 부채의 가치를 계산하는 과정은 충분히 유용하다.

첫 번째 중요한 판단은 이 회사가 생산하는 제품 시장이 미래에도 여전히 존재할지 알아내는 것이다. 포드로 치자면 '전 세계 자동차 산업이 앞으로도 존재할 것인가?'라는 질문이 된다. 이 질문에 대한 답이 '아니오'라면 포드의 자산 가치는 청산 가치다. 미수금과 재고는 현재 재무제표상 액면가보다 낮게 쳐야 한다. 미수금은 받아낼 가능성이 높기 때문에 할인율이 크지 않지만 재고는 아예 무용지물이 되면서 가치가 완전히 없어질지 모르니 큰 폭으로 할인한다. 살아남지 못하는 산업에서 사용된 공장, 부동산, 시설PPE : Plant, Property, Equipment의 가치는 특정 산업에서만 사용되는 것인지 아니면 다른 산업에서도 충분히 활용할 수 있는지에 따라 크게 달라진다. 특정 산업에만 사용되는 PPE는 잔존 가치(자산을 처분했을 때 취득하는 현금 가치)로 평가한다. 사무실 빌딩처럼 일반적으로 널리 사용되는 PPE라면 충분히 시장에서 거래되므로 시장가격이 곧 청산 가치다. 브랜드나 고객과의 관계, 제품 포트폴리오 같은 무형 자산은 청산 시점에서는 가치가 거의 없다. 이들 자산 가치에서 차감해야 하는 부채는 할인하지 않은 재무제표 상의 가치와 비슷한 값을 가진다. 파산이 아니라면 청산 시점에서 이들 부채는 보통 전부 상환되기 마련이다.

한편, 그 산업이 살아남는다면 보유 자산은 어느 시점에서인가 재생산된다. 따라서 자산의 가치는 재생산 비용으로 평가된다. 재생산 비용이란 그 자산의 경제적 기능을 최대한 효율적으로 재생산할 때 들어가는 비용을 말한다. 현금과 시장성 유가증권의 경우라면 재생산 비용과 재무제표상 가치가 크게 차이가 없다. 미수금의 재생산 비용은 현재 장부 가치보다 살짝 더 높을 수 있다. 미수금은 사실상 매출에 대해 고객에게 돈을 빌려준 것이고 대출금의 일부는 항상 떼인다.

재고의 재생산 비용은 똑같은 양의 재고를 생산할 때 들어가는 비용이기 때문에 장부상 가격보다 높거나 낮을 수 있다. 이는 LIFO(후입선출법) 혹은 FIFO(선입선출법)을 사용하느냐 혹은 생산 비용에 트렌드가 있느냐에 따라 다르다. PPE의 경우 해당 PPE를 가장 저렴하게 다시 만드는 비용이 재생산 비용이 된다. PPE의 재생산 비용을 산출하려면 산업에 대해 상당한 지식이 있어야 하지만 여전히 미래 현금흐름에 대한 정보가 필요하지 않다.

마지막으로 살아남는 산업에서 고객과의 관계, 조직 개발, 인력 확보나 훈련, 제품 포트폴리오 같은 무형 자산이 재생산 비용의 가치를 가진다.* 효율적으로 생산한다는 가정하에서 이들의 가치를 계산할 수 있다. 예를 들어 제품 포트폴리오의 가치는 맨손으로 이들을 개발하는 데 들어가는 연구개발비와 똑같은 제품을 판매 가능하도록 만들 때 들어가는 기타 비용을 합친 금액이다. 또한 비슷한 유형의 개별 거래를 알 수 있어서 무형 자산 구입 금액을 알아내면 이 정보 역시 재생산 비용 파악에 유용하게 사용된다. 예를 들어 레코드 회사가 유명한 가수들이 포진된 엔터테인먼트 회사를 인수한 경우, 대형 제약 회사가 유망한 제품을 개발한 스타트업 회사를 사들인 경우, 케이블 회사가 고객을 가져가는 조건으로 지역 케이블 시스템을 구매하는 경우, 간접적으로 무형 자산의 재생산 비용을 짐작할 수 있다.

미래에 살아남는다고 예측되는 산업에서 자산의 재생산 가치를 계산하기 위해 군이 미래를 예측할 필요가 없다. 청산 가치를 계산할 때도 매한가지다. 이를 계산하는 데 필요한 정보는 현재 시점에도 충

---

* 이들 자원 중에는 시장 참여자라면 반드시 갖춰야 하지만 재무제표상에는 나타나지 않는 것들도 있다. 이들 자원에 쓰인 돈들은 투자 자본이라기보다는 영업비용이라는 항목으로 기록되기 때문이다.

분하다. 또한, 재무제표의 항목을 순서대로 계산하기 때문에 가치가 확실한 현금, 시장성 유가 증권 등을 가격이 불확실한 무형자산과 분리해서 계산한다. 구분 가능하다는 사실을 눈여겨봐야 한다. 브랜드처럼 상대적으로 가치가 불확실한 요소가 큰 비중을 차지하는 회사의 가치 평가 자료는 현금, 미수금, 범용적인 PPE가 대부분을 차지하는 가치 평가보다 신뢰성이 떨어진다. 마지막으로 재무제표 아래로 내려갈수록 그 산업에 대해 전문적으로 이해하고 있어야 정확한 재생산 비용을 계산할 수 있다. 그러나 특정 산업에 투자 결정을 하려면 그 정도의 전문적 지식은 이미 갖추고 있어야 한다.

딱히 경쟁우위가 없는 산업에서 한 회사의 가치를 평가해 보면 가치 평가에 전략적 분석을 녹여내는 일이 얼마나 유용한지 보인다. 예를 들어 포드의 자산을 재생산하는 데 400억 달러 비용이 든다고 가정하자. 현재 이 자산을 사용해서 나오는 현금흐름은 매년 80억 달러 규모다. 일반적인 자본비용을 10퍼센트라고 한다면, 충분히 효율적일 때 현금흐름은 800억 달러로 재생산 가치의 두 배가 된다. 이 차이가 다른 회사가 시장으로 진입하도록 이끄는 공개 초청장이 된다. 이런 상황에서 포드의 시장을 차지하려고 새로운 회사가 진입할 수 있지만 기존 자동차 회사가 생산을 확장해서 400억 달러 투자로 800억 달러의 가치를 창출하려고 덤비는 쪽이 가능성이 높다. 진입장벽이 없다면, 신규 진입자도 당연히 시장에 뛰어든다. 일단 경쟁이 심화되면 이익은 줄어든다. 포드는 물론 신규 진입자의 이익도 감소한다. 포드의 수익이 60억 달러로 줄어들면 투자 가치는 600억 달러가 되지만 여전히 다른 회사를 유혹할 만큼 매력적이다. 미래 수익의 가치가 재생산 가치, 즉 400억 달러가 되고 나서야 추가 진입이 없어지고 산업 전체의 수익 규모가 안정된다. 진입장벽이 없는 산업에서는 경쟁이 심화되면 종국에는 재생산 가치와 미래 수익의 가치가 동일한 값을 갖게 된다.

두 번째 계산 대상 : 현재의 수익력 가치

회사 가치를 측정할 때 자산과 부채 다음으로 믿을 만한 정보는 가까운 미래에 들어오는 현금흐름이다. 이에 대한 정보는 최근 보고된 이익과 현금흐름표에서 나온다. 이들 수익이 회사 전체의 가치에서 차지하는 비중은 크지 않지만 이들 수익을 살펴봄으로써 중요한 문제에 대한 답이 나온다. "순현금흐름이 줄어들거나 늘어나지 않고 계속 지속된다면 회사 가치가 얼마가 될까?" 이 숫자는 상대적으로 믿을 만한 회계 정보에서 산출된다. 어느 정도 추정이 필요하므로 자산을 근거로 계산하는 가치 측정보다는 신뢰도가 떨어진다. 하지만 성장에 대한 가정이 없기 때문에 NPV보다 확실성이 높다. 이 두 번째 접근 방법을 '수익력 가치Earning Power Value'라고 부르기로 하자. 앞으로 살펴보겠지만 수익력 가치와 자산의 재생산 비용을 함께 비교하면 그 시장에서 특정 회사가 갖는 경쟁적 위치가 보인다.

수익력 가치를 파악하기 위해 먼저 현재 순현금흐름을 살펴야 한다. 이상적인 상태라면 순현금흐름이 보고 이익과 같아야 하지만 적용되는 회계기준이 발생주의 회계Accrual Accounting(현금의 움직임과 상관없이 거래가 일어났을 때 이를 인식하는 회계 방식) 구조라서 현금흐름과 이익 차이가 발생한다. 게다가 온갖 다양한 일시적 사건들 때문에 올해의 현금흐름은 회사의 일반적인 영업 상황에서 계산되는 지속 가능한 평균 현금흐름과 다른 값을 갖는다. 따라서 지속 가능하며 주주에게 나눠줄 수 있는 이익—'수익력Earning Power'이라고 부르는—을 계산하려면 몇 가지 조정 작업을 거쳐야 한다. 딱히 어려운 작업은 아니지만 재무제표를 보는 데 친숙하지 않은 사람에게는 좀 까다롭다.

첫째, 재무 레버리지—자산의 몇 퍼센트를 부채로 충당하는지—의 영향을 제거하려면 영업이익EBIT : Earnings Before Interest and Tax에서부터 시작한다. 이 숫자를 사용하면 이자의 영향과 부채 사용으로 인한 세금 효과가 제외된다.

둘째, 완곡하게 '비경상 항목'이라고 부르는 항목을 포함해서 계산해야 한다. 이상적인 상황이라면 이들은 자주 일어나지 않으며, 최종적으로는 플러스와 마이너스가 똑같고 유지 가능한 장기 이익에 영향을 주지 않는다. 그러나 어떤 회사의 경우 비경상 항목이 자주 일어나며, 큰 손실을 기록하는 경우가 대부분이고, 과거 오랜 기간에 걸쳐 일어난 손실을 한 해에 몰아버리는 용도로 사용된다. 심지어 미래에 다시 나타날 가능성도 있다. 비경상적인 항목은 가끔 일어나야 하는데 경영진은 잘못된 시작에서 발생한 큰 손실을 슬쩍 털어내서 '정상'적인 이익을 개선하려는 잘못된 의도로 활용한다. 이들이 주기적으로 일어난다면 수년에 걸쳐 평균을 파악한다. 이때 계산하는 방법은 금액일 수도 있고 매출액에서 차지하는 비중일 수도 있다. 이렇게 계산된 금액을 최근에 보고한 영업이익에서 차감한다.

셋째, 이런 회계 조작을 제거하고 나면 주기적 변동을 감안해서 경상 이익을 수정한다. 주기 변동으로 인해 회사는 유지 가능한 수준보다 더 위로 혹은 더 아래로 움직인다. 수정에는 여러 가지 방법이 있다. 가장 간단한 방법은 수년 동안의 평균 영업 마진(EBIT를 매출액으로 나눈 값)을 계산한 뒤 이 마진에다가 최근 매출액을 적용해 영업 이익을 계산한다. 마진은 일반적으로 매출액보다 변동 폭이 크다. 하지만 매출도 변동한다면 이 또한 평균 규모로 수정한다.

넷째, 재무제표를 위한 회계상 감가상각은 진정한 경제적 의미의 상각과 다르다. 경제적 의미의 상각은 연말 기준의 주식 자산을 연초 수준으로 되돌릴 때 들어가는 비용이다. 이 숫자는 유지 자본비용이다. 여기에는 성장에 필요한 자본비용이 포함되지 않는다. 이 가격은 공장과 시설의 현재 가치에 따라 달라진다. 한편 회계상 감가상각액은 과거 공장과 시설들이 과거에 교체된 비율과 이미 지불한 과거 비용에 크게 의존한다. 최근 설비 비용이 하락했기 때문에 회계상 감가상각 비용은 이들 시설이 노후되는 비율을 사실상 과대평가한다. 따라서 회계상 감가상각액은 실제 투자 자산을 유지하는 비용보다 크게 계상된다. 따라서 이 경우 제대로 된 조정은 영업 이익의 규모를 증가시킨다. 반대로 1970년대 말과 1980년대 초처럼 물가 상승률이 높은 시기라면 역사적인 비용이 대체 비용보다 낮기 때문에 조정을 통해 영업 이익 금액이 줄어든다.

다섯째, 특수한 상황을 고려해 조정이 이루어져야 한다. 연결재무제표에 자회사를 포함했다면 지분에 대한 이득은 포함되지만 실제 현금흐름은 포함되지 않는다. 특정 부문의 담당자가 가격 정책에 신경 쓰지 않아서 이익이 실제 가능한 금액보다 작을 수 있다. 가격 조정 능력을 활용하지 않은 결과다. 계속 손실이 나는 사업이 기업 전체의 이익을 갉아먹어 나머지 부문의 지속 가능한 수익이 과소평가될 수도 있다.

마지막으로 회계상 계산되는 세금 규모는 매년 다르다. 수정된 세전 영업이익은 평균 세율을 이용해서 세후로 계산되어야 한다. 이렇게 모든 요소를 고려하면 부채 없이 이 회사가 벌 수 있는 세후 영업이익이 나온다. 이 금액이 그 회사의 '수익력'으로 회사의 생산 자산을 건드리지 않고 회사의 소유주에게 돌려줄 수 있는 금액이다.

수익력은 매년 들어오는 자금 흐름이다. 이를 수익력 가치EPV, Earning Power Value, 즉 모든 미래 자금흐름의 현재 가치로 환산하려면 수익력을 자본비용으로 할인한다. 이때 자본비용은 세후 부채 자본과 주식 자본비용을 가중 평균한 값이다. 이 값은 투자자가 자발적으로 회사에 투자할 때 투자자에게 지불되는 수익률이다. 자본비용은 세후 부채 비용에 전체 자본 중 부채로 조달한 비중을 곱하고 세후 주식 자본비용에다가 주식의 비중을 곱해서 계산한다. 감당 가능한 자본 대비 부채의 비중은 다음 두 숫자보다 낮아야 한다. 하나는 영업 활동에 지장을 주지 않고 유지 가능한 평균 부채 금액이고 또 다른 하나는 그 회사의 과거 부채 수준이다. 부채로 자금을 조달하면 세금 효과로 비용이 낮아지기 때문에 첫 번째 숫자를 우선 고려한다. 그러나 경영진이 현재 혹은 미래의 세금 효과를 크게 신경 쓰지 않는다면 현재 그 경영진이 부채를 어떻게 관리하고 있는지 말해주는 평균 부채 수준을 고려한다.*

그 과정을 상세히 설명하기 위해 세후 영업 이익이 1억 달러인 회사가 있다고 하자. 적정한 조정을 거친 뒤 세후 수익력은 연 1억 3,500

---

* 평균 부채 수준이 감당할 수 있는 수준 이상이라면, 이는 절대 계속 유지될 수 없다.

만 달러가 나왔다. 이 회사는 자금의 3분의 1을 부채로 조달하고 나머지는 주식으로 조달한다. 부채에 대한 이자율은 9퍼센트이며, 주식에 대한 자본비용은 10.8퍼센트다(이는 비슷한 위험의 주식에 투자할 때 요구되는 수익률 수준이다). 세금이 40퍼센트라면, 이때의 가중평균 자본비용(R)은 9퍼센트가 된다.

$$R = (1/3 \times [9\% \times (1\text{-}40\%)]) + (2/3 \times 10.8\%) = 9\%$$

자본비용이 9퍼센트가 되면, 회사의 수익력 가치는 15억 달러가 된다.

EPV = 1억 3,500만 달러 ÷ 0.09 = 15억 달러

이는 이 회사가 미래에 성장하거나 악화되지 않고 영업을 계속할 때 갖는 가치다.*

이렇게 가치를 평가하면 성장을 고려하지 않고 미래 5년~10년 후가 아닌 가까운 현재의 현금흐름을 사용했기 때문에 앞으로 8~10년이 지난 시점에서의 잔여 가치를 계산하는 NPV보다 오류가 적다. 자본비용의 1퍼센트 오차로 인해 발생하는 EPV의 편차 역시 크지 않다. 자본비용이 8퍼센트이면 회사 전체의 EPV는 17억 달러이고 10퍼센트일 때에는 13억 5,000만 달러다. 이는 잔여 가치를 계산할 때

---

* 기본적인 영업에 필요하지 않지만 고유 가치가 있는 자산을 보유하는데 여기에서 나오는 수익이 영업 이익에 포함되지 않는 경우가 있다. 추가 현금이나 여분의 부동산이 그런 자산에 해당한다. 이들 자산에 대한 가치를 별도 계산해서 수익력 가치에 더해야 전체 회사의 가치가 나온다.

성장률에 대한 추정이 들어가면서 벌어지는 가격 차이보다 작다. 회사 전체의 가치를 계산하지 않고 주식 가치만 계산한다면 EPV를 사용하더라도 오차 범위가 큰 폭으로 벌어진다. 전체 회사의 EPV 오차 범위가 ±1.5억 달러이고 중간 추정치가 15억 달러라고 한다면 오차 범위는 전체 값의 10퍼센트 수준으로 그렇게 크지 않다. 하지만 회사의 부채 가치가 12억 달러로 그 가치가 확정적이라면 1.5억 달러의 오차는 고스란히 주식 가치로 떨어지게 되는데 이때 주식의 평균 가치는 고작 3억 달러다(15억 달러 - 12억 달러). 순식간에 오차 비중이 50퍼센트가 되면서 부담이 급격하게 늘어난다.

위험에 대해 레버리지가 끼치는 영향을 제대로 이해하려면 일단 회사 전체의 가치를 계산한 뒤 주식 가치 산정에 미치는 영향을 살펴보는 쪽이 현명하다. 따라서 앞으로 자산 가치와 EPV를 언급할 때에는 회사의 전체 가치를 말한다고 보면 된다.

자산과 수익을 함께 놓고 바라보기 : 프랜차이즈 가치

성장 문제를 떼놓고 보면 자산 가치와 수익력 가치 계산 두 가지 방법으로 회사 가치가 도출된다. 이들 두 방법을 써서 나온 값을 비교하면 크게 세 가지 경우의 수가 나온다. EPV가 자산 가치보다 큰 경우, 두 값이 같은 경우 그리고 자산 가치가 EPV보다 큰 경우. 각각의 결과는 나름의 전략적 의미를 함축한다.

EPV가 자산 가치보다 크다면 현재 기업의 수익력이 자산의 재생산 비용보다 크다. 앞에서 봤듯이 이 산업에 진입장벽이 없다면 매력적인 수익에 이끌려 신규 진입자가 끊임없이 안으로 쏟아진다. 새로운 회사

의 진입은 추가 발생 가치가 경쟁으로 소멸되는 시점에서 멈춘다. 진입
장벽이 없다면 재생산비용을 뛰어넘는 EPV는 유지되지 못한다. 따라
서 정확하게 계산된 EPV가 자산 가치보다 지속적으로 큰 경우에는 진
입장벽이 존재하고 기존 참여자가 견고한 경쟁우위를 차지한다.

자산 가치와 EPV 값의 차이는 곧 경쟁우위의 가치가 된다. 이 값
을 '프랜차이즈 가치'라고 부르기로 하자. 이는 경쟁우위를 이용해 회
사가 벌어들인 추가 수익이다. 특정 프랜차이즈 가치가 계속 유지되
는지, EPV가 회사의 전체 가치를 계산하는 적정한 방법인지 판단하
려면 이 프랜차이즈 가치의 크기를 매출액, 자산 가치 그리고 경쟁우
위와 비교해서 가늠한다. 프랜차이즈 가치가 클수록 그 가치를 창출
하고 유지해 주는 경쟁우위가 강력하다.

자산의 재생산 가치가 12억 달러이고, 세후 수익력이 2억 4,000만
달러이며 매출은 10억, 자본비용이 10퍼센트가 되는 회사를 예로 들
어 보자(표16.2). 이 회사의 EPV는 24억 달러다. 즉, 신규 진입자가 들
어와서 세후 자본비용(12억 × 10퍼센트)를 벌려면 매년 1억 2,000만 달
러를 벌어야 한다. 이 이상의 이익을 벌어들이려면 경쟁 우위가 필요
하고 경쟁우위가 가져오는 추가 수익, 즉 프랜차이즈 가치의 값은 세
후 1억 2,000만 달러(현재 영업이익 2억 4,000만 달러 - 경쟁 상태에서의 영
업 이익 1억 2,000만 달러)가 된다. 세후 이익은 세전 이익의 60퍼센트 규
모이므로 이 프랜차이즈 가치의 세전 값은 2억 달러(1억 2,000만 달러 ÷
(1-40%))가 된다. 이는 매출의 세전 마진이 경쟁 마진에 비해 20퍼센트
가 넘는다는 뜻이다(2억 달러 ÷ 10억 달러 매출).

EPV가 24억 달러가 되려면 그 회사는 경쟁우위 덕택에 고객을

표16.2

프랜차이즈 마진 계산하기 (단위 : 백만 달러)

자산 가치	$	1,200
매출액	$	1000
수익력	$	240
자본비용		10 %
EPV (수익력을 자본비용으로 나눈 값)	$	2,400
세율		40 %
자유경쟁일 때의 수익	$	120
프랜차이즈 수익 (수익력 - 자유경쟁일 때의 수익)	$	120
세전 프랜차이즈 수익 ($120 ÷ (1-40%))	$	200
매출액 대비 프랜차이즈 매출 퍼센트 ($200 ÷ $1,000)		20 %

독점해서 더 높은 가격을 요구하거나, 독점 기술을 갖고 있거나, 혹은 경제의 규모로 인해 비용이 낮아야 한다. 그래야 매출액의 20퍼센트에 달하는 추가 수익이 설명된다. 가치 계산 방법에 대한 결정-자산 가치법을 쓸지 EPV 방식을 쓸지-에서 해당 기업이 경쟁 우위를 누리는지에 대한 전략적 판단까지 연결된다. 자산 가치와 EPV를 비교하면 가치 평가를 하는 동시에 간단하면서 직접적인 방식으로 전략적 분야에도 포커스를 둘 수 있다.

자산 가치와 EPV를 비교했을 때 두 값이 비슷한 경우가 있다. 특정 회사가 압도적인 경쟁우위를 누리지 않는 대부분의 산업에서는 두 값이 크게 차이가 없다. 시장점유율의 변화가 심하고, 어떤 회사도 자본비용을 뛰어넘는 추가 수익을 벌지 못하며, 눈에 띄는 경쟁우위를 제공하는 원천이 없다면 자산 계산 방식을 사용하든 수익 가치 계산 방식을 사용하든 비슷한 가치 값이 나온다. 이렇게 나온 값이 NPV 하나만 사용했을 때보다 신뢰성이 뛰어난 것은 말할 필요도 없다.

마지막 나올 수 있는 가능성은 자산 가치가 EPV 값보다 큰 경우다. 두 방법 모두 적절히 계산되었고, 청산 가치를 계산해야 할 상황에서 재생산 가치를 사용한 경우가 아니라면 나올 수 있는 유일한 결론은 경영진의 자질 부족이다. 경영진이 자산을 효율적으로 활용해서 적절한 수익을 내지 못한 것이다. 이런 경우 회사를 평가하면서 경영진을 개선하거나 대체할 방법은 없는지 전략적 질문을 던져야 한다. NPV 방식을 사용하면 이런 질문이 나오지 않는다. NPV의 부족함을 보여주는 또 하나의 사례라고 하겠다

세 번째 계산 대상 : 성장의 가치

여태까지 논의한 전략적 가치 평가 방식에 성장의 영향을 고려해보자. 성장이 해로운 경우, 아무런 영향을 끼치지 못하는 경우, 바람직한 경우 세 가지로 나눠서 살펴본다.

성장이 해로운 경우

자산 가치가 EPV보다 큰 마지막 상황에서 성장은 상황을 악화시킨다. 성장은 자원이 결합되어 일하는 방식이다. 경영진이 끔찍할 만큼 자원 활용에 서툴다고 해 보자. 이 경영진이 새로운 회사를 세우거나 기존 사업을 확장하기 위해 추가 1억 달러를 투자하며 자본비용이 10퍼센트라고 하자. 자본비용이 10퍼센트라는 말은 일반적으로 위험이 비슷한 프로젝트에 돈을 투자했을 때 얻는 평균 수익률이 10퍼센트라는 뜻이다. 과거 실적이 반복된다면, 이 경영진은 10퍼센트보다 적은 돈

을 번다. 경쟁우위가 없는 상태에서는 10퍼센트 이상을 벌지 못한다. 예를 들어 경영진이 1억 달러를 투자하고 매년 벌어들이는 돈이 800만 달러로 수익률이 8퍼센트가 되는 경우가 발생한다.

자본비용은 10퍼센트이기 때문에 1억 달러를 투자한 신규 투자자는 그 대가로 1,000만 달러를 요구한다. 그 결과 과거에 자금을 투자한 투자자에게 돌아가는 수익은 마이너스 200만 달러가 된다. 성장에 대해 명심할 첫 번째 사실은 형편없는 경영진이 회사를 운영하고 있거나 경쟁열위 상황이라면 성장은 오히려 회사 가치를 갉아 먹는 원흉이 된다는 사실이다. 이런 상황에서 경영진이 성장하려고 움직이면 움직일수록 회사의 가치는 떨어진다.

성장의 효과가 중립인 경우

두 번째는 자산 가치가 EPV 값과 동일하고 전략적으로 분석해 봤을 때 경쟁우위가 존재하지 않는 상황이다. 이런 환경은 성장으로 인해 가치가 증가하지도 감소하지도 않는다. 회사는 딱 자본비용만큼의 수익을 내고 있으며 성장하더라도 수익률은 변하지 않는다. 새로운 투자금이 1억 달러라면 수익은 딱 1,000만 달러이고 이 추가 수익은 그 투자금을 마련해 준 신규 투자자에게 돌아가며 과거에 투자한 투자자에게 추가로 돌아가는 몫은 없다. 영업 이익이 1,000만 달러 증가하고 이는 고스란히 자본에 대한 대가로 지불된다. 자유 경쟁 시장에서 성장은 경쟁우위가 없는 시장으로의 진입과 같아서 가치가 늘어나지도 줄어들지도 않는다. 이런 경우 회사 전체의 가치를 계산할 때 성장에 대한 평가를 제외해도 무방하다.

성장이 이로운 경우

경쟁우위가 존재하는 상황에서만 성장으로 인해 회사 가치가 증가한다. 이는 앞서 말한 경우 중에서 첫 번째, EPV가 자산 가치보다 큰 경우로 인식 가능하고 오랫동안 유지되는 경쟁우위가 존재한다. 1억 달러를 투자했을 때 매년 1,000만 달러 이상의 수익이 돌아오며 과거 자금을 투자한 투자자에게도 이득이 생긴다. 재생산 비용이 가치의 첫 번째 주머니라면 수익력은 두 번째 주머니가 되고 성장 가치가 세 번째 주머니가 된다(그림16.1). '성장이 유리한' 경우라면 모든 요소를 감안한 NPV 분석이 성장을 포함한 전체 기업의 가치를 평가하는 데 유용하지만 그럼에도 불구하고 전략적 접근 방법이 필수적으로 들어가야 한다. 전략적으로 분석하면 성장을 유의적인 요소로 만들어주는 단 하나의 요소, 즉 성장하는 시장에서 유지되는 경쟁우위를 파악할 수 있다. 또한 이 방식은 발생 확률에 따라 최종 가치를 나눈 뒤 이를 주머니에 담아 보여 준다.

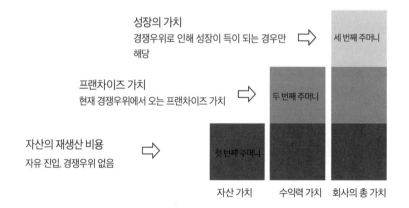

그림16.1 가치의 세 주머니

'성장이 유리하다'라면 성장 가치가 자산 가치보다 클 수 있다. 하지만 경쟁우위가 사라지고 진입장벽이 소멸되어도 자산가치는 남는다. 두 번째 주머니, 자산 가치를 초과하는 수익력 가치는 성장이 없을 때 경쟁우위가 가져다주는 가치다. 이는 자산 가치만큼은 아니지만 신뢰할 만하다. 가장 불확실성이 큰 가치는 성장의 가치로 불확실한 미래에 대한 예측이 관여될 뿐만 아니라 프랜차이즈 내에서 성장할 가능성도 가늠해야 한다. 하지만 프랜차이즈 내에서 추가 성장은 쉽지 않다.

전략적으로 가치를 계산하면 성장의 중요성을 가늠할 수 있다. 진입장벽이 견고한 시장이 보여 주는 특징 중 하나는 기존 참여자의 시장점유율이 꾸준하다는 사실이다. 따라서 한 특정 회사의 성장률은 산업 전체의 성장률 범위 내로 제한된다. 대개의 경우 한 회사보다는 전체 산업의 성장률 예측이 수월하다. 때때로 마이크로프로세서나 PC 소프트웨어 산업처럼 산업 성장률 예측이 어려운 경우도 있다. 이런 경우 인텔이나 마이크로소프트처럼 기존 참여자의 가치를 적정하게 산출하는 일조차 불가능해진다.

가치 측정에 대한 최종 의견들

전략적 가치 측정—자산 가치, 수익력 가치, 경쟁우위가 끼치는 영향력 평가, 성장의 가치—은 회사를 하나의 덩어리로 보고 가치를 측정한다. 이런 방식은 투자 회사나 개인 투자자가 금융 시장에 투자할 때 사용한다. 벤자민 그레이엄과 데이비드 도드David Dodd에서 시작해서 월터 슐로스Walter Schloss, 워런 버핏, 마리오 가벨리Mario Gabelli, 세스 클라만Seth Klarman까지 이어지는 가치 투자자가 개발한 방식이다.* 이들이 오랜 기간에 걸쳐 시장보다 높은 성적을 거뒀다는 사실은 가치 측정 방식의 유효성을 강력하게 뒷받침한다. 주식 투자의 경우 고려 사항이 하나 더 존재한다. 가치 평가 결과 실제 경제적 가치보다 낮은 가격으로 거래되는 주식이 있다면 벤자민 그레이엄의 유명한 '안전 마진Margin of Safety'이 충분한 경우에만 주식을 구입해야 한다. 안전 마진은 시장 가격과 기본 가치 간의 차이를 말한다. 경쟁이 심한 산업이라면 이 마진은 거래 가격과 자산 가치 간의 차이를 말한다. 지속 가능한 경쟁우위를 누리는 회사라면 이 차이는 시장 가격과 수익력 가치 간의 차이를 뜻할 수 있다. 그리고 경쟁우위에다 덧붙여 수익을 내면서 계속 성장하는 경우라면 성장 가치가 안전 마진이 될 수 있다. 이때 주식은 현재의 수익력 가치보다는 낮은 가격에서 거래되어야 한다. 물론 이런 경우는 흔하지 않다. 안전 마진을 고려한다는 점은 전략적 분석이 투자 결정의 핵심 과정으로 쓰인다는 사실을 다시 확인해 준다.

회사에서 개별 프로젝트로

투자 프로젝트에 적용하는 가치 평가 방법은 전체 회사의 가치를 평가하는 요령과 크게 다르지 않다. 스케일이 작아질 뿐이다. 전략적

---

* 워런 버핏의 유명한 에세이 『그레이엄과 도즈빌의 슈퍼 투자자들(The Superinvestors of Graham and Doddsville)』을 보면 이들 투자자들이 1980년대에 일궈낸 성공에 대해 자세히 알 수 있다.

과제는 여전히 중요한 위치를 차지한다. 첫 단계로 자산에 들어가는 초기 투자액을 그 이후에 들어오는 수입 흐름과 구분한다. 초기 투자액은 곧 프로젝트의 자산 가치다. 수입 흐름은 성장 가치를 포함한 수익력 가치가 된다. 자산 가치보다 수익력 가치가 크다면 이는 지속 가능한 경쟁우위로 설명되어야 한다. 성장과 마진에 대한 한없이 낙관적인 전망이 불확실하게 높은 잔여 가치와 엮이면 신뢰하기 어려운 결과가 나온다. 뚜렷한 경쟁우위가 보이지 않는다면 성장 전망이 아무리 장밋빛이라 한들 프로젝트의 가치가 변하지 않는다. 이런 환경에서라면 프로젝트가 성숙 단계에 들어서는 시점 이후에는 성장이 없다고 가정하고 사업 분석을 하는 쪽이 정확하다. 상세하게 짚고 넘어가는 데도 곳곳에서 오류가 나오는 NPV보다 바람직한 방법이다.

경쟁우위가 없다면 투자수익률은 자본비용을 넘지 못하며, 현재 소유주에게 추가 가치를 제공할 수 없다. 새로운 분야로 사업을 확장하거나, 새로운 제품 라인을 개발하거나, 회사 전체를 구입하더라도 결과는 다르지 않다. 자본비용 이상을 벌어들이는 유일한 예외는 뛰어난 경영진을 갖춘 경우다. 이 경우 우수한 경영진은 보유 자원을 최대한 효율적으로 사용하고 남보다 높은 수익을 짜낸다. 우수한 경영진이 가져다주는 긍정적인 영향은 마지막 장에서 다루기로 하자. 한편 경쟁우위가 튼튼하게 자리 잡아서 험한 세상으로부터 회사를 보호하는 경우, 그 회사에 투자한 투자자는 쏠쏠한 수익을 보장받는다. 기회를 잘 이용할 수도 있고 기존의 프랜차이즈를 잘 보호할 수도 있다. 기업의 확장/발전에 대해서는 다음 장에서 좀 더 자세히 다룬다.

제17장

기 업 확 장 과
전 략
M&A, 벤처 캐피털, 브랜드 확장

M&A, 벤처 사업, 브랜드 확장—기업을 확장하는 수단들—은 모두 전략적 결정에 의해 일어난다. 전략과 전술을 구분하는 전통적 기준을 살펴보면 기업 확장에 관련한 사항은 모두 전략적 의사결정으로 분류된다. 일단 기업 확장이 결정되면 방대한 규모의 자원이 투입되고 회사의 전략적 방향에 영향을 주는 데다가 오랜 시간에 걸쳐 그 결정에 대한 책임이 따른다.

전략적 의사 결정안을 평가할 때 미래 현금흐름을 현재가치로 할인 평가한 다양한 예측 시나리오를 이용해서 비즈니스 케이스를 분석하는 방법이 많이 쓰인다. 그러나 앞서 제16장에서 다루었듯이 할인된 현금흐름 방식은 적절한 방법이라고 하기에는 심각한 결함이 있다. 투자 결정을 위해 계산한 가치가 불확실할 뿐만 아니라 먼 미래의 성장률, 이익 마진, 자본비용 그리고 기타 불확실한 변수를 사용하기 때문이다. 아울러 가장 흔하게 사용하는 할인 현금흐름 분석은 미래에 경쟁이 어떤 양상을 보일지, 얼마나 치열할지 검증이나 검토를 제대로 거치지 않은 가정을 근거로 한다.

이 책에서 상세히 논하는 전략적 프레임워크, 특히 전략을 결정짓는 가장 중요한 요소는 기존 진입자가 확보한 경쟁우위라고 보는 시각은 기업 확장 문제에도 직접 적용된다. 기업 확장 분야에서 의사 결정을 내릴 때 이 방식이 얼마나 유용한지 가늠해 보면 이 방식의 가치를 확실하게 알 수 있다. 새로운 시도가 성공할지 실패할지 경쟁 환경을 확실히 파악하면 적어도 할인 현금흐름 분석으로 도출한 결론을 한번 더 검증할 수 있다.

M&AMergers & Acquisitions(인수합병)

M&A 결정은 상당한 규모의 투자 결정이다. 이 의사 결정은 크게 두 가지 특징이 있다. 첫 번째, 인수는 한 개의 회사에 집중 투자하는 결정이다. 제한된 숫자의 기업 중에서 하나를 골라서 구입한다. 인수 업체는 그 특정 회사에 직접 투자하거나 자신의 주주에게 돈을 분배하는 방식으로 투자하기도 한다. 투자 회사나 그 회사 주주가 다양한 산업의 기업에 투자하거나 전 세계적으로 분산해서 포트폴리오를 구성할 수도 있다. 다른 회사를 인수하면 특정 산업에 편중된 전문 분야를 다각화하지만, 주식의 분산 구입보다는 덜 분산된다. 이런 관점에서 보자면 M&A는 여느 집중 투자 전략처럼 주식의 분산 투

자보다 위험이 크다. 추가 위험을 보상해 주는 이득이 존재할지 모른다. 이런 이득이 정확하게 파악되지 않으면 투자 자본을 보유하거나 주주에게 배분하는 기업 입장에서 봤을 때 인수 정책은 뛰어난 선택이 아니다.

M&A의 두 번째 특징을 보면 인수 결정이 타당하다고 보기가 더 힘들다. 주식 시장에 상장된 회사를 인수하려면 인수 사실을 공개하기 전에 거래 가격보다 높은 프리미엄을 주고 주식을 사들이는 경우가 대부분이다. 이런 프리미엄은 보통 거래가의 30퍼센트에 달하지만 심한 경우 70퍼센트나 100퍼센트가 되기도 한다. 상장되지 않은 개인 회사에 붙은 프리미엄은 상장 회사에 붙은 프리미엄보다 역사적으로 낮지만, 인수 시장이 한창 뜨거워지면 투자은행이 하이에나처럼 미리 개인 회사를 사들이면서 인수 경쟁을 격화시킨다. 이런 상황에서 인수 회사가 협상할 여지는 별로 없다.

모든 것을 감안해 보면 인수란 시장 거래 가격에 프리미엄을 얹어서 위험한 자산에 집중 투자하는 행동이다. 인수나 자문을 제공하는 투자은행Investment Bank에 지불하는 터무니 없이 높은 수수료 역시 비용 부담을 가중시킨다. 분산되지 않은 엉성한 펀드를 들고 와서 순자산가치보다 더 비싼 가격에 팔며 심지어 수수료를 갈취하는 펀드 매니저가 눈앞에 서 있다. 어떤 느낌이 들겠는가?

고작 손익분기점에 도달하자고 인수에 상당한 자금을 부담하는 또 하나의 이유는 M&A 산업의 주기적 성격에서 온다. 주식 가격이 바닥을 치면 M&A 산업 역시 불황이다. 주가가 올라가야 M&A도 활발해진다. 회사가 매물로 많이 나온 때가 아니라 주식이 상한가를 치고 있을 때만 골라서 회사를 인수하겠다고 아우성친다. 펀드 투자 설명서에 가격이 상승할 때만 주식을 사겠다고 명시해 놓는 셈이다. 투자 전략 관점에서 봤을 때 M&A가 이루어지려면 더 온당한 이유가 있어야 한다.

재무적, 전략적 인수자들

M&A를 논하다 보면 재무적 이익을 보려고 투자하는 인수자와 전략적 목적으로 투자하는 인수자를 자연스럽게 구분하게 된다(그림17.1). 그 차이가 항상 명확하지는 않지만 전략적 인수자는 피인수 회사, 혹은 인수자 자체의 운영을 개선할 목적으로 인수를 결정한다고 보는 게 통설이다. 한편 재무적 인수자는 회사를 인수하더라도 그저 투자 포트폴리오에 그 회사를 추가할 뿐 영업 방식에 크게 관여하지 않는다. 영업 방식을 바꾸지 않는다면 인수는 높은 거래 비용을 지불해가며 시장보다 비싼 가격에 위험이 분산되지 않은 투자를 하는 셈이다. 왜 이런 방식으로 투자하는지 상식적으로 납득할 수 없다.

이렇게 되면 전략적 인수만을 바라보게 된다. M&A를 정당화하려면 인수자는 사들인 기업에 무언인가 공헌해야 한다. 경영진의 자질을 개선하거나, 세금 혜택 같은 일반적인 가치 창출도 가능하고, 특정 산업에 사용할 기술을 개발한다든가, 두 회사를 합치면서 나오는 규모의 경제나 마케팅 우위처럼 보다 구체적인 가치 창출도 존재한다. 이런 식의 결합은 그 정의상 '시너지'를 창출해야 한다. 따로 떨어져 있는 것보다 함께 있는 것이 더 행복한 그런 상태가 시너지다.

그러나 전략적 인수의 역사를 되돌아보면 아무리 상황이 유리해도 인수 회사 주주의 입장에서는 그 결과가 참담하다. 인수 시점에서 인수 회사의 주가는 인수가 알려지기 20일 전 주가보다 평균 4퍼센트 가량 하락한다. 반면 피인수 회사는 20퍼센트 이상 상승한다. 인수 회사 주주의 수익률은 우울할 지경이다. 인수 회사는 보통 인수 후 5년에 걸쳐 주가가 20퍼센트 정도 하락한다. 인수 회사는 인수를 계속하는 성향이 있기 때문에 추가 인수에 대한 예상 탓에 주가가 다른 경쟁자보다 낮다. 이 경향을 생각하면 M&A가 실제적으로 가져오는 부정적인 주가 하락은 실제 보여지는 것보다 크다.

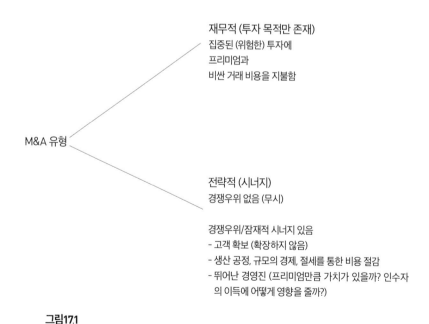

그림17.1
M&A의 유형

시너지를 찾아서

인수 회사가 자신의 핵심 사업과 크게 관련 없는 회사를 인수했을 때 특히 성적이 바닥을 친다는 것은 그리 놀랍지 않다. 시너지가 발생할 가능성이 낮고 설사 발생하더라도 그 영향은 미미할 것이 예측되기 때문이다. 이런 식으로 회사를 합치면 곧 다시 해체된다. 이런 유형으로 인수를 진행한 회사는 다른 비슷한 회사보다 주가가 하락하는 데다가 덩치 큰 회사를 쪼개서 팔려는 구매자의 인수 대상이 된다.

인수로 만들어진 회사의 재무 성적을 인수 전과 비교해 보면 크게 개선되지 않는다. 인수된 부문의 성적을 살펴보면 평균 성적은 인수 후 악화된다. 뒤따른 연구에 따르면 영업 마진이 개선되기는 하지만 고작 0.2~0.4퍼센트 범위다. 피인수 회사에 지불한 프리미엄을 보상하기에는 턱없이 부족하다.* 공장 운영 면에서 살펴보면, 피인수 회사의 영업비용은 줄어들지만 인수 회사의 영업비용이 증가하면서 상쇄된다. 역사적 사실을 고려했을 때, 인수에서 성공 요소로 거론되는 사항을 주의 깊게 살펴보자.

1950년부터 1986년까지 33개 미국 대기업의 다각화 전략을 살펴본 결과 마이클 포터는 이들이 인수한 회사를 유지하기보다 분사시켰다는 사실을 알아냈다. 또한 인수에 성공한 회사를 면밀히 연구한 결과 세 개의 특질이 있어야 성공한다고 결론 내린다. 첫째, 인수 대상 회사가 반드시 '매력적인(이익이 높거나 성장이 빠른)' 산업에 있어야 한다. 둘째, 인수 회사와 피인수 회사의 영업 측면에서 시너지가 발생해야 한다. 셋째, 인수에 지불된 프리미엄이 시너지의 가치보다 커선 안 된다.

---

* 이 내용은 안드레이드(Andrade), 밋첼(Mitchell) 그리고 스태포드(Stafford)의 학술 기고분을 요약한 것이다.

성공적인 인수를 위한 필요 조건은 마이클 포터의 세 조건보다 더 간단하다. 마지막 기준은 단순한 셈법이다. 프리미엄을 비싸게 지불하면 이는 주주의 가치를 더해 주기는커녕 앗아가 버린다. 문제는 실현 가능한 시너지의 가치를 계산해내야 이 프리미엄이 과대평가 되었는지 판단할 수 있다는 사실이다. 더 자세히 살펴보면 첫째와 둘째 기준은 긴밀하게 연결되어 있어서 사실상 같은 이야기를 하고 있다.

앞에서 논했듯이 '매력적인' 산업이 되려면 단 한 가지 요소가 필요하다. 기존 참여자의 경쟁우위가 존재해야 한다. 달리 말하자면 진입장벽이 필요하다. 진입장벽이 없다면 추가로 외부에서 침투하거나 기존 참여자가 사업을 확장하면서 자본비용 이상의 추가 수익이 사라진다. 기가 막히게 효율적으로 회사를 운영하는 회사라면 한동안은 추가 수익을 벌어들일지 모른다. 그런 회사라면 뛰어난 경영진이 적절한 곳에 신경을 집중하기 때문에 경쟁이 치열해도 추가 수익이 사라지지 않는다. 그러나 어떤 산업이 '매력적'이려면 뛰어난 경영진 없이도 '매력적'인 수익이 나와야 하고 그러려면 진입장벽이 제공해 주는 보호막과 기존 참여자가 누리는 경쟁우위가 있어야 한다.

경쟁우위와 시너지

시너지가 발생하려면 경쟁우위가 필요하다. 둘 사이의 관계는 분명하다. 인수되는 회사가 경쟁우위가 없다면 두 회사를 함께 보유하는 과정에서 경쟁우위가 나와야 한다. 인수 회사가 자체적으로 피인수 회사의 사업을 운영할 내공이 없더라도 그 일을 대신 할 다른 회사는 얼마든지 존재한다. 시장에서 경쟁이 활발하다면 누군가 그 일을 기꺼이 하려고 나선다. 두 회사를 병합하는 과정에서 부가가치가 발생하지 않는다면 인수회사는 시너지가 나오도록 조치를 취할 수 없고 누군가를 고용할 수도 없다. 인수 회사가 인수 후에도 똑같은 방식으로 운영되면 인수를 통한 시너지는 없다.

시너지가 정반대 방향으로 움직이는 것, 즉 인수자가 피인수자에게 시너지를 제공하는 경우도 가능성이 희박하다. 피인수 회사가 속한 산업이 경쟁우위가 없다면 두 회사가 하나로 합쳐진다고 상황이 달라지지 않는다. 인수 회사가 이미 보유한 경쟁우위를 새로운 시장에서 활용한다고 생각해 보자. 그 경쟁우위를 한 회사를 통해서 활용하든 다른 아무 회사에게 활용하든 효과는 같다. 굳이 회사를 구입할 이유가 없다. 예를 들어 어느 유통회사가 특정 지역에서 효율적이고 광범위한 인프라를 구축해서 고객을 독점하고 규모의 경제를 확보했다면 해당 유통 채널에 속하는 고객 명단을 추가로 구입하거나 그 서비스를 다른 회사에 제공하면서 추가 이익을 얻을 수 있다. 해당 시장에서 경쟁우위를 갖고 있지 않다는 말은 그 인수자가 제공하는 것이 무엇이든 다른 참여자도 똑같이 그것을 가질 수 있다는 뜻이다. 따라서 피인수 회사에 경쟁우위가 없다면 그 회사를 인수해도 시너지가 발생하지 않는다. 그 결과 '매력적'인 시장, 즉 경쟁우위가 존재하는 시장에서만 진정한 의미의 시너지가 발생한다.

상당히 많은 사람들이 시너지가 존재한다고 생각한다. 없을 리 없다고 확신하는 시너지도 실제로 실현되는 경우가 별로 없다. 피인수 회사가 확실한 브랜드 이미지를 갖고 있지만 고객을 확실하게 독점하지 못한 상태라면 인수 회사는 인수를 통해 추가 이득을 얻는다고 생각한다. 이런 논리라면 크라이슬러가 메르세데스-벤츠를 인수하면서 브랜드 이미지가 개선되는 효과를 누려야 했다. 그러나 브랜드 이미지가 강하다고 해서 그것이 곧 경쟁우위를 뜻하지는 않는다. 럭셔리 세단 시장에는 메르세데스 말고도 몇몇 강력한 라이벌이 있다. BMW, 재규어, 어큐라, 렉서스 그리고 인피니티, 이들 모두 품격 있는 럭셔리 세단이라는 브랜드 이미지가 있다. 이런 고급스러운 브랜드 이미지가 손상되지 않고 크라이슬러에게 고스란히 돌아간다면 라이선스나 수수료 등 기타 다른 방법을 사용해서라도 크라이슬러는 기꺼이 그 대가를 지불했을 것이다. 그런 이미지가 있는 회사도 그 대가를 받고 기꺼이 크라이슬러와 손을 잡았을 테다. 브랜드의 효용이 이전될 수 있다면 -실제로 그런지는 의심스럽지만- 비싼 가격에 M&A만 고집할 이유도 없고 렌탈 거래를 하는 편이 경제적이다.

고객 확보하기

이 책의 전략적 관점에서 보자면 M&A를 결정할 때 피인수 회사의 경쟁우위를 살펴보는 일이 최우선이다. 경쟁열위는 두말할 것도 없이 인수해서는 안 된다. 하지만 모든 경쟁우위에서 시너지가 나오지는 않는다. 고객 독점은 쉽게 이전되지 않는다. 콜라를 마시는 고객은 제품 충성도가 가장 높은 부류다. 그러나 특정 브랜드의 콜라를 마신다고 특정 생명 보험, 특정 브랜드의 짭짤한 과자, 특정 패스트푸드 브랜드의 상품을 구입하지는 않는다. 코카콜라가 특정 크래커 회사를 구입했다는 이유로 코카콜라 소비자가 크래커 소비 패턴을 바꾸지 않는다. 펩시를 마시는 사람이 코크를 마시는 사람보다 더 많은 프리토레이 과자를 구입한다는 이야기를 들어봤는가?

금융 서비스 측면에서 보자. 최근에 가입한 보험 상품이 있는데 거래 보험사를 매입한 은행이 내가 늘 거래하는 은행의 경쟁 은행이다. 그렇다고 거래 은행을 갈아치울 때 발생하는 전환비용이 감소하지 않는다. 가족 보험 상품을 선택하는 문제와 거래 은행을 선택하는 문제는 별개의 이슈로 고객 독점이 독립적으로 일어난다. 보험사와 은행을 연결하는 금융 거래가 발생하더라도 이런 특질은 약화되지 않는다. 특정 금융 서비스 회사(ex. 증권회사)가 인수를 통해 '금융 상품 슈퍼마켓'이 되려다가 반복적으로 실패하는 이유다.

미국 몇몇 대도시에서 광섬유 라인으로 지역 휴대폰 서비스를 제공하던 텔레포트Teleport를 AT&T가 인수했을 때, AT&T는 고객들이 지역 서비스는 물론 장거리 서비스까지 동시에 제공해 주는 업체를 두 팔 벌려 환영할 것이라고 기대했다. 하지만 그런 일은 일어나지 않았다. AT&T는 장거리 서비스와 지역 전화 서비스를 동시에 사용하는 고객을 확보하지 못한다. 그들은 지역 서비스 제공자의 곁을 지켰다. AT&T의 CEO 마이클 암스트롱Michael Armstrong은 "두 회사 간 재무적, 전략적 시너지가 크게 발생할 것이다"라고 장담했지만 두 개의 서비스를 기꺼이 하나로 합치려는 소비자의 숫자는 미미했다. 즉, 이론적으로 보나 경험적으로 보나 M&A를 한다고 고객 독점에서 나오는 경쟁우위는 쉽게 이전되지 않는다. 모든 장밋빛 전망과 약속에도 불구하고 이 분야의 경쟁우위에서 나오는 시너지는 그렇게 크지 않다.*

---

* 정부 라이선스, 규제, 기타 개입으로 인해 고객이 확보되면서 발생하는 경쟁우위는 인수가 일어나더라도 지금 현재의 규모 그 이상을 넘지 못한다.

비용 절감

장밋빛 희망이 섞인 상상, 인수를 권장하는 자극적인 선전을 한쪽으로 치워버리면 M&A에 시너지를 가져다주는 단 하나의 원천으로서 비용 경쟁우위─가장 흔하게는 기술 독점과 규모의 경제 그리고 여기에 고객 독점까지 가세한 경우에 발생하는─를 마주하게 된다. 비용 경쟁우위 하나만 놓고 보면 잠재적인 시너지 크기를 계산하는 문제는 상대적으로 간단하다. 피인수 회사나 인수 회사에 독점적 생산 기술이 존재하고 이 기술을 다른 회사에도 적용할 수 있다면 비용이 절감된다. 두 회사가 합쳐지면서 유통, 마케팅, 연구개발비, 그 외 일반적인 간접 비용과 관련한 고정비가 절감되면 공동으로 규모의 경제를 실현한다. 이 경우 인수 효과를 계산하는 적절한 방법은 비용 절감 규모를 측정하는 방법이다. 절감 비용이 인수하는 데 지불한 프리미엄을 감당할 만큼 크고, 그 결과 인수자에게 추가 가치를 창출해 줄까?

회사 임원이나 M&A를 지지하는 은행가가 이런 방법을 이용해 인수의 정당성을 입증하려 하면 많은 거래가 무산될 가능성이 높다. (장담하건대, 보장할 수 없는 장밋빛 미래를 근사하게 보여 주는 스프레드 시트 그리고 우아한 파워포인트 발표로 인수 제안을 포장하면 그 제안이 얼마나 강력한 유혹으로 다가오는지 그 영향력을 과소평가해서는 안 된다.)

AOL이 무려 500억 달러의 프리미엄을 주고 타임워너사(社)를 구입하면서 연간 약 6억 달러에 달하는 비용을 절감한다고 예측했다. 이 비용 절감을 적절하게 현재가로 할인하면 이는 100억 달러에 불과하다. AT&T는 그 어떤 비용 절감도 기대할 수 없는데도 케이블 회사를 구입했다. AT&T는 후일 이 회사를 구입가의 반값에 매각한다. 1997년 말 실드에어코퍼레이션Sealed Air Corporation이 W.R. 그레이스W.R.Grace and Company(미국의 화학제품업체)의 밀착 포장 사업을 인수하기 위해 30~40억 달러에 달하는 프리미엄을 지불하면서 매년 1억 달러에 달하는 비용 절감을 예상했다. 이 금액을 10퍼센트로 할인하면 총가치는 겨우 10억 달러가 된다. 그 결과 실드에어의 주가는 큰 폭으로 하락한다. 일반적으로 봤을 때 시장가보다 프리미엄을 주고 인수를 감행하려면 두 회사를 하나로 만들었을 때 비용 절감이 그 프리미엄 값보다는 커야 한다. 그 외의 시너지가 실제로 발생할 확률은 높지 않다.

비상장 회사의 인수 역시 상장 회사의 매입과 똑같은 비용 절감 확인 절차를 거쳐야 한다. 비상장 회사의 인수는 기본적으로 '직접 만들까 혹은 남이 만든 것을 구입할까'를 결정하는 문제가 된다. 대형 제약회사가 제약을 개발하는 스타트업을 사들이거나 유명한 레코드 회사가 독립 레코드회사를 사들이는 경우가 이에 해당한다. 문제는 자체 개발과 라이센싱을 통해 제품을 만드는 쪽과 기성품을 곧바로 사들이는 쪽, 어느 쪽이 더 저렴한지 파악하는 일이다. 기성품 매입 가격은 보통 비싸다.

원하는 제품이 특수한 경우라면 인수 말고는 다른 대안이 없다. 그러나 이런 상황에서도 비용 원칙을 고수해야 한다. 이 때 피인수 회사는 분명한 경쟁우위가 있다. 인수 회사나 그 어떤 다른 회사도 그 제품에 필적하는 대체품을 만들지 못한다. 이 경우 피인수 대상의 가치는 (제16장 '가치 평가'에서 논한) 일반적인 방법으로 계산한 회사 가치에 시너지 가치를 더한 값이 된다. 앞서 말한 바와 같이 시너지는 주로 비용 절감을 통해 발생한다. 그리고 비용 절감은 독점 생산 기술, 통합하면서 발생하는 규모의 경제에서 나온다. 예를 들어 인수 회사가 피인수 회사의 뛰어난 상품을 유통시킬 유통 채널을 광범위하게 갖고 있으면 피인수 회사 혼자서는 확보할 수 없는 유통 채널을 갖게 되면서 규모의 경제가 발생한다.*

인수 회사의 뛰어난 경영진이 피인수 회사의 운영 상태를 획기적으로 개선시킨다는 명분 하에 많은 M&A가 이루어진다. 이 주장은 비용과 관련된 두 가지 가정에 근거한다. 첫째, 피인수 회사의 무능한 매니저를 해고해서 인건비가 낮아진다. 인수 회사의 경영진이 연봉 증액 없이 해고된 매니저의 일을 해내거나 능력 있는 경영진을 기존 경영진보다 적은 숫자로 고용해서 업무를 시키면 인건비가 줄어든다.

두 번째 가정은 피인수 회사의 운영을 개선해서 비용을 절감한다는 주장이다. 다른 유형의 비용 절감은 기대하기 어렵다. 마케팅에 관한 전문성은 해당 산업에서만 통용된다. 인수 회사가 피인수 회사의 마케팅을 개선할 능력이 있다면, 인수 회사는 피인수 회사와 같은 산업 분야나 그와 가까운 산업 쪽에 발을 담그고 있을 가능성이 높다. 그렇다면 애초에 인수할 필요가 있었을까? 인수해서 재정비하는 수고를 들이지 않아도 피인수 회사의 마케팅 이력을 똑같이 만들어 내

---

* 다각화 역시 절세 효과로 비용이 절감된다고 주장한다. 다양한 사업군을 가진 회사는 영업 이익의 변동이 작아서 더 많은 부채를 소화해낸다. 주식과 비교했을 때 부채는 이자 비용으로 인한 절세 효과가 있어서 비용이 낮아진다. 또한, 투자에 대한 대가로 수익을 주주들에게 나눠 주는 대신 자본을 회사에서 활용하면 배당금이나 자본 이득에 대한 세금을 피하게 된다.
이와 별도로, 버크셔 헤더웨이 같은 회사가 비상장 회사를 구입하면서 버크셔 헤더웨이 주식으로 자금을 지불하면 비용 절감이 발생한다. 현금을 대가로 회사를 매각해서 그 자금으로 주식에 투자하는 대신 버크셔의 주식을 받으면 비상장 회사 소유주는 세금도 내지 않고 버크셔의 다각화된 사업 포트폴리오의 수익을 누린다. 이런 경우 절세는 중요한 이슈가 되지만 이런 일은 자주 발생하지 않는다.

면 된다. 뛰어난 경영진 확보로 얻는 이득은 보통 피인수 회사의 영업을 개선하거나 부진한 방식을 없애버리는 데서 나온다. 그 이상을 기대하기는 어렵다. 인수 회사의 경영진은 피인수 회사의 종업원과 인간적인 관계를 형성하지 않았으므로 해고도 손쉽다. 그 결과 비용이 감소하는데 그 효과는 손쉽게 계산된다.

M&A의 가치를 논할 때 '뛰어난 경영 방식'을 피인수 회사에 적용하기 위해 M&A해야 한다는 주장을 조심해야 한다. 피인수 회사의 생산성을 높이는 과정에서 인수 회사의 생산성이 악화되어 이득이 손실로 상쇄된다. 경영진의 관심, 특히 뛰어난 경영진의 관심은 회사의 입장에서는 희소 자원이다. 신경 쓸 대상이 많아지면 그 관심의 질이 현재 수준대로 유지되기 쉽지 않다. 인수 대상에 자원을 활용하면 인수하는 회사의 운영에 대한 경영진의 관심이 멀어진다. 인수가 정당화되려면 인수 회사와 피인수 회사의 영업 평균 수준이 함께 올라가야 한다. 게다가 인수 과정 자체는 영업 활동에 좋은 영향을 주지 못하면서 경영진의 신경을 송두리째 앗아가 버린다.

똑똑하게 인수를 진행하면 잠재적으로 매출이 증가하기도 한다. 첫째, 인수로 매출이 증가하거나 효율성이 개선되면 과거에는 수지가 맞지 않던 영업이 이제는 합리적인 선택이 된다. 그러나 이런 노력으로 추가되는 부가가치는 미미할 가능성이 높다. 부가가치가 상당하다면 회사가 그런 조치를 이미 취했을 것이고 굳이 규모의 경제나 효율성 개선을 기대할 필요도 없이 이익을 충분하게 내고 있어야 한다. 따라서 이런 차이로 얻는 추가 이득은 작다. 설사 매출 증대가 상당하더라도 이익 증가분은 크지 않을 가능성이 높다. 둘째, 인수로 경쟁자를 제거하면, 특히나 자신과 협조적인 태도를 취하지 않는 골칫덩어리 경쟁자를 제거한다면 산업 내에서 가격 정책이 안정된다. 하지만 바로 그 이유 때문에 인수가 종종 반독점법의 그물망에 걸린다. 그 산업의 참여자가 직접 손을 대는 것보다 다른 산업에 속한 기업으로 하여금 인수 프리미엄을 지불하게 하는 쪽이 현명하다. '프리 라이더'가 되어서 옆에서 지켜볼 때 얻는 이득이 큰 법이다.

M&A의 핵심

M&A의 전략적 핵심은 두 가지 기본 사항이 충족되어야 그 노력과 비용을 보상받는다는 점이다. 첫째, 경쟁우위가 있어서 지속적 이득을 벌어 주는 시너지가 나와야 한다. 둘째, 그 시너지를 통해 상당한 비용 절감이 일어나야 한다. 두 회사를 합쳐서 부가가치가 창출되려면 확실하게 예상되는 현실적 비용 절감액보다 인수 프리미엄 금액이 작아야 한다. 물론 경쟁우위가 없어도 효율적으로 사업을 운영하는 뛰어난 경영진이 존재한다. 그러나 앞서 논했듯이 경영진의 관심이란 무한한 자원이 아닌 까닭에 이런 사례는 흔하지 않다. 마지막으로 인수 프리미엄을 맹렬하게 정당화하려는 움직임이 있더라도 M&A 없이 협조 약정을 통해 그 혜택을 이루어낼 수 없는지 냉정하게 따져 봐야 한다. 협상을 통해 M&A 효과를 누릴 수 있다면 인수 프리미엄은 정당화되지 못한다.

인수 대가가 현금이 아니라 주식으로 지불된다면 계산 방식 수정이 필요할 수도 있다. 앞서 말한 AOL의 타임워너 인수 과정에서 시장가를 초과하는 프리미엄과 잠재적인 비용 절감을 비교했을 때

AOL은 인수 대가를 과다하게 지불했다. 그러나 AOL은 자기 주식으로 대가를 지불했고 그 당시 AOL의 주가는 어떤 관점으로 보든 상당히 과대평가 된 상태였다. 가격이 올라간 통화를 이용해서 타임워너를 인수한 셈이다. 이는 AOL 주주에게 유리한 결정이다. 물론 정확하게 상황을 판단하게 될 때까지는 상당한 시간이 흘러야 했다. M&A 거래에서는 파는 쪽이 사들이는 쪽보다 유리하지만 인수자가 자기 주식—인수자가 그 누구보다 미래 가치를 잘 알고 있는 자산—으로 인수 대가를 지불하는 경우에는 회사를 파는 사람 역시 치밀하게 주의를 기울여야 한다.

현금 거래로 성사되지 않을 거래를 자기 주식으로는 지불하는 단 하나의 이유는 인수자의 주식이 과대평가 되어 있기 때문이다. 현금과 주식 중에 어느 것으로 지불할지 선택하는 일이 거래의 경제적 본질에 영향을 주지는 않는다. 자기 주식이 진짜 가치보다 낮은 가격으로 거래된다고 믿는 인수자는 주식으로 대금을 지불하지 않는다. 역사적으로 봤을 때 주식 시장은 현금 인수보다 주식 인수에 대해 더 가혹했다. 거래가 알려지자마자 인수회사의 주식을 그야말로 바닥으로 내동댕이치는 일이 빈번했다.

벤처 캐피털

전략적인 고려가 중요한 두 번째 분야는 벤처 캐피털 투자다. M&A와 마찬가지로, 벤처 투자 역시 전략적 의사결정에 해당한다.

상당한 자원을 할애하고, 회사에 끼치는 영향이 장기적일 뿐만 아니라, 그 기업의 사업 방향이 어디로 향하는지 알려 주는 이정표 역할을 한다. 전략적 관점에서 봤을 때 벤처 캐피털의 성공 여부는 그 시장에 들어오는 잠재 진입자가 어떻게 행동하느냐에 달려 있다. 아무리 미래가 창창한 신규 산업이라도 진입장벽이 없다면 벤처 투자의 무덤이 될 수 있다. 디스크 정보 저장 산업의 역사는 매력적인 시장에 벤처 투자자가 넘쳐나고 신규 진입자가 물밀듯이 들어오는 바람에 참여자 모두 손실을 본 대표적인 사례다.

일반적으로 알려진 바에 의하면 벤처 캐피털 투자에 성공하려면 두 가지 요소를 갖춰야 한다. 사업 계획이 뛰어나고 벤처 팀의 역량이 우수해야 한다.* 그러나 현실에서는 오직 두 번째 요건만이 중요한 역할을 한다. 벤처 캐피털 자체의 특성상 벤처 캐피털 투자는 지배적인 경쟁자가 없고 경쟁이 치열하지 않은 신규 시장이나 아직 개발이 이루어지지 않은 시장을 대상으로 이루어진다. 벤처 투자자가 희망하는 바에 따르면 독점 기술은 투자가 진행되면서 개발된다. 그러나 투자를 시작할 시점에는 당연히 그 어떤 회사도 독점 기술이 없다. 고객을 독차지하겠다는 것이 벤처의 목적이 될 수도 있지만 이런 초기 시장의 고객은 가져가는 사람이 주인이 된다. 빠른 성장과 규모의 경제 확보가 목표일 수도 있다. 소위 '몸집 불리기'를 해서 규모의 경제를 갖겠다고 희망할 수도 있다. 하지만 막 잉태된 벤처가 다른 경쟁자와 비교

---

* 벤처 캐피털의 수익률은 창업자와 맺은 계약에 달려 있다. 여기서는 이 주제를 무시한다. 벤처 투자자금을 받은 사업의 성공 여부 자체가 지금의 관심사이고 그 이득을 나누는 방식이나 벤처 계약을 맺은 경영진이 효율적으로 인센티브를 나눠 가지는 문제가 아니기 때문이다.

해서 그런 우위를 가지기란 쉽지 않다. 그 결과 완벽하게 준비된 벤처 사업 계획은 최종적으로 경쟁우위 확보에 기대를 걸어야 하지만 경쟁 우위를 확보하겠다는 계획이 곧 경쟁우위가 되지 않는다. 정말 매력 적인 기회는 비슷한 계획, 비슷한 선견지명이 있는 다른 경쟁자를 끌 어들이기 마련이다. 잠재적 보상의 대가가 크면 클수록 그 보상을 받 을 기회는 줄어드는 법이다. 똑똑한 벤처 캐피털리스트는 넘쳐나고 사업 계획을 만들어 내는 일은 진입장벽이 딱히 없다.

사업 계획의 품질이 성공과 전혀 무관하지는 않다. 조잡한 계획 은 대개 참담한 결과를 가져온다. 그러나 막연하게 큰 범주의 시장을 정의하고 잠재 경쟁우위를 그려내는 평범하고 일반적인 사업 계획은 매력적인 기회를 얻지 못한다.

최종적인 수익의 크기와 이 수익을 현실화시킬 수 있는 가능성, 그 사이에서 섬세하게 균형을 잡아내야 벤처 투자 계획이 성공한다. 그런 계획을 만들어 내려면 산업을 꿰뚫어 보는 지식, 산업 전문가와 긴밀하게 이어진 네트워크를 갖춰야 한다. 그러나 이들은 벤처 투자 가의 덕목이다. 즉 독립적인 벤처 캐피털 회사이든 대기업 사업 개발 부문 담당이든 벤처를 후원하는 존재는 벤처의 성공을 이 두 가지 요소를 제공해야 한다. 아무 데나 적용되는 '뛰어난' 사업 계획이란 존재하지 않는다.* 모든 뛰어난 사업 계획은 지엽적이다.

뛰어난 벤처 투자자라면 벤처 회사의 경영진도 제대로 평가한다. 인적 네트워크도 광범위해서 초기 멤버에 공백이 생기면 뛰어난 전문 가로 대체해 주고 벤처의 제품을 선보이기 위해 필요한 특수 시설이 나 기타 필수 요소도 조달한다. 또한 벤처 투자자는 성공 확률이 높은 니치를 제대로 공략하도록 사업 계획을 수정하고 다듬어 준다. 컴팩 창업주들은 디스크 저장 장치를 팔겠다는 계획을 갖고 벤 로젠에게 접근했다. 벤 로젠은 컴팩 팀은 마음에 들어 했지만, 사업 계획에 대해서는 만족하지 않았다. 그래서 팀의 관심을 PC 산업으로 돌려서 시장을 독식하던 IBM에게 도전장을 던지도록 했다.

벤처 투자는 일종의 지식 사업이다. 정보를 끌어당기는 네트워크를 만들어서 유지한다. 벤처 투자자는 기술, 시장, 사람 그리고 기타 필수 자원에 대한 정보를 그러모아서 잘 굴러가는 조직을 만든다. 진입장벽이 없는 다른 사업과 마찬가지로 운영이 효율적이야 성공한다. 그러려면 벤처 투자자는 자신이 뛰어난 분야에 효율적으로 집중해야 한다. 결국 사람들의 면면이 중요하지 그들이 투자하는 사업 계획이 중요한 것이 아니다.

범위의 경제와 갖고 있는 능력 레버리지하기

벤처 캐피털리스트의 자금으로 설립된 별도 기업과 비교했을 때 이미 존재하는 사업체에서 비롯된 벤처는 두 가지 측면에서 차이점을 보인다. 첫 번째, 기존 사업 확장은 신규 시장보다 기존 시장을 상대로 한다. 이미 커져 버린 시장으로 진입하는 일은 신규 시장 진입보다 까다롭다. 진입장벽이 이미 세워져 있다. 기존 참여자에게 경쟁우

---

* 이베이(eBay)의 사업 계획은 이 원칙의 예외다. 이베이의 사업계획은 규모의 경제가 현격하게 개선되는지와 추가로 만들어지는 가치를 신중하게 고려했다. 그러나 이런 규모의 경제를 달성하려면, 그 분야에 다른 경쟁 벤처가 없어야 한다. 이베이에 대적할 만한 경쟁자가 없었던 것은 이베이의 콘셉트 자체가 혁신적이었기 때문이다. 이렇게 특수한 식견이 있는 경우는 거의 없기 때문에, 이베이의 경우가 벤처를 기반으로 하는 사업과 비슷하다고 생각해서는 안 된다.

위가 있다면 새로운 벤처 회사에게 유리할 리가 없다. 신규 회사는 자유 경쟁 시장 이상을 기대할 수 없다. 기존 사업 확장이 맨땅에서 시작하는 것보다 쉽고 확실한 기회처럼 보이지만 실제 상황은 이와 반대다.

확장형 벤처와 독립형 벤처의 두 번째 차이점은 브랜드 이미지, 유통 채널, 연구개발 프로그램, 간접 비용 지원 시스템 등 기존 운영 시스템이 이점으로 작용한다는 사실이다. 이것이 '범위의 경제Economies of scope'다. 따라서 현재 특정 시장에서만 영업하는 경쟁자와 비교했을 때 새로운 (확장형) 벤처가 우위를 가질 수 있다.* 그런 경우라면 새로운 벤처가 수익을 내는 것이 당연하다. 그러나 좀 더 자세히 살펴보면 수익성을 계속 유지하려면 그 벤처가 속한 회사가 기존 시장에서 경쟁우위를 가지고 있어야 한다.

기존 시장에서 진입장벽이 없다면 확장으로 벌어들인 수익에 이끌려서 똑같은 벤처를 세울 능력이 있는 회사가 그 뒤를 따른다. 후발 주자는 기존 시장과 벤처가 진입한 근접 시장에 똑같이 진입하고 처음 벤처를 시도한 회사가 누렸던 비용우위도 누린다. 이제 확장 전략은 운영 효율의 문제로 전락한다. 처음 회사가 새 시장으로 진입하면서 누리던 예외적인 수익이 사라진다. 진입장벽이 없는 시장에서 일어나는 일이다. 따라서 벤처에 대한 의사 결정은 경쟁우위의 문제다. 경쟁우위가 존재하면 근접 시장 진입은 괜찮은 생각이다. 경쟁우위가 없다면 효율적인 운영과 뛰어난 경영자 없이 성공하기 힘들다. 처

---

* 여기에서 범위의 경제란 마케팅과 유통 범위에 새로운 상품을 추가하면서 나오는 잠재적 효율을 뜻한다.

음에 진입한 시장에서 지속 가능한 경쟁우위를 확보하고 있어야 새로운 벤처도 범위의 경제와 기타 기본 요소—말하자면, 운영 효율—를 갖출 수 있다.

브랜드 활용하기

현재 사업을 확장해서 벤처에게 기회를 제공하는 확실한 방법은 새로운 시장에 상품을 선보이면서 기존에 성공한 브랜드를 사용하는 방법이다. 여기서 적용되는 전략적 원칙은 새로운 벤처에 적용되는 다른 원칙과 크게 다르지 않다. 문제는 효율성이다.

브랜드가 제공해 주는 가치가 어디에서 비롯되었는지 이해해야 한다. 브랜드와 연관된 특정한 소비 행동이 경쟁우위로 이어지는 경우도 있지만 브랜드는 그 자체로 경쟁우위가 되지 않는다. 다시 말하지만 메르세데스 벤츠는 고급 세단이라는 브랜드 이미지를 갖고도 추가 투자 수익을 벌어들이지 못했다. 경쟁우위가 없었기에 추가 투자 수익을 벌어들이지 못했다. 브랜드는 일종의 자산이다. 다른 자산과 마찬가지로 수익을 창출하지만, 브랜드를 확보하려면 초기 투자를 하고 그 브랜드 자산을 계속 사용하려면 비용을 지불해야 한다. 이런 면에서 봤을 때 브랜드는 부동산, 공장, 시설과 비슷하다. 짓거나 사려면 현금이 필요하고 감가상각의 영향을 떨쳐내기 위해서 매년 추가 현금이 필요하다. 특수 시설과 마찬가지로 브랜드는 그 브랜드를 형성해 준 상품과 가장 잘 어울린다. 그 브랜드가 창출한 추가 수입에서 브랜드를 창출하고 유지하는 데 들어간 비용을 차감한 값이 브랜드에서 나온 가치가 된다. 브랜드가 형성되면 상품 가격을 올리게 되고 이때 생기는 추가 마진이 곧 브랜드 가치가 된다. 경쟁우위가 없는 시장에서 브랜드 간 싸움이 발생하면 브랜드를 만들고 유지하는 데 들어간 투자로는 어떤 추가 이익도 볼 수 없다. 이런 경우 브랜드에 대한 투자는 경쟁 시장에서 일어나는 여느 투자와 차이점이 없다. 자본비용에 대한 수익 이상을 제공하지 못하면서 어떤 경제적 가치도 가져다주지 못한다.

브랜드 투자는 눈에 보이지 않기 때문에 온갖 억측이 난무한다. 브랜드 상품 대부분은 시장에서 자리 잡지 못한다. 성공적으로 브랜드를 정착시키는 데 들어가는 평균 비용을 파악하려면 실패한 브랜드에 투자된 금액도 포함해서 계산해야 한다. 매력적인 브랜드를 창출하는 데 들어가는 비용을 계산할 때 성공과 실패 확률까지 고려한다면 특정 브랜드를 성공적으로 만드는 데 들어가는 비용의 수 배 규모가 된다. 브랜드에서 나오는 순수익은 수 배나 되는 예상 비용에 대한 수익률로 계산해야 한다. 모든 브랜드가 성공하는 것은 아니기 때문이다. 예를 들어 브랜드가 성공할 확률이 4분의 1이라면 이 투자에 대한 수익은 미래 수익의 현재 가치를 실제로 투자된 금액의 네 배로 나누어야 한다는 말이다.

실패한 브랜드에 대한 투자는 금방 잊히는 법이라 성공한 브랜드의 수익을 성공한 투자와 실패한 투자 금액의 합계로 나눈다는 개념을 이해하기 쉽지 않다. 이런 실수 때문에 브랜드 투자에 대한 수익률이 과대 계산되면서 브랜드 창출이 경쟁우위를 만들어 낸다는 근거 없는 결론이 도출된다. 물론 코카콜라, 말보로, 질레트, 인텔과 같이 경쟁우위를 강화하는 브랜드도 있다. 하지만, 세상에는 이들 경쟁우위를 갖고 있는 브랜드보다 많은 브랜드가 존재한다. 잘 알려져 있고, 한 번에 인식되며, 심지어 대표성도 가지고 있지만 그 소유주에게 추가 수익을 돌려주지는 못하는 브랜드 수가 많다. 쿠어스, 트래블러스, FedEx, AT&T, 제록스, 혼다, 치리오스, 맥도날드 등 셀 수도 없다.

그 브랜드가 고객을 독점하고, 더 강력하게는 고객 독점이 생산 과정에서 발생하는 규모의 경제와 맞물릴 때 경쟁우위와 연결된다. 여기서 브랜드 가치와 경제적 가치를 구분할 필요가 있다. 브랜드 가치는 특정 브랜드 상품에 소비자가 기꺼이 지불하는 프리미엄을 뜻하고 경제적 가치는 그 브랜드가 창출하는 추가 수익을 말한다. 코카콜라가 상당한 가격 프리미엄이 있다고 해서 세계에서 가장 가치 있는 브랜드가 되지 않는다. 코카콜라의 프리미엄은 높지 않다. 코카콜라만을 마시는 사람도 코카콜라에 수천 달러를 지불하지 않는다. 그 사람이 아르마니나 메르세데스를 사는 데 돈을 지불하더라도 그 돈을 코카콜라에 지불할 일은 없다. 조니 워커나 시바스 리갈 같은 스카치위스키 브랜드는 코카콜라보다 큰 브랜드 가치를 가지지만 경제적 가치는 작다.

코카콜라의 브랜드가 가치가 높은 것은 두 가지 까닭이 있다. 첫째, 콜라 섭취는 상당한 수준의 습관이다. 앞에서 정기적으로 맥주를 마시는 사람도 콜라와 비교했을 때 특정 맥주만을 고집하는 사람은 그 수가 적다고 했다. 어느 나라의 음식을 먹느냐에 따라 같은 나라의 맥주를 마시는 사람은 많지만 콜라를 마시는 사람은 여전히 코카콜라나 펩시만을 고집하는 경향이 있다. 이렇게 성향이 꾸준하기 때문에 콜라 시장의 시장점유율은 안정적이다. 고객을 독점했다는 또 하나의 증빙인 셈이다.

패션 시장에서 브랜드가 얼마나 안정적인지 그 결과를 비교해 보자. 패션 시장에서 브랜드는 필수 불가결한 요소이긴 하지만 '참신함을 찾는' 패션 시장 특성에 의한 희생자이기도 하다. 패션 소비자는 말 그대로 참신함을 쫓는 사람들이어서 브랜드 하나만으로 습관이 형성되거나 고객을 독점하지 못한다. 음식 산업에서는 얼마나 자주 제품을 구매하느냐에 따라 습관 형성과 고객 독점이 다양하게 형성된다. 매일 구입해야 하는 식재료의 시장점유율이 패스트푸드 체인보다 안정적이다. 한편, 패스트푸드 체인 시장은 고급 식당 체인 시장보다 시장점유율이 안정적이다. 어느 식품 시장을 살펴봐도 브랜드 이미지는 중요하긴 하지만 브랜드가 경쟁우위로 이어지는 경우는 잦은 구매로 습관이 형성되면서 고객 독점으로 이어지는 경우뿐이다. 새로운 시장으로 브랜드를 확장하려는 벤처는 전략을 세울 때 이 특징을 염두에 두어야 한다.

코카콜라 브랜드가 거대한 경제적 가치를 소유하게 된 두 번째 이유는 규모의 경제다. 코카콜라는 브랜드 덕에 유통 측면과 광고 측면에서 (유통보다는 약한) 규모의 경제 효과를 누린다. 이 분야에서 고정비가 차지하는 비중은 변동비 비중보다 현격하게 크다. 즉, 신규 진입자가 살아남으려면 콜라 시장의 상당한 부분을 확보해야 한다는 뜻이다. 그러나 워낙 코카콜라가 고객을 확실하게 독점해서 이를 빼앗는 일은 거의 불가능하다. 코카콜라는 브랜드 덕분에 생산비보다 높은 가격에 콜라를 팔고 펩시의 존재를 눈감아 주며, 저가 정책으로 시장을 앗아가려는 신규 진입자를 크게 걱정하지 않는다.

동시에 새로운 브랜드 창출 비용은 그 시장의 사이즈에 따라 결정되며 시장점유율과 비례하지 않는다. 유통 측면에서 규모의 경제는 코카콜라가 시장을 독점하도록 도와준 일등 공신이며 이 규모의 경제는 브랜드 창출에서도 같은 역할을 한다. 코카콜라는 브랜드 창출 비용(광고, 제품 개발, 유통 채널을 통한 프로모션 등에서 발생하는 비용)을 다른 경쟁자보다 더 많은 잠재 고객 수로 나눌 수 있다. 여기서 펩시는 논외로 하자. 이런 규모의 경제 덕에 새로운 브랜드를 만들어서 유지할 때도 코카콜라는 경쟁우위를 누린다. 코카콜라나 이와 비슷한 브랜드가 있는 회사를 진입장벽이 없는 시장의 회사와 비교하면 강력한 브랜드를 보유한 회사는 브랜드를 확장해 이득을 누릴 가능성이 높다. 단, 코카콜라는 강력한 경쟁자가 있기 때문에 펩시가 어떻게 나올지는 염두에 두어야 한다.

대조적으로 마이크로소프트가 윈도우 운영체제에 응용 프로그램을 더해서 브랜드를 확장하려 한다면 경쟁자의 반응을 고려해서 매출 증가치를 하향시킬 필요가 없다. 마이크로소프트 상품 라인은 고정비 비중이 워낙 크기 때문에 마이크로소프트의 경쟁우위가 건재하는 한 추가 매출로 늘어난 이익 마진은 상당히 높고 안정적이다. 성공적인 신제품 출시는 마이크로소프트의 경쟁우위를 강화시킨다. 이들 프로그램 때문에 운용 프로그램의 전환 비용이 올라간다. 잠재적인 경쟁자가 비집고 들어올 틈이 메워지면서 신규 진입이 어려워진다. 넷스케이프는 인터넷 브라우저 프로그램을 가지고 마이크로소프트를 위협했지만 마이크로소프트가 브라우저 기능을 추가 비용 없이 운영 프로그램에 추가하는 순간, 말 그대로 스러졌다. 경쟁우위의 효율적인 활용과 보호가 곧 공격적인 브랜드 확장 전략으로 왕왕 이어진다.*

경쟁우위를 보유한 회사라도 자신의 영역 밖으로 브랜드를 확장하면 수익성이 그다지 높지 않다. 새로운 시장의 경쟁적인 환경이 매출과 이익 마진을 깎아내린다. 추가 수익이 존재해도 기존 브랜드 이미지를 활용해서 진입 비용을 낮춰 주는 수준 정도에 그친다. 그 이상의 추가 수익은 진입 비용 전체를 지불하고도 기꺼이 진입하는 회사가 잠식해 버린다. 브랜드를 확장하려는 다른 회사도 들어오는 시장이라면 이들도 추가 수익을 앗아가 버린다. 브랜드를 확장해서 얻는 가치는 확장 때문에 브랜드가 손상되거나 그 회사가 과거 확보했던 수요가 잠식되면서 되레 줄어들기도 한다. 평범한 수준 이상의 수익을 약속하는 사업 계획은 다른 참여자가 미래 시점에 신규 진입하면서 경쟁이 격화되는 위험을 무시했을 가능성이 높다. 요약하자면 기존 브랜드를 다른 시장에서도 활용하려면 —특히 새로운 시장이 진입장벽 없이 경쟁이 치열하다면— 브랜드를 맨땅에서 만들지 않아서 절감되는 비용을 기준으로 의사결정을 내려야 한다. 새로운 시장에 성공적으로 진입하려면 이 비용 절감을 포함해서 모든 사업 기능

---

* 협조적 관점에서 바라봤을 때 마이크로소프트는 윈도우 플랫폼에 다른 회사의 응용 프로그램을 적용하는 편이 더 현명할 수도 있다. 그렇게 하면 상품 개발과 프로모션 비용이 중복되는 일이 없어진다. 여기에서 발생 가능한 위험은 마이크로소프트 조력자가 마이크로소프트에게 등을 돌리는 일인데 그런 경우 마이크로소프트의 위험이 혜택보다 커질 수 있다.

에 효율을 추구해야 한다. 예를 들어 마이크로소프트가 X박스를 들고 비디오 게임 시장으로 진입하려고 한다면 기존 윈도우 상품을 들고 데스크톱에서 PDA로 확장할 때보다 엄격하게 비용을 관리하고 경영진의 관심을 집중해야 한다.

*　*　*

이번 장에서 논한 세 개의 사업 영역—M&A, 벤처 캐피털, 브랜드 확장—을 다룰 때에는 다른 경제 주체에 의해 심어진 전략적 상황을 이해해서 충분한 정보를 갖고 의사 결정을 내려야 한다. 상세 재무 정보, 마케팅 이슈 등을 심도 깊게 고려해야 효율적인 계획을 짜서 실행한다. 그러나 경쟁 환경을 제대로 잡지 않으면 나무를 보느라 숲을 놓치게 된다. 경쟁우위와 진입장벽이 없다면 새로운 회사가 취할 전략은 딱 한 가지다. 필요한 모든 자원을 최대한 효율적으로 사용해야 한다.

제18장

자유 경쟁 시장
경쟁 환경에서 성공하기

경영진의 자질이 중요하다

비즈니스 전략 강의에서 누누이 말하지만, 경쟁우위가 존재하는 시장에서만 사업을 해야 한다. 기존 참여자가 누리는 경쟁우위가 얼마나 중요한지 계속 강조하지만 현실은 그렇게 녹록하지 않다. 경쟁우위가 무엇인지 파악하고, 그 근원이 어디에 있으며, 이를 어떻게 최대한 활용하는지 이해하는 일이 중요하지만 지속가능한 경쟁우위를 가진 회사는 흔하지 않다. 예외적인 경우로 봐야 한다. 대부분의 시장에서 사업을 운영하는 회사는 이런 경쟁우위를 누리지 못하고 이런 경쟁우위가 자연스럽게 발생하지 않는다면 새롭게 경쟁우위를 만드는 일도 쉽지 않다. 하지만 많은 회사가 특정 시장에서 경쟁우위를 누릴 잠재력이 있다는 말도 틀린 말은 아니다. 니치 시장을 신중하게 선택해서 고객을 독점하려고 부단하게 노력하며 규모의 경제를 달성하고자 끊임없이 운영 방식을 개선하는 회사는 그 무리 가운데 홀로 우뚝 서서 시장을 지배하는 위치를 차지하고 튼튼한 진입장벽의 보호를 받는다.

그러나 계획이 뛰어나고 차질 없이 그 계획을 실행에 옮길지라도 이런 승리는 흔하지 않다. 진입장벽의 보호를 받기는커녕 대부분의 회사는 자유 경쟁 시장에서 거대하고 유연한 경쟁자에 대응하느라 진땀을 흘린다. 이런 위치(그림18.1에서 ⑤번의 위치)에 있는 회사가 선택할 수 있는 전략은 오로지 한 가지뿐이다. 모든 사업 분야에서 오로지 효율성과 생산성만을 좇아 끊임없이 노력한다.

효율성은 전체 생산 공정에서 비용을 관리하는 일을 말한다. 원재

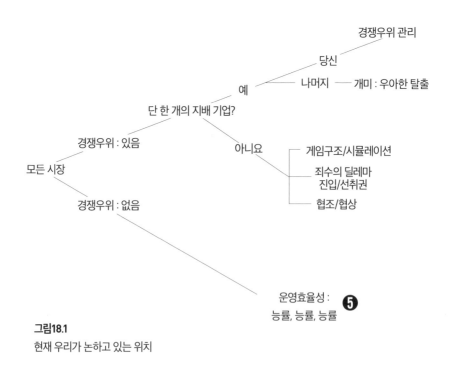

그림18.1
현재 우리가 논하고 있는 위치

료, 노동력, 공장과 설비, 수도, 전기 같은 시설, 여행비와 접대비 등 모든 것을 망라한다. 또한 사용한 돈에 대해 생산성 있는 수익이 돌아와야 한다. 시간당 노동력의 산출물을 따지는 것이 생산성의 기본 척도이지만 똑같은 개념을 이용해 마케팅 캠페인, 연구개발, 기술과 그 외 자본 사용, 인적 자원, 재무 관리, 기타 현재 사업을 영위하는 데 필요한 기능에 대해서도 생산성을 측정한다. 뛰어난 경영진이 있다면 구조적인 경쟁우위를 가진 회사에 필적할 만한 효율성과 생산성의 형태로 보상받는다. 유능한 경영진이 이끄는 회사는 구조적인 경쟁우위가 없어도 비슷한 회사보다 오랜 기간 뛰어난 성적을 거둔다. 보편적인 가정과 상반되지만 모든 회사가 기술이나 시장 기회를 똑같이 활용하지 않는다. 경영진이 얼마나 효율적인가에 따라 잠재적 차이가 발생한다. 따라서 반드시 이를 고려하여 전략을 복합적으로 다루어야 한다.

생산성 한계점

높은 생산성은 현대인이 구가하는 높은 생활 수준의 원천이다. 이는 물질 소비에서나 고용 수준에서 모두 적용된다. 평생 동안 석탄을 캐는 데 헌신한 삶과 교육과 간호, 그 외 다른 일을 하면서 신경이 다방면에 분산된 삶을 비교한다고 생각해 보자. 생산성이 향상되면서 경제적 활력이 동반되었고 그 덕에 삶의 질이 현격하게 개선된다. 역사적으로 이는 부정할 수 없는 사실이다. 4세기 전, 즉 1600년대 상류층 사람들과 비교한다면 지금 선진국에서 평균 수준으로 생활하는 사람이 오래, 더 건강하게 그리고 물질적으로 더 풍족한 인생을 산다.

생산성 향상을 설명할 때 흔히 자본 투자, 더 많은 교육을 받은 인적 자원, 기술의 진보를 원인으로 꼽는다. 정부의 정책을 논하는 사람들은 정부 부채 규모가 줄어들면서 이자율이 낮아졌고, 그 덕에 개인 투자가 증가했다고 주장한다. 교육에 대한 투자가 늘어나면서 인적 자원의 생산성이 증가했다. 직간접적으로 늘어난 정부 연구 개발 투자도 한몫했다.

그다지 관심을 끌지 못한 대체적 관점도 있다. 이 관점에 따르면 대개의 회사는 '생산성 한계점' 범위 내에서 회사를 운영한다. 생산성 한계점이란 활용 가능한 모든 자본, 보유한 인적 자원의 능력 최대치, 현존하는 기술 수준 등 최대로 활용할 때 도달 가능한 수준이다. 생산성 향상은 생산성 한계점을 확장하기보다는 현재 자원을 최대한 활용해서 한계와 현재 상태 간의 격차를 줄이는 일에 가깝다. 이때 경제적 진보를 이끌어 내는 가장 중요한 원천은 뛰어난 경영진이다. 특히 효율에 깊게 관여하는 뛰어난 경영진의 역할이 크다. 이런 관점에서 특정 회사의 성적을 설명할 때 운영 효율은 구조적 경제 조건 못지않게 중요한 자리를 차지한다.* 여러 가지 정황도 이 두 번째 시각을 강력하게 지지한다.

뛰어난 생산성을 달성할 때 경영진이 차지하는 비중은 다양한 방식으로 입증된다.

---

* 경영진이 탁월하고 생산성 수준이 높다고 항상 이익이 높은 것은 아니다. 시장의 맥락에서 살펴봤을 때, 생산성과 이익 간에는 절대적이지는 않지만 상대적인 관계가 존재한다. 만일 모든 회사가 동일하게 높은 생산성을 유지하고 있다면, 경쟁이 치열해지면서 이익은 평균 수준을 넘어서지 못할 것이다.

- 어떤 회사들이 더 뛰어나다.
- 상황은 급박하게 바뀔 수 있다.
- 제조 생산성의 형태가 변하다.
- 케이스 스터디들이 말해주는 이야기들

어떤 회사들이 더 뛰어나다

첫째, 같은 산업에 종사하고 있는 회사 간에도 성과 차이가 현격하다. 표18.1은 1988년에서 1991년에 걸쳐 미국에 있는 보험회사 세 곳의 생명 보험료 비용 구조를 보여 준다. 효율성이 뛰어나기로 유명한 노스웨스턴 뮤추얼Northwestern Mutual과 가장 뒤떨어진다는 평가를 받는 커네티컷 뮤추얼Connecticut Mutual 간의 차이는 엄청나다. 중간 정도로 여겨지던 휘닉스 뮤추얼Phoenix Mutual조차도 노스웨스턴에 비하면 비용이 두세 배는 높다. 게다가 이 차이는 좁혀지지 않고 유지된다. 2002년 노스웨스턴 뮤추얼의 비용은 휘닉스 뮤추얼의 절반 수준이 채 되지 않았다.*

규제가 풀린 장거리 전화 시장에도 놀라울 정도의 비용 격차가 존재했다. 장거리 전화 비용은 상당 부분이 고정비다. 전국적으로 서비

표18.1
생명보험 시장에서의 생산성 격차 (보험료 대비 일반 비용의 비중)

	커네티컷 뮤추얼	휘닉스 뮤추얼	노스웨스턴 뮤추얼
1988	20.9%	16.7%	6.8%
1989	19.8%	15.7%	6.9%
1990	20.2%	14.9%	7.4%
1991	20.9%	15.6%	6.3%

** 커네티컷 뮤추얼은 그 기간 동안, 당연하게도 다른 회사에 의해 인수되었다.

스를 제공하는 회사는 비슷한 소프트웨어와 관리 능력을 가지고 비슷한 규모의 전국 네트워크를 보유했다. 추가 트래픽 관리 비용은 전체 기본 인프라 구축 비용과 비교했을 때 극히 작은 수준이다. 청구와 고객관리는 거의 자동화되어서 이들 역시 고정비 항목에 속한다. 광고 캠페인이나 직원에 대한 비용 역시 크게 차이 나지 않는다. 그런 요건에도 불구하고 1990년 초반에 AT&T는 장거리 네트워크를 관리하기 위해 12만 명의 직원을 고용했다. 똑같은 업무에 MCI가 고용한 인원은 고작 5만 명이다. 스프린트의 임직원 수는 이보다 적었다.

1위 회사의 생산 비용이 다른 보통 회사의 절반, 혹은 3분의 1수준에 불과한 현상은 다른 산업, 혹은 은행 카드 발행 같은 특정 프로세스에서도 종종 찾아볼 수 있다.* 이 차이는 일시적이지 않다. 노스웨스턴의 탁월한 성적처럼 수년간 지속되는 경향을 보인다. 그렇다고 독점 기술이 존재하는 것도 아니다. 간단하고 자본 집중적이지도 않으며 기술도 그다지 필요하지 않는 산업에서도, 복잡하고 자본 집중적이며 하이테크 기술을 필요로 하는 산업에서도 동일하게 발견된다.

과거 벨 텔레폰Bell Telephone에서 분사한 회사를 장기간 비교했을 때 차이가 40퍼센트 이상 벌어진다는 사실이 놀랍다. 가입자 라인당 총비용과 고객 주문 하나를 처리하는 데 드는 비용을 비교했는데 회사 간 비용 차이는 소스라칠 정도로 현격했다(표18.2). 과거 하나의 회사였던 이들 기업은 기본적으로 같은 기기, 지원 시스템 그리고 거의 전

---

* 6,000개의 공장을 대상으로 생산성 비교를 심도 있게 진행한 결과 역시 이런 차이를 확인해 주었다. 또한, 다른 학술적 연구 및 슬로안 재단(Sloan Foundation)이 진행한 산업 연구 역시 같은 결론을 보여준다. (베일리(Baily), 홀텐(Holten), 캠벨(Cambell)의 연구를 보기 바란다.)

표18.2

과거 벨 텔레폰의 자회사였던 기업체 간의 생산성 차이

회사명	가입자 라인당 비용			가입자 라인당 고객 서비스 비용		
	1998	1991	변화	1998	1991	변화
뉴잉글랜드 텔레폰	$482	$436	-9.5%	$41.70	$46.10	10.6%
뉴욕 텔레폰	$531	$564	6.2%	$47.60	$49.30	3.6%
사우스 센트럴 벨	$482	$430	-10.8%	$38.10	$40.40	6.0%
US 웨스트	$489	$401	-18.0%	$38.80	$32.40	-16.5%
일리노이 벨	$384	$384	0.0%	$36.00	$39.70	10.3%
벨 오브 펜실베니아	$368	$388	5.4%	$29.60	$36.20	22.3%

국적으로 동일한 계약에 근거한 노조를 보유했다. 그러나 어떤 회사
는 생산성을 개선시키고 어떤 회사는 악화시키면서 이런 격차가 발생
한다. 미국 전역에 걸쳐 생산성이 차이가 난다는 사실 역시 이런 회사
간 차이를 반영한다. 이런 격차는 (어느 곳에서나 동일하게 사용하는) 기
술, 자본 투자 혹은 뛰어난 인력으로 설명할 수 없다. 이 차이를 설명
할 수 있는 단 한 가지는 경영진의 질과 관심의 차이다.

상황은 급박하게 바뀔 수 있다

경영진이 차이를 만들어 낸다는 두 번째 증거는 경영 성적의 변화
패턴이 급박하다는 점이다. 어떤 회사는 몇 년에 걸쳐 비용이 20퍼센
트까지 급격히 줄면서 이익 역시 못지않은 속도로 개선된다. 종종 경
쟁 때문에 받는 압박이 이러한 개선을 이끌기도 한다. 앞서 살펴보았
듯이 컴팩은 1991년 위기에 봉착하면서 겨우 3년 만에 직원 1인당 매
출액을 세 배로 끌어 올리는 기염을 토했다. 그 특정 시기를 제외하고
는 회사 성적은 전년과 비슷한 수준을 유지하거나 어떤 경우는 악화

되기도 했다. 회사와 산업에는 주기적으로 부침이 있는 법이다. 딱히 새로운 기술이 움트거나 가용 자본 크기에 변화가 없더라도 성적이 크게 개선되었다가, 고착 상태에 빠졌다가 다시 기울어지는 쳇바퀴 같은 움직임을 계속한다.

대조적으로 잠재적 생산량 변화는 느리게 차곡차곡 진행된다. 그리고 대개의 경우 한결같이 개선 방향으로 움직인다. 인력 변화는 점진적으로 일어나고 전체 인력 풀은 더욱 느리게 변화한다. 한 해 규모로는 크나큰 신규 투자도 회사의 전체 자본을 고려하면 그 영향이 크지 않다. 대개의 기술 혁신도 시간이 지나면서 산업 전반, 회사 전체에 대한 영향력이 느리고 꾸준하게 희석된다.

회사 성과의 편차가 큰 반면 생산성 결과를 결정짓는 중요한 요소들-기술, 자본 투자, 인적자원의 품질 등-은 느린 속도로 변한다는 사실을 감안하면 긍정적이든 부정적이든 상관없이 경영진의 영향이 회사의 흥망성쇠에 큰 역할을 한다는 사실을 재확인할 수 있다.

제조 생산성의 형태가 변하다

세 번째로, 1980년에서부터 1985년까지 미국 제조업체가 경험한 생산성 향상은 경영진의 중요성을 입증해 준다. 2차 세계대전이 끝난 시점부터 1970년까지 미국 제조 생산성은 연 3퍼센트 수준으로 성장했다. 그러나 1970년부터 1980년까지 이 성장률은 0.7퍼센트 수준까지 하락한다. 이는 비슷한 수준으로 산업이 발달한 다른 국가와 비교했을 때 한참 뒤떨어진 수치다. 일본, 독일, 이탈리아 모두 미국을 앞질렀다. 캐나다와 영국은 근소한 차이로 미국을 앞섰다(표18.3).

표18.3

미국 대비 제조 생산성 (1970년~1980년 vs. 1985년~1991년간)

	1970년 ~ 1980년	1985년 ~ 1991년
일본	5.2 높음	2.3 높음
독일	2.0 높음	-1.1 낮음
캐나다	0.2 높음	-2.6 낮음
이탈리아	2.4 높음	0 동일
영국	0.2 높음	1.1 높음

그 결과 1970년대 말과 1980년대 초반 미국은 '제조업 쇠퇴Deindustrialization' 시기를 겪는다. 얼마 지나지 않아 미국 인력은 일본 자본이 사들인 건물 식당에서 일본 관광객에게 음식 서빙이나 할 기세였다. 그러나 이런 사태가 발생하는 대신 1986년에서 1991년까지 미국 제조업의 생산성이 다른 제조 국가와 비교했을 때 절대적으로든 상대적으로든 연 2퍼센트 이상 앞지르는 현상이 발생한다. 1990년대 후반 강력한 생산성 향상을 등에 엎고 미국은 강력한 경제 초강대국으로 군림한다.

이런 급작스러운 변화는 생산성 향상 원인으로 흔히 거론되는 경제적 자원으로는 설명되지 않는다. 미국 정부의 재정적자 규모와 실질 이자율(인플레이션 효과를 제거한 이자율)은 1970년대 말보다 1980년대에 높았다. 인적 자원 측면에서 봤을 때도 기존 인력보다 뛰어난 인력들이 크게 투입되지 않았다. 학교에서 제공하는 교육 수준은 1970년대와 비교했을 때 근소 차로 나아졌을 뿐이다. 다른 산업 국가와 비교했을 때 같은 기간 동안 연구개발비는 오히려 줄었다.

변화가 있었던 것은 미국 경영진의 태도, 훈련 그리고 집중이었다. 1980년대 이전 미국 경영 교육은 운영보다는 재무와 마케팅 쪽에 치중했다. 그러나 1970년대 후반부터 해외에서 침투해오는 경쟁 세력의 영향을 받아 관심 분야가 변한다. 벤치마킹, 구조조정, 품질 관리 서클과 전사적 품질 관리, JIT_{Just-in-time} 생산 관리 시스템, 식스 시그마(6 Sigma) 등 다양한 기술과 목적에 관심이 쏠리면서 운영 효율에 대한 경영진의 관심이 급격하게 증가했다.

제조 생산성이 지속적으로 개선되면서, 운영 방식을 개선하지 않은 회사는 사라질 위험에 처하는 수준까지 도달했다. 자본 투자가 큰 폭으로 증가하지 않았고 인력의 질도 뚜렷이 개선되지 않았으며 연구 개발비가 훅 늘어난 것도 아닌데 성장률은 계속 개선된다. 단 한 가지 지속된 변화는 운영 효율을 계속 강조하는 운영진의 태도였다.

사례 연구가 말해 주는 이야기들

경영진의 중요성을 입증해 주는 네 번째이자 마지막 증거는 상세한 사례연구들이다. 다양한 경로를 통해 드러난 이야기지만 모두 동일한 메시지를 전달한다. 회사나 공장 간에 발생하는 생산성 격차는 생각 외로 클 뿐 아니라 장기적으로 지속된다. 그리고 이런 격차는 바로 경영진의 특성에 따라 좌우된다. 세 개의 사례가 이런 연구에서 얻은 일반적인 발견을 상세히 보여 준다.

첫 번째 사례 : 커네티컷 뮤추얼

1990년 크리스마스 직전 다른 회사에서 막 이직한 매니저가 태스크포스 팀을 꾸렸다. 관리 지원 파트의 생산성을 2년 동안 35퍼센트 이상 향상시키려는 목적으로 꾸려진 팀이었다. 새 매니저는 이전에도 비슷하게 어려운 목표를 세우고 달성한 전적이 있었고, 그때 사용한 전술을 이용해서 커네티컷 뮤추얼의 운영 방식을 개선할 작정이었다. 이 프로젝트가 시작할 당시 관련 부서에는 약 500명의 직원들이 일했는데 프로젝트를 통해 약 175명의 풀 타임 직원만 남길 계획이었다. 첫 번째 해, 인력 중 20퍼센트에 달하는 해고가 일어난다. 원래 세운 25퍼센트 목표에는 못 미치는 성과였다. 하지만 직원이 감소했음에도 서비스 품질과 전반적 성과는 개선된다. 둘째 해의 목표는 남아있는 직원의 15퍼센트 감축이었다. 실제로는 단지 6퍼센트만이 회사를 떠났다(표18.4).

그러나 이 6퍼센트 감축은 두 번째 해의 전반기에 모두 이루어졌다. 같은 해 중반쯤 CEO가 18개월 뒤에 은퇴를 선언하자 프로젝트 매니저와 기타 협조 부서의 수장 모두 승계 계획에 정신이 쏠렸다. 생산성 개선은 두 번째 해 후반과 세 번째 해 전반에 걸쳐 완전히 멈춘다. 여기에

표18.4

커네티컷 뮤추얼의 인력 변화 (풀 타임에 상당하는 숫자)

	감축 계획	실제 감축	전체 인력 대비 변화율
1991년	-125	-100	020%
1992년	-61	-28	-6%
1993년	3	0	0%

표18.5

커네티컷 뮤추얼의 비용과 감축액 (단위 : 백만 달러)

	투자된 자본	비용 증가	연간 저축	순현금흐름
1991년	$3.6	$2.2	$1.7	-$4.1
1992년	$0.7	$0.5	$3.7	$2.5
1993년	$0.8	$0.5	$4.5	$3.2

서 개선을 이끈 원동력은 경영진의 관심이라는 사실이 명백해진다. 경영진의 관심이 다른 쪽으로 쏠리면 개선은 진행되지 않는다.

경영진의 관심 외에 다른 요소가 생산성 개선에 미치는 영향은 제한적이다. 노동력이 업그레이드되지 않았고 제대로 훈련받은 새로운 직원이 투입되지도 않았다. 당시 사용되던 기술은 5년에서 7년 된 기술로 이미 성숙 단계에 진입한 상태였다.

최첨단 기술을 활용하려는 시도는 종종 실패로 끝난다. 유형이든 무형이든 자본 투자가 중요한 역할을 한다. 그러나 표18.5에서 볼 수 있듯이 투자에 대한 수익률은 꽤 높다.* 이런 결과는 운영 효율 개선 프로젝트에서 흔히 보인다. 프로젝트에 경영진의 노력이 더해지면 그 수익률이 50퍼센트에서 100퍼센트까지 올라간다. 비용 쪽에 상대적으로 관심이 소홀해지면 수익률은 상대적으로 떨어진다. 여기서 가장 중요한 것은 경영진이다.

두 번째 사례 : 은행의 신용 카드 운영

두 번째 사례에서는 승계 싸움이 아닌 보다 근본적인 문제에 경영진의 관심이 분산된다. 효율성 면에서 선두를 다투는 대형 은행의 신용 카드 사업 관리비가 1992년에서 1994년 동안 급격하게 증가했다(표18.6). 1990년에서 1991년까지 미국에 경제 불황이 들이닥쳤고 그 결과 1991년 신용 카드 대출 손실이 증가했다. 문제가 발생한 초반,

---

* 투자에 대한 내부수익률(IRR : Internal Rate of Return)은 다음과 같은 가정을 사용하면 무려 80퍼센트에 달한다. 즉, 투자 자본을 투입하지 않는다; 1994년과 그 이듬해, 연간 저축규모가 480만 달러까지 증가한 것은 투자로 수익이 개선되어서 자리를 잡았기 때문이다. 그리고 이 개선은 향후 10년 동안은 유지될 것이다.

표18.6
신용 카드 사업 : 효율성과 대출 손실 (1990년 수치를 100이라고 봤을 때)

	관리비	신용 카드 대출 순손실
1990	100	100
1991	106	150
1992	103	156
1993	123	127
1994	131	101

친숙하면서도 주기적으로 찾아오는 이 문제는 가볍게 다루어졌다. 그러나 손실 규모가 불황이 끝난 1993년에도 지속되자 경영진의 관심이 쏠린다. 문제를 정상으로 되돌려 놓기 위해 모든 신경이 집중되고 그 결과 경영진의 관심이 분산되면서 은행 생산성이 하락한다. 물론 대출로 인한 손실은 심각한 재무 문제이고 우선시되어야 한다. 그러나 당시의 상황을 보면 다른 곳의 불을 진화하면서 운영 효율까지 관리하는 일이 얼마나 벅찬지 알 수 있다.

세 번째 사례 : 파업에 대응하기

1989년, 과거 벨 텔레폰에 속했던 기업에서 이 주일에 걸친 파업이 발생했다. 그 결과 7만 4,000명의 직원 중에서 5만 2,000명의 직원이 직장을 이탈했다. 남아 있는 2만 2,000명의 매니저와 노조에 속하지 않은 직원만으로 회사가 돌아가야 했다. 파업이 일어난 첫째 주, 1,000명을 제외한 관리자가 파업한 직원의 업무를 대신했다. 그러나 현장 실습이 재빨리 이루어지면서 둘째 주가 마무리될 즈음에는 절반 이상의 관리자가 본연의 업무로 돌아간다. 1만 1,000명이 과거 5만 2,000명이 하던 일을 해냈다는 뜻이다. 파업 이전에 수행되던 관리자의 업무가 다 진행된다. 파업 이전에 하던 일 중 건드리지 못한 것은 딱 두 가지였다. 하나는 네트워크를 조정해서 거주지역 고객을 연결하는 일이고 또 다른 하나는 외부에 새로운 시설(유선 라인, 기둥, 접속 배선함 등)을 설치하는 일이다. 이 일을 해내려면 4,000명의 추가 인력이 필요했다. 위기 상황이 닥치자 과거 인력의 3분의 1밖에 되지 않는 2만 6,000명의 인력으로도 동일한 업무를 소화 가능하다는 사실이 밝혀졌다. 새로운 기술이나 자본 투입이 되지 않았는데도 온전히 경영진의 관심이 집중되면서 생산성이 무려 세 배 향상된 경우다.

*　　*　　*

이런 연구 결과를 요약하고 그 의미를 확대해 보자면, 회사가 진행하는 생산성 개선 프로젝트는 필요 자본 대비 굉장히 큰 수익률을 보여 준다. 그 효과가 꽤 상당해서 사용하는 자본비용을 5퍼센트, 혹은 10퍼센트를 올려도 결과가 달라지지 않는다. 프로젝트를 성공적으로 달성하기 위해 기존 인력을 바꾸는 것은 크게 의미가 없다. 프로젝트 이후 높은 생산성을 보이는 인력은 프로젝트 이전에 낮은 생산성을 보인 그 인력과 동일한 경우가 대부분이다.

물론 전체 직원의 수는 줄어들기도 한다. 사용하는 기술은 점차 구식이 되어가고 최첨단은커녕 뒤처진 수준이 된다. 연구 결과에 따르면 검증되지 않은 혁신적인 기술을 채택하면 문제를 해결하는 대신 가중시킬 가능성이 높다(많은 회사가 모든 자원을 종합하여 하나로 엮는 기업 차원의 자원 계획을 해결책으로 생각하는데, 이를 실천에 옮기다가 망한 회사들이 꽤 있다). 생산성을 지속적으로 개선하려면 경영진이 꾸준히 집중적으로 관심을 기울여야 한다.

경영진과 회사의 성적

뛰어난 회사의 경영 방식을 여러모로 분석해 보면 집중된 관심을 기울이는 경영진이 얼마나 중요한지 확실히 보인다. 평범한 회사가 뛰어난 회사로 탈바꿈하는 과정을 상세히 조사한 짐 콜린스Jim Collins의 『좋은 기업을 넘어 위대한 기업으로Good to Great』를 읽어 보면, 거의 모든 성공한 회사가 전략적 관심을 간단하며 명료하게 정리한다. 킴벌리-클락Kimberly-Clark은 제분 사업을 정리하고 종이 제품 마케팅에 집중한다. 월그린Walgreen's(미국의 약국 운영기업)과 크로거Kroger(미국 식료품 소매기업)는 특정 지역에 한정해서 기본 소매업에 치중했다. 웰스파고Wells Fargo(미국 은행, 1990년대 이후 이후 웰스파고는 미국 전역으로 지역을 확장하고 공격적으로 규모를 불리지만 잇달아 드러나는 스캔들로 휘청인다)는 서해안 지역에서 기본 은행업에 충실했다. 뉴코Nucor(미국 제철기업)는 특정 유형의 제철 제조와 마케팅만 수행한다. 애봇랩Abbott Laboratories(미국 제약회사)은 특정 제약 공급에만 종사한다. 질레트는 면도날 기술과 면도 관련 제품만 생산하고, 필립 모리스가 집중한 분야는 담배였다. 서킷시티Circuit City(미국의 가전 소매기업)는 소매 가전이 전문 분야였고(서킷시티가 특정 지역에 집중하지 않는 것은 치명적인 실수이긴 했다.) 패니메이Fannie Mae(미국 연방저당권협회FNMA : Federal National Mortgage

Association의 약칭. 미국 주택구입 희망자들이 금융기관에서 대출을 쉽게 받도록 금융기관에 자금을 대주는 정부지원기업)는 모기지에 충실했다. 우편물 봉입봉합기 분야 바깥으로 확장한 피트니보우즈조차도 잠재적 라이벌이던 어드레소그라프Addressograph(1982년 파산)나 제록스보다는 집중된 사업 라인을 갖추고 있었다.

이들 회사가 후일 겪은 역사를 살펴보면 경영진의 관심이 얼마나 중요한지 명백하게 보인다. 위대한 회사가 망가지는 순간에는 항상 경영진의 관심이 흐트러져 있다. 질레트는 건전지 산업으로 이동했고 서킷시티는 점점 더 복잡해지는 상품 분야에서 전국적으로 경쟁을 확대하려 했다. 월그린 역시 전국으로 사업을 확장했고 필립 모리스는 더 이상 식음료 사업을 하지 않는데도 살아남기 위해 법정에서 고군분투한다.

탁월한 성적을 자랑하는 회사의 경영진은 특정 산업이나 특정 부문에만 치중하여 관심을 기울이는 경향이 있다. 이 법칙에 대한 가장 위대한 예외는 GE다.* 그러나 GE도 전반적인 경향에서 크게 벗어나 있지 않다. 잭 웰치가 1981년 CEO로 취임하기 이전, 잭 웰치의 선임자들은 진입한 시장에서 1위나 2위가 아니면 시장을 포기한다는 전략적 원칙을 지키지 않았다. GE는 천연자원 산업처럼 절대 1, 2위가 될 수 없는 분야에 진입했다. 웰치가 CEO가 되던 당시 GE의 자기자본이익률은 약 15년 동안 17~18퍼센트 수준이었다. 1970년대 초반에

---

* 버크셔 헤더웨이(Berkshire Hathaway)는 GE에 필적하는 예외가 되지만 버크셔의 경우는 독특할 뿐만 아니라 다시 동일한 형태로 만들기도 힘들다. 버크셔는 생산 및 영업을 하는 회사가 아니고, CEO 워런 버핏은 회사를 구입한 뒤 경영진의 관심을 집중시키고 비용을 절감하며 현금흐름을 엄격하게 관리한다.

천연자원 시장에 투자하지 않았다면 자기자본이익률은 더 높았을 것이다.

이후 22년 동안 잭 웰치는 GE를 이끌면서 자기자본이익률을 거의 24퍼센트까지 끌어올린다. 전반적인 수익도 빠르게 개선된다. 그 덕에 2000년 GE는 전 세계에서 가장 가치가 큰 회사가 된다. 그러나 이 성공은 GE가 집중 분야를 단순화했기 때문에 이루어진 성과는 아니다. 천연자원 산업에서 물러나기는 했지만, GE가 이루어낸 성공은 GE캐피털을 비롯해 다양한 분야의 금융 서비스 쪽으로 사업을 확장하고 그 분야에서 이익을 일구면서 이루어진다. GE는 또한 NBC를 인수해서 TV 네트워크 쪽으로 영역을 확장했고 별도의 의약 제품 그룹도 만들었다. 웰치의 지휘 아래 GE는 6개의 시장에서 벗어나 독립적인 해외 부문까지 포함해서 총 11개 시장에서 사업을 운영했다.

하지만 웰치는 시장에서 1위나 2위가 아니면 시장에서 물러난다는 정책을 재정립했다. 동시에 분산된 부문에서 운영 효율에 집중하고 비용 절감을 계속한다. 재임 초기 웰치는 '중성자탄 잭'이라는 별명을 얻었다. 비용을 절감하고 직원을 감축하려는 집요한 노력 때문에 얻은 별명이다('중성자탄'은 물리적인 재산은 건드리지 않으면서 인간만 살상하는 핵무기다). GE는 여러 이질적 분야로 사업을 확장했지만 GE의 전략 원칙은 분명하고, 모호하지 않았으며, 쉽게 적용된다. 전략적 지시가 간결하고 명료했기 때문에 실제 운영을 집행하는 경영진은 효율성에 온전히 집중할 수 있다. 그 결과 GE는 뛰어난 성과를 거둔다.

이런 모든 경험에서 우러나오는 중요한 교훈이 있다. 생산성 향상과 전반적인 성장에 관해서라면 효과적인 전략이 뛰어난 성과를 가져오는 유일한 방법이 아니라는 점이다. 의심할 바 없이 전략은 중요하다. 그러나 비현실적인 전략을 좇다가는 결과가 바닥을 친다. 워런 버핏은 뛰어난 평판을 가진 경영진이 평판이 형편없는 산업에서 일하면 종종 형편없는 평판만 살아남는다고 말했다. 경쟁우위와 경쟁 상호작용의 전반적 구조를 무시하고 분별없는 계획으로 덤비면 실패한다.

하지만 전략이 전부는 아니다. 영업의 효율을 무시하고 전략에만 집착하는 행동 역시 회사에 악영향을 끼친다. 전략적 측면에서 큰 차이가 없는 회사 간에 보여 주는 현격한 차이나, 거시적인 경제 환경에 변화가 없는데도 성적이 개선되는 속도가 달라지는 상황을 보면, 경영진의 영향이 미미하다고 주장하기에는 그 반대 증거가 너무 많다.

전략을 짤 때는 세 가지 내재된 목표가 있어야 한다. 첫째, 그 회사가 운영하는 환경에서 경쟁적 요소를 파악하고 진입장벽과 경쟁우위를 고려해서 회사의 입지가 어느 수준인지 파악한다. 경쟁우위를 누리고 있다면 두 번째 목적은 자신의 성과에 중요한 영향을 미치는 회사와의 경쟁적 상호 작용을 인지하고 효율적으로 관리하는 일이다. 세 번째 목표는 경쟁우위가 있는 회사는 물론 없는 회사에게도 공통적으로 적용되는 것으로, 간단하고 명료하면서 정확하게 회사가 지향하는 바를 밝히는 것이다. 가고자 하는 바를 명확히 밝혀야 경영진이 그곳에 도달하는 데 온 신경을 집중한다. 이 책에서 알려주고 있는 전략 분석은 이들 경영진이 이런 목표들을 달성하는 데 도움을 주고자 한다.

사용 자원이나
투자에 대한 수익률을
계산하는 방법

회사 실적을 점검할 때 매출 대비 영업이익이나 순이익 등 이익에만 집중하면 심각한 문제가 발생한다. 한 개 회사의 실적을 장기간에 걸쳐 바라보거나, 동일 산업 내의 회사를 비교하는 데에는 이익이 의미 있는 숫자다. 하지만 사업별로 매출 1달러를 내는 데 필요한 자산의 규모가 다르고, 같은 산업군의 회사라도 그 자산을 갖추려고 자본을 마련한 방식에 따라 이익 규모에서 차이가 난다. 따라서 서로 다른 산업에 종사하는 회사끼리 마진만 비교했다가는 잘못된 결론을 내리기 쉽다. 이에 몇 가지 방법을 추가로 사용해서 분석하면, 다른 산업군끼리도 제대로 비교할 수 있고 진입장벽에 대한 테스트도 좀 더 상세하게 진행할 수 있다.

한 가지 방법은 자산수익률ROA : Return On Assets로 당기 순이익을 그 회사의 총자산으로 나눈 값이다. 두 번째 자기자본수익률ROE : Return On

Equity은 당기 순이익을 재무제표상 자기자본 장부가로 나눈다. ROE 는 그 사업의 소유주가 받는 수익을 측정한다. 즉, 주주가 투자한 1 달러당 몇 달러를 돌려받는지 말해 준다. 셋째는 모든 정보가 존재 할 때 선호하는 방법으로 투자자본수익률ROIC : Return On Invested Capital이 다. ROIC는 주주는 물론 채권자의 수익률도 보여 준다. 돈을 버는 회사는 영업은 전혀 개선하지 않았어도 단순히 레버리지를 늘려서—자기자본으로 충당한 부분을 줄이고 채무를 증가시키는—ROE를 개선시킬 수 있다. 채무 부담이 커지면 위험도 증가하지만 ROE 자 체는 부채 수준에 대한 그 어떤 정보도 제공해 주지 않는다. ROIC 는 자기자본은 물론 채무도 투자 자본으로 취급해서 이 문제를 해 결한다.

분자(이익)와 분모(투자자본)를 계산하는 방법은 여러 가지가 있 다. 분자를 보자면 매출 마진을 계산할 때 사용하는 수정 영업 이익 이 바람직하다. 세금 관리 능력, 이자율, 그 외 기타 예외 항목을 고려 하지 않아도 되기 때문이다. 분모로는 모든 자산을 다 더한 다음 이 자가 발생하지 않는 유동 부채를 차감한 금액을 사용한다. 이자가 발 생하지 않는 유동 부채에는 미지급금, 미지급 비용, 그 특정 해의 미 지급 세금, 기타 소소한 항목이 들어간다. 이들은 사업을 하면서 발 생하는 자금흐름으로 이자를 지급할 필요가 없다. 잉여 현금, 즉 매 출의 1퍼센트를 초과하는 현금도 차감한다. 잉여 현금은 회사를 운 영하는 데 반드시 필요하지 않고 채무를 상환하거나 자사 주식을 사 들이는 데 사용할 수 있기 때문이다. 그러면 채무나 자본으로 충당된 필요 자산 규모가 나온다. 그 밖에도 투자 자본을 계산하는 복잡하고 섬세한 다른 방법도 있지만 여기서 사용하는 방식이 대체적으로 정확한데다가 계산하기도 수월하다.

자산 총액

- 이자가 발생하지 않는 유동 부채들NIBCLs : Non-Interest-Bearing Current Liabilities

- 잉여 현금(매출의 1퍼센트를 초과하는 현금)

= 투자 자본

참고 문헌 및 출처

『경쟁 우위 전략』의 참고 문헌 및 출처는
QR을 통해 웹페이지에서 확인하실 수 있습니다.